权威·前沿·原创

皮书系列为
"十二五"国家重点图书出版规划项目

权威·前沿·原创

社会科学文献出版社

皮书系列

2015年

盘点年度资讯　预测时代前程

社会科学文献出版社 学术传播中心 编制

社会科学文献出版社
SOCIAL SCIENCES ACADEMIC PRESS (CHINA)

社会科学文献出版社成立于1985年，是直属于中国社会科学院的人文社会科学专业学术出版机构。

成立以来，特别是1998年实施第二次创业以来，依托于中国社会科学院丰厚的学术出版和专家学者两大资源，坚持"创社科经典，出传世文献"的出版理念和"权威、前沿、原创"的产品定位，社科文献立足内涵式发展道路，从战略层面推动学术出版五大能力建设，逐步走上了智库产品与专业学术成果系列化、规模化、数字化、国际化、市场化发展的经营道路。

先后策划出版了著名的图书品牌和学术品牌"皮书"系列、"列国志"、"社科文献精品译库"、"全球化译丛"、"全面深化改革研究书系"、"近世中国"、"甲骨文"、"中国史话"等一大批既有学术影响又有市场价值的系列图书，形成了较强的学术出版能力和资源整合能力。2014年社科文献出版社发稿5.5亿字，出版图书1500余种，承印发行中国社科院院属期刊71种，在多项指标上都实现了较大幅度的增长。

凭借着雄厚的出版资源整合能力，社科文献出版社长期以来一直致力于从内容资源和数字平台两个方面实现传统出版的再造，并先后推出了皮书数据库、列国志数据库、中国田野调查数据库等一系列数字产品。数字出版已经初步形成了产品设计、内容开发、编辑标引、产品运营、技术支持、营销推广等全流程体系。

在国内原创著作、国外名家经典著作大量出版，数字出版突飞猛进的同时，社科文献出版社从构建国际话语体系的角度推动学术出版国际化。先后与斯普林格、荷兰博睿、牛津、剑桥等十余家国际出版机构合作面向海外推出了"皮书系列""改革开放30年研究书系""中国梦与中国发展道路研究丛书""全面深化改革研究书系"等一系列在世界范围内引起强烈反响的作品；并持续致力于中国学术出版走出去，组织学者和编辑参加国际书展，筹办国际性学术研讨会，向世界展示中国学者的学术水平和研究成果。

此外，社科文献出版社充分利用网络媒体平台，积极与中央和地方各类媒体合作，并联合大型书店、学术书店、机场书店、网络书店、图书馆，逐步构建起了强大的学术图书内容传播平台。学术图书的媒体曝光率居全国之首，图书馆藏率居于全国出版机构前十位。

上述诸多成绩的取得，有赖于一支以年轻的博士、硕士为主体，一批从中国社科院刚退出科研一线的各学科专家为支撑的300多位高素质的编辑、出版和营销队伍，为我们实现学术立社，以学术品位、学术价值来实现经济效益和社会效益这样一个目标的共同努力。

作为已经开启第三次创业梦想的人文社会科学学术出版机构，2015年的社会科学文献出版社将迎来她30周岁的生日，"三十而立"再出发，我们将以改革发展为动力，以学术资源建设为中心，以构建智慧型出版社为主线，以社庆三十周年系列活动为重要载体，以"整合、专业、分类、协同、持续"为各项工作指导原则，全力推进出版社数字化转型，坚定不移地走专业化、数字化、国际化发展道路，全面提升出版社核心竞争力，为实现"社科文献梦"奠定坚实基础。

社长致辞

我们是图书出版者，更是人文社会科学内容资源供应商；

我们背靠中国社会科学院，面向中国与世界人文社会科学界，坚持为人文社会科学的繁荣与发展服务；

我们精心打造权威信息资源整合平台，坚持为中国经济与社会的繁荣与发展提供决策咨询服务；

我们以读者定位自身，立志让爱书人读到好书，让求知者获得知识；

我们精心编辑、设计每一本好书以形成品牌张力，以优秀的品牌形象服务读者，开拓市场；

我们始终坚持"创社科经典，出传世文献"的经营理念，坚持"权威、前沿、原创"的产品特色；

我们"以人为本"，提倡阳光下创业，员工与企业共享发展之成果；

我们立足于现实，认真对待我们的优势、劣势，我们更着眼于未来，以不断的学习与创新适应不断变化的世界，以不断的努力提升自己的实力；

我们愿与社会各界友好合作，共享人文社会科学发展之成果，共同推动中国学术出版乃至内容产业的繁荣与发展。

社会科学文献出版社社长
中国社会学会秘书长

2015 年 1 月

社会科学文献出版社　　皮书系列

❖ 皮书起源 ❖

"皮书"起源于十七、十八世纪的英国,主要指官方或社会组织正式发表的重要文件或报告,多以"白皮书"命名。在中国,"皮书"这一概念被社会广泛接受,并被成功运作、发展成为一种全新的出版形态,则源于中国社会科学院社会科学文献出版社。

❖ 皮书定义 ❖

皮书是对中国与世界发展状况和热点问题进行年度监测,以专业的角度、专家的视野和实证研究方法,针对某一领域或区域现状与发展态势展开分析和预测,具备权威性、前沿性、原创性、实证性、时效性等特点的连续性公开出版物,由一系列权威研究报告组成。皮书系列是社会科学文献出版社编辑出版的蓝皮书、绿皮书、黄皮书等的统称。

❖ 皮书作者 ❖

皮书系列的作者以中国社会科学院、著名高校、地方社会科学院的研究人员为主,多为国内一流研究机构的权威专家学者,他们的看法和观点代表了学界对中国与世界的现实和未来最高水平的解读与分析。

❖ 皮书荣誉 ❖

皮书系列已成为社会科学文献出版社的著名图书品牌和中国社会科学院的知名学术品牌。2011年,皮书系列正式列入"十二五"国家重点出版规划项目;2012~2014年,重点皮书列入中国社会科学院承担的国家哲学社会科学创新工程项目;2015年,41种院外皮书使用"中国社会科学院创新工程学术出版项目"标识。

经 济 类

经济类皮书涵盖宏观经济、城市经济、大区域经济，提供权威、前沿的分析与预测

经济蓝皮书
2015年中国经济形势分析与预测

李扬 / 主编　2014年12月出版　定价：69.00元

◆ 本书为总理基金项目，由著名经济学家李扬领衔，联合中国社会科学院、国务院发展中心等数十家科研机构、国家部委和高等院校的专家共同撰写，系统分析了2014年的中国经济形势并预测2015年我国经济运行情况，2015年中国经济仍将保持平稳较快增长，预计增速7%左右。

城市竞争力蓝皮书
中国城市竞争力报告No.13

倪鹏飞 / 主编　2015年5月出版　定价：89.00元

◆ 本书由中国社会科学院城市与竞争力研究中心主任倪鹏飞主持编写，以"巨手：托起城市中国新版图"为主题，分别从市场、产业、要素、交通一体化角度论证了东中一体化程度不断加深。建议：中国经济分区应该由四分区调整为二分区；按照"一团五线"的发展格局对中国的城市体系做出重大调整。

西部蓝皮书
中国西部发展报告（2015）

姚慧琴　徐璋勇 / 主编　2015年7月出版　估价：89.00元

◆ 本书由西北大学中国西部经济发展研究中心主编，汇集了源自西部本土以及国内研究西部问题的权威专家的第一手资料，对国家实施西部大开发战略进行年度动态跟踪，并对2015年西部经济、社会发展态势进行预测和展望。

皮书系列重点推荐

经济类

中部蓝皮书
中国中部地区发展报告（2015）

喻新安 / 主编　　2015 年 7 月出版　　估价 :69.00 元

◆ 本书敏锐地抓住当前中部地区经济发展中的热点、难点问题，紧密地结合国家和中部经济社会发展的重大战略转变，对中部地区经济发展的各个领域进行了深入、全面的分析研究，并提出了具有理论研究价值和可操作性强的政策建议。

世界经济黄皮书
2015 年世界经济形势分析与预测

王洛林　张宇燕 / 主编　　2015 年 1 月出版　　定价 :69.00 元

◆ 本书为中国社会科学院创新工程学术出版资助项目，由中国社会科学院世界经济与政治研究所的研创团队撰写。该书认为，2014 年，世界经济维持了上年度的缓慢复苏，同时经济增长格局分化显著。预计 2015 年全球经济增速按购买力平价计算的增长率为 3.3%，按市场汇率计算的增长率为 2.8%。

中国省域竞争力蓝皮书
中国省域经济综合竞争力发展报告（2013~2014）

李建平　李闽榕　高燕京 / 主编　　2015 年 2 月出版　　定价 :198.00 元

◆ 本书充分运用数理分析、空间分析、规范分析与实证分析相结合、定性分析与定量分析相结合的方法，建立起比较科学完善、符合中国国情的省域经济综合竞争力指标评价体系及数学模型，对 2012~2013 年中国内地 31 个省、市、区的经济综合竞争力进行全面、深入、科学的总体评价与比较分析。

城市蓝皮书
中国城市发展报告 No.8

潘家华　魏后凯 / 主编　　2015 年 9 月出版　　估价 :69.00 元

◆ 本书由中国社会科学院城市发展与环境研究中心编著，从中国城市的科学发展、城市环境可持续发展、城市经济集约发展、城市社会协调发展、城市基础设施与用地管理、城市管理体制改革以及中国城市科学发展实践等多角度、全方位地立体展示了中国城市的发展状况，并对中国城市的未来发展提出了建议。

权威　前沿　原创

经济类 皮书系列重点推荐

金融蓝皮书
中国金融发展报告（2015）
李 扬 王国刚/主编 2014年12月出版 定价：75.00元

◆ 由中国社会科学院金融研究所组织编写的《中国金融发展报告（2015）》，概括和分析了2014年中国金融发展和运行中的各方面情况，研讨和评论了2014年发生的主要金融事件。本书由业内专家和青年精英联合编著，有利于读者了解掌握2014年中国的金融状况，把握2015年中国金融的走势。

低碳发展蓝皮书
中国低碳发展报告（2015）
齐 晔/主编 2015年7月出版 估价：89.00元

◆ 本书对中国低碳发展的政策、行动和绩效进行科学、系统、全面的分析。重点是通过归纳中国低碳发展的绩效，评估与低碳发展相关的政策和措施，分析政策效应的制度背景和作用机制，为进一步的政策制定、优化和实施提供支持。

经济信息绿皮书
中国与世界经济发展报告（2015）
杜 平/主编 2014年12月出版 定价：79.00元

◆ 本书是由国家信息中心组织专家队伍精心研究编撰的年度经济分析预测报告，书中指出，2014年，我国经济增速有所放慢，但仍处于合理运行区间。主要新兴国家经济总体仍显疲软。2015年应防止经济下行和财政金融风险相互强化，促进经济向新常态平稳过渡。

低碳经济蓝皮书
中国低碳经济发展报告（2015）
薛进军 赵忠秀/主编 2015年6月出版 定价：85.00元

◆ 本书汇集来自世界各国的专家学者、政府官员，探讨世界金融危机后国际经济的现状，提出"绿色化"为经济转型期国家的可持续发展提供了重要范本，并将成为解决气候系统保护与经济发展矛盾的重要突破口，也将是中国引领"一带一路"沿线国家实现绿色发展的重要抓手。

社会政法类

社会政法类皮书聚焦社会发展领域的热点、难点问题，提供权威、原创的资讯与视点

社会蓝皮书
2015年中国社会形势分析与预测

李培林　陈光金　张　翼／主编　2014年12月出版　定价:69.00元

◆ 本书由中国社会科学院社会学研究所组织研究机构专家、高校学者和政府研究人员撰写，聚焦当下社会热点，指出2014年我国社会存在城乡居民人均收入增速放缓、大学生毕业就业压力加大、社会老龄化加速、住房价格继续飙升、环境群体性事件多发等问题。

法治蓝皮书
中国法治发展报告No.13（2015）

李　林　田　禾／主编　　2015年3月出版　　定价:105.00元

◆ 本年度法治蓝皮书回顾总结了2014年度中国法治取得的成效及存在的问题，并对2015年中国法治发展形势进行预测、展望，还从立法、人权保障、行政审批制度改革、反价格垄断执法、教育法治、政府信息公开等方面研讨了中国法治发展的相关问题。

环境绿皮书
中国环境发展报告（2015）

刘鉴强／主编　　2015年7月出版　　估价:79.00元

◆ 本书由民间环保组织"自然之友"组织编写，由特别关注、生态保护、宜居城市、可持续消费以及政策与治理等版块构成，以公共利益的视角记录、审视和思考中国环境状况，呈现2014年中国环境与可持续发展领域的全局态势，用深刻的思考、科学的数据分析2014年的环境热点事件。

社会政法类　　皮书系列 重点推荐

反腐倡廉蓝皮书
中国反腐倡廉建设报告 No.4
李秋芳　张英伟 / 主编　2014 年 12 月出版　定价 :79.00 元

◆　本书继续坚持"建设"主题，既描摹出反腐败斗争的感性特点，又揭示出反腐政治格局深刻变化的根本动因。指出当前症结在于权力与资本"隐蔽勾连"、"官场积弊"消解"吏治改革"效力、部分公职人员基本价值观迷乱、封建主义与资本主义思想依然影响深重。提出应以科学思维把握反腐治标与治本问题，建构"不需腐"的合理合法薪酬保障机制。

女性生活蓝皮书
中国女性生活状况报告 No.9（2015）
韩湘景 / 主编　2015 年 4 月出版　定价 :79.00 元

◆　本书由中国妇女杂志社、华坤女性生活调查中心和华坤女性消费指导中心组织编写，通过调查获得的大量调查数据，真实展现当年中国城市女性的生活状况、消费状况及对今后的预期。

华侨华人蓝皮书
华侨华人研究报告 (2015)
贾益民 / 主编　2015 年 12 月出版　估价 :118.00 元

◆　本书为中国社会科学院创新工程学术出版资助项目，是华侨大学向世界提供最新涉侨动态、理论研究和政策建议的平台。主要介绍了相关国家华侨华人的规模、分布、结构、发展趋势，以及全球涉侨生存安全环境和华文教育情况等。

政治参与蓝皮书
中国政治参与报告（2015）
房　宁 / 主编　2015 年 7 月出版　估价 :105.00 元

◆　本书作者均来自中国社会科学院政治学研究所，聚焦中国基层群众自治的参与情况介绍了城镇居民的社区建设与居民自治参与和农村居民的村民自治与农村社区建设参与情况。其优势是其指标评估体系的建构和问卷调查的设计专业，数据量丰富，统计结论科学严谨。

行业报告类

行业报告类皮书立足重点行业、新兴行业领域，提供及时、前瞻的数据与信息

房地产蓝皮书
中国房地产发展报告 No.12（2015）

魏后凯 李景国/主编　2015年5月出版　定价：79.00元

◆ 本年度房地产蓝皮书指出，2014年中国房地产市场出现了较大幅度的回调，商品房销售明显遇冷，库存居高不下。展望2015年，房价保持低速增长的可能性较大，但区域分化将十分明显，人口聚集能力强的一线城市和部分热点二线城市房价有回暖、房价上涨趋势，而人口聚集能力差、库存大的部分二线城市或三四线城市房价会延续下跌（回调）态势。

保险蓝皮书
中国保险业竞争力报告（2015）

姚庆海　王力/主编　2015年12出版　估价：98.00元

◆ 本皮书主要为监管机构、保险行业和保险学界提供保险市场一年来发展的总体评价，外在因素对保险业竞争力发展的影响研究；国家监管政策、市场主体经营创新及职能发挥、理论界最新研究成果等综述和评论。

企业社会责任蓝皮书
中国企业社会责任研究报告（2015）

黄群慧　彭华岗　钟宏武　张蒽/编著
2015年11月出版　估价：69.00元

◆ 本书系中国社会科学院经济学部企业社会责任研究中心组织编写的《企业社会责任蓝皮书》2015年分册。该书在对企业社会责任进行宏观总体研究的基础上，根据2014年企业社会责任及相关背景进行了创新研究，在全国企业中观层面对企业健全社会责任管理体系提供了弥足珍贵的丰富信息。

行业报告类

皮书系列
重点推荐

投资蓝皮书
中国投资发展报告（2015）

谢 平 / 主编　　2015年4月出版　　定价:128.00元

◆ 2014年，适应新常态发展的宏观经济政策逐步成型和出台，成为保持经济平稳增长、促进经济活力增强、结构不断优化升级的有力保障。2015年，应重点关注先进制造业、TMT产业、大健康产业、大文化产业及非金融全新产业的投资机会，适应新常态下的产业发展变化，在投资布局中争取主动。

住房绿皮书
中国住房发展报告（2014~2015）

倪鹏飞 / 主编　　2014年12月出版　　定价:79.00元

◆ 本年度住房绿皮书指出，中国住房市场从2014年第一季度开始进入调整状态，2014年第三季度进入全面调整期。2015年的住房市场走势：整体延续衰退，一、二线城市2015年下半年、三四线城市2016年下半年复苏。

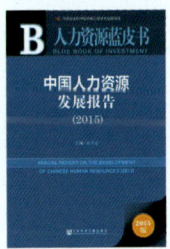

人力资源蓝皮书
中国人力资源发展报告（2015）

余兴安 / 主编　　2015年9月出版　　估价:79.00元

◆ 本书是在人力资源和社会保障部部领导的支持下，由中国人事科学研究院汇集我国人力资源开发权威研究机构的诸多专家学者的研究成果编写而成。作为关于人力资源的蓝皮书，本书通过充分利用有关研究成果，更广泛、更深入地展示近年来我国人力资源开发重点领域的研究成果。

汽车蓝皮书
中国汽车产业发展报告（2015）

国务院发展研究中心产业经济研究部 中国汽车工程学会
大众汽车集团（中国）/ 主编　　2015年8月出版　　估价:128.00元

◆ 本书由国务院发展研究中心产业经济研究部、中国汽车工程学会、大众汽车集团（中国）联合主编，是关于中国汽车产业发展的研究性年度报告，介绍并分析了本年度中国汽车产业发展的形势。

皮书系列 重点推荐

国别与地区类

国别与地区类

国别与地区类皮书关注全球重点国家与地区，提供全面、独特的解读与研究

亚太蓝皮书

亚太地区发展报告（2015）

李向阳/主编　　2015年1月出版　　定价:59.00元

◆ 本年度的专题是"一带一路"，书中对"一带一路"战略的经济基础、"一带一路"与区域合作等进行了阐述。除对亚太地区2014年的整体变动情况进行深入分析外，还在此基础上提出了对于2015年亚太地区各个方面发展情况的预测。

日本蓝皮书

日本研究报告（2015）

李　薇/主编　　2015年4月出版　　定价:69.00元

◆ 本书由中华日本学会、中国社会科学院日本研究所合作推出，是以中国社会科学院日本研究所的研究人员为主完成的研究成果。对2014年日本的政治、外交、经济、社会文化作了回顾、分析，并对2015年形势进行展望。

德国蓝皮书

德国发展报告（2015）

郑春荣　伍慧萍/主编　　2015年5月出版　　定价:69.00元

◆ 本报告由同济大学德国研究所组织编撰，由该领域的专家学者对德国的政治、经济、社会文化、外交等方面的形势发展情况，进行全面的阐述与分析。德国作为欧洲大陆第一强国，与中国各方面日渐紧密的合作关系，值得国内各界深切关注。

国别与地区类 — 皮书系列 重点推荐

国际形势黄皮书
全球政治与安全报告（2015）

李慎明　张宇燕 / 主编　2015 年 1 月出版　定价：69.00 元

◆ 本书对中、俄、美三国之间的合作与冲突进行了深度分析，揭示了影响中美、俄美及中俄关系的主要因素及变化趋势。重点关注了乌克兰危机、克里米亚问题、苏格兰公投、西非埃博拉疫情以及西亚北非局势等国际焦点问题。

拉美黄皮书
拉丁美洲和加勒比发展报告（2014~2015）

吴白乙 / 主编　2015 年 5 月出版　定价：89.00 元

◆ 本书是中国社会科学院拉丁美洲研究所的第 14 份关于拉丁美洲和加勒比地区发展形势状况的年度报告。本书对 2014 年拉丁美洲和加勒比地区诸国的政治、经济、社会、外交等方面的发展情况做了系统介绍，对该地区相关国家的热点及焦点问题进行了总结和分析，并在此基础上对该地区各国 2015 年的发展前景做出预测。

美国蓝皮书
美国研究报告（2015）

郑秉文　黄　平 / 主编　2015 年 6 月出版　定价：89.00 元

◆ 本书是由中国社会科学院美国所主持完成的研究成果，重点讲述了美国的"再平衡"战略，另外回顾了美国 2014 年的经济、政治形势与外交战略，对 2014 年以来美国内政外交发生的重大事件以及重要政策进行了较为全面的回顾和梳理。

大湄公河次区域蓝皮书
大湄公河次区域合作发展报告（2015）

刘　稚 / 主编　2015 年 9 月出版　估价：79.00 元

◆ 云南大学大湄公河次区域研究中心深入追踪分析该区域发展动向，以把握全面，突出重点为宗旨，系统介绍和研究大湄公河次区域合作的年度热点和重点问题，展望次区域合作的发展趋势，并对新形势下我国推进次区域合作深入发展提出相关对策建议。

地方发展类

地方发展类

地方发展类皮书关注大陆各省份、经济区域，提供科学、多元的预判与咨政信息

北京蓝皮书
北京公共服务发展报告（2014~2015）

施昌奎 / 主编　　2015 年 1 月出版　　定价：69.00 元

◆ 本书是由北京市政府职能部门的领导、首都著名高校的教授、知名研究机构的专家共同完成的关于北京市公共服务发展与创新的研究成果。本年度主题为"北京公共服务均衡化发展和市场化改革"，内容涉及了北京市公共服务发展的方方面面，既有对北京各个城区的综合性描述，也有对局部、细部、具体问题的分析。

上海蓝皮书
上海经济发展报告（2015）

沈开艳 / 主编　　2015 年 1 月出版　　定价：69.00 元

◆ 本书系上海社会科学院系列之一，本年度将"建设具有全球影响力的科技创新中心"作为主题，对 2015 年上海经济增长与发展趋势的进行了预测，把握了上海经济发展的脉搏和学术研究的前沿。

广州蓝皮书
广州经济发展报告（2015）

李江涛　朱名宏 / 主编　　2015 年 7 月出版　　估价：69.00 元

◆ 本书是由广州市社会科学院主持编写的"广州蓝皮书"系列之一，本报告对广州 2014 年宏观经济运行情况作了深入分析，对 2015 年宏观经济走势进行了合理预测，并在此基础上提出了相应的政策建议。

 文化传媒类 皮书系列 重点推荐

文化传媒类

文化传媒类皮书透视文化领域、文化产业，探索文化大繁荣、大发展的路径

新媒体蓝皮书
中国新媒体发展报告 No.6（2015）

唐绪军/主编　　2015年7月出版　　定价:79.00元

◆ 本书深入探讨了中国网络信息安全、媒体融合状况、微信谣言问题、微博发展态势、互联网金融、移动舆论场舆情、传统媒体转型、新媒体产业发展、网络助政、网络舆论监督、大数据、数据新闻、数字版权等热门问题，展望了中国新媒体的未来发展趋势。

舆情蓝皮书
中国社会舆情与危机管理报告（2015）

谢耘耕/主编　　2015年8月出版　　估价:98.00元

◆ 本书由上海交通大学舆情研究实验室和危机管理研究中心主编，已被列入教育部人文社会科学研究报告培育项目。本书以新媒体环境下的中国社会为立足点，对2014年中国社会舆情、分类舆情等进行了深入系统的研究，并预测了2015年社会舆情走势。

文化蓝皮书
中国文化产业发展报告（2015）

张晓明　王家新　章建刚/主编　　2015年7月出版　　估价:79.00元

◆ 本书由中国社会科学院文化研究中心编写。从2012年开始，中国社会科学院文化研究中心设立了国内首个文化产业的研究类专项资金——"文化产业重大课题研究计划"，开始在全国范围内组织多学科专家学者对我国文化产业发展重大战略问题进行联合攻关研究。本书集中反映了该计划的研究成果。

经济类

G20国家创新竞争力黄皮书
二十国集团（G20）国家创新竞争力发展报告（2015）
著(编)者：黄茂兴 李闽榕 李建平 赵新力
2015年9月出版　估价：128.00元

产业蓝皮书
中国产业竞争力报告（2015）
著(编)者：张其仔　2015年7月出版　估价：79.00元

长三角蓝皮书
2015年全面深化改革中的长三角
著(编)者：张伟斌　2015年10月出版　估价：69.00元

城乡一体化蓝皮书
中国城乡一体化发展报告（2015）
著(编)者：付崇兰 汝信　2015年12月出版　估价：79.00元

城市创新蓝皮书
中国城市创新报告（2015）
著(编)者：周天勇 旷建伟　2015年8月出版　估价：69.00元

城市竞争力蓝皮书
中国城市竞争力报告（2015）
著(编)者：倪鹏飞　2015年5月出版　定价：89.00元

城市蓝皮书
中国城市发展报告NO.8
著(编)者：潘家华 魏后凯　2015年9月出版　估价：69.00元

城市群蓝皮书
中国城市群发展指数报告（2015）
著(编)者：刘新静 刘士林　2015年10月出版　估价：59.00元

城乡统筹蓝皮书
中国城乡统筹发展报告（2015）
著(编)者：潘晨光 程志强　2015年7月出版　估价：59.00元

城镇化蓝皮书
中国新型城镇化健康发展报告（2015）
著(编)者：张占斌　2015年7月出版　估价：79.00元

低碳发展蓝皮书
中国低碳发展报告（2015）
著(编)者：齐晔　2015年7月出版　估价：89.00元

低碳经济蓝皮书
中国低碳经济发展报告（2015）
著(编)者：薛进军 赵忠秀　2015年6月出版　定价：85.00元

东北蓝皮书
中国东北地区发展报告（2015）
著(编)者：马克 黄文艺　2015年8月出版　估价：79.00元

发展和改革蓝皮书
中国经济发展和体制改革报告（2015）
著(编)者：邹东涛　2015年11月出版　估价：98.00元

工业化蓝皮书
中国工业化进程报告（2015）
著(编)者：黄群慧 吕铁 李晓华　2015年11月出版　估价：89.00元

国际城市蓝皮书
国际城市发展报告（2015）
著(编)者：屠启宇　2015年1月出版　定价：79.00元

国家创新蓝皮书
中国创新发展报告（2015）
著(编)者：陈劲　2015年7月出版　估价：59.00元

环境竞争力绿皮书
中国省域环境竞争力发展报告（2015）
著(编)者：李建平 李闽榕 王金南
2015年12月出版　估价：198.00元

金融蓝皮书
中国金融发展报告（2015）
著(编)者：李扬 王国刚　2014年12月出版　定价：75.00元

金融信息服务蓝皮书
金融信息服务发展报告（2015）
著(编)者：鲁广锦 殷剑峰 林义相
2015年7月出版　估价：89.00元

经济蓝皮书
2015年中国经济形势分析与预测
著(编)者：李扬　2014年12月出版　定价：69.00元

经济蓝皮书·春季号
2015年中国经济前景分析
著(编)者：李扬　2015年5月出版　定价：79.00元

经济蓝皮书·夏季号
中国经济增长报告（2015）
著(编)者：李扬　2015年7月出版　估价：69.00元

经济信息绿皮书
中国与世界经济发展报告（2015）
著(编)者：杜平　2014年12月出版　定价：79.00元

就业蓝皮书
2015年中国大学生就业报告
著(编)者：麦可思研究院　2015年7月出版　估价：98.00元

就业蓝皮书
2015年中国高职高专生就业报告
著(编)者：麦可思研究院　2015年6月出版　估价：98.00元

就业蓝皮书
2015年中国本科生就业报告
著(编)者：麦可思研究院　2015年6月出版　估价：98.00元

临空经济蓝皮书
中国临空经济发展报告（2015）
著(编)者：连玉明　2015年9月出版　估价：79.00元

民营经济蓝皮书
中国民营经济发展报告（2015）
著(编)者：王钦敏　2015年12月出版　估价：79.00元

农村绿皮书
中国农村经济形势分析与预测（2014~2015）
著(编)者：中国社会科学院农村发展研究所
　　　　　国家统计局农村社会经济调查司
2015年4月出版　定价：69.00元

经济类·社会政法类

皮书系列 2015全品种

农业应对气候变化蓝皮书
气候变化对中国农业影响评估报告（2015）
著(编)者：矫梅燕　2015年8月出版／估价：98.00元

企业公民蓝皮书
中国企业公民报告（2015）
著(编)者：邹东涛　2015年12月出版／估价：79.00元

气候变化绿皮书
应对气候变化报告（2015）
著(编)者：王伟光　郑国光　2015年10月出版／估价：79.00元

区域蓝皮书
中国区域经济发展报告（2014~2015）
著(编)者：梁昊光　2015年5月出版／定价：79.00元

全球环境竞争力绿皮书
全球环境竞争力报告（2015）
著(编)者：李建建　李闽榕　李建平　王金南
2015年12月出版／估价：198.00元

人口与劳动绿皮书
中国人口与劳动问题报告No.15
著(编)者：蔡昉　2015年1月出版／定价：59.00元

商务中心区蓝皮书
中国商务中心区发展报告（2015）
著(编)者：中国商务区联盟
　　　　　中国社会科学院城市发展与环境研究所
2015年10月出版／估价：69.00元

商务中心区蓝皮书
中国商务中心区发展报告No.1（2014）
著(编)者：魏后凯　李国红　2015年1月出版／定价：89.00元

世界经济黄皮书
2015年世界经济形势分析与预测
著(编)者：王洛林　张宇燕　2015年1月出版／定价：69.00元

世界旅游城市绿皮书
世界旅游城市发展报告（2015）
著(编)者：鲁勇　周正宇　宋宇　2015年7月出版／估价：88.00元

西北蓝皮书
中国西北发展报告（2015）
著(编)者：赵宗福　孙发平　苏海红　鲁顺元　段庆林
2014年12月出版／定价：79.00元

西部蓝皮书
中国西部发展报告（2015）
著(编)者：姚慧琴　徐璋勇　2015年7月出版／估价：89.00元

新型城镇化蓝皮书
新型城镇化发展报告（2015）
著(编)者：李伟　2015年10月出版／估价：89.00元

新兴经济体蓝皮书
金砖国家发展报告（2015）
著(编)者：林跃勤　周文　2015年7月出版／估价：79.00元

中部竞争力蓝皮书
中国中部经济社会竞争力报告（2015）
著(编)者：教育部人文社会科学重点研究基地
　　　　　南昌大学中国中部经济社会发展研究中心
2015年9月出版／估价：79.00元

中部蓝皮书
中国中部地区发展报告（2015）
著(编)者：喻新安　2015年7月出版／估价：69.00元

中国省域竞争力蓝皮书
中国省域经济综合竞争力发展报告（2013~2014）
著(编)者：李建平　李闽榕　高燕京
2015年2月出版／定价：198.00元

中三角蓝皮书
长江中游城市群发展报告（2015）
著(编)者：秦尊文　2015年10月出版／估价：69.00元

中小城市绿皮书
中国中小城市发展报告（2015）
著(编)者：中国城市经济学会中小城市经济发展委员会
　　　　　《中国中小城市发展报告》编纂委员会
　　　　　中小城市发展战略研究院
2015年10月出版／估价：98.00元

中原蓝皮书
中原经济区发展报告（2015）
著(编)者：李英杰　2015年7月出版／估价：88.00元

社会政法类

北京蓝皮书
中国社区发展报告（2015）
著(编)者：于燕燕　2015年7月出版／估价：69.00元

殡葬绿皮书
中国殡葬事业发展报告（2014~2015）
著(编)者：李伯森　2015年4月出版／定价：158.00元

城市管理蓝皮书
中国城市管理报告（2015）
著(编)者：谭维克　刘林　2015年12月出版／估价：158.00元

城市生活质量蓝皮书
中国城市生活质量报告（2015）
著(编)者：中国经济实验研究院　2015年7月出版／估价：59.00元

城市政府能力蓝皮书
中国城市政府公共服务能力评估报告（2015）
著(编)者：何艳玲　2015年7月出版／估价：59.00元

创新蓝皮书
创新型国家建设报告（2015）
著(编)者：詹正茂　2015年7月出版／估价：69.00元

社会政法类

慈善蓝皮书
中国慈善发展报告（2015）
著(编)者：杨团　2015年6月出版 / 定价：79.00元

地方法治蓝皮书
中国地方法治发展报告No.1（2014）
著(编)者：李林　田禾　2015年1月出版 / 定价：98.00元

法治蓝皮书
中国法治发展报告No.13（2015）
著(编)者：李林　田禾　2015年3月出版 / 定价：105.00元

反腐倡廉蓝皮书
中国反腐倡廉建设报告No.4
著(编)者：李秋芳　张英伟　2014年12月出版 / 定价：79.00元

非传统安全蓝皮书
中国非传统安全研究报告（2014~2015）
著(编)者：余潇枫　魏志江　2015年5月出版 / 定价：79.00元

妇女发展蓝皮书
中国妇女发展报告（2015）
著(编)者：王金玲　2015年9月出版 / 估价：148.00元

妇女教育蓝皮书
中国妇女教育发展报告（2015）
著(编)者：张李玺　2015年7月出版 / 估价：78.00元

妇女绿皮书
中国性别平等与妇女发展报告（2015）
著(编)者：谭琳　2015年12月出版 / 估价：99.00元

公共服务蓝皮书
中国城市基本公共服务力评价（2015）
著(编)者：钟君　吴正杲　2015年12月出版 / 估价：79.00元

公共服务满意度蓝皮书
中国城市公共服务评价报告（2015）
著(编)者：胡伟　2015年12月出版 / 估价：69.00元

公共外交蓝皮书
中国公共外交发展报告（2015）
著(编)者：赵启正　雷蔚真　2015年4月出版 / 定价：89.00元

公民科学素质蓝皮书
中国公民科学素质报告（2015）
著(编)者：李群　许佳军　2015年7月出版 / 估价：79.00元

公益蓝皮书
中国公益发展报告（2015）
著(编)者：朱健刚　2015年7月出版 / 估价：78.00元

管理蓝皮书
中国管理发展报告（2015）
著(编)者：张晓东　2015年9月出版 / 估价：98.00元

国际人才蓝皮书
中国国际移民报告（2015）
著(编)者：王辉耀　2015年2月出版 / 定价：79.00元

国际人才蓝皮书
中国海归发展报告（2015）
著(编)者：王辉耀　苗绿　2015年7月出版 / 估价：69.00元

国际人才蓝皮书
中国留学发展报告（2015）
著(编)者：王辉耀　苗绿　2015年9月出版 / 估价：69.00元

国家安全蓝皮书
中国国家安全研究报告（2015）
著(编)者：刘慧　2015年7月出版 / 估价：98.00元

行政改革蓝皮书
中国行政体制改革报告（2014~2015）
著(编)者：魏礼群　2015年4月出版 / 估价：98.00元

华侨华人蓝皮书
华侨华人研究报告（2015）
著(编)者：贾益民　2015年12月出版 / 估价：118.00元

环境绿皮书
中国环境发展报告（2015）
著(编)者：刘鉴强　2015年7月出版 / 估价：79.00元

基金会蓝皮书
中国基金会发展报告（2015）
著(编)者：刘忠祥　2016年6月出版 / 估价：69.00元

基金会绿皮书
中国基金会发展独立研究报告（2015）
著(编)者：基金会中心网　2015年8月出版 / 估价：88.00元

基金会透明度蓝皮书
中国基金会透明度发展研究报告（2015）
著(编)者：基金会中心网　清华大学廉政与治理研究中心
2015年9月出版 / 估价：78.00元

教师蓝皮书
中国中小学教师发展报告（2014）
著(编)者：曾晓东　鱼霞　2015年6月出版 / 定价：69.00元

教育蓝皮书
中国教育发展报告（2015）
著(编)者：杨东平　2015年5月出版 / 定价：79.00元

科普蓝皮书
中国科普基础设施发展报告（2015）
著(编)者：任福君　2015年7月出版 / 估价：59.00元

劳动保障蓝皮书
中国劳动保障发展报告（2015）
著(编)者：刘燕斌　2015年7月出版 / 估价：89.00元

老龄蓝皮书
中国老年宜居环境发展报告(2015)
著(编)者：吴玉韶　2015年9月出版 / 估价：79.00元

连片特困区蓝皮书
中国连片特困区发展报告（2014~2015）
著(编)者：游俊　冷志明　丁建军　2015年3月出版 / 定价：98.00元

民间组织蓝皮书
中国民间组织报告(2015)
著(编)者：潘晨光　黄晓勇　2015年8月出版 / 估价：69.00元

民调蓝皮书
中国民生调查报告（2015）
著(编)者：谢耘耕　2015年7月出版 / 估价：128.00元

社会政法类 皮书系列 2015全品种

民族发展蓝皮书
中国民族发展报告（2015）
著(编)者：郝时远 王延中 王希恩
2015年4月出版　定价:98.00元

女性生活蓝皮书
中国女性生活状况报告No.9（2015）
著(编)者：韩湘景　2015年4月出版　定价:79.00元

企业公众透明度蓝皮书
中国企业公众透明度报告(2014~2015)No.1
著(编)者：黄速建 王晓光 肖红军
2015年1月出版　定价:98.00元

企业国际化蓝皮书
中国企业国际化报告(2015)
著(编)者：王辉耀　2015年10月出版　估价:79.00元

汽车社会蓝皮书
中国汽车社会发展报告（2015）
著(编)者：王俊秀　2015年7月出版　估价:59.00元

青年蓝皮书
中国青年发展报告No.3
著(编)者：廉思　2015年7月出版　估价:59.00元

区域人才蓝皮书
中国区域人才竞争力报告（2015）
著(编)者：桂昭明 王辉耀　2015年7月出版　估价:69.00元

群众体育蓝皮书
中国群众体育发展报告（2015）
著(编)者：刘国永 杨桦　2015年8月出版　估价:69.00元

人才蓝皮书
中国人才发展报告（2015）
著(编)者：潘晨光　2015年8月出版　估价:85.00元

人权蓝皮书
中国人权事业发展报告（2015）
著(编)者：中国人权研究会　2015年8月出版　定价:99.00元

森林碳汇绿皮书
中国森林碳汇评估发展报告（2015）
著(编)者：闫文德 胡文臻　2015年9月出版　估价:79.00元

社会保障绿皮书
中国社会保障发展报告（2015）No.7
著(编)者：王延中　2015年4月出版　定价:89.00元

社会工作蓝皮书
中国社会工作发展报告（2015）
著(编)者：民政部社会工作研究中心
2015年8月出版　估价:79.00元

社会管理蓝皮书
中国社会管理创新报告（2015）
著(编)者：连玉明　2015年9月出版　估价:89.00元

社会蓝皮书
2015年中国社会形势分析与预测
著(编)者：李培林 陈光金 张翼
2014年12月出版　定价:69.00元

社会体制蓝皮书
中国社会体制改革报告No.3（2015）
著(编)者：龚维斌　2015年4月出版　定价:79.00元

社会心态蓝皮书
中国社会心态研究报告（2015）
著(编)者：王俊秀 杨宜音　2015年10月出版　估价:69.00元

社会组织蓝皮书
中国社会组织评估发展报告（2015）
著(编)者：徐家良 廖鸿　2015年12月出版　估价:69.00元

生态城市绿皮书
中国生态城市建设发展报告（2015）
著(编)者：刘举科 孙伟平 胡文臻　2015年7月出版　估价:98.00元

生态文明绿皮书
中国省域生态文明建设评价报告（ECI 2015）
著(编)者：严耕　2015年9月出版　估价:85.00元

世界社会主义黄皮书
世界社会主义跟踪研究报告（2014~2015）
著(编)者：李慎明　2015年4月出版　定价:258.00元

水与发展蓝皮书
中国水风险评估报告（2015）
著(编)者：王浩　2015年9月出版　定价:69.00元

土地整治蓝皮书
中国土地整治发展研究报告No.2
著(编)者：国土资源部土地整治中心　2015年5月出版　定价:89.00元

网络空间安全蓝皮书
中国网络空间安全发展报告（2015）
著(编)者：惠志斌 唐涛　2015年4月出版　定价:79.00元

危机管理蓝皮书
中国危机管理报告（2015）
著(编)者：文学国　2015年8月出版　定价:89.00元

协会商会蓝皮书
中国行业协会商会发展报告（2014）
著(编)者：景朝阳 李勇　2015年4月出版　定价:99.00元

形象危机应对蓝皮书
形象危机应对研究报告（2015）
著(编)者：唐钧　2015年7月出版　定价:149.00元

医改蓝皮书
中国医药卫生体制改革报告（2015~2016）
著(编)者：文学国 房志武　2015年12月出版　定价:79.00元

医疗卫生绿皮书
中国医疗卫生发展报告（2015）
著(编)者：申宝忠 韩玉珍　2015年7月出版　定价:75.00元

应急管理蓝皮书
中国应急管理报告（2015）
著(编)者：宋英华　2015年10月出版　定价:69.00元

政治参与蓝皮书
中国政治参与报告（2015）
著(编)者：房宁　2015年7月出版　定价:105.00元

政治发展蓝皮书
中国政治发展报告（2015）
著(编)者：房宁 杨海蛟　2015年7月出版 / 估价：88.00元

中国农村妇女发展蓝皮书
流动女性城市融入发展报告（2015）
著(编)者：谢丽华　2015年11月出版 / 估价：69.00元

宗教蓝皮书
中国宗教报告（2015）
著(编)者：金泽 邱永辉　2016年5月出版 / 估价：59.00元

行业报告类

保险蓝皮书
中国保险业竞争力报告（2015）
著(编)者：项俊波　2015年12月出版 / 估价：98.00元

彩票蓝皮书
中国彩票发展报告（2015）
著(编)者：益彩基金　2015年4月出版 / 定价：98.00元

餐饮产业蓝皮书
中国餐饮产业发展报告（2015）
著(编)者：邢颖　2015年4月出版 / 定价：69.00元

测绘地理信息蓝皮书
智慧中国地理空间智能体系研究报告（2015）
著(编)者：库热西·买合苏提　2015年12月出版 / 估价：98.00元

茶业蓝皮书
中国茶产业发展报告（2015）
著(编)者：杨江帆 李闽榕　2015年10月出版 / 估价：78.00元

产权市场蓝皮书
中国产权市场发展报告（2015）
著(编)者：曹和平　2015年12月出版 / 估价：79.00元

电子政务蓝皮书
中国电子政务发展报告（2015）
著(编)者：洪毅 杜平　2015年11月出版 / 估价：79.00元

杜仲产业绿皮书
中国杜仲橡胶资源与产业发展报告（2014~2015）
著(编)者：杜红岩 胡文臻 俞锐
2015年1月出版 / 定价：85.00元

房地产蓝皮书
中国房地产发展报告No.12（2015）
著(编)者：魏后凯 李景国　2015年5月出版 / 定价：79.00元

服务外包蓝皮书
中国服务外包产业发展报告（2015）
著(编)者：王晓红 刘德军　2015年7月出版 / 估价：89.00元

工业和信息化蓝皮书
移动互联网产业发展报告（2014~2015）
著(编)者：洪京一　2015年4月出版 / 定价：79.00元

工业和信息化蓝皮书
世界网络安全发展报告（2014~2015）
著(编)者：洪京一　2015年4月出版 / 估价：69.00元

工业和信息化蓝皮书
世界制造业发展报告（2014~2015）
著(编)者：洪京一　2015年4月出版 / 定价：69.00元

工业和信息化蓝皮书
世界信息化发展报告（2014~2015）
著(编)者：洪京一　2015年4月出版 / 定价：69.00元

工业和信息化蓝皮书
世界信息技术产业发展报告（2014~2015）
著(编)者：洪京一　2015年4月出版 / 定价：79.00元

工业设计蓝皮书
中国工业设计发展报告（2015）
著(编)者：王晓红 于炜 张立群　2015年9月出版 / 估价：138.00元

互联网金融蓝皮书
中国互联网金融发展报告（2015）
著(编)者：芮晓武 刘烈宏　2015年8月出版 / 估价：79.00元

会展蓝皮书
中外会展业动态评估年度报告（2015）
著(编)者：张敏　2015年1月出版 / 估价：78.00元

金融监管蓝皮书
中国金融监管报告（2015）
著(编)者：胡滨　2015年4月出版 / 定价：89.00元

金融蓝皮书
中国商业银行竞争力报告（2015）
著(编)者：王松奇　2015年12月出版 / 估价：69.00元

客车蓝皮书
中国客车产业发展报告（2014~2015）
著(编)者：姚蔚　2015年2月出版 / 定价：85.00元

老龄蓝皮书
中国老龄产业发展报告（2015）
著(编)者：吴玉韶 党俊武　2015年9月出版 / 估价：79.00元

流通蓝皮书
中国商业发展报告（2015）
著(编)者：荆林波　2015年7月出版 / 估价：89.00元

旅游安全蓝皮书
中国旅游安全报告（2015）
著(编)者：郑向敏 谢朝武　2015年5月出版 / 定价：128.00元

行业报告类

皮书系列 2015全品种

旅游景区蓝皮书
中国旅游景区发展报告（2015）
著(编)者：黄安民　　2015年7月出版 / 估价:79.00元

旅游绿皮书
2014~2015年中国旅游发展分析与预测
著(编)者：宋瑞　　2015年1月出版 / 定价:98.00元

煤炭蓝皮书
中国煤炭工业发展报告（2015）
著(编)者：岳福斌　　2015年12月出版 / 估价:79.00元

民营医院蓝皮书
中国民营医院发展报告（2015）
著(编)者：庄一强　　2015年10月出版 / 估价:75.00元

闽商蓝皮书
闽商发展报告（2015）
著(编)者：王日根　李闽榕　　2015年12月出版 / 估价:69.00元

能源蓝皮书
中国能源发展报告（2015）
著(编)者：崔民选　王军生　　2015年8月出版 / 估价:79.00元

农产品流通蓝皮书
中国农产品流通产业发展报告（2015）
著(编)者：贾敬敦　张东科　张玉玺　孔令羽　张鹏毅
2015年9月出版 / 估价:89.00元

企业蓝皮书
中国企业竞争力报告（2015）
著(编)者：金碚　　2015年11月出版 / 估价:89.00元

企业社会责任蓝皮书
中国企业社会责任研究报告（2015）
著(编)者：黄群慧　彭华岗　钟宏武　张蒽
2015年11月出版 / 估价:69.00元

汽车安全蓝皮书
中国汽车安全发展报告（2015）
著(编)者：中国汽车技术研究中心
2015年7月出版 / 估价:79.00元

汽车工业蓝皮书
中国汽车工业发展年度报告（2015）
著(编)者：中国汽车工业协会　中国汽车技术研究中心
　　　　　丰田（中国）投资有限公司
2015年4月出版 / 定价:128.00元

汽车蓝皮书
中国汽车产业发展报告（2015）
著(编)者：国务院发展研究中心产业经济研究部
　　　　　中国汽车工程学会　大众汽车集团（中国）
2015年7月出版 / 估价:128.00元

清洁能源蓝皮书
国际清洁能源发展报告（2015）
著(编)者：国际清洁能源论坛（澳门）
2015年9月出版 / 估价:89.00元

人力资源蓝皮书
中国人力资源发展报告（2015）
著(编)者：余兴安　　2015年9月出版 / 估价:79.00元

融资租赁蓝皮书
中国融资租赁业发展报告（2014~2015）
著(编)者：李光荣　王力　　2015年1月出版 / 定价:89.00元

软件和信息服务业蓝皮书
中国软件和信息服务业发展报告（2015）
著(编)者：陈新河　洪京一　　2015年12月出版 / 估价:198.00元

上市公司蓝皮书
上市公司质量评价报告（2015）
著(编)者：张跃文　王力　　2015年10月出版 / 估价:118.00元

设计产业蓝皮书
中国设计产业发展报告（2014~2015）
著(编)者：陈冬亮　梁昊光　　2015年3月出版 / 定价:89.00元

食品药品蓝皮书
食品药品安全与监管政策研究报告（2015）
著(编)者：唐民皓　　2015年7月出版 / 估价:69.00元

世界能源蓝皮书
世界能源发展报告（2015）
著(编)者：黄晓勇　　2015年6月出版 / 估价:99.00元

碳市场蓝皮书
中国碳市场报告（2015）
著(编)者：低碳发展国际合作联盟
2015年11月出版 / 估价:69.00元

体育蓝皮书
中国体育产业发展报告（2015）
著(编)者：阮伟　钟秉枢　　2015年7月出版 / 估价:69.00元

体育蓝皮书
长三角地区体育产业发展报告（2014~2015）
著(编)者：张林　　2015年4月出版 / 定价:79.00元

投资蓝皮书
中国投资发展报告（2015）
著(编)者：谢平　　2015年4月出版 / 定价:128.00元

物联网蓝皮书
中国物联网发展报告（2015）
著(编)者：黄桂田　　2015年7月出版 / 估价:59.00元

西部工业蓝皮书
中国西部工业发展报告（2015）
著(编)者：方行明　甘犁　刘方健　姜凌　等
2015年9月出版 / 估价:79.00元

西部金融蓝皮书
中国西部金融发展报告（2015）
著(编)者：李忠民　　2015年8月出版 / 估价:75.00元

新能源汽车蓝皮书
中国新能源汽车产业发展报告（2015）
著(编)者：中国汽车技术研究中心
　　　　　日产（中国）投资有限公司　东风汽车有限公司
2015年8月出版 / 估价:69.00元

信托市场蓝皮书
中国信托业市场报告（2014~2015）
著(编)者：用益信托工作室　　2015年2月出版 / 定价:198.00元

信息产业蓝皮书
世界软件和信息技术产业发展报告（2015）
著(编)者：洪京一　2015年8月出版 / 估价：79.00元

信息化蓝皮书
中国信息化形势分析与预测（2015）
著(编)者：周宏仁　2015年8月出版 / 估价：98.00元

信用蓝皮书
中国信用发展报告（2014~2015）
著(编)者：章政　田侃　2015年4月出版 / 定价：99.00元

休闲绿皮书
2015年中国休闲发展报告
著(编)者：刘德谦　2015年7月出版 / 估价：59.00元

医药蓝皮书
中国中医药产业园战略发展报告（2015）
著(编)者：裴长洪　房书亭　吴篠心　2015年7月出版 / 估价：89.00元

邮轮绿皮书
中国邮轮产业发展报告（2015）
著(编)者：汪泓　2015年9月出版 / 估价：79.00元

中国上市公司蓝皮书
中国上市公司发展报告（2015）
著(编)者：许雄斌　张平　2015年9月出版 / 估价：98.00元

中国总部经济蓝皮书
中国总部经济发展报告（2015）
著(编)者：赵弘　2015年7月出版 / 估价：79.00元

住房绿皮书
中国住房发展报告（2014~2015）
著(编)者：倪鹏飞　2014年12月出版 / 定价：79.00元

资本市场蓝皮书
中国场外交易市场发展报告（2015）
著(编)者：高峦　2015年8月出版 / 估价：79.00元

资产管理蓝皮书
中国资产管理行业发展报告（2015）
著(编)者：智信资产管理研究院　2015年6月出版 / 定价：89.00元

文化传媒类

传媒竞争力蓝皮书
中国传媒国际竞争力研究报告（2015）
著(编)者：李本乾　2015年9月出版 / 估价：88.00元

传媒蓝皮书
中国传媒产业发展报告（2015）
著(编)者：崔保国　2015年5月出版 / 定价：98.00元

传媒投资蓝皮书
中国传媒投资发展报告（2015）
著(编)者：张向东　2015年7月出版 / 估价：89.00元

动漫蓝皮书
中国动漫产业发展报告（2015）
著(编)者：卢斌　郑玉明　牛兴侦　2015年7月出版 / 估价：79.00元

非物质文化遗产蓝皮书
中国非物质文化遗产发展报告（2015）
著(编)者：陈平　2015年5月出版 / 定价：98.00元

广电蓝皮书
中国广播电影电视发展报告（2015）
著(编)者：杨明品　2015年7月出版 / 估价：98.00元

广告主蓝皮书
中国广告主营销传播趋势报告（2015）
著(编)者：黄升民　2015年7月出版 / 估价：148.00元

国际传播蓝皮书
中国国际传播发展报告（2015）
著(编)者：胡正荣　李继东　姬德强
2015年7月出版 / 估价：89.00元

国家形象蓝皮书
2015年国家形象研究报告
著(编)者：张昆　2015年7月出版 / 估价：79.00元

纪录片蓝皮书
中国纪录片发展报告（2015）
著(编)者：何苏六　2015年9月出版 / 估价：79.00元

科学传播蓝皮书
中国科学传播报告（2015）
著(编)者：詹正茂　2015年7月出版 / 估价：69.00元

两岸文化蓝皮书
两岸文化产业合作发展报告（2015）
著(编)者：胡惠林　李保宗　2015年7月出版 / 估价：79.00元

媒介与女性蓝皮书
中国媒介与女性发展报告（2015）
著(编)者：刘利群　2015年8月出版 / 估价：69.00元

全球传媒蓝皮书
全球传媒发展报告（2015）
著(编)者：胡正荣　2015年12月出版 / 估价：79.00元

少数民族非遗蓝皮书
中国少数民族非物质文化遗产发展报告（2015）
著(编)者：肖远平　柴立　2015年6月出版 / 定价：128.00元

世界文化发展蓝皮书
世界文化发展报告（2015）
著(编)者：张庆宗　高乐田　郭熙煌
2015年7月出版 / 估价：89.00元

文化传媒类·地方发展类

皮书系列 2015全品种

视听新媒体蓝皮书
中国视听新媒体发展报告（2015）
著(编)者：袁同楠　2015年7月出版 / 定价：98.00元

文化创新蓝皮书
中国文化创新报告（2015）
著(编)者：于平　傅才武　2015年7月出版 / 估价：79.00元

文化建设蓝皮书
中国文化发展报告（2015）
著(编)者：江畅　孙伟平　戴茂堂
2016年4月出版 / 估价：138.00元

文化科技蓝皮书
文化科技创新发展报告（2015）
著(编)者：于平　李凤亮　2015年10月出版 / 估价：89.00元

文化蓝皮书
中国文化产业供需协调检测报告（2015）
著(编)者：王亚南　2015年2月出版 / 定价：79.00元

文化蓝皮书
中国文化消费需求景气评价报告（2015）
著(编)者：王亚南　2015年2月出版 / 定价：79.00元

文化蓝皮书
中国文化产业发展报告（2015）
著(编)者：张晓明　王家新　章建刚
2015年7月出版 / 估价：79.00元

文化蓝皮书
中国公共文化投入增长测评报告(2015)
著(编)者：王亚南　2014年12月出版 / 定价：79.00元

文化蓝皮书
中国文化政策发展报告（2015）
著(编)者：傅才武　宋文玉　燕东升
2015年9月出版 / 估价：98.00元

文化品牌蓝皮书
中国文化品牌发展报告（2015）
著(编)者：欧阳友权　2015年4月出版 / 定价：89.00元

文化遗产蓝皮书
中国文化遗产事业发展报告（2015）
著(编)者：刘世锦　2015年12月出版 / 估价：89.00元

文学蓝皮书
中国文情报告（2014~2015）
著(编)者：白烨　2015年5月出版 / 定价：49.00元

新媒体蓝皮书
中国新媒体发展报告No.6（2015）
著(编)者：唐绪军　2015年7月出版 / 定价：79.00元

新媒体社会责任蓝皮书
中国新媒体社会责任研究报告（2015）
著(编)者：钟瑛　2015年10月出版 / 估价：79.00元

移动互联网蓝皮书
中国移动互联网发展报告（2015）
著(编)者：官建文　2015年6月出版 / 定价：79.00元

舆情蓝皮书
中国社会舆情与危机管理报告（2015）
著(编)者：谢耘耕　2015年8月出版 / 估价：98.00元

地方发展类

安徽经济蓝皮书
芜湖创新型城市发展报告（2015）
著(编)者：杨少华　王开玉　2015年7月出版 / 估价：69.00元

安徽蓝皮书
安徽社会发展报告（2015）
著(编)者：程桦　2015年4月出版 / 定价：89.00元

安徽社会建设蓝皮书
安徽社会建设分析报告（2015）
著(编)者：黄家海　王开玉　蔡宪　2015年7月出版 / 估价：69.00元

澳门蓝皮书
澳门经济社会发展报告（2014~2015）
著(编)者：吴志良　郝雨凡　2015年5月出版 / 定价：79.00元

北京蓝皮书
北京公共服务发展报告（2014~2015）
著(编)者：施昌奎　2015年1月出版 / 定价：69.00元

北京蓝皮书
北京经济发展报告（2014~2015）
著(编)者：杨松　2015年6月出版 / 定价：79.00元

北京蓝皮书
北京社会治理发展报告（2014~2015）
著(编)者：殷星辰　2015年6月出版 / 定价：79.00元

北京蓝皮书
北京文化发展报告（2014~2015）
著(编)者：李建盛　2015年5月出版 / 定价：79.00元

北京蓝皮书
北京社会发展报告（2015）
著(编)者：缪青　2015年7月出版 / 定价：79.00元

北京蓝皮书
北京社区发展报告（2015）
著(编)者：于燕燕　2015年1月出版 / 定价：79.00元

北京旅游绿皮书
北京旅游发展报告（2015）
著(编)者：北京旅游学会　2015年7月出版 / 估价：88.00元

北京律师蓝皮书
北京律师发展报告（2015）
著(编)者：王隽　2015年12月出版 / 估价：75.00元

21

皮书系列 2015全品种 — 地方发展类

北京人才蓝皮书
北京人才发展报告（2015）
著(编)者：于淼　2015年7月出版／估价：89.00元

北京社会心态蓝皮书
北京社会心态分析报告（2015）
著(编)者：北京社会心理研究所　2015年7月出版／估价：69.00元

北京社会组织管理蓝皮书
北京社会组织发展与管理（2015）
著(编)者：黄江松　2015年4月出版／定价：78.00元

北京养老产业蓝皮书
北京养老产业发展报告（2015）
著(编)者：周明明　冯喜良　2015年4月出版／定价：69.00元

滨海金融蓝皮书
滨海新区金融发展报告（2015）
著(编)者：王爱俭　张锐钢　2015年9月出版／估价：79.00元

城乡一体化蓝皮书
中国城乡一体化发展报告（北京卷）（2014~2015）
著(编)者：张宝秀　黄序　2015年5月出版／定价：79.00元

创意城市蓝皮书
北京文化创意产业发展报告（2015）
著(编)者：张京成　2015年11月出版／估价：65.00元

创意城市蓝皮书
无锡文化创意产业发展报告（2015）
著(编)者：谭军　张鸣年　2015年10月出版／估价：75.00元

创意城市蓝皮书
武汉市文化创意产业发展报告（2015）
著(编)者：袁堃　黄永林　2015年11月出版／估价：85.00元

创意城市蓝皮书
重庆创意产业发展报告（2015）
著(编)者：程宇宁　2015年7月出版／估价：89.00元

创意城市蓝皮书
青岛文化创意产业发展报告（2015）
著(编)者：马达　张丹妮　2015年7月出版／估价：79.00元

福建妇女发展蓝皮书
福建省妇女发展报告（2015）
著(编)者：刘群英　2015年10月出版／估价：58.00元

甘肃蓝皮书
甘肃舆情分析与预测（2015）
著(编)者：陈双梅　郝树声　2015年1月出版／估价：79.00元

甘肃蓝皮书
甘肃文化发展分析与预测（2015）
著(编)者：安文华　周小华　2015年1月出版／定价：79.00元

甘肃蓝皮书
甘肃社会发展分析与预测（2015）
著(编)者：安文华　包晓霞　2015年1月出版／定价：79.00元

甘肃蓝皮书
甘肃经济发展分析与预测（2015）
著(编)者：朱智文　罗哲　2015年1月出版／定价：79.00元

甘肃蓝皮书
甘肃县域经济综合竞争力评价（2015）
著(编)者：刘进军　2015年7月出版／估价：69.00元

甘肃蓝皮书
甘肃县域社会发展评价报告（2015）
著(编)者：刘进军　柳民　王建兵　2015年1月出版／定价：79.00元

广东蓝皮书
广东省电子商务发展报告（2015）
著(编)者：程晓　2015年12月出版／估价：69.00元

广东蓝皮书
广东社会工作发展报告（2015）
著(编)者：罗观翠　2015年7月出版／估价：89.00元

广东社会建设蓝皮书
广东省社会建设发展报告（2015）
著(编)者：广东省社会工作委员会　2015年10月出版／估价：89.00元

广东外经贸蓝皮书
广东对外经济贸易发展研究报告（2014~2015）
著(编)者：陈万灵　2015年7月出版／估价：89.00元

广西北部湾经济区蓝皮书
广西北部湾经济区开放开发报告（2015）
著(编)者：广西北部湾经济区规划建设管理委员会办公室　广西社会科学院　广西北部湾发展研究院
2015年8月出版／估价：79.00元

广州蓝皮书
广州社会保障发展报告（2015）
著(编)者：蔡国萱　2015年7月出版／估价：65.00元

广州蓝皮书
2015年中国广州社会形势分析与预测
著(编)者：张强　陈怡霓　杨秦　2015年6月出版／定价：79.00元

广州蓝皮书
广州经济发展报告（2015）
著(编)者：李江涛　朱名宏　2015年7月出版／估价：69.00元

广州蓝皮书
广州商贸业发展报告（2015）
著(编)者：李江涛　王旭东　荀振英　2015年7月出版／估价：69.00元

广州蓝皮书
2015年中国广州经济形势分析与预测
著(编)者：庾建设　沈奎　谢博能
2015年6月出版／定价：79.00元

广州蓝皮书
中国广州文化发展报告（2015）
著(编)者：徐俊忠　陆志强　顾涧清
2015年7月出版／估价：69.00元

广州蓝皮书
广州农村发展报告（2015）
著(编)者：李江涛　汤锦华　2015年8月出版／估价：69.00元

广州蓝皮书
中国广州城市建设与管理发展报告（2015）
著(编)者：董皞　冼伟雄　2015年7月出版／估价：69.00元

地方发展类 皮书系列 2015全品种

广州蓝皮书
中国广州科技和信息化发展报告（2015）
著（编）者：邹采荣 马正勇 冯元
2015年7月出版 / 估价：79.00元

广州蓝皮书
广州创新型城市发展报告（2015）
著（编）者：李江涛 2015年7月出版 / 估价：69.00元

广州蓝皮书
广州文化创意产业发展报告（2015）
著（编）者：甘新 2015年8月出版 / 估价：79.00元

广州蓝皮书
广州志愿服务发展报告（2015）
著（编）者：魏国华 张强 2015年9月出版 / 估价：69.00元

广州蓝皮书
广州城市国际化发展报告（2015）
著（编）者：朱名宏 2015年9月出版 / 估价：59.00元

广州蓝皮书
广州汽车产业发展报告（2015）
著（编）者：李江涛 杨再高 2015年9月出版 / 估价：69.00元

贵州房地产蓝皮书
贵州房地产发展报告（2015）
著（编）者：武廷方 2015年6月出版 / 定价：89.00元

贵州蓝皮书
贵州人才发展报告（2015）
著（编）者：于杰 吴大华 2015年7月出版 / 估价：69.00元

贵州蓝皮书
贵安新区发展报告（2014）
著（编）者：马长青 吴大华 2015年4月出版 / 估价：69.00元

贵州蓝皮书
贵州社会发展报告（2015）
著（编）者：王兴骥 2015年5月出版 / 定价：79.00元

贵州蓝皮书
贵州法治发展报告（2015）
著（编）者：吴大华 2015年5月出版 / 定价：79.00元

贵州蓝皮书
贵州国有企业社会责任发展报告（2015）
著（编）者：郭丽 2015年10月出版 / 估价：79.00元

海淀蓝皮书
海淀区文化和科技融合发展报告（2015）
著（编）者：孟景伟 陈名杰 2015年7月出版 / 估价：75.00元

海峡西岸蓝皮书
海峡西岸经济区发展报告（2015）
著（编）者：黄端 2015年9月出版 / 估价：65.00元

杭州都市圈蓝皮书
杭州都市圈发展报告（2015）
著（编）者：董祖德 沈翔 2015年7月出版 / 估价：89.00元

杭州蓝皮书
杭州妇女发展报告（2015）
著（编）者：魏颖 2015年4月出版 / 定价：79.00元

河北经济蓝皮书
河北省经济发展报告（2015）
著（编）者：马树强 金浩 刘兵 张贵 2015年3月出版 / 定价：89.00元

河北蓝皮书
河北经济社会发展报告（2015）
著（编）者：周文夫 2015年1月出版 / 定价：79.00元

河北食品药品安全蓝皮书
河北食品药品安全研究报告（2015）
著（编）者：丁锦霞 2015年6月出版 / 定价：79.00元

河南经济蓝皮书
2015年河南经济形势分析与预测
著（编）者：胡五岳 2015年2月出版 / 定价：69.00元

河南蓝皮书
河南城市发展报告（2015）
著（编）者：谷建全 王建国 2015年3月出版 / 定价：79.00元

河南蓝皮书
2015年河南社会形势分析与预测
著（编）者：刘道兴 牛苏林 2015年4月出版 / 定价：69.00元

河南蓝皮书
河南工业发展报告（2015）
著（编）者：龚绍东 赵西三 2015年1月出版 / 定价：79.00元

河南蓝皮书
河南文化发展报告（2015）
著（编）者：卫绍生 2015年3月出版 / 定价：79.00元

河南蓝皮书
河南经济发展报告（2015）
著（编）者：喻新安 2014年12月出版 / 定价：79.00元

河南蓝皮书
河南法治发展报告（2015）
著（编）者：丁同民 阎德民 2015年7月出版 / 估价：79.00元

河南蓝皮书
河南金融发展报告（2015）
著（编）者：喻新安 谷建全 2015年6月出版 / 估价：79.00元

河南蓝皮书
河南农业农村发展报告（2015）
著（编）者：吴海峰 2015年4月出版 / 定价：69.00元

河南商务蓝皮书
河南商务发展报告（2015）
著（编）者：焦锦淼 穆荣国 2015年4月出版 / 定价：88.00元

黑龙江产业蓝皮书
黑龙江产业发展报告（2015）
著（编）者：于渤 2015年9月出版 / 估价：79.00元

黑龙江蓝皮书
黑龙江经济发展报告（2015）
著（编）者：曲伟 2015年1月出版 / 定价：79.00元

黑龙江蓝皮书
黑龙江社会发展报告（2015）
著（编）者：张新颖 2015年1月出版 / 定价：79.00元

皮书系列 2015全品种 — 地方发展类

湖北文化蓝皮书
湖北文化发展报告（2015）
著(编)者：江畅 吴成国　　2015年7月出版／估价：89.00元

湖南城市蓝皮书
区域城市群整合
著(编)者：童中贤 韩未名　　2015年12月出版／估价：79.00元

湖南蓝皮书
2015年湖南电子政务发展报告
著(编)者：梁志峰　　2015年5月出版／定价：98.00元

湖南蓝皮书
2015年湖南社会发展报告
著(编)者：梁志峰　　2015年5月出版／定价：98.00元

湖南蓝皮书
2015年湖南产业发展报告
著(编)者：梁志峰　　2015年5月出版／定价：98.00元

湖南蓝皮书
2015年湖南经济展望
著(编)者：梁志峰　　2015年5月出版／定价：128.00元

湖南蓝皮书
2015年湖南县域经济社会发展报告
著(编)者：梁志峰　　2015年5月出版／定价：98.00元

湖南蓝皮书
2015年湖南两型社会与生态文明发展报告
著(编)者：梁志峰　　2015年5月出版／定价：98.00元

湖南县域绿皮书
湖南县域发展报告No.2
著(编)者：朱有志　　2015年7月出版／估价：69.00元

沪港蓝皮书
沪港发展报告（2014~2015）
著(编)者：尤安山　　2015年4月出版／定价：89.00元

吉林蓝皮书
2015年吉林经济社会形势分析与预测
著(编)者：马克　　2015年2月出版／定价：89.00元

济源蓝皮书
济源经济社会发展报告（2015）
著(编)者：喻新安　　2015年4月出版／定价：69.00元

健康城市蓝皮书
北京健康城市建设研究报告（2015）
著(编)者：王鸿春　　2015年4月出版／定价：79.00元

江苏法治蓝皮书
江苏法治发展报告（2015）
著(编)者：李力 龚廷泰　　2015年9月出版／估价：98.00元

京津冀蓝皮书
京津冀发展报告（2015）
著(编)者：文魁 祝尔娟　　2015年4月出版／定价：89.00元

经济特区蓝皮书
中国经济特区发展报告（2015）
著(编)者：陶一桃　　2015年7月出版／估价：89.00元

辽宁蓝皮书
2015年辽宁经济社会形势分析与预测
著(编)者：曹晓峰 张晶 梁启东　　2014年12月出版／定价：79.00元

南京蓝皮书
南京文化发展报告（2015）
著(编)者：南京文化产业研究中心　　2015年12月出版／估价：79.00元

内蒙古蓝皮书
内蒙古反腐倡廉建设报告（2015）
著(编)者：张志华 无极　　2015年12月出版／估价：69.00元

浦东新区蓝皮书
上海浦东经济发展报告（2015）
著(编)者：沈开艳 陆沪根　　2015年1月出版／定价：69.00元

青海蓝皮书
2015年青海经济社会形势分析与预测
著(编)者：赵宗福　　2014年12月出版／定价：69.00元

人口与健康蓝皮书
深圳人口与健康发展报告（2015）
著(编)者：曾序春　　2015年12月出版／估价：89.00元

山东蓝皮书
山东社会形势分析与预测（2015）
著(编)者：张华 唐洲雁　　2015年7月出版／估价：89.00元

山东蓝皮书
山东经济形势分析与预测（2015）
著(编)者：张华 唐洲雁　　2015年7月出版／估价：89.00元

山东蓝皮书
山东文化发展报告（2015）
著(编)者：张华 唐洲雁　　2015年7月出版／估价：98.00元

山西蓝皮书
山西资源型经济转型发展报告（2015）
著(编)者：李志强　　2015年5月出版／估价：89.00元

陕西蓝皮书
陕西经济发展报告（2015）
著(编)者：任宗哲 白宽犁 裴成荣　　2015年1月出版／定价：69.00元

陕西蓝皮书
陕西社会发展报告（2015）
著(编)者：任宗哲 白宽犁 牛昉　　2015年1月出版／定价：69.00元

陕西蓝皮书
陕西文化发展报告（2015）
著(编)者：任宗哲 白宽犁 王长寿　　2015年1月出版／定价：65.00元

陕西蓝皮书
丝绸之路经济带发展报告（2015）
著(编)者：任宗哲 石英 白宽犁
2015年8月出版／估价：79.00元

上海蓝皮书
上海文学发展报告（2015）
著(编)者：陈圣来　　2015年1月出版／定价：69.00元

上海蓝皮书
上海文化发展报告（2015）
著(编)者：荣跃明　　2015年1月出版／定价：74.00元

地方发展类·国别与地区类 皮书系列 2015全品种

上海蓝皮书
上海资源环境发展报告（2015）
著(编)者：周冯琦 汤庆合 任文伟
2015年1月出版 / 定价:69.00元

上海蓝皮书
上海社会发展报告（2015）
著(编)者：杨雄 周海旺 2015年1月出版 / 定价:69.00元

上海蓝皮书
上海经济发展报告（2015）
著(编)者：沈开艳 2015年1月出版 / 定价:69.00元

上海蓝皮书
上海传媒发展报告（2015）
著(编)者：强荧 焦雨虹 2015年1月出版 / 定价:69.00元

上海蓝皮书
上海法治发展报告（2015）
著(编)者：叶青 2015年5月出版 / 定价:69.00元

上饶蓝皮书
上饶发展报告（2015）
著(编)者：朱寅健 2015年7月出版 / 估价:128.00元

社会建设蓝皮书
2015年北京社会建设分析报告
著(编)者：宋贵伦 冯虹 2015年7月出版 / 估价:79.00元

深圳蓝皮书
深圳劳动关系发展报告（2015）
著(编)者：汤庭芬 2015年7月出版 / 估价:75.00元

深圳蓝皮书
深圳经济发展报告（2015）
著(编)者：张骁儒 2015年7月出版 / 定价:79.00元

深圳蓝皮书
深圳社会发展报告（2015）
著(编)者：叶民辉 张骁儒 2015年7月出版 / 估价:89.00元

深圳蓝皮书
深圳法治发展报告（2015）
著(编)者：张骁儒 2015年5月出版 / 定价:69.00元

四川蓝皮书
四川文化产业发展报告（2015）
著(编)者：侯水平 2015年4月出版 / 定价:79.00元

四川蓝皮书
四川企业社会责任研究报告（2014~2015）
著(编)者：侯水平 盛毅 2015年4月出版 / 定价:79.00元

四川蓝皮书
四川法治发展报告（2015）
著(编)者：郑泰安 2015年1月出版 / 定价:69.00元

四川蓝皮书
四川生态建设报告（2015）
著(编)者：李晟之 2015年4月出版 / 定价:79.00元

四川蓝皮书
四川城镇化发展报告（2015）
著(编)者：侯水平 范秋美 2015年4月出版 / 定价:79.00元

四川蓝皮书
四川社会发展报告（2015）
著(编)者：郭晓鸣 2015年4月出版 / 定价:79.00元

四川蓝皮书
2015年四川经济发展形势分析与预测
著(编)者：杨钢 2015年1月出版 / 定价:89.00元

四川法治蓝皮书
四川依法治省年度报告No.1（2015）
著(编)者：李林 杨天宗 田禾 2015年3月出版 / 定价:108.00元

天津金融蓝皮书
天津金融发展报告（2015）
著(编)者：王爱俭 杜强 2015年9月出版 / 估价:89.00元

温州蓝皮书
2015年温州经济社会形势分析与预测
著(编)者：潘忠强 王春光 金浩 2015年4月出版 / 定价:69.00元

扬州蓝皮书
扬州经济社会发展报告（2015）
著(编)者：丁纯 2015年12月出版 / 估价:89.00元

长株潭城市群蓝皮书
长株潭城市群发展报告（2015）
著(编)者：张萍 2015年7月出版 / 定价:69.00元

郑州蓝皮书
2015年郑州文化发展报告
著(编)者：王哲 2015年9月出版 / 定价:65.00元

中医文化蓝皮书
北京中医药文化传播发展报告（2015）
著(编)者：毛嘉陵 2015年5月出版 / 定价:79.00元

珠三角流通蓝皮书
珠三角商圈发展研究报告（2015）
著(编)者：林至颖 王先庆 2015年7月出版 / 估价:98.00元

国别与地区类

阿拉伯黄皮书
阿拉伯发展报告（2015）
著(编)者：马晓霖 2015年7月出版 / 估价:79.00元

北部湾蓝皮书
泛北部湾合作发展报告（2015）
著(编)者：吕余生 2015年8月出版 / 估价:69.00元

皮书系列 2015 全品种 — 国别与地区类

大湄公河次区域蓝皮书
大湄公河次区域合作发展报告（2015）
著(编)者:刘稚　2015年9月出版 / 估价:79.00元

大洋洲蓝皮书
大洋洲发展报告（2015）
著(编)者:喻常森　2015年8月出版 / 估价:89.00元

德国蓝皮书
德国发展报告（2015）
著(编)者:郑春荣 伍慧萍　2015年5月出版 / 定价:69.00元

东北亚黄皮书
东北亚地区政治与安全（2015）
著(编)者:黄凤志 刘清才 张慧智
2015年7月出版 / 估价:69.00元

东盟黄皮书
东盟发展报告（2015）
著(编)者:崔晓麟　2015年7月出版 / 估价:75.00元

东南亚蓝皮书
东南亚地区发展报告（2015）
著(编)者:王勤　2015年7月出版 / 估价:79.00元

俄罗斯黄皮书
俄罗斯发展报告（2015）
著(编)者:李永全　2015年7月出版 / 估价:79.00元

非洲黄皮书
非洲发展报告（2015）
著(编)者:张宏明　2015年7月出版 / 估价:79.00元

国际形势黄皮书
全球政治与安全报告（2015）
著(编)者:李慎明 张宇燕　2015年1月出版 / 定价:69.00元

韩国蓝皮书
韩国发展报告（2015）
著(编)者:刘宝全 牛林杰　2015年8月出版 / 估价:79.00元

加拿大蓝皮书
加拿大发展报告（2015）
著(编)者:仲伟合　2015年4月出版 / 定价:89.00元

拉美黄皮书
拉丁美洲和加勒比发展报告（2014~2015）
著(编)者:吴白乙　2015年5月出版 / 估价:89.00元

美国蓝皮书
美国研究报告（2015）
著(编)者:郑秉文 黄平　2015年6月出版 / 定价:89.00元

缅甸蓝皮书
缅甸国情报告（2015）
著(编)者:李晨阳　2015年8月出版 / 估价:79.00元

欧洲蓝皮书
欧洲发展报告（2015）
著(编)者:周弘　2015年7月出版 / 估价:89.00元

葡语国家蓝皮书
葡语国家发展报告（2015）
著(编)者:对外经济贸易大学区域国别研究所　葡语国家研究中心
2015年7月出版 / 估价:89.00元

葡语国家蓝皮书
中国与葡语国家关系发展报告·巴西（2014）
著(编)者:澳门科技大学　2015年7月出版 / 估价:89.00元

日本经济蓝皮书
日本经济与中日经贸关系研究报告（2015）
著(编)者:王洛林 张季风　2015年5月出版 / 定价:79.00元

日本蓝皮书
日本研究报告（2015）
著(编)者:李薇　2015年4月出版 / 定价:69.00元

上海合作组织黄皮书
上海合作组织发展报告（2015）
著(编)者:李进峰 吴宏伟 李伟
2015年9月出版 / 估价:89.00元

世界创新竞争力黄皮书
世界创新竞争力发展报告（2015）
著(编)者:李闽榕 李建平 赵新力
2015年12月出版 / 估价:148.00元

土耳其蓝皮书
土耳其发展报告（2015）
著(编)者:郭长刚 刘义　2015年7月出版 / 估价:89.00元

图们江区域合作蓝皮书
图们江区域合作发展报告（2015）
著(编)者:李铁　2015年4月出版 / 定价:98.00元

亚太蓝皮书
亚太地区发展报告（2015）
著(编)者:李向阳　2015年1月出版 / 定价:59.00元

印度蓝皮书
印度国情报告（2015）
著(编)者:吕昭义　2015年7月出版 / 估价:89.00元

印度洋地区蓝皮书
印度洋地区发展报告（2015）
著(编)者:汪戎　2015年5月出版 / 定价:89.00元

中东黄皮书
中东发展报告（2015）
著(编)者:杨光　2015年11月出版 / 估价:89.00元

中欧关系蓝皮书
中欧关系研究报告（2015）
著(编)者:周弘　2015年12月出版 / 估价:98.00元

中亚黄皮书
中亚国家发展报告（2015）
著(编)者:孙力 吴宏伟　2015年9月出版 / 估价:89.00元

中国皮书网

www.pishu.cn

发布皮书研创资讯，传播皮书精彩内容
引领皮书出版潮流，打造皮书服务平台

栏目设置：

- □ 资讯：皮书动态、皮书观点、皮书数据、皮书报道、皮书发布、电子期刊
- □ 标准：皮书评价、皮书研究、皮书规范
- □ 服务：最新皮书、皮书书目、重点推荐、在线购书
- □ 链接：皮书数据库、皮书博客、皮书微博、在线书城
- □ 搜索：资讯、图书、研究动态、皮书专家、研创团队

中国皮书网依托皮书系列"权威、前沿、原创"的优质内容资源，通过文字、图片、音频、视频等多种元素，在皮书研创者、使用者之间搭建了一个成果展示、资源共享的互动平台。

自 2005 年 12 月正式上线以来，中国皮书网的 IP 访问量、PV 浏览量与日俱增，受到海内外研究者、公务人员、商务人士以及专业读者的广泛关注。

2008 年、2011 年，中国皮书网均在全国新闻出版业网站荣誉评选中获得"最具商业价值网站"称号；2012 年，获得"出版业网站百强"称号。

2014 年，中国皮书网与皮书数据库实现资源共享，端口合一，将提供更丰富的内容，更全面的服务。

权威报告　热点资讯　海量资源

当代中国与世界发展的高端智库平台

皮书数据库 www.pishu.com.cn

皮书数据库是专业的人文社会科学综合学术资源总库,以大型连续性图书——皮书系列为基础,整合国内外相关资讯构建而成。包含七大子库,涵盖两百多个主题,囊括了近十几年间中国与世界经济社会发展报告,覆盖经济、社会、政治、文化、教育、国际问题等多个领域。

皮书数据库以篇章为基本单位,方便用户对皮书内容的阅读需求。用户可进行全文检索,也可对文献题目、内容提要、作者名称、作者单位、关键字等基本信息进行检索,还可对检索到的篇章再做二次筛选,进行在线阅读或下载阅读。智能多维度导航,可使用户根据自己熟知的分类标准进行分类导航筛选,使查找和检索更高效、便捷。

权威的研究报告,独特的调研数据,前沿的热点资讯,皮书数据库已发展成为国内最具影响力的关于中国与世界现实问题研究的成果库和资讯库。

皮书俱乐部会员服务指南

1. 谁能成为皮书俱乐部成员?
● 皮书作者自动成为俱乐部会员
● 购买了皮书产品(纸质书/电子书)的个人用户

2. 会员可以享受的增值服务
● 免费获赠皮书数据库100元充值卡
● 加入皮书俱乐部,免费获赠该纸质图书的电子书
● 免费定期获赠皮书电子期刊
● 优先参与各类皮书学术活动
● 优先享受皮书产品的最新优惠

3. 如何享受增值服务?
(1)免费获赠100元皮书数据库体验卡
第1步 刮开皮书附赠充值的涂层(右下);
第2步 登录皮书数据库网站
(www.pishu.com.cn),注册账号;

第3步 登录并进入"会员中心"—"在线充值"—"充值卡充值",充值成功后即可使用。

(2)加入皮书俱乐部,凭数据库体验卡获赠该书的电子书
第1步 登录社会科学文献出版社官网(www.ssap.com.cn),注册账号;
第2步 登录并进入"会员中心"—"皮书俱乐部",提交加入皮书俱乐部申请;
第3步 审核通过后,再次进入皮书俱乐部,填写页面所需图书、体验卡信息即可自动兑换相应电子书。

4. 声明
解释权归社会科学文献出版社所有

皮书俱乐部会员可享受社会科学文献出版社其他相关免费增值服务,有任何疑问,均可与我们联系。
图书销售热线:010-59367070/7028　图书服务QQ:800045692　图书服务邮箱:duzhe@ssap.cn
数据库服务热线:400-008-6695　数据库服务QQ:2475522410　数据库服务邮箱:database@ssap.cn
欢迎登录社会科学文献出版社官网(www.ssap.com.cn)和中国皮书网(www.pishu.cn)了解更多信息

皮书大事记
（2014）

☆ 2014年10月，中国社会科学院2014年度皮书纳入创新工程学术出版资助名单正式公布，相关资助措施进一步落实。

☆ 2014年8月，由中国社会科学院主办，贵州省社会科学院、社会科学文献出版社承办的"第十五次全国皮书年会（2014）"在贵州贵阳隆重召开。

☆ 2014年8月，第二批淘汰的27种皮书名单公布。

☆ 2014年7月，第五届优秀皮书奖评审会在京召开。本届优秀皮书奖首次同时评选优秀皮书和优秀皮书报告。

☆ 2014年7月，第三届皮书学术评审委员会于北京成立。

☆ 2014年6月，社会科学文献出版社与北京报刊发行局签订合同，将部分重点皮书纳入邮政发行系统。

☆ 2014年6月，《中国社会科学院皮书管理办法》正式颁布实施。

☆ 2014年4月，出台《社会科学文献出版社关于加强皮书编审工作的有关规定》《社会科学文献出版社皮书责任编辑管理规定》《社会科学文献出版社关于皮书准入与退出的若干规定》。

☆ 2014年1月，首批淘汰的44种皮书名单公布。

☆ 2014年1月，"2013(第七届)全国新闻出版业网站年会"在北京举办，中国皮书网被评为"最具商业价值网站"。

☆ 2014年1月，社会科学文献出版社在原皮书评价研究中心的基础上成立了皮书研究院。

皮书数据库
www.pishu.com.cn

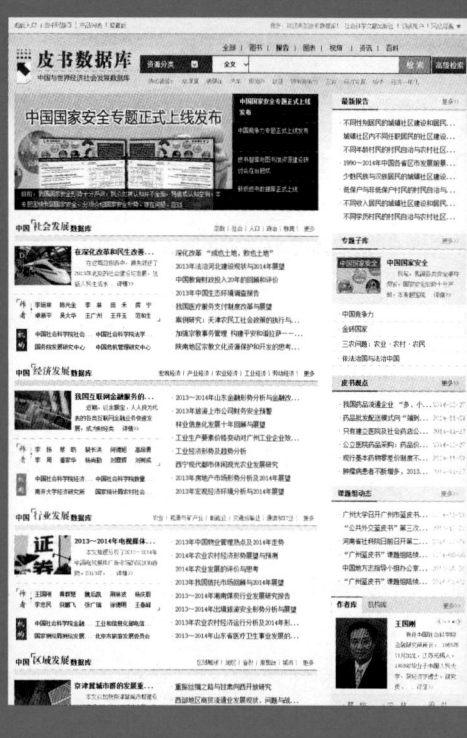

皮书数据库三期

- 皮书数据库（SSDB）是社会科学文献出版社整合现有皮书资源开发的在线数字产品，全面收录"皮书系列"的内容资源，并以此为基础整合大量相关资讯构建而成。

- 皮书数据库现有中国经济发展数据库、中国社会发展数据库、世界经济与国际政治数据库等子库，覆盖经济、社会、文化等多个行业、领域，现有报告30000多篇，总字数超过5亿字，并以每年4000多篇的速度不断更新累积。

- 新版皮书数据库主要围绕存量+增量资源整合、资源编辑标引体系建设、产品架构设置优化、技术平台功能研发等方面开展工作，并将中国皮书网与皮书数据库合二为一联体建设，旨在以"皮书研创出版、信息发布与知识服务平台"为基本功能定位，打造一个全新的皮书品牌综合门户平台，为您提供更优质更到位的服务。

更多信息请登录

中国皮书网的BLOG（编辑）
http://blog.sina.com.cn/pishu

中国皮书网	皮书微博	皮书博客	皮书微信
http://www.pishu.cn	http://weibo.com/pishu	http://blog.sina.com.cn/pishu	皮书说

请到各地书店皮书专架/专柜购买，也可办理邮购

咨询/邮购部电话：	010-59367028 59367070	邮 箱：duzhe@ssap.cn

邮购地址： 北京市西城区北三环中路甲29号院3号楼华龙大厦13层读者服务中心
邮 编： 100029
银行户名： 社会科学文献出版社
开户银行： 中国工商银行北京北太平庄支行
账 号： 0200010019200365434
网上书店： 010-59367070   qq：1265056568
网 址： www.ssap.com.cn   www.pishu.com

总 编／张京成

武汉文化创意产业发展报告（2015）

WUHAN REPORT ON CULTURAL AND CREATIVE INDUSTRIES (2015)

主　编／黄永林　陈汉桥
副主编／吴天勇　詹一虹　谈国新

社会科学文献出版社
SOCIAL SCIENCES ACADEMIC PRESS (CHINA)

图书在版编目(CIP)数据

武汉文化创意产业发展报告.2015/黄永林,陈汉桥主编.
—北京:社会科学文献出版社,2015.9
(创意城市蓝皮书)
ISBN 978-7-5097-8087-9

Ⅰ.①武… Ⅱ.①黄… ②陈… Ⅲ.①文化产业-产业发展-研究报告-武汉市-2015 Ⅳ.①G127.631

中国版本图书馆CIP数据核字(2015)第225669号

创意城市蓝皮书
武汉文化创意产业发展报告(2015)

主　　编／黄永林　陈汉桥
副 主 编／吴天勇　詹一虹　谈国新

出 版 人／谢寿光
项目统筹／恽　薇　冯咏梅
责任编辑／冯咏梅

出　　版／社会科学文献出版社·经济与管理出版分社 (010)59367226
　　　　　 地址:北京市北三环中路甲29号院华龙大厦 邮编:100029
　　　　　 网址:www.ssap.com.cn

发　　行／市场营销中心 (010)59367081　59367090
　　　　　 读者服务中心 (010)59367028

印　　装／北京季蜂印刷有限公司

规　　格／开　本:787mm×1092mm　1/16
　　　　　 印　张:24.5　字　数:410千字

版　　次／2015年9月第1版　2015年9月第1次印刷
书　　号／ISBN 978-7-5097-8087-9
定　　价／99.00元

皮书序列号／B-2013-320

本书如有破损、缺页、装订错误,请与本社读者服务中心联系更换

▲ 版权所有 翻印必究

《创意城市蓝皮书》总序

张京成

城市是生产力发展到一定阶段的产物,并随着生产力的发展而不断升级。时至今日,伴随着工业文明的推进和文化的提升,以及服务业的大力发展,经济增长方式的转变和产业结构的调整正在推动一部分城市向着一个前所未有的高度迈进,这就是创意城市。

创意城市已经为众多有识之士所关注、所认同、所思考。在全球性竞争日趋激烈、资源环境束缚日渐紧迫的形势下,城市对可持续发展的追求,必然要大力发展附加值高、渗透性强、成效显著的创意经济。创意经济的发展实质上就是要大力发展创意产业,而城市是创意产业发展的根据地和目的地,创意产业也正是从城市发端、在城市中集聚发展的。创意产业的发展又激发了城市活力,集聚了创意人才,提升了城市的文化品位和整体形象。

纵观伦敦、纽约、东京、巴黎、米兰等众所周知的创意城市,其共同特征大都离不开创意经济:首先,这些城市都在历史上积累了一定的经济、文化和科技基础,足以支持创意经济的兴起和长久发展;其次,这些城市都已形成了发达的创意产业,而且能以创意产业支持和推进更为广泛的经济领域创新;最后,这些城市都具备了和谐包容的创意生态,既能涵养相当数量和水平的创意产业消费者,又能集聚和培养众多不同背景和个性的创意产业生产者,使创意经济行为得以顺利开展。

对照上述特征不难发现,我国的一些城市已经或者正在迈向创意城市,从北京、上海等一线城市,到青岛、西安等二线城市,再到义乌、丽江等中小城市,我们自2006年起编撰出版的《中国创意产业发展报告》一直忠实记录着它们的创意轨迹。今天,随着创意产业的蔚然成风,其中的部分城市已经积累了相当丰富的实践经验以及大量可供研究的数据与文字资料,对其进行专门研究的时机已经成熟。

因此,我们决定在《中国创意产业发展报告》的基础上,逐步对中国各主要创意城市的发展状况展开更加深化、细化和个性化的研究与发布,由此即产生了"创意城市蓝皮书",这也是中国创意产业研究中心"创意书系"的重要组成部分。希望这部蓝皮书能够成为中国每一座创意城市的忠实记录者、宣传推介者和研究探索者。

是为序。

Preface to the
Blue Book of Creative Cities

Zhang Jingcheng

City came into being while social productivity has developed into a certain stage and upgrades with the progress of the productivity. Along with the marching of industrial civilization, cultural development, the growth of the service industry, the transformation of economic growth and the adjustment of industrial structure, cities worldwide have by now entered an unprecedented stage as of the era of creative cities.

Creative cities have caught the attention from various fields these years. While the global competition for limited resources gets heated, sustainable development has become the only solution for cities, which brings creative economy of high added value and high efficiency into this historic stage. Creative industries is the parallel phrase to creative economy, which regards cities as the bases and the core of the development, and cities is also the place where creative industries started and clustered. On the other hand, creative industries helped to keep the city vigorous, attract more talents and strengthen the public image of the city.

From the experiences of world cities such as London, New York, Tokyo, Paris, and Milan, creative economy has been their common characteristic. First, histories of these cities have provided them with certain amount of economic, cultural and technological resources, which is the engine to start and maintain creative economy; second, all these cities have had sound creative industries which can function as a driving force for the innovation and economic growth of the city; finally, these cities have fostered harmonious and tolerant creative ecology through time, which conserves consumers of creative industries, while attracting more creative industries practitioners.

It can be seen that some Chinese cities have been showing their tendency on the way to become creative cities, such as large cities of Beijing and Shanghai, medium – size cities of Qingdao, Xi'an and even small cities of Yiwu and Lijiang, whose development paths have been closely followed up in our *Chinese Creative Industries Report* started in 2006. By now, some cities have had rich experiences, comprehensive data and materials worthy to be studied, thus the time to carry out a special research has arrived.

Therefore, based on *Chinese Creative Industries Report*, we decided to conduct a deeper, more detailed and more characteristic research on some active creative cities of China, leading to the birth of Blue Book of Creative Cities, which is also an important part of Creative Series published by China Creative Industries Research Center. We hope this blue book can function as a faithful recorder, promoter and explorer for every creative city of China.

《武汉市文化创意产业发展报告（2015）》编委会

顾　　　　问	万　勇　刘玉珠　王家新　王永章　刘玉堂
编委会主任	马　敏　李述永
编委会副主任	黄永林　陈汉桥　吴志振　陈邂馨　夏亚民 潘建桥　方　洁　迟少华　党　臻　杨世桥 顾亦兵　何　伟
编委会委员	（按姓氏拼音排序） 郭笑撰　胡　娟　纪东东　乐敏霞　李　林 李　蓉　梁彦春　刘　秒　潘利国　孙传明 谈国新　万　磊　王五洲　吴良荣　吴天勇 向卉珍　徐金龙　叶　林　易金莲　詹一虹 张文元　章建育　赵　弢　朱俊华
主　　　　编	黄永林　陈汉桥
副　主　编	吴天勇　詹一虹　谈国新
参编成员	（按姓氏拼音排序） 毕　波　毕　曼　陈　波　崔　婷　傅建新 谷润芳　桂　林　郝挺雷　侯西龙　胡　增 计雅慧　冀　红　蒋海军　金冀亮　邝艳梅 李　明　刘　佳　刘　威　龙　婷　潘紫路

仇志婉	盛从锋	史红玲	史　瑾	孙传明
陶劲松	田　甜	童　丹	王　奥	王贵军
王　欢	魏　森	魏少婧	魏　寅	文立杰
文鹏远	夏　天	夏作为	肖　璐	肖永高
许曼颐	杨海越	叶　林	叶晓飞	余忠良
袁　威	翟艺琳	詹天成	张帮晋	张施冲
张　涛	张文慧	张文元	周卯初	朱博鑫
庄　黎	庄新雪			

主编简介

黄永林 1958年8月生,湖北仙桃人。博士、教授、博士生导师,享受国务院政府特殊津贴。现任华中师范大学副校长、国家文化产业研究中心主任,中国新文学学会会长,中国民俗学会副会长,中国教育会计学会副会长,武汉文化与科技融合专家委员会主任。长期从事文化产业、民间文学、网络文化以及教育财会管理与政策研究。

近年来主持了国家高等教育"211工程"重点学科建设项目"中华民族文化保护、创意与数字化工程",国家文化科技提升计划项目"国家非物质文化遗产保护与传承技术体系的构建",教育部哲学社会科学研究重大课题攻关项目"网络舆论的监测与安全研究",财政部、文化部委托的大型调研项目"中国当代农村文化调查",财政部、教育部项目"新中国成立60年教育财务改革与发展研究"等国家和省部级重点、重大项目20多项。已出版著作30多部,发表论文200多篇,其中20多篇论文被《新华文摘》《人大复印报刊资料》等全文转载。

获得教育部高等学校科学研究优秀成果奖(人文社会科学)学术著作奖、文化部创新奖、中国民间文学学术著作奖、中国民间文艺学"山花奖"学术著作奖、国家教委(教育部)高校优秀教材奖(集体项目)、国家图书奖提名奖(集体项目)、海峡两岸文化创意产业高校研究联盟"特别贡献奖"等奖项10多项。

摘　要

　　文化创意和设计服务与相关产业融合发展成为国家战略，武汉文化创意和设计服务在经济社会各领域、各行业呈现多向交互融合发展的态势，对推动区域经济转型升级和促进文化产业科学发展具有重要意义。本报告以"文化创意产业与相关产业深度融合"为主题，概括了2014年武汉文化创意产业及其与相关产业融合发展的状况，以新兴媒体与传统媒体融合、文化与科技融合、文化与金融融合等领域为切入点，分析了武汉特色文化创意产业行业发展的路径及取得的成果，重点介绍了武汉东湖高新区、江岸区、武昌区、黄陂区、东西湖区文化创意产业发展及其与相关产业融合发展的概况，并对长江日报报业集团、武汉市广播电视台、武汉金运激光股份有限公司、百纳信息技术有限公司等武汉地区文化创意产业与相关产业深度融合的优秀企业进行了深入研究，总结了企业发展的成功经验。同时，报告也指出了现阶段武汉文化创意产业发展面临的困难和挑战，并对未来武汉文化创意产业的发展进行了展望。全书共分为六个部分：第一部分为总报告，第二部分为行业报告，第三部分为区域报告，第四部分为案例分析，第五部分为理论探究，第六部分为附录。

Abstract

The fusional development of cultural creativity and relative industries is becoming the national strategy, and the cultural creativity and design service is showing its posture of multidirectional interactive integration development in every area of economic society today, which has significant meaning to promote regional economic transformation and upgrading, promoting the scientific development of cultural industry. This report sticks to the theme "the fusion of cultural creative industry and relative industries", summarizing the general situation of the fusional development of cultural creative industry and relative industries of Wuhan in 2014. Based on the integration of new media and traditional media, science and technology, culture and finance, it analyzed the paths and achievements of the cultural creative industry in Wuhan, and mainly introduced the fusional development situation of cultural creative industry with other relative industries in East Lake Development Zone, Wuchang District, Huangpi District, Dongxihu District. Furthermore, it went into some enterprises which are good at fusing cultural creative industry and related industries, such as the Yangtze River Daily Newspaper Group, radio and TV station in Wuhan, Wuhan Jin Yun Laser Co., Ltd., baina Information Technology Co., Ltd. and summarize the successful experience of enterprise development. At the same time, the report also pointed out that the current difficulties and challenges that Wuhan cultural creative industry are facing with, and the development of Wuhan cultural creative industry in the future was prospected. The book is divided into six parts: the first part is the general report, the second part is the industry report, the third part is the regional report, the fourth part is case analysis, the fifth part is theory exploration, and the sixth is the appendix.

前　言

当今世界，文化创意产业已成为引领经济发展的重要引擎，其发展规模与水平，也已成为衡量一个国家或地区综合实力的重要标志。当代中国，文化创意产业成为提升国家文化软实力的重要载体，承担着实施国家文化创新、科技创新双轮驱动战略和建设文化强国的重要使命。以习近平同志为总书记的党中央高度重视文化创意产业发展，党的十八大、十八届三中全会、十八届四中全会对文化创意产业的发展做出了新的重大部署。2014年是我国全面深化文化体制改革的元年，中央全面深化改革领导小组第二次会议审议通过的《深化文化体制改革实施方案》明确了改革的指导思想、目标思路、主要任务和政策保障，为今后一个时期的文化改革发展规划了路线图、明确了时间表、布置了任务书。党中央、国务院及有关部门先后发布了《关于推进文化创意和设计服务与相关产业融合发展的若干意见》《关于推动传统媒体和新兴媒体融合发展的指导意见》《关于加快发展对外文化贸易的意见》《关于深入推进文化金融合作的意见》《关于印发文化体制改革中经营性文化事业单位转制为企业和进一步支持文化企业发展两个规定的通知》《关于大力支持小微文化企业发展的实施意见》《关于推动特色文化产业发展的指导意见》等重要文件，出台了一系列有利于文化创意产业发展的政策，吹响了文化创意产业"跨界融合"、文化与科技深度融合、文化与金融合作，以及文化产品"走出去"的号角，有力地推动了文化创意产业的发展。

武汉作为一个有着3500多年历史的文化名城，具有深厚的楚文化、三国文化、辛亥革命文化底蕴，长期以来引领着中华文化的发展。当今武汉，作为国家文化创意勃发的中心城市，在"敢为人先、追求卓越"的武汉精神指引下，紧紧围绕政治经济和社会发展大局，积极建设"文化五城"，大力发展文化创意产业，为建设国家中心城市、复兴大武汉提供了坚强的文化支撑。2014年，武汉市大力推动文化体制机制改革创新，成立了武汉市深化改革领导小组文化体制改革专项小组，研究制定了《全市深化文化体制改革任务清单》和《2014年武汉市文化改革发展主要任务及责任分工》，明确了武汉市文化体制改革的路线图、任务书和时间表。通过进一步深化文化体制改革，完善顶层设计，加大政策供给，落实重大项目，优化发展环境，扩大文化和科技融合，提高文化产业规模化、集约化和专业化水平，推动文化"走出去"战略等措施，武汉市文化创造活力持续迸发，文化新业态迅速成长，文化示范工程亮点纷呈，文化创意产业发展再上台阶，并在部分重点领域和关键环节取得了突破性进展，武汉市文化整体实力和竞争力显著提升。

当前，我国经济发展步入新常态，经济结构不断优化升级，经济增长方式由投资和出口驱动转向消费和创新驱动，产业发展模式从传统的以低端制造业出口为核心的增长模式升级到以创意经济为主要驱动力。武汉正处在建设国家中心城市、复兴大武汉和实现"武汉2049远景目标"的伟大征程中，这需要文化的滋养和推动。从整体出发优化和创新文化创意产业布局，大力发展文化创意产业，是武汉建设国家中心城市、从工业化中后期向工业化后期迈进的必由之路。2014年，武汉城市经济总量突破万亿元，是中国中部地区首个GDP过万亿元的城市，武汉文化创意产业发展势头良好，已进入转型升级的关键时期，以文化产业为代表的服务业产值已占武汉GDP的半壁江山，成为经济发展的新引擎。在新形势下，挑战与机遇并存，困难与希望同在，武汉仍存在一些影响文化创意产业健康快速发展的困难和问题，这些困难和问题的解决，都需要武汉人进一步解放思想、深化改革、消除阻碍、加快发展。

今后，在国家改革试点的大好形势下，在中部崛起战略的指引下，武汉市要积极迎接挑战，抢抓"一带一路"等战略机遇。在经济上，要把武汉市建设成为中部战略支点、长江经济带和中部崛起的龙头，以及引领"中国经济发展第四增长极"的重要中心城市。在文化上，要把武汉建设成为国家文化中心城市和世界创意城市，成为文化创意产业、公共文化服务体系、文化遗产保护的世界智库；打造国际现代都市文明的典范、中华文明走向世界的典范、中国创意都市的典范、高品位宜居城市的典范，努力实现建设国家中心城市、复兴大武汉的发展目标。

《武汉文化创意产业发展报告（2015）》以2014年武汉文化创意产业整体运行情况为研究对象，概述了2014年武汉文化创意产业发展的整体情况，分析了武汉文化创意产业在各区域、各行业的发展现状，并结合武汉文化创意产业多界融合发展的实际，探讨了文化与科技融合、互联网文化产业和传统媒体转型的重要理论和基本规律。全书共分为六个部分。第一部分为总报告，是对武汉文化创意产业整体现状的分析和发展新趋势的描述，结合最新数据整体分析了2014年武汉文化创意产业发展的新背景、新成绩、新举措、新特点和新趋势，对发展中存在的新难点和新问题进行了深入分析，提出了武汉文化创意产业下一步发展的新思路，并对发展前景进行了展望。第二部分为行业报告，对武汉市传统媒体和新兴媒体融合、文化和金融融合发展的行业业态，从理论与实践角度做了深入分析。第三部分为区域报告，选取了武汉市国家级示范基地、东湖高新区、江岸区、武昌区、黄陂区和东西湖区等区域进行重点分析，总结其成功经验并提出了发展对策和建议。第四部分为案例分析，主要选取了4家在融合发展方面表现突出的文化创意企业进行个案研究，通过深入分析它们的成功经验，力图为其他文化创意企业的转型和融合发展提供借鉴经验。第五部分为理论探究，结合文化与科技融合、新媒体融合等当前亟待解决的文化产业热点和难点问题，从理论高度加以研究，以期更好地指导实践。第六部分为附录，以时间为线索对2014年武汉文化创意产业的大事进行了梳理，系统地记录了一年来武汉文化创意产业发展的轨迹。

《武汉文化创意产业发展报告》自2013年问世以来，已连续出版3部，作为中国"创意城市蓝皮书"系列，在学界和业界产生了广泛的影响，也受到了社会各界的关注。研究和写作团队在编撰过程中本着权威性、原创性和前沿性的原则，如实记录武汉文化创意产业发展的轨迹，并为其发展提供智力支持。本报告在写作过程中，作者不同程度地参阅了许多有关文化及文化产业的书刊和武汉文化创意产业发展的相关统计数据与研究成果，武汉市各相关职能部门及文化创意企业也提供了最新的材料和数据。在此，我们向为本报告做出贡献的机构与个人表示感谢。由于编者水平有限，再加上时间仓促，不足之处在所难免，敬请读者批评指正。

编者

2015年6月16日

Preface

In today's world, cultural creative industry has become an important engine of leading the development of economy, its scale and level, also has become a symbol measuring the comprehensive strength of a country or a region. In China, creative industry is on an important mission of promoting national cultural soft power, implementation of national cultural innovation, technological innovation and development of powerful cultural country. The CPC central committee lead by President Xi attaches great importance to the development of cultural creative industry, the 18th CPC National Congress, the Third and fourth Plenary Session of the 18th Central Committee of the Communist Party of China have made a significant new deployment on the development of cultural creative industry. In 2014, We deepen the cultural system reform in our country for the first time, the second session of the central comprehensively deepen reform leading group passed *Implementation Plan on Deepening the Reform of Cultural System*, and cleared the guiding ideology, objectives of reform ideas, the main task and policy guarantee, and planned for road map of cultural reform and development in the future, and cleared about the schedule, arrangement of the specification. The CPC central committee and the relevant departments under the state council has issued *Several Opinions about Promoting Cultural Creativity and Design Services and the Development of the Related Industry Amalgamation*, *Instruction about the Development of Traditional Media and New Media*, *Advices about Speeding up the Development of International Cultural Trade*, *Opinions on In-depth Advancing of Culture and Finance Cooperation*, *Two Notifications about Printing and Distributing of Conversing the For-profit Cultural Institutions into Enterprises in Cultural System and Further Supporting the Development of Cultural Enterprises*, *Opinions about Supporting the Implementation of Micro Cultural Enterprise*, *Instruction of Promoting the Development of Characteristic Culture Industry* and other important documents, issued a series of policies conducive to the development of cultural creative industry, promoting the cultural creative industry "cross-border integration" depth fusion, culture and technology, culture and financial cooperation, as well as the popularizing of cultural products. All in all, it vigorously promoted the development of cultural creative industry.

Wuhan, as a famous cultural city with a history of 3500 years, has a profound cultural background, the Chu culture, the three kingdoms culture, and the Xinhai Revolution, has been leading the development of the Chinese culture. Under the guidance of Wuhan spirit of the "dare to be first, the pursuit of excellence", Wuhan, as a center city with the boom of national cultural creativity, Closely around the political and economic and social development overall situation, actively build "cultural five cities", and vigorously develop the cultural creative industries, which provides strong cultural support in building national center city and great Renaissance Wuhan. In 2014, Wuhan, vigorously promote cultural system and mechanism innovation and set up the city's Special group of cultural system reform, and then formulate *Task List of Deepening the Reform of Cultural System in the City* and *Main Task and Responsibility Division of Labor of Cultural Reform and Development of Wuhan City in 2014*, making clear the roadmap, the specification and schedule of the reform of cultural system in the city. By further deepening the reform of cultural system, and perfecting the top-level design, strengthening policy supply, and implementing the major projects, and optimizing the development environment, and expanding the integration of culture and science and technology, and improving the level of culture industry scale, intensive and professional, and promoting the cultural strategy of "going out". Cultural creativity in Wuhan continues to spurt, and the new forms of culture grow rapidly, the culture demonstration projects are brilliant, and the development of cultural creative industry has come to a new level, and even in some key areas and crucial links has made a breakthrough. The overall strength and competitiveness of culture in Wuhan has improved significantly.

At present, China's economic development step into the new normal, The economic structure is constantly optimized and upgraded, and the way of economic growth shifts from investments and exports to consumption and innovation, the model of industrial development shifts from traditional low-end manufacturing exports to creative economy as the main driving force. Wuhan is on the great journey of constructing national center city, of reviving and of realizing the 2049 vision plan, which needs the nourishment and promotion of culture, optimization and innovation of culture creative industry starting from the whole view, which is the only way for Wuhan to construct national center city from mid-late to late industrialization. In 2014, economic aggregate of Wuhan is over one trillion-dollar, ranking the first in central China. With the great prospect, the development of cultural creative industry has entered the critical period of transformation and upgrading. Represented by the cultural industry of service has accounted for half of GDP in Wuhan, becoming the new engine of economic development. Under the new situation, the challenges and opportunities coexist, just like difficulties and hope, there are still difficulties and problems that affect the rapidly healthy development of cultural creative industry, in order to solve these difficulties and problems, all people in Wuhan are supposed to further emancipate the mind, deepen reform, eliminate obstacles, and speed up the development.

In the future, under the situation of pilot reforms in the country, under the guidance of rise of central China strategy, Wuhan ought to actively meet the challenge, grasp opportunities. In financial terms, we are supposed to be developed into a central strategic fulcrum, into the leader of the Yangtze river economic belt and the rise of central China, and the leader of the fourth growth pole in China. ; In cultural terms, we are supposed to be developed into a national cultural center city and creative city all over the globe: becoming a cultural creative industry, public cultural service system, the world cultural heritage protection think-tank; Building a model of modern urban civilization, the model of the Chinese civilization to the world, China's model of creative city, the high grade model of livable city, and trying to realize goals of the construction of national center city, then reviving Wuhan.

The research object of *Wuhan Report on Cultural and Creative Industries* (2015) is the overall situation of culture creative industry of Wuhan in 2014, and the report summarized the overall situation of cultural creative industry development of Wuhan in 2014, and analyzed the present situation in various regions and industry, and combined with facts of integrational development of cultural creative industries in Wuhan, and discussed the important theory and basic law of the integration of culture and science and technology, and the transformation of the Internet culture industry and traditional media.

The book is divided into five parts, the first part is the general report, and it analyzed overall current situation of cultural creative industry in Wuhan and the description of development of new trend, and it analyzed the new background, new achievements, new measures, new characteristics and new trends of the development of cultural creative industry in Wuhan according to the latest data in 2014 new difficulties and problems existing in development has also been analyzed. Besides, it put forward the next new train of thought on the development of cultural creative industry in Wuhan, and the development foreground is prospected. The second part is the industry report; it made a deep analysis on fusion of traditional media and new media in Wuhan, and the industry of cultural and financial integration development from the Angle of theory and practice. Third part for regional report, it selected and analyzed the national demonstration base, Wuhan east lake development zone, Jiang'an District, Wuchang District, Huangpi District and Dongxihu District, and then summarized successful experience and put forward the development countermeasures and Suggestions. The fourth part is case analysis, it mainly selected the four cultural creative enterprises, which performed very well in integration development and carried out a case study, trying to provide reference to transformation and integration of enterprise development for other cultural and creative enterprise through in-depth analysis of their successful experience. Fifth part is the theory, it combined with the culture and the integration of science and technology, new media, such as the current cultural industry hot and difficult problem to be solved, and studied with better practice from the height of theory. Moreover, the appendix also sorted out the big events of Wuhan cultural creative industry in 2014 according to the clues of time; systematically record each step of development of the cultural creative industry in Wuhan for a year.

Since 2013, *Wuhan Report on Cultural and Creative Industries* (*2015*) has published three books in a row. As China's "Blue Book of Creative Cities" series, which has formed a wide range of influence in the academic and industry community, and has also been caught the attention of the society from all walks of life. During editing, research and writing team truthfully record industry development trajectory of Wuhan cultural creative industry based on the principle of authority, originality and leading, and provide intellectual support for its development. In the process of writing, the writer refers to a lot of books about the culture, the cultural industry and the relative statistic data and research of the cultural creative industry development in

Wuhan in different levels. The related functional departments and cultural creative enterprises in Wuhan city provide the latest materials and data. Here, we are grateful for the contributions of our predecessors' studies and the institutions and individuals. Due to the limited level of editors and the hasty time, welcome your critical comments.

Editor
June 16th, 2015

目 录

BⅠ 总报告

B.1 2014年武汉文化创意产业发展现状与趋势 …………………… 001
    一 2014年武汉文化创意产业发展的新成就和新举措 ………… 002
    二 2014年武汉文化创意产业发展的新特点和新趋势 ………… 022
    三 武汉文化创意产业发展面临的新难点和新问题……………… 029
    四 2015年武汉文化创意产业发展的新思路和新愿景 ………… 038
    五 结语 ……………………………………………………………… 047

BⅡ 行业报告

B.2 传统媒体与新兴媒体融合的理论与实践……………………… 048
B.3 武汉市文化和金融结合的发展路径探索……………………… 074
B.4 发展时尚产业 打造时尚之都………………………………… 089

BⅢ 区域报告

B.5 武汉国家级文化和科技融合示范基地建设发展
    报告（2014年） ………………………………………………… 103

001

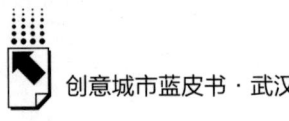

B.6 坚持创新驱动　加大创业扶持
　　——东湖高新区文化产业发展迈入新阶段 …………… 120

B.7 科技引领创新　文化服务发展
　　——江岸区科技助力文化产业的新形势 ………………… 138

B.8 文化创意互相融合　园区集聚建构优势
　　——武昌区文化创意产业发展报告 ……………………… 165

B.9 文化旅游携手并进　产业融合共谋发展
　　——黄陂区文化与旅游融合发展的现状、问题及对策 …… 183

B.10 以创意农业为特色　文化创意产业快速发展
　　——东西湖区文化产业发展报告 ………………………… 195

BⅣ 案例分析

B.11 搭建数字化平台　构"三圈一体"促全媒体转型
　　——全媒体背景下长江日报报业集团发展探析 ………… 212

B.12 拥抱移动互联网　探索媒体融合之路
　　——武汉广电打造移动新媒体"掌上武汉" ……………… 228

B.13 基于O2O商业模式的传统激光企业转型路径探究
　　——以武汉金运激光股份有限公司为例 ………………… 241

B.14 移动互联网时代新兴文化科技企业的突围
　　——以百纳信息技术有限公司为例 ……………………… 254

B.15 用户感知　创通信行业设计解决方案标杆 ……………… 270

B.16 强化客户感知能力　全面提升武重集团品牌价值
　　——"客户至上，体验为王"，开启互联时代
　　　　工业设计新征程 ………………………………………… 279

BⅤ 理论探究

B.17 文化与科技融合视阈下武汉文化创意产业发展路径探析 …… 289

B.18 科技提升武汉文化产业竞争力路径研究 ………………… 307

B.19 新媒体时代武汉地区传统媒体的转型研究 …………………… 323
B.20 武汉文化科技创新体制机制现状及思考 …………………… 337
B.21 "互联网+"文化产业成为经济新的增长动力 ……………… 351

BⅥ 附录

B.22 2014年武汉市文化改革发展大事记 ………………………… 356

CONTENTS

B I General Report

B.1 Present Situation and the Trend of Wuhan Cultural and Creative
Industries in 2014 / 001
    1. New Achievement and New Measures of the Development of
Wuhan Cultural and Creative Industries in 2014 / 002
    2. New Characteristics and New Trend of the Development
of Wuhan Cultural and Creative Industries in 2014 / 022
    3. New Difficulties and New Problems of the Development
of Wuhan Cultural and Creative Industries / 029
    4. New Ideas and New Visions of the Development of
Wuhan Cultural and Creative Industries in 2015 / 038
    5. Conclusions / 047

B II Industry Reports

B.2 Theory and Practice of the Traditional Media and New
Media Integration / 048

B.3 Exploration of Developing Channel of Culture and Finance
Integration in Wuhan / 074

B.4 Developing Fashion Industry and Creating Fashion Capital / 089

CONTENTS

BⅢ Regional Reports

B.5 Report on the Development of National Culture and Science and
Technology Demonstration Base in Wuhan (2014) / 103

B.6 Insisting on Innovation with More Entrepreneurial Support
—*The Cultural Industry in East Lake High-tech Zone has Stepped
Into a New Level* / 120

B.7 Science and Technology Leading Innovation,
Culture Serving for Development
—*New Trend of Cultural Industry Promoted by Science and
Technology in Jiang'an District* / 138

B.8 Combination of Cultural and Creativity, Advantages
of Groups of Industrial Parks
—*Report on the Development of Cultural and Creative
Industry in Wuchang District* / 165

B.9 Culture Industry goes Hand in Hand with Cultural Tourism
—*The Development Status, Problems and Countermeasures of
Culture and Tourism Integration in Huangpi District* / 183

B.10 Featured Creative Agriculture, Rapid Development of
Cultural and Creative Industry
—*Report on Cultural Industry of Dongxihu District* / 195

BⅣ Case Studies

B.11 Building Digital Platform and Promoting Full Media Transformation
by " Integration of Three Circles"
—*Taking the Development of Yangtze Daily Newspaper
Group for Example* / 212

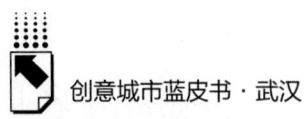

B.12 Embracing Mobile Internet and Exploring the Fusion of Medias
—Building Mobile New Media "Palmtop Wuhan" by Wuhan
Broadcasting Station / 228

B.13 The Exploration of Transformation of Traditional Laser
Business Based on the Pattern of O2O
—Taking Jin Yun Laser for Example / 241

B.14 The Outburst of New Cultural and Technological Enterprises in
Mobile Internet Era
—Taking Baina Information and Technology Co., Ltd. for Example / 254

B.15 User Perception-creating the Benchmarking of Design
Solution of Communication Industry / 270

B.16 Strengthening Customers' Awareness and Improving Value of
Wuzhong Brand
—"The Customer is Supreme, Experience is King", Opening the
New Journey of Industrial Design in Internet Era / 279

B V Theoretical Inqury

B.17 Strategies of the Development of Cultural and Creative Industry
under the Perspective of Culture and Science and
Technology Integration / 289

B.18 Strategies of Improving the Competitiveness of Cultural
Industry by Science and Technology in Wuhan / 307

B.19 Research on Transformation of Traditional Media in Wuhan
under the New Media Age / 323

B.20 The Present Situation and Thoughts on Innovation System of
Culture and Science and Technology in Wuhan / 337

CONTENTS

B.21 The New Engine of Economic Growth — Internet + Cultural Industry / 351

B VI Appendix

B.22 Chronicle of Events of Wuhan's Cultural and Creative Industries in 2014 / 356

总报告

General Report

B.1
2014年武汉文化创意产业发展现状与趋势

黄永林 吴天勇 蒋海军 魏寅 刘佳*

摘 要： 2014年，武汉市文化体制改革纵深推进，文化创意产业发展再上新台阶，并在部分重点领域和关键环节取得了突破性进展，文化改革发展工作呈现新气象和新活力。一是深化了文化改革发展顶层设计；二是建立了国有文化资产监管框架；三是完善了政策措施；四是积极争取各级财政资金的扶持；五是文化创意产业稳步发展，助推新业态迅速成长。本报告以2014年武汉文化创意产业整体运行情况为

---

* 黄永林，华中师范大学副校长、国家文化产业研究中心主任，教授、博士生导师，研究方向：文化遗产与文化产业。吴天勇，武汉市委宣传部副巡视员，研究方向：文化改革与发展。蒋海军，华中师范大学国家文化产业研究中心博士研究生，研究方向：文化资源与文化产业。魏寅，华中师范大学国家文化产业研究中心博士研究生，研究方向：文化资源与文化产业。刘佳，华中师范大学国家文化产业研究中心硕士研究生，研究方向：文化资源与文化产业。

研究对象，通过对武汉文化创意产业整体现状的分析和发展新趋势的描述，指出了消费结构不合理、产业融合程度低、特色文化品牌和高端文化创意产业人才缺失、产业链条延伸不够等问题。本报告还从政府和产业等角度提出了完善规划、优化结构、培育市场主体、实现产学研有效对接和加强产业融合等针对性的建议，并对武汉文化创意产业的发展前景进行了展望。

关键词： 文化创意产业　发展现状　存在问题　路径　展望　武汉

一　2014年武汉文化创意产业发展的新成就和新举措

2014年是武汉市全面深化改革、"创新驱动发展、经济转型升级"的重要一年。武汉市深入贯彻党的十八大和十八届三中、四中全会精神，积极落实《国务院关于推进文化创意和设计服务与相关产业融合发展的若干意见》（国发〔2014〕10号）、《国务院关于加快发展对外文化贸易的意见》（国发〔2014〕13号）等中央文件精神，始终围绕建设国家中心城市、复兴大武汉的奋斗目标，根据"文化五城"（读书之城、艺术之城、博物馆之城、大学之城、设计创意之城）建设的总体部署，通过进一步深化文化体制改革，完善顶层设计，加大政策供给，落实重大项目，优化发展环境，推进文化和科技融合，提高文化产业规模化、集约化和专业化水平，推动文化"走出去"战略等措施，全市文化创造活力持续迸发，文化新业态迅速成长，文化新品牌亮点纷呈，文化创意产业发展再上台阶，城市文化软实力显著提升。

（一）武汉文化创意产业发展的新成就

2014年，武汉文化创意产业增加值持续增长。统计数据显示，2014年武汉市拥有文化创意产业法人单位2.95万户、从业人员46.68万人，文化创意产业法人单位较上年增加0.01万户，从业人员增加2.28万人；全年文化创意产业实现增加值 708.62 亿元，比上年增长 13.0%，增幅高于全市地区生产总值（以下简称 GDP）9.7%的发展速度，占全市 GDP 的比重约为 7.04%，比上年提高了 0.14 个百分点。①

从产业结构情况看，2014 年武汉文化创意产业中服务业、贸易业和制造业分别实现增加值 634.27 亿元、25.65 亿元、48.70 亿元，比上年增长 11.9%、22.1%、23.3%；所占比重与上年相比，服务业占比由上年的 90.4%下降到 89.5%，贸易业占比由上年的 3.3%上升到 3.6%，制造业占比由上年的 6.3%上升到 6.9%，产业结构略有调整，服务业仍然保持产业核心地位（见图 1）。

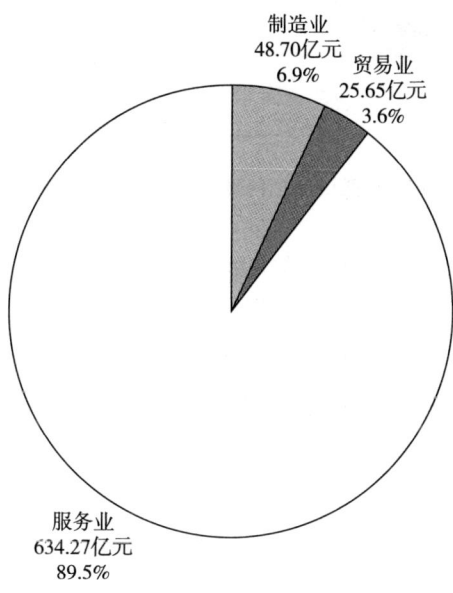

图 1　2014 年武汉文化创意产业增加值构成

从区域分布情况看，2014 年武汉文化创意产业呈现中心城区稳步增长，功能区、新城区加速发展的态势。中心城区实现文化创意产业增加值 445.43 亿元，比上年增长 5.5%，占全市文化创意产业增加值的比重为 62.9%；以东湖高新区

---

① 武汉市统计局：《文化与科技融合产业稳步发展　助推新业态迅速成长》，武汉统计信息网，2015 年 6 月 5 日，http://www.whtj.gov.cn/details.aspx?id=2613。

为首的功能区实现增加值169.62亿元，比上年增长28.8%，占比为23.9%；新城区实现增加值93.57亿元，比上年增长27.7%，占比为13.2%（见图2）。

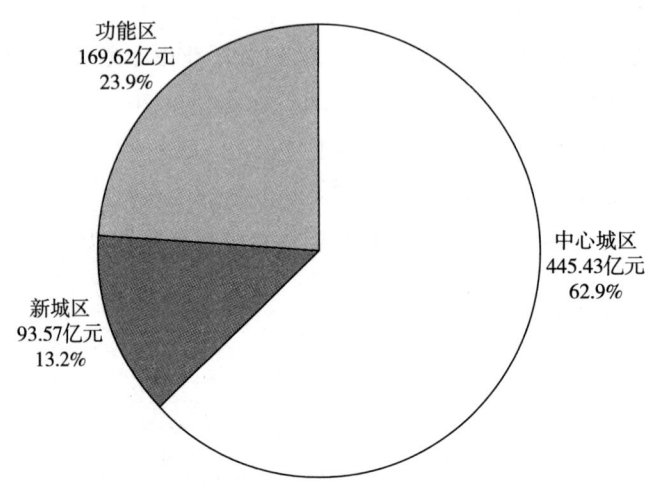

图2　2014年武汉文化创意产业增加值分区占比构成

从各区发展情况看，2014年武汉市各区实现文化创意产业增加值总量规模居前三位的仍是武昌区（152.30亿元）、东湖高新区（114.58亿元）和江汉区（71.01亿元）；与上年相比，江夏区、东西湖区、武汉开发区文化创意产业增加值规模位次有所提升，分别提升2位、1位、1位；汉阳区、黄陂区、东湖风景区位次下降，分别下降2位、1位、1位。文化创意产业增加值增速居前三位的是江夏区（66.18%）、武汉开发区（40.29%）、东湖高新区（29.76%），江夏区增速居各区之首，区内腾讯科技、恒泰有限、知音传媒三大企业拉动全区文化创意产业快速增长（见表1）。

表1　2014年武汉市分区文化创意产业增加值增长及排位情况

单位：亿元，%

地区	增加值				增加值位次		
	2013年	2014年	增速	增速排位	2013年	2014年	排位变化
江岸区	64.8	70.54	8.86	10	4	4	0
江汉区	70.7	71.01	0.44	16	3	3	0
硚口区	49.6	50.09	0.99	14	6	6	0
汉阳区	30.8	31.01	0.68	15	7	9	-2

续表

地区	增加值				增加值位次		
	2013年	2014年	增速	增速排位	2013年	2014年	排位变化
武昌区	138.9	152.30	9.65	8	1	1	0
青山区	6.5	7.69	18.31	6	13	13	0
洪山区	60.8	62.79	3.27	11	5	5	0
东西湖区	28.3	34.70	22.61	5	8	7	+1
汉南区	3.5	4.02	14.86	7	16	16	0
蔡甸区	6.0	6.17	2.83	12	15	15	0
江夏区	13.1	21.77	66.18	1	12	10	+2
黄陂区	16.2	20.61	27.22	4	11	12	-1
新洲区	6.2	6.30	1.61	13	14	14	0
武汉开发区	24.5	34.37	40.29	2	9	8	+1
东湖高新区	88.3	114.58	29.76	3	2	2	0
东湖风景区	18.9	20.66	9.31	9	10	11	-1
武汉化工区	0	0.01			17	17	0
总计	627.1	708.62	13.00				

资料来源：武汉市统计局：《武汉市文化和科技融合产业发展初显成效》，武汉统计信息网，2015年3月17日。武汉市统计局：《文化与科技融合产业稳步发展 助推新业态迅速成长》，武汉统计信息网，2015年6月5日。

从户均增加值水平看，第三次经济普查结果显示，2013年武汉市拥有文化创意产业法人单位2.94万户、从业人员44.4万人；2014年武汉市拥有文化创意产业法人单位2.95万户、从业人员46.68万人，文化创意产业法人单位较上年增加0.01万户，从业人员增加2.28万人。2014年武汉市文化创意产业法人单位户均实现增加值240.25万元，户均规模比上年提高26.86万元。户均增加值高于全市平均水平的有硚口区、武昌区、东西湖区、黄陂区、武汉开发区、东湖高新区和东湖风景区，其中武汉开发区、东湖高新区和东湖风景区户均创造增加值高于全市平均水平1.5倍以上。作为国家级文化和科技融合示范基地的东湖高新区创意产业户均增加值从2013年的479.8万元增加到2014年的611.42万元，户均增加了131.62万元，增长了27.43%。该辖区近年来大力发展动漫游戏产业，提升发展以创意设计、工程设计、工业设计为主的设计服务业，加快发展与文化相关的软件与服务外包产业，创新发展基于移动互联网的网络增值服务产业，重点培育高科技文化装备、数字创意体验、数字出版等一系列新兴产业，吸引了一批文化科技企业和人才，引领文化和科技深度融合发展，对全市文化创意产业发展的贡献较大（见表2）。

表2　2014年武汉市分区文化创意产业户均增加值

单位：万元

地区	户均增加值	位次	地区	户均增加值	位次
江岸区	162.95	11	蔡甸区	149.76	14
江汉区	167.56	10	江夏区	225.60	8
硚口区	297.98	4	黄陂区	289.47	5
汉阳区	191.18	9	新洲区	95.31	16
武昌区	254.30	7	武汉开发区	857.11	2
青山区	95.89	15	东湖高新区	611.42	3
洪山区	152.44	12	东湖风景区	1707.44	1
东西湖区	268.78	6	武汉化工区	8.33	17
汉南区	151.13	13	全市平均	240.25	

资料来源：武汉市统计局：《文化与科技融合产业稳步发展　助推新业态迅速成长》，武汉统计信息网，2015年6月5日。

从规模以上、限额以上企业增长情况看，重点文化创意企业支撑有力，科技型企业高速增长。2014年武汉市拥有规模以上、限额以上文化与科技融合企业957户，比上年增加107户；拥有从业人员17.63万人，增长15.2%；实现增加值427.59亿元，约占全市文化创意产业增加值的六成；拥有年营业收入超亿元的文化创意企业212户，实现增加值356.68亿元，占全市文化创意产业的半壁江山（见表3）。腾讯科技（武汉）有限公司、软通动力技术服务有限公司、湖北精英盛华信息科技有限公司、东风设计研究院有限公司、联想移动通信软件（武汉）有限公司、湖北省广播电视信息网络股份有限公司和武大吉奥信息技术有限公司等年营业收入在亿元以上的科技型文化企业实现增加值均比上年增长60%以上。大企业的高速增长，带动了全市文化创意产业的稳步发展。

表3 2014年武汉市规模以上、限额以上文化创意企业增长情况

指标	2013年	2014年	增速(%)
法人单位数(户)	850	957	12.6
从业人数(万人)	15.3	17.63	15.2
增加值(亿元)	389.5	427.59	9.8
营业收入超亿元企业数(户)	205	212	3.4

资料来源：武汉市统计局：《武汉市文化和科技融合产业发展初显成效》，武汉统计信息网，2015年3月17日。武汉市统计局：《文化与科技融合产业稳步发展　助推新业态迅速成长》，武汉统计信息网，2015年6月5日。

（二）武汉文化创意产业发展的新背景与新举措

1. 宏观经济快速发展助力文化创意产业发展

2014年，武汉市面对经济下行压力，积极落实稳增长、促改革、调结构、惠民生各项措施，持续推进"五大计划"，经济总量突破万亿元大关，产业结构持续优化，城市功能日趋完善，民生保障不断增强，为文化创意产业发展提供了经济保障并奠定了较好的基础。

武汉市统计局发布的《2014年武汉市国民经济和社会发展统计公报》显示，2014年武汉市GDP达到10069.48亿元，突破万亿元大关，按可比价格计算，比上年增长9.7%，高于全国平均水平2.3个百分点，成为目前中部地区唯一生产总值过万亿元的城市。其中，第一产业增加值为350.06亿元，增长5.0%；第二产业增加值为4785.66亿元，增长10.2%；第三产业增加值为4933.76亿元，增长9.5%。第一、第二、第三产业比重由上年的3.7∶48.6∶47.7调整为3.5∶47.5∶49.0，第三产业占比提高1.3个百分点。①

2014年，武汉市13个区完成生产总值7519.64亿元，比上年同期增长10.1%，增幅高于全市GDP 0.4个百分点；占全市GDP的比重达74.7%，对全市GDP超过万亿元起到了重要支撑。其中，第二产业实现增加值3269.57亿元，增长10.2%；第三产业实现增加值3904.60亿元，增长10.5%。分区

---

① 武汉市统计局：《2014年武汉市国民经济和社会发展统计公报》，武汉统计信息网，2015年3月12日，http://www.whtj.gov.cn/details.aspx?id=2513。

看,新城区中有5个区的生产总值增速快于全市,分别为:东西湖区580.94亿元,增长11.5%;黄陂区520.35亿元,增长11.3%;蔡甸区349.77亿元,增长11.2%;新洲区511.89亿元,增长11.2%;江夏区583.37亿元,增长11.0%。① 2010~2014年武汉市地区生产总值及其增长速度见图3。

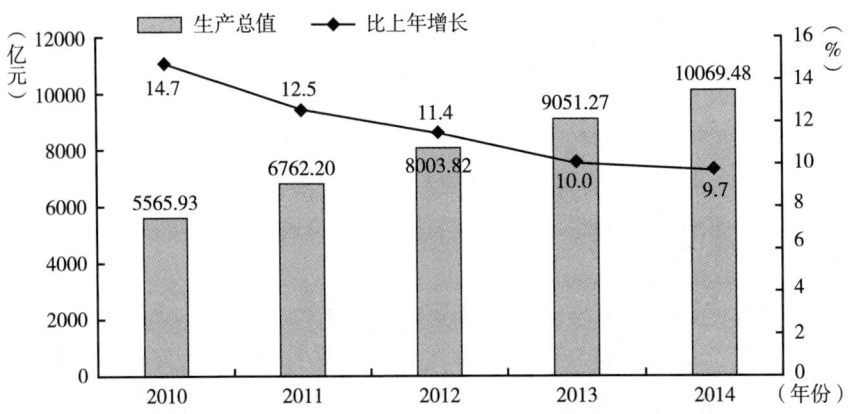

图3　2010~2014年武汉市地区生产总值及其增长速度

注:增长速度数据按可比价格计算。
资料来源:武汉市统计局:《2014年武汉市国民经济和社会发展统计公报》,武汉统计信息网,2015年3月12日。

据统计,2014年全国共有9个城市的GDP过万亿元,分别是北京、上海、天津、重庆4个直辖市,广州、深圳、武汉、成都4个副省级城市以及苏州1个地级市。2014年武汉GDP超过成都,居全国第八位,在全国15个副省级城市中居第三位,仅次于广州和深圳。② 具体情况见表4、图4。

2014年武汉市经济的快速发展,促进了居民的人均可支配收入和消费支出不断增加。城乡一体化住户调查显示,2014年武汉市常住居民年人均可支配收入为29627元,比上年增长10.1%。其中,城镇常住居民人均可支配收入为33270元,增长9.9%;农村常住居民人均可支配收入为16160元,增长12.3%。农村常住居民人均可支配收入实际增速高于城镇常住居民2.4个百

---

① 武汉市统计局:《2014年武汉市区级经济实现较快增长》,武汉统计信息网,2015年3月9日。
② 曾茜、张晓勇:《武汉GDP首过万亿超成都　位列全国第八》,《楚天金报》2015年2月16日。

表4　2014年全国GDP排名前十位的城市

单位：亿元，%

序号	城市	GDP	GDP增长率	序号	城市	GDP	GDP增长率
1	上海	23560.94	7.0	6	重庆	14265.40	10.9
2	北京	21330.80	7.3	7	苏州	13760.89	8.3
3	广州	16706.87	8.6	8	武汉	10069.48	9.7
4	深圳	16001.98	8.8	9	成都	10056.59	8.9
5	天津	15722.47	10.0	10	杭州	9201.16	8.2

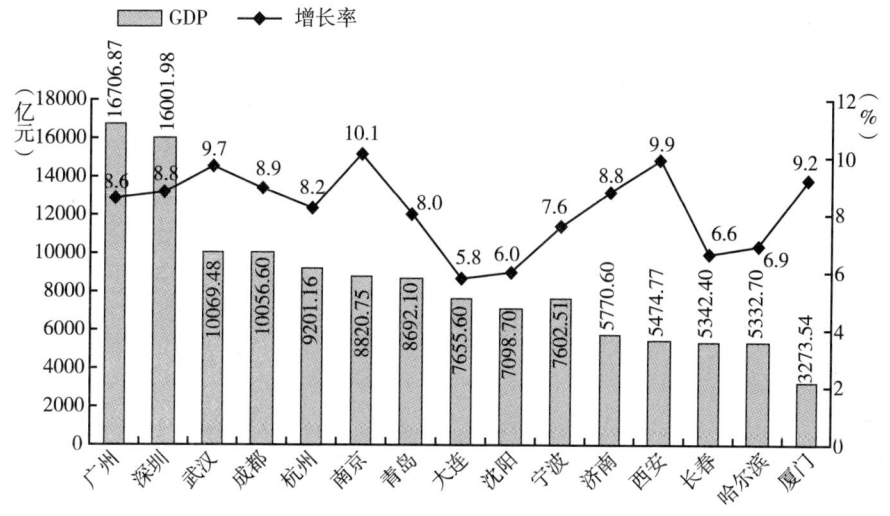

图4　2014年我国15个副省级城市GDP及其增长率

资料来源：我国15个副省级城市《2014年国民经济和社会发展统计公报》及《2014年政府工作报告》。

分点，城乡常住居民人均可支配收入比为2.06∶1，比上年有所缩小。①

分区看，中心城区中有5个区城镇常住居民可支配收入增幅高于全市平均水平，分别为：江岸区37068.44元，增长10.0%；汉阳区33533.76元，增长10.0%；武昌区36858.72元，增长10.0%；青山区33602.86元，增长

---

① 武汉市统计局：《2014年武汉市国民经济和社会发展统计公报》，武汉统计信息网，2015年3月12日，http://www.whtj.gov.cn/details.aspx?id=2513。

10.0%；洪山区35088.09元，增长10.0%。6个新城区城镇常住居民可支配收入增幅全部高于全市平均水平，分别为：东西湖区27221.76元，增长10.8%；黄陂区24102.94元，增长10.8%；蔡甸区24735.31元，增长10.7%；江夏区24308.62元，增长10.7%；新洲区22502.53元，增长10.5%；汉南区24496.07元，增长10.1%。6个新城区农村常住居民人均可支配收入增幅全部高于城镇常住居民，分别为：东西湖区17753元，增长12.5%；汉南区15292元，增长12.3%；蔡甸区15021元，增长12.7%；江夏区15101元，增长12.3%；黄陂区14713元，增长12.7%；新洲区14410元，增长12.9%。

2014年，随着武汉市经济的持续增长，作为生产性服务业和生活性服务业的重要组成部分，文化创意产业与经济社会各领域、各行业多向交互融合的态势日趋明显，时尚创意、文化旅游、动漫游戏、工业设计、工程设计、广告会展等促进实体经济发展和满足多样化消费需求的作用更加突出。首届"创意武汉"国际时尚节暨第三届武汉国际时装周、创意珠宝节、时尚博览会等系列活动的成功举办，产生了创新要素聚集、创意资源荟萃、创意品位提升的多重效应。工程动画、虚拟技术也在城市规划、模拟仿真、数字教育和数字娱乐等领域得到广泛应用。与此同时，7部汉产动画片在央视播出，24项作品获"楚天杯"工业设计奖项，"楚天181"文化创意产业园被批准为省级广告产业园区。万达汉秀剧场、电影科技乐园顺利落成开业。2014年武汉市国内旅游收入为1892.06亿元，比上年增长15.8%；国际旅游收入为9.34亿美元，比上年增长2.2%。全年举办各类会展、节庆活动708场，其中展览322场、会议228场、节庆活动158场。展览总面积达278万平方米，比上年增长10.8%。举办面积为3万平方米以上的展览13场，其中10万平方米以上的特大型展览5场。参展参会客商达1195万人次，比上年增长8.4%。各类文化消费的快速增长推动了文化创意产业的发展。

2. 文化体制改革深化促进文化创意产业发展

2014年是全面深化改革的元年，武汉市成立了由市委常委、宣传部部长李述永任组长，20多个职能部门组成的全市深化改革领导小组文化体制改革专项小组。根据中央《深化文化体制改革实施方案》精神，结合武汉市实际，研究制定并出台了《武汉市深化文化体制改革任务清单》《2014年武汉市文化改革发展主要任务及责任分工》，①明确了全市文化体制改革的路线图、任务书、时间表，并在文化体制改革方面做了大量卓有成效的工作，有效地促进了文化创意产业的发展。

其一，建立国有文化资产监管框架。2014年，武汉市人民政府印发《关于授权市国有文化资产监督管理领导小组办公室（中共武汉市委宣传部）履行市属国有文化资产出资人职责的通知》（武政〔2014〕26号），明确了市国有文化资产监督管理领导小组办公室（中共武汉市委宣传部）的监管地位，并在市委宣传部改革发展办加挂"市国有文化资产监管办公室"的牌子，承担市文资办日常工作。市文资办制定出台了《武汉市市属文化企业国有资产监督管理暂行办法》（武文资〔2014〕2号），确立了国有文资监管的基本制度框架，明确了市属文化企业国有资产监管的总体要求、基本原则和具体监管方式。武汉市完善互联网管理领导体制，整合相关部门的网络管理和信息化工作职能，组建武汉市互联网信息办公室。2014年3月18日，武汉市整合文新广局所属部分经营性文化单位，组建武汉文兴国有文化资产管理有限公司（以下简称"文兴公司"），由文兴公司履行市文化系统改制文化企业出资人职责，对所属国有文化资产及经营性资产进行管理和监督。②

其二，积极打造文化产业投融资平台。2014年3月28日，武汉文化发展集团有限公司挂牌成立。武汉文化发展集团由武汉市文资办、武汉广播电视台、长江日报报业集团、武汉出版集团公司、武汉地产开发投资集团公司、武汉经济发展投资（集团）有限公司6家股东单位共同出资组建，主要负责全市文化产业、项目的投资，文化基础设施、文化产业园区的开发建设与运营管理，以及会议与展览服务、资产管理服务、大型演出活动的策划和组织服务等，致力于实施重大文化项目，孵化实力文化企业。集团挂牌后，筹划储备了华中智谷、武汉新媒体创意产业园、文化产业小额贷款公司、武汉文化产业投资基金、"大汉口艺术城"等多个产业项目，目前发展态势良好，并逐步形成

---

① 吴蕾：《李述永部署2014年全市宣传思想文化工作》，武汉市委宣传部网站，2014年5月26日，http://www.whxc.org.cn/2014/0526/161.shtml。
② 湖北省文化厅办公室：《武汉文兴国有文化资产管理有限公司挂牌成立》，湖北省文化厅网站，2014年3月24日，http://www.hbwh.gov.cn/xwdt/whdt/5560.htm。

了主业突出、业态多元、链条完整的产业布局。① 此外，积极扶持民营文化企业与资本市场对接。截至2014年底，亿童文教、银都传媒、颂大教育、荆楚网、博润通、超级玩家6家企业相继挂牌"新三板"，融资额过亿元。江通动画、银都文化、博润通等7家文化科技企业先后得到硅谷天堂、深圳天图创投、中国高新投资集团、武汉东湖百兴创投等公司投资共计9300万元，民营文化科技企业通过资本市场加快了做大做强的步伐。

其三，改革全方位深化促进产业发展。在新闻出版领域，2014年，长江日报报业集团加快传统媒体与新兴媒体融合发展，建成移动平台29个，初步形成由报、刊、网站、移动端平台构成的多媒体立体传播集群；长江网启动"武汉文化产业大数据分析云服务平台项目"，致力于探索互联网大数据服务文化产业之路；《武汉晚报》重新整合营销平台，策划组织系列创意活动，实现经济效益和品牌传播双赢；《武汉晨报》深耕地铁渠道，做成富有特色的"地铁报"。武汉中心书城项目稳步推进，市新华书店经营效果明显提升，武汉出版文化产业园二期各项工程验收及招商工作顺利推进。2014年，全市新闻出版业实现总收入130亿元。② 在影视传媒领域，广电网络整合增发上市顺利完成，武汉广电所持湖北广电网络上市公司股份达1.1亿股；武汉市电影公司旗下影城从2014年初的26家增至2014年底的34家，推出特色点播电影，全年票房突破4亿元大关，再创历史新高；武汉市共有电影院线13家、影城58家，票房突破8亿元，居全国前列。动漫产业2014年全年实现总产值54亿元，《木奇灵之绿影战灵》等7部作品登陆央视，整体实力居全国前十位。武汉市演出公司积极探索剧院零演出费、剧场零场租的"双零模式"，对"汉派百老汇"方言喜剧的营销推广已初步取得成效。

3. 文化科技创新推动文化创意产业发展

2014年5月，武汉市文化和科技融合工作领导小组第三次（扩大）会议召开，根据武汉市城市定位、经济社会发展总体格局以及各个区域的现有基础、产业特色，印发了《武汉市文化和科技融合工作2014~2015年度

---

① 胡弦、胡杨：《武汉文化发展集团成立》，新华湖北网，2014年3月31日，http://www.hb.xinhuanet.com/2014-03/31/c_1110019086.htm。
② 陈邂馨：《全市文化新闻出版广电工作报告——2014年度》，武汉市文化局网站，2015年4月22日，http://www.whswxgj.gov.cn/ndgzbg/5259.jhtml。

任务清单》，明确了44项重点工作，制定出台了《武汉市文化和科技融合示范园区、示范企业管理暂行办法》，并依此组织全市第二批文化和科技融合示范园区、示范企业认定工作，以及第三批文化和科技融合试点园区、试点企业申报工作。

截至2014年末，武汉市拥有国家级科技企业孵化器22家、国家863计划成果产业化基地10个、高新技术企业1113家（新增213家）。全年实现高新技术产业产值6747.79亿元，增长20.4%；实现高新技术产业增加值2031.94亿元，增长19.5%。这些高新科技为文化产业的发展提供了很好的条件。2014年，武汉市文化和科技融合示范园区已达11个（见表5），园区企业共有1192家，其中规模在2000万元以上的企业有66家，示范园区共吸纳就业人数53993人，申请知识产权3656个，整体发展势头良好。东湖开发区、江汉区、汉阳区和洪山区4个文化和科技融合核心示范园区初具规模，近40家文化科技特色示范企业成长迅速，数字出版、"三网融合"、高新技术博览服务等十大示范工程有序推进，极大地促进了武汉市文化和科技融合示范基地建设。

表5 武汉市现有主要文化和科技融合示范园区基本情况

序号	所在区	园区名称	主导产业
1	江汉区	江北新媒体科技产业园	信息、服装及其他
2	洪山区	南湖科技创意产业园	设计、出版、动漫影视、数字科技
3	东湖开发区	武汉大学国家大学科技园	地球空间信息、文化创意、互联网
4	江岸区	黄浦文化科技园	文化制造、物流
5	江岸区	岱家山文化科技创业城	文化创意、智能机电、信息技术
6	武昌区	武汉东创研发设计创意园	科技研发、创意设计
7	东湖开发区	华中师范大学科技园	数字内容、工程设计
8	汉阳区	汉阳造文化创意产业园	广告创意、影视制作、艺术设计
9	武昌区	楚天181文化创意产业园	文化传媒、艺术品展示、销售
10	东湖开发区	中国光谷创意产业基地	动漫游戏、创意设计、数字媒体
11	青山区	英赛工业设计产业园	工业设计、创意设计

2014年9月，中国光谷创意产业基地所在的东湖高新区管委会出台《关于推进文化科技产业融合发展的实施意见》，光谷每年将设立不低于5000万元的专项资金，重点扶持创意设计、动漫游戏和影视、数字教育和出版、新媒体

信息服务以及光影互动体验五大特色领域。中国光谷创意产业基地自2008年落成以来发展迅速，目前该创意产业基地已有近100家企业进驻，有虚拟孵化企业200家，聚集了全省70%以上的动漫企业，2014年上半年有6部作品在央视播放。基地内，银都文化、博润通、超级玩家等企业已登陆"新三板"。2014年9月，腾讯创业基地落户光谷；11月，阿里云计算和武汉光谷创意产业基地达成战略合作意向，共建"阿里云－光谷移动互联网孵化基地"。

洪山区南湖科技创意产业园为全市首批文化与科技融合示范园区、武汉市大学生创新创业园区，规划控制面积约3000亩。2013年，园区创意产业总收入为40.25亿元（含长江传媒股份公司），同比增长18.4%；完成规模以上工业产值10.72亿元，同比增长23.1%；完成高新技术产业产值25.67亿元，同比增长15.11%；完成高新技术产业增加值6.85亿元，同比增长4%；完成研发投入1.01亿元；实现固定资产投资4.53亿元。2013年全年招商引资6.65亿元，实现出口创汇1050万美元，吸纳从业人员超过8510人。目前，园区拥有国家文化产业示范基地2个、省级文化产业示范基地5个、国家重点动漫企业1家、国家认定的高新技术企业18家、市级科技孵化器1个，基本形成创意产业与高新技术产业齐头并进、文化和科技融合发展的良好态势。建成了中石、天宇、绿洲、丽岛、洪山CBI、洪山创意中心、亿童7个创意产业基地。海豚传媒、亿童文教、两点十分、武汉有戏网络等公司的产品与作品在全国产生了较大影响。数字出版、游戏等产业集聚发展的态势已初步形成。[①] 2014年，仅南湖科技创意产业园内就出品电影2部，在央视播放动画连续剧2部，上线游戏10部，出版漫画图书2部。

4. 政策体系逐步完善支持文化创意产业发展

2014年，武汉市围绕加强国有文化资产监管、发展新兴文化产业、培育引进文化人才、设立文化产业专项资金、促进改制文艺院团发展等方面，出台了14项相关扶持政策措施（见表6），初步形成了武汉文化产业政策体系，为文化创意产业大发展提供了坚实保障。

---

① 吴蕾：《武汉市多措并举推动文化和科技融合园区建设》，武汉市委宣传部网站，2014年6月18日，http://www.whxc.org.cn/2014/0618/8077.shtml。

表6 2014年武汉市支持文化创意产业发展的主要政策措施

序号	政策措施	制定部门	制定时间
1	《关于打造工程设计之都配套政策的通知》	武汉市人民政府	2014年1月
2	《关于建设全国重要会展中心的意见》	武汉市人民政府	2014年3月
3	《关于印发武汉市会展业发展专项资金管理暂行办法的通知》	武汉市人民政府	2014年3月
4	《关于成立市两江四岸景观与旅游功能提升工程领导小组的通知》	武汉市人民政府办公厅	2014年3月
5	《关于授权市国有文化资产监督管理领导小组办公室(中共武汉市委宣传部)履行市属国有文化资产出资人职责的通知》	武汉市人民政府	2014年4月
6	《2014年武汉市"黄鹤英才（文化）计划"实施办法》	中共武汉市委人才办	2014年4月
7	《关于推进文化科技创新、加快文化和科技融合发展的意见》	中共武汉市委、武汉市人民政府	2014年5月
8	《关于印发武汉市大数据产业发展行动计划(2014~2018年)的通知》	武汉市人民政府办公厅	2014年7月
9	《关于依托东湖国家自主创新示范区开展"一区多园"试点工作的实施意见》	武汉市人民政府	2014年8月
10	《关于印发武汉市实体书店扶持暂行办法的通知》	武汉市人民政府	2014年10月
11	《关于促进市直文艺院团可持续发展的若干意见》	武汉市人民政府	2014年10月
12	《关于命名第二批武汉旅游特色街区的通知》	武汉市人民政府	2014年11月
13	《关于组织开展全市第二批文化和科技融合示范园区、示范企业认定工作的通知》	武汉市文化和科技融合工作领导小组办公室	2014年12月
14	《文化与科技融合示范园区、示范企业管理暂行办法》	武汉市文化和科技融合工作领导小组办公室	2014年12月

政府的财政支持和政策倾斜为武汉文化创意产业发展营造了良好的环境。为打造"工程设计之都",自2014年起,武汉市政府首先发布了《关于打造工程设计之都配套政策的通知》(武政规〔2014〕1号),设立了工程设计产业发展专项资金,由市财政筹措1亿元作为市级专项资金,专门用于支持工程设计产业转型升级,重点支持申报"工程设计之都",举办"武汉设计双年展""中国武汉国际桥梁论坛"等高层次展会,扶持工程设计重点发展的新模式、新业态、新技术,引导企业在海外发展,鼓励自主创新及原创设计,培育和引进领军人才。除专项资金支持之外,还由市财政每年安排200万元资金用

于支持工程设计产业联盟组织多种类型的学术、信息、市场交流活动，以充分发挥联盟的产业发展服务功能和产业整合引领作用。

为进一步发挥高新技术在文化创意产业转型升级中的作用，推进全市文化与科技深度融合，武汉市政府印发了《关于依托东湖国家自主创新示范区开展"一区多园"试点工作的实施意见》（武政〔2014〕57号），通过梳理东湖国家自主创新示范区享受的优惠政策，有计划地将这些政策在其他城区符合条件的专业园中实施，扩大政策受益面，促进更多地区的高新技术企业和相关产业发展。2014年，武汉市政府共支持东湖开发区项目167项，项目经费达8120万元，不断增强光谷生物城、武汉未来科技城、中华科技产业园等特色园区的产业集聚效应，引进更多的高端研发中心和高科技产业项目。为贯彻落实《国务院关于推进文化创意和设计服务与相关产业融合发展的若干意见》（国发〔2014〕10号）以及科技部、中宣部等五部委《关于认定首批国家级文化和科技融合示范基地的通知》（国科发高〔2012〕631号），推进武汉东湖国家级文化和科技融合示范基地建设，促进文化和科技深度融合，加快文化创意和设计服务产业与相关产业融合发展，东湖高新区于2014年出台《关于推进文化科技产业融合发展的实施意见（试行）及实施细则》。① 目前，全市共有国家级高新技术产业化基地29个、国家级工程技术研究中心26家、国家级企业研发中心23家、国家级技术转移服务机构13家、国家级产业技术创新战略联盟7家，惠普、西门子等世界500强企业在武汉设立的企业研发中心共有23个。② 长江出版社（武汉）有限公司、武汉传神信息技术有限公司等武汉文化企业获得中央文化产业发展专项资金2014年度支持项目14项。

针对近年来发展较为缓慢的文化演艺业，武汉市出台了《关于促进市直文艺院团可持续发展的若干意见》（武政〔2014〕71号）。首先，要求深化院团内部改革，推动院团向现代企业方向改制，改革用人机制、分配机制、管理机制和考核机制，实行创作人员委约制、主演签约制、演职员聘用制、市场运营项目制、演出活动代理制等现代艺术生产和营销机制，以全面提升创新能

---

① 光谷创意网，http：//www.ovcreative.com/list.asp？classid=269。
② 《武汉：深化科技体制改革　加快建设国家创新中心》，科技部网站，2015年1月10日，http：//www.most.gov.cn/ztzl/qgkjgzhy/2015/2015jlcl/2015jldf/201501/t20150109_117527.htm。

力、演艺产品营销能力、资本运作能力和知识产权经营能力。此外，还督促各市直文艺院团加快股份制改造，鼓励艺术名家和演职员个人持股，引入多种主体参与管理，增强企业经营活力。其次，明确了税收优惠政策，按照现行税收政策规定对转制市直文艺院团给予优惠政策扶持，对符合条件的经营性文化事业院团单位转制为企业后，免征其企业所得税；对由财政部门拨付事业经费的经营性文化事业院团单位转制为企业的，其自用房产免征房产税；对经营性文艺院团转制中资产评估增值、资产转让或者划转涉及的企业所得税、营业税、城市维护建设税、契税等，符合现行规定的享受相应税收优惠政策；对企业、个人以及其他社会组织用于文化公益事业的符合条件的捐赠支出，准予在计算应纳税所得额时按规定予以扣除。

2014年，武汉市政府印发了《武汉市实体书店扶持暂行办法》（武政规〔2014〕22号），对全市39家实体书店给予资金扶持；为解决文化企业融资难题，武汉市政府还制定了《武汉市著作权质押贷款操作指引》《武汉市著作权登记资助申报办法》《武汉市著作权登记资助资金使用管理办法》等一系列具体操作意见。此外，2014年，武汉市对动漫游戏、数字出版、数字传媒、数字设计等领域企业的资金扶持力度也在加大。根据《2014年武汉市文化产业发展专项资金评审结果》，共有武汉京剧院责任有限公司、武汉出版社等44家文化产业单位的项目得到市文化产业发展专项资金支持，总体资助额度近2000万元，① 引导了近70亿元社会资本投资文化科技产业。同时，积极争取中央、湖北省文化产业发展专项资金4600万元。

5. 人才支持政策实施引领文化创意产业发展

为充分发挥武汉市科教资源优势，努力挖掘和培育一批有创新思维的机构、个人和项目，并以此为带动催生新的产业模式和业态发展，使之成为推动经济发展的新引擎，武汉市于2010年开始施行"黄鹤英才计划"。

自2014年4月开始，"黄鹤英才（专项）计划"在武汉市委人才工作领导小组的统一领导下开展起来。"黄鹤英才（专项）计划"立足服务"三个中心""三个武汉"建设的需要，整合各行业部门的人才培养支持计划，集成政

---

① 《2014年武汉市文化产业发展专项资金评审结果公示》，武汉市委宣传部网站，2014年8月26日，http://www.whxc.org.cn/2014/0826/10352.shtml。

策资源，共确立了十大专项计划，分别涵盖科技、高技能、现代服务、企业经营管理、城市建设、农业、文化、教育、医疗卫生、社会工作10个重点行业领域，对入选人才的培养支持总计将投入近5亿元。① 对于入选专家，武汉市政府给予荣誉支持、经费支持、政策支持以及事业支持。武汉市委人才工作领导小组为"黄鹤英才（专项）计划"入选人员颁发"黄鹤英才（专项）计划"入选证书，为入选人员（团队）一次性提供5万～30万元的资金支持，用于专题研究、项目实施、人才培养和团队建设。同时，行业部门和用人单位可配套给予经费支持，相关单位在科研管理、事业平台、人事制度、经费使用、考核评价、激励保障等方面，制定落实针对不同层次、不同类别人才的培养支持政策。对于入选专家，还将优先推荐申报国家、省、市重大人才项目和工程计划，优先推荐参加国家、省、市专家和政府特殊津贴评选，并建立专业技术职称评定绿色通道，入选人员不受岗位职数和学历、资历等申报条件及评审时间的限制，依其能力和业绩可直接申报高级专业技术职务任职资格。此外，还将通过国际学术交流、政府推荐、专项培训、经费支持等方式，支持入选人员参加国家、国际重大科技计划、工程项目、学术研究交流等活动，支持鼓励参政议政、建言献策。②

2014年11月，武汉市委人才工作领导小组办公室公布2014年度254名入选"黄鹤英才（专项）计划"人才名单。其中入选"黄鹤英才（文化）计划"的共有20名，以文化产业岗位入选的有华中师范大学副校长、国家文化产业研究中心主任黄永林教授和武汉动漫协会会长张敏。入选"黄鹤英才（文化）计划"的各位专家均为在武汉市文学艺术、新闻出版、广播影视、社会科学、文物保护、非遗传承、文化产业等领域从事研究、创作、表演、传承、传播、经营管理等工作并取得突出成果的领军人物。该计划的目的是加大本地文化人才培养支持力度，促进人才成果就地转化，推动武汉创新驱动发展和全市宣传思想文化工作的发展。

"黄鹤英才计划"的引才目标锁定在海内外高层次人才，"黄鹤英才（专项）计划"则面向武汉本地优秀人才给予重点培养支持，是武汉市最高层次

---

① 李晓萌、武人才：《"黄鹤英才计划"启动，10年支持3000名本地优秀人才》，长江网，2014年4月22日，http://news.cjn.cn/sywh/201404/t2461477.htm。
② 《武汉市2014年度"黄鹤英才（专项）计划"公告》，武汉市发展和改革委员会网站，2014年4月21日，http://www.whdrc.gov.cn/article/20140421165348193_02.html。

的人才培养计划。两者相互衔接,全方位统筹武汉市人才培养与引进体系。与之相适应,武汉市还出台了《市文新广局人才发展规划(2014~2018年)》和《武汉市直文艺院团著名艺术家和骨干尖子人才补贴实施意见(试行)》,为文化艺术拔尖人才脱颖而出搭建成长平台。

6. 城市文化建设助力文化创意产业发展

城市的形象和城市的文化是文化产业发展的重要外在环境条件,对提升文化的软实力、激发城市文化创新的原动力具有重要意义。

(1)全国文明城市创建提升了城市文化品位

文明城市是城市形象和文明水平的综合体现,是我国综合评价城市发展水平的最高荣誉,创建全国文明城市的200多项测评指标,无疑是对城市经济、政治、文化、社会、生态"五位一体"建设的全面检阅。从2002年开始,武汉市委、市政府立志改变武汉"脏、乱、差"和被外界称为"全国最大县城"的尴尬局面,在大力发展城市经济的同时不断开展城市环境改造,加快城市建设和"城管革命",完善城市功能,努力打造交通便利、生态环境宜居的国际大都市。同时,大力推进全民参与文明创建,出台和修订见义勇为、志愿服务等地方性法规,首创"文明旅游银行""爱心时间储蓄"等激励机制,每月发布"时代楷模·武汉精神践行者"等一系列举措,使文明、诚信逐渐成为武汉的城市基因和市民的行为准则。开展志愿服务、参与文明创建已成为"武汉三镇"社会新风尚。2014年荣获"全国文明城市"称号后,武汉更是将"文明城市建设不持久、不深入"等问题列入整改清单,开展电视问政,并组织文明创建专班回访,对问题乱象公开曝光,将文明城市创建和城市形象打造、维护常态化。[①]

(2)城市形象塑造提高了城市文化美誉度

城市的形象就是一座城市的无形资产,是衡量一个城市综合实力的重要指标,良好的城市形象对提升城市的文化品位和知名度产生了积极而重要的影响。武汉是一座有着3500多年历史的文化名城,有着良好的城市形象。为进一步提升武汉这座城市的知名度和美誉度,从2012年起,武汉市将城市形象塑造和传播工作作为"复兴大武汉"的重要举措,实施城市形象顶层设计系

---

① 熊金超、李劲峰:《武汉文明创建永远在路上》,新华网,2015年4月24日,http://news.xinhuanet.com/2015-04/24/c_1115084381.htm。

统工作，力求实现武汉精神、武汉形象、武汉自信三者有机统一。而由城市形象口号、标识（LOGO）、形象片构成的城市形象表征系统，是各界认知城市的识别符号，也是城市形象塑造传播的基础。经过一年多的社会征集、专业机构设计、专家论证以及80多万人次的投票推选，武汉市委宣传部从500多条口号推荐条目和1000多个LOGO设计方案中，遴选出最能体现武汉特色的一句口号和一个LOGO设计方案。2014年9月15日，武汉市正式发布有史以来首个城市形象标识（以繁体"汉"字为设计创意点，融入篆书，并采用水墨毛笔表现"WUHAN CHINA"英文字体，浓厚的楚汉文化、中国传统文化韵味及城名的国际化表达完美融合，见图5）和口号"武汉，每天不一样！"（见图6）。同时，全面启动武汉城市形象宣传的系列营销活动。制发《武汉城市形象标志使用管理办法》和《武汉城市品牌视觉形象识别系统管理手册》，起草《2015年武汉城市形象营销推介工作方案》，逐步规范城市形象表征系统使用。通过省、市电视台开展武汉城市形象宣传片《大城崛起》展播，在海外频道推出英文版形象片。协调腾讯等国内知名视频网站上载中英文版宣传片，组织长江网等武汉新闻网站和"武汉发布"微博、微信同步发布视频，点击观看人次累计超过100万人次。借助WTA首届武汉女子网球公开赛、全市"万亿倍增"谋划推进会、中俄万里茶道系列报道、"百万大学生看武汉"等系列重大活动推介武汉城市形象。利用全市灯杆道旗、公共交通工具以及金融机构、商业门店、政务窗口、便民警务室临街字幕屏，高频次滚动播放城市形象口号，全面开展武汉城市形象识别系统社会宣传工作。

图5　武汉城市形象标识

图6 武汉城市口号

(3) 城市文化"走出去"扩大了文化品牌影响力

2014年武汉市在法国巴黎建成中国文化中心"武汉之窗",围绕"法国武汉文化周",举办"魅力武汉"城市风光摄影展和武汉民间工艺作品展。在莫斯科中央卫国战争纪念馆举办"武汉抗战"纪念展。成功组织武汉与大分市确立友城关系35周年系列纪念活动。与荷兰驻华大使馆共同主办2014年武汉"荷兰日"中荷文化交流节,成功举办俄罗斯"卫国战争的爆发"图片展,精心组织武汉法国音乐节等中法文化之春系列活动。举办"万里茶道与东方茶港"图片展,配合重走万里茶道活动成功在莫斯科展出。面向在汉外籍人士举办5场中华传统文化讲座。据不完全统计,全市共引进涉及20多个国家和地区的文化交流活动与涉外演出121批次,涉及国(境)外人员2000多人次;组织和派遣32批团队共122人次出国(境)执行文化交流和演出、展览等任务,多渠道、多视角地宣传了武汉城市形象。①

(4) 文化惠民工程激发了文化消费需求

2014年,武汉市文化工作继续实施"三个千万人次工程",即实地观看各类演出观众突破1000万人次,服务读者突破1000万人次,1000万人次走进博物馆。2014年4月,由武汉市群艺馆推出的"春之声·最美人间四月天文艺会演"在汉口江滩大舞台开演,正式拉开了武汉市年度文化惠民系列活动的序幕。武汉京剧院、武汉歌舞剧院、武汉说唱团等专业院团悉数亮相江滩。除文艺演出外,

---

① 本部分数据和信息由武汉市委宣传部提供。

每周日至周二,江滩大舞台还为市民免费放映露天电影。每周末,武汉博物馆的"鼎盛中华——中国鼎文化图片展"、辛亥革命博物馆的"首义之城辛亥革命旧址遗迹图片展"等作品依次在江滩三峡石广场展出。① 据统计,2014年,汉口江滩共开展舞台演出、展览展示和露天电影放映等示范性文化惠民活动300余场,惠及百万江城市民和中外游客,成为市民心中新的"民众乐园",进一步丰富了江滩文化活动的内容,提升了江滩文化活动的成色和品位。针对武汉市民不同的文化消费层次和爱好,天一戏院、楚乐戏苑、美成戏院、人民剧院每周上演京、汉、楚等传统戏曲节目,服务广大中老年戏曲爱好者。中南剧场、D5空间、亲子剧场上演的试验小话剧和儿童剧,武汉杂技厅的杂技演出,武汉说唱团"都市茶座"的传统曲艺节目,武汉爱乐乐团在琴台音乐厅举办的周末音乐会,武汉歌舞剧院"实验小剧场"的歌舞节目演出等文化活动均受到市民的欢迎。2014年,武汉成功举办第十一届中国武汉国际杂技艺术节和第三届琴台音乐节,节目质量、惠民力度、社会关注度和市民参与度都创历史之最。琴台音乐节开幕式演出的"行云流水——'三朵金花'戏曲交响音乐会"广受赞誉,登上《长江日报》《武汉晨报》头版头条。世界十大交响乐团巴黎管弦乐团为音乐节画上圆满句号,进一步提升了武汉市两大品牌文化活动的艺术性、国际性和惠民性,扩大了武汉的城市影响力。

二 2014年武汉文化创意产业发展的新特点和新趋势

(一)抢抓大数据产业发展机遇,促进文化创意产业转型升级

在文化创意产业转型升级的关键时期,大数据产业作为继云计算、物联网和移动互联网之后新一代信息技术与电子商务、社交网络、智慧城市等新型商业应用深度融合的产物,② 正引领商业和社会的深刻变革,同时也为文化与科技的融合提供了绝佳的契机。

---

① 汪彤、张慧:《湖北武汉市群艺馆推出十余场惠民演出》,国家数字文化网,2014年4月4日,http://www.ndcnc.gov.cn/zixun/yaowen/201404/t20140404_906407.htm。
② 李晓萌:《大数据时代 武汉赢同台竞争机遇》,《长江日报》2014年5月30日。

为深入贯彻党的十八大和十八届三中全会精神，抢抓大数据产业发展机遇，加快武汉市文化创意产业发展步伐，武汉市制定了《武汉市大数据产业发展行动计划（2014～2018年）》（武政办〔2014〕126号）。该计划围绕创新驱动、转型发展的思路，提出以武汉地区现有全国领先的信息技术和信息资源优势为抓手，有效利用科教资源和人才红利，抢占新一代信息技术产业战略制高点的策略，最终目标是要建立全市统一并覆盖全国的大数据中心和云服务平台，形成大数据资源"洼地"和完整的产业链。

2014年5月，武汉市政府针对发展大数据产业，提出以"中国·武汉光谷"为核心，合理规划全市大数据产业空间布局，重点建设"光谷云村"和左岭大数据产业园等大数据产业基地与市政务云数据中心、国家地理空间信息云数据中心、国家数控工程系统云数据中心、国家教育云数据中心、国家音视频多媒体云数据中心、全国质量监测与评价云数据中心、中国·武汉车联网云数据中心7个云数据中心，并选择条件成熟、具有大数据市场前景的领域，建立多个大数据应用和交易平台，形成"2+7+N"的大数据产业发展格局。[①]其中，"光谷云村"以引进"宽带资本"为重要依托，规划1平方公里的土地，采取"基地＋基金"方式，建设大数据基础设施、研究院、实验室、交易平台和云计算、大数据企业入驻专业孵化器。推动实现物联网、云计算管理平台的统一，网络、存储、计算、系统等软硬件资源平台的统一以及"一站办理、一网连通、一号服务、一卡通行"等服务资源平台的统一，引导大数据产业上下游优势企业落户基地集聚发展，打造覆盖云计算、大数据全产业链的产业集群。在数据标准化、数据获取、数据存储、数据挖掘、数据交易、数据消费等方面，构建武汉市大数据产业创新生态体系，力争成为全国技术创新能力领先的云计算基地和全球云计算、大数据产业链的重要创新源。左岭大数据产业园则发挥左岭地区濒临长江的天然水资源优势，规划用地1000亩，建设大数据产业园区，引进高端数据中心、绿色存储中心建设项目。截至2014年底，武汉市完成"光谷云村"和左岭大数据产业园规划设计及主要招商引资工作，启动相关基础设施建设，并计划于2015年基本完成核心区建设，吸

---

① 郑青：《武汉建设全国大数据"洼地" 产值瞄准2000亿》，荆楚网，2014年4月29日，http://news.cnhubei.com/xw/jj/201404/t2911571.shtml。

引一批云计算、大数据企业入驻专业孵化器，组建产业技术联盟，建立面向中小科技企业的云计算服务平台，建成至少1家覆盖中部、面向全国的国家级大数据研究院、实验室和数据交易中心。

武汉市大数据技术已广泛应用于国内多个领域。在地理信息应用方面，武汉大学产业园基于北斗导航技术，形成地理信息产业集群，开发地理信息的分析处理能力，形成从支付到服务的地理信息服务产业链。在数字教育产业方面，由天喻信息、中国移动、华中师范大学共同筹建"国家教育资源公共服务平台"（教育云），全国已有14万名教师、82万名学生、6468所学校在平台上开通空间。在智慧城市方面，烽火众智为国内多个城市提供智慧旅游综合解决方案，立得空间的跨区域实景三维技术应用于文化遗产及旅游服务领域，佰钧成公司的网络数据挖掘与分析服务应用于智慧导游领域。在文化装备制造业方面，武汉雅图从事激光电视、高端投影及相关核心部件的研发和量产，研发可穿戴智能设备，打造中国版"谷歌眼镜"。在对传统行业改造升级方面，人福医药、盛隆电器等传统企业积极实施"互联网+"改造升级，人福医药建立终端平台，收集医院、患者信息，基于信息数据分析，提高药品制售服务的针对性、有效性。

2014年，武汉市以互联网信息服务、软件开发、数字服务等新兴传媒为内容的文化传输服务实现增加值44.2亿元，比上年增长50.3%，增幅居行业之首，发展势头强劲。腾讯科技（武汉）有限公司、软通动力技术服务有限公司、湖北精英盛华信息科技有限公司、东风设计研究院有限公司、联想移动通信软件（武汉）有限公司、湖北省广播电视信息网络股份有限公司、武大吉奥信息技术有限公司等年营业收入在亿元以上的科技型文化企业实现增加值均比上年增长60%以上。

按照该计划，到2018年，武汉市将创造一批具有自主知识产权和国内领先水平的大数据新技术、新产品、新标准；建成一批能够集聚全国乃至世界数据资源的大数据产业平台和示范项目；开发一批发展模式领先、服务体系完善、集聚效应明显、支柱地位显著的大数据应用领域；集聚一批国际知名的大数据研发、产品制造、服务运营公司总部和龙头企业，形成丰富的大数据资源集聚地和完善的产业链，培育年营业收入超过100亿元的大数据企业5家、50亿～100亿元的大数据企业10家、10亿～50亿元的大数据企业20家以上，新上市公司10家，全市大数据产业实现产值2000亿元，并带动相关产业新增销售收入过万亿元。

此外，2014年武汉市也积极筹建政府公开数据平台，国内只有北京、上海两座城市建立了政府开放数据平台。不仅如此，武汉通过对各政府机构网站进行梳理，公开的数据集一度达到520个，超过了当时北京、上海各自提供的数据集数量，并希望通过大数据服务改善政府治理，优化市民生活的方方面面。2015年6月9日，武汉市委领导班子考察贵阳大数据交易所，在该所王叁寿总裁的邀请下，湖北省委常委、武汉市委书记、市人大常委会主任阮成发在交易所亲自开通了"China-Wuhan"的政府数据公开账号，通过这个账号，武汉市政府不仅可以查询各类数据的实时交易量，而且可以及时得知不同数据的价格变动情况。①

大数据产业目前正处于蓬勃发展期，其对文化创作、生产、传播与消费的影响正在不断深入，运用数据分析和数据挖掘实现文化产品创新与服务质量提升，是文化企业在信息时代的必然趋势。运用大数据，信息化背景下的新文化形态和业态也不断萌发，并将大力推动武汉市文化创意产业等相关领域产业链发生重组性巨变，催生大量基于科技与文化融合的业务和商业模式的创新。

（二）把握新媒体发展机遇，推动传统媒体和新兴媒体融合发展

2014年8月18日，中央全面深化改革领导小组第四次会议审议通过了《关于推动传统媒体和新兴媒体融合发展的指导意见》。习近平总书记在会上强调，推动传统媒体和新兴媒体融合发展，要遵循新闻传播规律和新兴媒体发展规律，强化互联网思维，坚持传统媒体和新兴媒体优势互补、一体发展，坚持以先进技术为支撑、内容建设为根本，推动传统媒体和新兴媒体在内容、渠道、平台、经营、管理等方面的深度融合，着力打造一批形态多样、手段先进、具有竞争力的新型主流媒体，建成几家拥有强大实力和传播力、公信力、影响力的新型媒体集团，形成立体多样、融合发展的现代传播

---

① 《湖北省省委常委阮成发参观大数据交易所并开通政府数据公开账号》，搜狐网，2015年6月9日，http://mt.sohu.com/20150609/n414725373.shtml。

体系。要一手抓融合，一手抓管理，确保融合发展沿着正确的方向推进。因此，整合新闻媒体资源，推动传统媒体和新兴媒体融合发展，是落实中央全面深化改革部署、推进宣传文化领域改革创新的一项重要任务，是适应媒体格局深刻变化，提升主流媒体传播力、公信力、影响力和舆论引导能力的重要举措。①

武汉市各大媒体集团积极主动出击，构建立体交互的全媒体覆盖传播体系，长江日报报业集团已积极推进云报纸平台的上线，一次性集结了长江日报报业集团旗下的《长江日报》《武汉晚报》《武汉晨报》等7家媒体，成为继《京华时报》《扬州日报》等之后的又一家进行云尝试的报业。武汉市广电集团积极发展"三网融合"新业务，实现"三网融合·G3数字家庭"，加快建设和完善数据网络电视的网络视频化，加快推动全媒体的整合运用。2014年6月16日，推出掌上APP（"掌上武汉"），14个功能模块满足了市民在新闻资讯、视听互动、社交娱乐、生活服务等方面的多种需求；11月28日，1.3版本正式上线，推出"问政""第一汇""公交"三大特色模块。在2014年的电视问政"期末考"中，"掌上武汉"助力电视收视创历史新高。武汉出版集团等出版单位加快传统纸质出版物的数字化改造，努力搭建网络销售平台，试水网络教育出版引进新媒体人才。

旨在推动全市宣传思想文化工作创新的新平台——"武汉云生活"项目已于2015年6月27日正式上线运营，正进一步完善功能模块，充分发挥"云生活"在文明创建、志愿服务、社会治理等方面的重要作用；长江日报报业集团成立长江日报新媒体公司，与人民网、中润普达等企业开展合作，打造新媒体矩阵；武汉广电与地铁、交管等单位合作，开展新媒体业务；武汉出版积极从传统出版向互联网出版转型。

当前，武汉市以新媒体、数字创意为代表的文化产业新业态迅猛发展，有力地推动了传统媒体和新兴媒体在内容、渠道、平台、经营、管理等方面的深度融合，文化发展的空间得到进一步拓展。遵循传统媒体与新兴媒体融合的思路，武汉市将继续着力打造一批形态多样、手段先进、具有竞争力的新型主流

---

① 李雪昆、赵新乐：《媒体深度融合热潮将至》，人民网，2014年8月21日，http://media.people.com.cn/n/2014/0821/c192372-25513221.html。

媒体，建成拥有强大实力和传播力、公信力、影响力的新型媒体集团，形成立体多样、融合发展的现代传播体系。

（三）完善"一区多园一带"机制，发挥特色示范园区创新引擎作用

经过几年的努力，武汉市在完善和丰富产业链、促进产业集聚等方面取得了明显成效，文化创意产业园区在产业规模、发展特色、园区服务等方面逐步成熟，产生了典型集聚效应，文化科技发展环境不断优化，文化科技创新充满活力，基本形成了产业园区带动文化产业发展、完善基础文化设施、联合文化创意企业、规范文化市场秩序的文化园区服务体系。截至2014年底，武汉市共有各类文化创意产业园区27个，集聚了文化企业2674家，会聚了超过7.7万名创新、创意、创业人才。

其中，武昌长江文化创意设计产业园入选国家文化产业试验园区。汉阳造文化产业园和湖北视纪印象有限科技股份公司入选国家文化产业示范基地。[1] 华中师范大学科技园、武汉高龙城·非物质文化遗产传承园、中国光谷创意产业基地、昙华林艺术区、江城壹号文化创意产业园、楚天181文化创意产业园6个园区入选湖北首批省级文化产业示范园区。[2] 中国光谷创意产业基地、南湖文化科技创意园、汉阳造文化创意产业园、江北新媒体产业园等园区已形成产业发展规模，5.5创意产业园、403国际艺术中心、珞珈创意体验城等错位发展，成为武汉市文化园区的后起之秀。

（四）落实长江经济带发展战略，探寻城市群文化协同发展新路径

2015年4月，国务院批复同意《长江中游城市群发展规划》（以下简称《规划》），作为贯彻落实长江经济带重大国家战略的重要举措。长江中游城市群也是《国家新型城镇化规划（2014~2020年）》出台后国家批复的第一个跨

---

[1] 张卫华、孙洪斌：《湖北省首批省级文化产业示范园区出炉》，新华网，2015年4月17日，http://news.xinhuanet.com/chanye/2015-04-17/c_1115000773.htm。
[2] 陈邂馨：《全市文化新闻出版广电工作报告——2014年度》，武汉市文化局网站，2015年4月15日，http://www.whswxgj.gov.cn/ndgzbg/5259.jhtml。

区域城市群。《规划》指出，长江中游城市群是以武汉城市圈、环长株潭城市群、环鄱阳湖城市群为主体形成的特大型城市群，承东启西、连南接北，是长江经济带三大跨区域城市群支撑之一，也是实施促进中国中部地区崛起战略、全方位深化改革开放和推进新型城镇化的重点区域，在中国区域发展格局中占有重要地位。

《规划》首次提出支持"中三角演艺联盟"，就舞台艺术创作、非物质文化遗产保护、文艺人才培养等方面提出建议，鼓励长江中游城市群文化融合发展。根据《规划》，长江中游城市群将在舞台艺术精品交流演出、红色题材作品巡回展、演艺市场开发培育、公共文化传播服务与基础设施建设、特色文化产业发展、文物保护利用、非物质文化遗产生产性保护等方面进行广泛而深入的合作。此外，《规划》还鼓励文化工作者和文化团体开展多层次、多形式的文化交流展演推广活动，联合培养一批文化领军人物，创作一批有影响力的文艺精品。推动出版传媒企业开展合作交流，支持长江中游城市报网融合，加快传统媒体与新兴媒体融合发展。与此同时，2014年5月，武汉、长沙、南昌、合肥4座省会城市的文化行政管理部门负责人和演出剧场、院团、传媒机构负责人会聚武汉，就四城共建"长江中游城市群'3+1'演出联盟"进行了专题座谈。

长江中游城市群面积达31.7万平方公里，省市之间的文化交流将促进各具特色的区域文化不断融合与创新，为未来中部地区各省市居民的文化消费提供极大的发展空间。在交通方面，湘、鄂、赣三省之间两小时城际高铁交通圈即将建成，天然的地理优势与发达的水路运输交通网，将为降低文化交流与演出项目的运输成本和人员交通费用提供保障。另外，《规划》中有关产业协调发展、公共服务共享、深化对外开放等六大任务的提出，不仅为"长江中游城市群'3+1'演出联盟"人力和资本等生产性要素的流动提供了背景支撑，而且为区域性一体化演出政策的制定提供了依据。

2014年8月，武汉市人民政府《关于印发武汉市推进长江中游城市群建设近期工作要点的通知》（武政〔2014〕54号）就已提出开展长江中游城市文化领域合作的工作要点，包括建立完善长江中游城市群四省会城市公共图书馆馆际互借机制、建立健全四省会城市之间非物质文化遗产保护交流合作机制、邀请城市群城市来武汉参加"全国文物艺术品交流会"和中国期刊交易博览会，以及做大做强中三角演艺联盟、组织市直文艺院团精品剧目赴长江中游城市群城市巡演等。

目前，包括武汉市在内的四省会城市的文化行政管理部门正致力于确保"长江中游城市群'3+1'演出联盟"的可持续发展和《武汉共识》的权威性。其中，《武汉共识》明确强调，作为"长江中游城市群'3+1'演出联盟"的指导和管理机构，四省会城市文化行政管理部门围绕发展繁荣艺术创作和演出市场这个目标，发挥政府引导作用，为"长江中游城市群'3+1'演出联盟"的可持续发展提供必要支持，促进区域性演出剧目的交流合作与交易机制建设。通过政府采购，扩大优质剧目的惠民演出，建立国有、民营演出企业与机构平等共享的产业资金扶持机制，加大艺术院团和演出场所的扶持力度，推进艺术院团和演出场所的体制机制改革创新，为长江经济带和中部崛起国家战略的实施，发挥省会城市的支撑和辐射作用。①

2015年，武汉将发挥作为中部地区省会城市的文化引领作用，进一步深化与长沙、南昌以及合肥在经济文化领域的合作，共同促进四省会城市之间的文化交流与合作，推进长江中游城市群文化市场的繁荣发展。

三 武汉文化创意产业发展面临的新难点和新问题

目前，武汉文化创意产业发展势头良好，已进入转型升级的关键时期，在新形势下，挑战与机遇并存，仍存在一些影响文化创意产业健康快速发展的难点和问题，这些问题的解决，需要进一步解放思想、深化改革、消除阻碍、加快发展。

（一）消费结构有待优化

2014年，在中部六省省会城市中，武汉城乡居民人均收入和人均消费支出金额仅落后于长沙，居第二位，但是城乡之间差距明显，严重影响了文化消费需求的整体规模和消费结构的转型升级（见图7、图8）。

---

① 崔成泉：《"长江中游城市群'3+1'演出联盟"观察》，国家公共文化网，2015年4月15日，http://www.cpcss.org/_d276742058.htm。

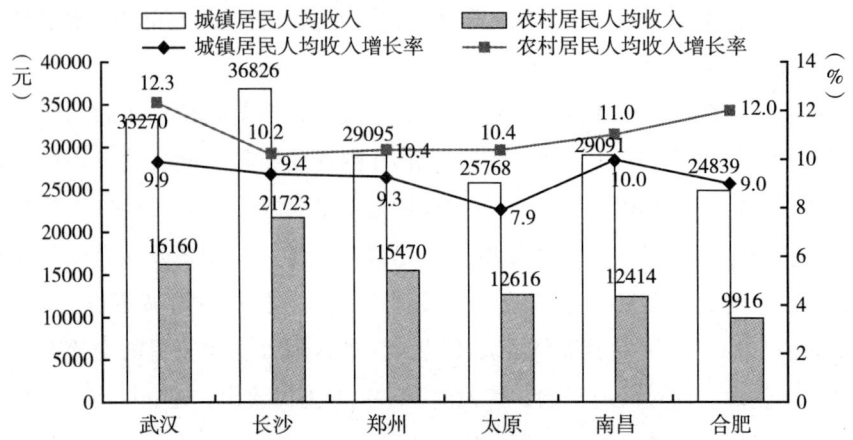

图 7　2014 年中部六省省会城市城乡居民人均收入及其增长率

资料来源：中部六省省会城市《2014 年国民经济和社会发展统计公报》。

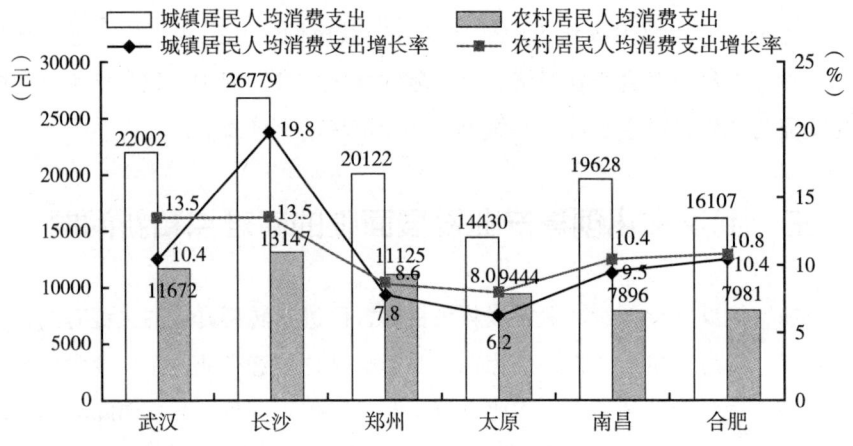

图 8　2014 年中部六省省会城市城乡居民人均消费支出及其增长率

资料来源：中部六省省会城市《2014 年国民经济和社会发展统计公报》。

截至 2014 年底，武汉市常住人口达 1033.8 万人，比 2013 年增加 11.8 万人。作为人口超过 1000 万人的超大城市，武汉市文化消费市场广阔，文化消费潜力还有待挖掘，无论是文化消费规模还是文化消费占居民消费的比重都偏小。根据 2014 年前三季度武汉市限额以上批发和零售业社会消费品零售总额的统计，居民衣、食、住、行的消费依然是推动消费品市场增长的主要动力，与文化相关的消费贡献较小（见表 7）。

表7　2014年前三季度限额以上批发和零售业商品零售类值分析

指标名称	累计增速(%)	贡献率(%)	占比(%)	同比增长(个百分点)
粮油、食品、饮料、烟酒类	14.8	19.1	21.2	-0.5
服装、鞋帽、针纺织品类	11.0	7.7	11.2	-1.8
化妆品类	17.1	4.3	4.2	-10.5
金银珠宝类	-0.4	-0.1	2.7	-42.1
日用品类	11.9	3.3	4.5	-6.3
五金、电料类	9.3	0.1	0.3	5.8
体育、娱乐用品类	12.7	0.3	0.4	3.2
书报杂志类	5.4	0.3	0.9	6.8
电子出版物及音像制品类	-10.8	0.0	0.0	-6.8
家用电器和音像器材类	6.9	2.2	4.9	-15.5
中西药品类	27.3	15.8	10.5	3.2
文化办公用品类	20.8	2.4	2.0	20.2
家具类	15.2	1.6	1.7	-7.7
通信器材类	21.0	1.5	1.2	6.7
石油及制品类	9.1	5.7	9.7	4.3
建筑及装潢材料类	22.1	0.8	0.6	-2.8
机电产品及设备类	-10.5	-0.4	0.5	-4.2
汽车类	22.8	29.1	22.3	5.6

资料来源：武汉市统计局：《前三季度我市消费品市场运行平稳》，武汉统计信息网，2014年11月5日，http://www.whtj.gov.cn/details.aspx?id=2387。

（二）特色文化品牌有待挖掘

一个城市的文化品牌是城市核心竞争力所在，也是衡量一个城市文化创意产业发展水平的重要指标，文化品牌的影响力和带动力彰显了城市的文化软实力。虽然武汉文化企业品牌也有较好的基础，如传媒业"百万大刊"在国内最多，《知音》《特别关注》《今古传奇》等期刊品牌享誉海内外。但整体来说，武汉在打造原创文化品牌方面还有待提高，缺乏具有代表性的文化品牌和国内领军的文化企业集团，特别是科技含量高的互联网文化产业品牌。中南大学中国文化产业品牌研究中心发布的《中国文化品牌发展报告（2014）》评出了30个在文化产业各门类中具有引领意义的年度文化品牌，武汉无一上榜，同为中部省会城市的长沙则有电视娱乐节目《爸爸去哪儿》、旅游演艺作品《魅力湘西》两大品牌入围。同时，武汉市还缺乏对本地地域品牌的深入研究和宣传推广。武汉早在2013年底就评选出了"大美武汉——十大城市文化名片"，黄鹤楼、武汉长江大桥、红楼、东湖、琴台、汉阳造、武汉大学、汉口江滩、汉剧、盘龙城遗址等传统自然景观或标志性历史文化遗产入选，这些文化名片综合性虽强，但没有分门别类，经济价值不突出，很难起到提升和带动全市文化创意产业发展的作用。而湖南于2014年首次评选"湖南文化品牌40强"，遵照国家统计局发布的《文化及相关产业分类（2012）》标准排序，分为新闻出版发行服务品牌、广播电视电影服务品牌、文化艺术服务品牌、文化创意与设计服务品牌、文化休闲娱乐服务品牌、文化用品生产品牌等9个大类，全面总结文化品牌培育经验，有效地扩大了"湘品牌"的文化影响力，镀亮了城市的"金字招牌"，强化了文化品牌的引领性和支撑力，推动了文化创意产业的发展。武汉人文资源和自然资源丰富，历史悠久，是国家历史文化名城、辛亥革命首义之城，明清时为全国"四大名镇"之首，筑于商代的盘龙城，距今更是已有3500多年的历史。白云黄鹤、高山流水、木兰从军、汉绣楚剧、江湖山水、九省通衢，厚重的文化底蕴、古老的民间艺术和优美的自然风光奠定了武汉传统文化资源的优势基础，但是这些文化资源分散，缺乏有效整合，文化资源优势没有有效地转化为优势文化品牌。例如，2014年万达集团在武汉斥巨资打造的两大文化地标"汉秀剧场"和"电影科技乐园"，实现了同行业最现代化的科技效果和最炫目的"代入式"体验，但是荆楚故事及特色文化元素的有效植入尚有提升空间。

（三）文化产业链条有待延伸

文化创意产业的发展包括三个重要因素：文化创意的产生、知识产权的利用和产业链条的延伸。在文化产业集群建设和产业链条延伸方面武汉市还有很大的提升空间。以电视节目为例，2014年热门文化娱乐节目持续火爆，以明星参与的真人秀类节目为主，创造了超高的收视率和巨大的经济效益，成为独特的文化现象。最具代表性的节目有湖南卫视的《爸爸去哪儿》《我是歌手》、浙江卫视的《奔跑吧兄弟》《中国好声音》、江苏卫视的《非诚勿扰》《最强大脑》等，这些节目不仅收视率高，而且形成了一个相对完整的产业链，经济效益可观。首先，获得了节目内隐形广告费、节目插播广告费、节目冠名费等；其次，获得了新媒体版权、新媒体冠名及广告费，推出了同名电影产品、同名手机游戏、图书、玩具等，同时网售节目明星使用的生活用品，开展明星推介活动、商业活动等；最后，推出了文化旅游线路或类似的体验活动，拓展了节目的整体产业链，扩大了电视台的品牌效应，极大地增强了所在城市的文化吸引力，在一定程度上激发了文化消费。目前，武汉的电视台正在加大文化娱乐节目的投入，2014年推出的《我为喜剧狂》《如果爱》等品牌娱乐节目有较好的收视率，但是影响力有限，产业链条延伸不够，尤其是附属衍生产品尚需进一步挖掘。

动漫产业同样如此。近年来武汉动漫产业发展迅猛，2014年全市200多家动漫游戏企业实现产值约54亿元，完成动画影视作品制作17部，总时长为5397分钟，7部动画电视登陆央视，创造年度在央视播出作品最多纪录，其中三维动画电影《闯堂兔2》的票房总收入达2086万元，创造了湖北本土动画电影票房收入最高纪录。① 但是与此同时，从业企业过于重视原创动漫作品时长，过度依赖优惠政策的资助补贴，动漫制作和衍生品开发严重脱节。据有关报道，武汉靠原创动漫作品赚钱的公司还不足一成，主要依靠加工类业务和广告类业务生存，② 大部分动漫企业还未找到自己的商业赢利模式，衍生产品开发滞后。国际成熟的动漫电影市场非常重视动画电影衍生品的前瞻规划，在筹备电影时深入考虑动画角色的辨识度和传播效果，同步规划衍生产品，在电影还没有"火"之前，就开始通过各种营销手段推广衍生品，其衍生品收入甚至能达到总收入的70%。2015年热映的动漫电影《超能陆战队》，原同名漫画毫无知名度，迪士尼剧组花了三年多的时间重新设计了更适合网络传播的角色，其衍生产品一度在网上脱销。武汉的动漫企业对于动漫作品产业链的拓展无论是从认识、规划还是从实践上都有待继续加强。

（四）产业化程度有待提高

从产业规模来看，武汉文化创意产业与上海、北京、杭州、深圳等国内文化创意产业发达的城市相比，差距明显。例如，2014年，上海文化创意产业

---

① 蒋太旭、陈燕铭：《汉产动漫确定精品形象》，《长江日报》2015年2月15日。
② 曾茜、刘晓杰：《最大寒潮突袭武汉动漫企业 新兴产业扶持思维亟待更新》，《楚天金报》2015年1月23日。

实现增加值2820亿元，同比增长8%，占全市GDP的比重为12%；① 北京文化创意产业实现增加值2794.3亿元，同比增长8.4%，占全市GDP的比重为13.1%；② 杭州文化创意产业实现增加值1607.27亿元，同比增长15.9%，占全市GDP的比重为17.47%；③ 深圳文化创意产业实现增加值1553.64亿元，同比增长15.6%，占全市GDP的比重为9.7%。④

从数据上看，这些一线城市的文化创意产业已经成为支柱产业，对地区经济的促进作用不断凸显。武汉文化创意产业在经济规模和占GDP比重方面与这些一线发达城市相比仍有很大的提升空间。

从产业竞争力来看，武汉文化创意产业的综合竞争力还有待提升。在清华大学国家文化产业研究中心与亚太文化创意产业协会联合发布的《两岸城市文化创意产业竞争力研究报告（2015）》中，武汉落选两岸城市"文化创意产业综合竞争力"前十强。在大陆"文创实力"单项评估中武汉列第八位，在中西部地区城市中落后于西安和长沙。

从产业主体来看，民营股份制文化企业数量多、规模小，文化产业骨干企业数量少，以传统文化企业为主，类型趋同，带动力和影响力存在一定的局限性。2014年武汉市拥有规模以上、限额以上文化与科技融合产业法人单位957户，而南京市规模以上、限额以上文化产业法人单位达2000多户，⑤ 杭州市规模以上文创单位达4409家，差距明显。在2014年光明日报社和经济日报社联合发布的中国"文化企业30强"评选中，武汉无企业上榜，同为中部城市的长沙和合肥各有2家上榜，南昌有1家上榜。在世界媒体实验室（World Media Lab）独家编制的2014年度（第二届）"世界媒体500强"排行榜中，52家中国大陆媒体成功入选。武汉有3家入围，且均为国有传统文化企业，综合实力和竞争力还需进一步加强（见表8）。

---

① 曹玲娟：《上海文创产业GDP占比约12%》，《人民日报》2015年4月10日。
② 北京市统计局：《2014年北京市国民经济和社会发展统计公报》，北京统计信息网，2015年2月12日，http：//www.bjstats.gov.cn/xwgb/tjgb/ndgb/201502/t20150211_288370.htm。
③ 徐埇：《去年我市文创产业增加值逾1600亿》，《杭州日报》2015年1月30日。
④ 深圳市统计局：《2014年深圳市国民经济和社会发展统计公报》，深圳统计信息网，2015年4月24日，http：//www.sztj.gov.cn/xxgk/tjgb/201504/t20150424_2862885.htm。
⑤ 武汉市统计局：《文化与科技融合产业稳步发展 助推新业态迅速成长》，武汉统计信息网，2015年6月5日，http：//www.whtj.gov.cn/details.aspx？id=2613。

表8　入围部分中国大陆媒体基本情况

单位：家，亿美元

子行业	入围媒体数量	代表性媒体	代表性媒体营业收入	入围武汉媒体	入围武汉媒体营业收入
图书出版	18	江苏凤凰出版传媒集团有限公司	26.5574	长江出版传媒股份有限公司	6.9497
报纸出版	9	浙江日报报业集团	6.3934	湖北日报传媒集团	5.2705
有线或卫星电视通信	7	北京歌华有线电视网络股份有限公司	3.7152	湖北省广播电视信息网络股份有限公司	1.9052
广播电台或电视	7	中国中央电视台	49.0186	无	—
影视文娱或节目	9	华谊兄弟传媒集团	3.3261	无	—
综合媒体	1	安徽新华传媒股份有限公司	7.5900	无	—
媒体服务	1	成都金亚科技股份有限公司	0.8794	无	—

资料来源：根据2014年度（第二届）"世界媒体500强"排行榜整理，http://media.icxo.com/summit/2014media500。

（五）数字化转型有待提速

在武汉市传统文化创意产业中，新闻出版业是优势产业之一，但是随着信息技术的飞速发展、智能手机和互联网的日益普及，尤其是微博、微信等社交工具和移动APP的飞速发展，人们对书报刊等传统出版物的需求不断缩小，对网络信息的需求不断增加，手机阅读、时事互动交流成为新风尚，纸质书阅读逐渐被边缘化，这对新闻出版业带来极大挑战。

2014年武汉市新闻出版发行业增加值增速仅为4.9%，报纸、期刊、图书等传统纸媒业务近年来逐步萎缩。据统计，2014年武汉市年营业收入在亿元以上的十大出版社中有6家年营业收入比上年减少。同期，上市公司财务年报显示，武汉市最大的长江出版传媒股份有限公司净利润同比减少44.2%。[1] 以实体书店为例，武汉市实体书店的数量一直稳定在1000家左右，虽然没有像

---

[1] 武汉市统计局：《文化与科技融合产业稳步发展　助推新业态迅速成长》，武汉统计信息网，2015年6月5日，http://www.whtj.gov.cn/details.aspx?id=2613。

全国其他城市一样出现大规模的"倒闭潮",但是普遍面临消费市场萎缩和人工成本上涨的严峻考验,包括新华书店在内的绝大部分实体书店举步维艰、经营惨淡,为此,武汉市2014年专门出台了《武汉市实体书店扶持暂行办法》。武汉市新闻出版企业虽然加快了新媒体方面的探索,但是在国内外的影响力有待提升。在中山大学传媒设计学院和传媒梦工场联合举办的"2014中国新媒体影响力指数榜20强"评选中,北京、广州、上海的多家媒体上榜,武汉无企业上榜,同为中部城市的长沙和郑州各有1家上榜(湖南卫视和《大河报》)。同时,报刊等传媒小而散的局面依然没有得到根本性改变,传统媒体对新媒体的整合尚未建立起全新的赢利模式和运营模式。新闻出版发行业增速放缓,行业业绩下滑,对全市文化创意产业发展产生不利影响。加大传统出版传媒业结构调整和改革力度,实现产业升级,拓宽发展领域,整合报纸、杂志出版资源,注重培植新的增长点,提升行业整体效益水平,助推武汉市出版传媒企业跻身全国"第一方阵"迫在眉睫。

2014年是文化企业并购加速,文化与科技、金融融合,跨领域并购趋势尤为突出的一年,以百度、阿里巴巴、腾讯等为代表的互联网企业纷纷进军文化创意产业,正在全方位地颠覆文化内容产业。武汉虽然也有一些相对知名的互联网企业,但多已被收购,如海豚浏览器在2014年被搜狐畅游以9100万美元收购51%的股权。外来互联网企业加速对传统媒体的"倒整合",也使武汉传统文化企业的数字化转型更为紧迫。

(六)文化创意产业人才培养有待改进

文化创意产业作为高附加值和高智力产业,需要大量的创新型人才。文化产业人才一般可以分为基础性人才、创新人才和经营管理人才三类。武汉市拥有普通高校80余所,在校研究生有11.08万人,在校本科生及大专生有96.21万人。[①]虽然科教实力雄厚,但是文化创意产业依然面临人才短缺的局面。首先,开设文化产业专业的高校少而且设立时间较短,武汉文化产业专业最早由华中师范大学于2000年开设,本科现为历史学专业下的文化遗产与文化产业

---

① 武汉市统计局:《2014年武汉市国民经济和社会发展统计公报》,武汉统计信息网,2015年3月12日,http://www.whtj.gov.cn/details.aspx?id=2513。

方向，同时华中师范大学国家文化产业研究中心设有交叉学科"文化资源与文化产业"硕士点、博士点和博士后流动站，挂靠文学、管理、信息技术和历史等学科。此外，目前还有武汉大学设有文化产业管理专业的硕士点和博士点。目前两所学校每年招收的文化产业全日制硕士、博士阶段新生不足50人。与此同时，武汉市还有其他6所高校设有文化产业管理本科专业，分别是武汉轻工大学、长江工商学院、江汉大学、湖北美术学院、华中师范大学武汉传媒学院和武汉体育学院体育科技学院。① 其次，高校培养出的高端文化创意产业人才不足，部分文化产业专业毕业生实践能力相对不足，与市场需求难以完全接轨。虽然几乎所有的高校都开设了新闻传播、广告、计算机、设计等相关专业，文化产业各类人才培养的数量和质量在国内名列前茅，但从目前文化创意人才需求市场来看，没有形成文化产业人才高地，尤其缺乏既掌握文化创意产业理论知识，又具有创新能力和经营能力的高端运营策划、品牌管理、传播、营销人才，同时还缺乏国内外知名的高端文化领军专家。武汉曾有的少数几家规模相对较大的互联网企业（如PPTV、卷皮网）因受限于高端人才等问题而选择离开。

不仅专业人才培养的量和质有待提高，武汉文化创意产业发展还存在人才外流的问题。2014年武汉高校毕业生首破30万人，但是2005~2013年，每年平均留汉人数不足8万人，全市引进人才不足3000人，更有近万人调动失败，无形中成了引才障碍。② 高端人才留汉比例不高，人才普遍外流的局面依然没有得到根本性扭转。很多文化创意企业普遍存在"高人请不来、能人留不住"的困境，高端复合型人才的缺失严重影响了文化创意产业的发展和创新。

另外，武汉市尚未建立健全文化创意产业人才跨学科培养培训体系和考核评估机制，现有传统文化产业从业人员知识结构未能通过及时培训等方式加以更新以达到"互联网+"时代文化创意产业发展的新要求，不能完全满足文化创意产业转型升级发展的人才供给需求。

---

① 《2014年湖北省普通高等学校本科专业目录》，湖北省教育厅网站，http://www.hbe.gov.cn/content.php?id=11720。
② 陈亦帆：《[2014武汉教育盘点]十大憾之四：人才流失严重》，荆楚网，2015年1月10日，http://edu.cnhubei.com/xwtt/lb/201501/t20150110_58333.shtml。

四　2015年武汉文化创意产业发展的新思路和新愿景

2015年是全面完成"十二五"发展规划的收官之年，也是实现武汉市"双十百千"目标的最后冲刺之年。① 当前我国经济发展步入新常态，经济结构不断优化升级，经济增长方式由投资和出口驱动转向消费和创新驱动，产业发展模式从以传统的低端制造业出口为核心的增长模式升级到以创意经济为主要驱动力的增长模式，从整体出发优化和创新文化创意产业布局，是武汉建设国家中心城市、从工业化中后期向工业化后期迈进的必由之路。

（一）2015年武汉文化创意产业发展的新思路

1. 深化文化体制改革，加快启动国家文化创新改革试验区建设

当今时代，文化创意产业的发展在城市竞争中的地位和作用日益凸显。党中央、国务院在党的十八大和十八届三中全会上提出要深化文化体制改革，提高文化产业规模化、集约化和专业化水平。2014年12月15日，国家首个文化产业创新试验区在北京市朝阳区启动建设。2015年5月5日，习近平总书记主持召开的全面深化改革领导小组第十二次会议审议通过了《关于在部分区域系统推进全面创新改革试验的总体方案》，同意武汉市等七省市开展全面创新改革试验，为此，武汉迎来了文化创新改革试验区建设的新机遇。武汉市应抓住建设文化创新城市和全面推进改革试验的时机，尽快启动和加速国家文化创新改革试验区建设，在省、市级文化创意产业集聚区和国家级产业基地示范园区发展的基础上，统筹整合资源，建设武汉市文化创意产业功能区。加快促进要素集聚与产业链分工协作，引导各区文化创意产业特色化、差异化、集群化发展，推动全市文化创意氛围提升、经济转型升级、产业融合、城市功能优化调整和经济社会全面可持续发展。同时，进一步发挥武汉文化创意产业在中部地区和长江城市经济带的带头引领作用，促进武汉这张荆楚文化名片的保护

---

① 中共武汉市委、武汉市人民政府《关于推进文化创新、加快文化与科技融合发展的意见》（武发〔2012〕9号）提出的到2015年武汉市文化创意产业在产业规模、集群建构、自主创新、平台体系、企业支撑和人才后盾等方面的具体目标。

和弘扬。

武汉文化改革试验区建设应该在《中共中央关于全面深化改革若干重大问题的决定》《国务院关于推进文化创意和设计服务与相关产业融合发展的若干意见》《国务院关于加快发展对外文化贸易的意见》《国务院办公厅关于印发文化体制改革中经营性文化事业单位转制为企业和进一步支持文化企业发展两个规定的通知》及湖北省、武汉市一系列文化创意产业政策的指导下，借鉴国外文化创意产业发达国家和地区以及我国北京、上海、深圳等城市的先进经验。一是要"大胆假设、小心求证"，打破观念束缚，大胆创新，但证明的过程必须严谨求实。发扬武汉"敢为人先、追求卓越"的城市精神，为全国文化创意产业政策创新、体制机制创新起到带头作用。二是要做好顶层设计和整体定位，要体现文化创意产业发展的内在规律和武汉地方特色，调动社会资源，加强国内外区域文化产业合作，以重点文化产业项目为抓手，推动国家和地方一系列文化创意产业政策的落地。三是要做好定位，树立国家意识，具备国家行为实验内容。以华中师范大学国家文化产业研究中心等科研机构为依托，建设国家文化产业实验室和国家文化产业研究院，打造武汉的文化产业国家智库；打造武汉国家文化中心城市，打造国家文化地标和国际特色文化品牌，传播国家形象。四是要提升文化试验区公共文化服务水平，促进文化惠民服务基础设施建设，"软""硬"两个环节两手抓，两手都要硬。五是要紧扣创新驱动的发展目标和坚持文化与科技等多维融合的发展战略，探索和建立相应的决策机制、评价机制和信用机制，力争空间利用科学化、品牌化，政策设计系统化、人性化，服务体系社会化、专业化，服务手段智能化、信息化，在破解文化发展难题、策划重大文化项目、创新文化体制机制、形成特色文化产业格局上寻求突破。通过政府、产（行）业协会、企业、高校和科研院所的共同努力，力争用3～5年的时间，在国家文化产业改革探索、文化金融创新和产业融合发展等方面，将试验区打造成为全国文化创意产业发展的理论和实践示范标本。

2. 强化"互联网＋"思维，加强传统媒体与新兴媒体的深度融合

随着互联网技术的飞速发展，人们对互联网的依赖程度越来越强，互联网作为新平台，正在不断改变文化产品的市场需求和创作模式，成为文化产品最便捷的流通渠道。2014年国家颁布《关于推动传统媒体和新兴媒体融合发展的指导意见》，表明媒体融合已经上升为国家意志。在此背景下，文化企业必

须从"线下"转到"线上",才能在互联网发展的大趋势下占有一席之地。

首先,要推动传统文化产业数字化改造,探索"互联网+文化企业"的新型商业模式,加速推进传统平面媒体向全媒体转型升级。武汉市新闻出版、广播电影电视等传统文化企业在文化产业中所占的份额较大,要制定并实施进一步融合发展的政策措施,先行培育一批传播力强、公信力大、影响力广、技术先进的新型主流媒体,实现传统媒体和新兴媒体在内容、渠道、平台、经营、管理等方面的深度融合,探索以用户为中心的全新商业运营模式。应当强化互联网思维,主动变革,满足用户的多元化需求,重塑平等传播的用户体验平台。可以通过加快生产流程和组织结构的改造,改造传统生产模式,推动纸质内容资源数字化,探索多样化的新兴媒体商业赢利模式。建立文化产业大数据平台和交易中心,主动适应互联网大数据环境,加强数据库建设,利用数据为网站运营、用户推荐、用户营销提供决策依据;搭建定制化、可视化、数据化和移动化的全媒体技术平台,推动报刊网站、出版社网站、广播电视台网站等的融合创新。

其次,要培育和发展本土大型互联网企业,进一步支持大数据产业集聚,提升大数据资源处理能力。2014年是互联网媒体并购年,以BAT企业(百度、阿里巴巴、腾讯)为代表的新兴媒体加快并购传统媒体,向文化产业进军。武汉的互联网产业发展相对滞后,科教优势和人才资源未能有效整合,应加快引进国内外知名的互联网企业,成立研发机构。要加快互联网等新兴文化企业的发展,创造各种有利条件,营造互联网创业氛围,吸引更多的国内外互联网领军企业来武汉设立研发中心。同时,进一步加强大数据产业建设,探索政府出资、第三方运营的模式,形成产业集聚效应,带动互联网产业的发展,为文化企业提供全方位的服务。

3. 完善产业发展规划和政策支撑体系,推动区域城市间协同发展

首先,武汉应把文化创意产业的发展作为城市的重要发展战略和实施"万亿倍增计划"的重要内容,把文化创意产业作为战略性新兴产业列入武汉市"十三五"规划重点发展,科学制定加快发展、深化改革的目标任务,提出切实可行的项目载体。文化创意产业的发展不仅涉及文化部门,而且与科技、工商、税务、统计、产业等多个部门密不可分,应当尽快成立武汉市推进文化创意产业发展领导小组,建立市直机关部门联席会和协调会机制,同时,吸纳更多企业代表、产业研究专家参与,共同规划产业发展。在具体规划中,可以借鉴国外文化产业发达城市和我国文化产业发达的沿海一线城市的发展经验,依托国际知名智库,根据武汉市的实际特色和资源优势,明确发展思路,加快产业融合,在国民经济体系的大框架内设计产业发展规划,完善政策体系,优化产业发展环境,出台文化产业金融、资本、创业投资、信用体系和对外贸易等一系列政策或者实施细则。

其次,充分利用国家批准实施《长江中游城市群发展规划》的历史机遇,统筹考虑长江中游城市群文化产业发展布局。武汉市作为中部地区的中心城市,要按照"竞进提质、升级增效"的目标,立足自身产业发展定位,与长沙、南昌等中部城市进行科学的整合规划,形成区域内联动发展、错位发展的文化创意产业生态,破解中部地区内部文化产业发展中的同质化竞争、行政本位、片面追求数量增长等问题,促进区域城市间文化创意产业实现统一市场主导下的协同发展和升级转型。例如,武汉的荆楚文化、长沙的湖湘文化、南昌的红色文化各具特色,资源具有一定的相似性和互补性,通过整合推广,可以实现跨区域、大范围的资源优化配置,促进整体协调发展和价值提升。

最后,武汉市作为湖北省"两圈两带"战略规划的龙头城市,要整合规划"武汉城市圈"中心城市文化产业带、泛长江文化产业带、汉江生态文化旅游带及周边城际快线辐射城市文化产业的优势,按照优势互补、和谐共赢、整体联动、彰显特色的发展原则,形成区域内统一协调的产业布局,引领武汉城市圈,联动鄂西生态文化旅游圈的发展。

4. 优化文化产业整体结构,培育多样化的新兴文化市场主体

首先,要进一步培育和发展文化创意领军企业,发挥其引领作用。以武汉市长江出版传媒股份有限公司、湖北日报传媒集团、湖北省广播电视信息网络股份有限公司、长江日报报业集团等为代表的武汉市国有大型文化企业经过近年来的发展,整合了多家本地域行业内企业,已经初具规模,在国内具有一定的知名度,占有一定的市场份额。但是其规模与国际传媒集团相比,还是有明显差距的。现在的国际大型传媒集团几乎是跨媒体、跨行业、跨地区乃至跨国家的综合传媒集团,涵盖了互联网、电影、杂志、出版、广播、电视等所有媒体产业类型及其相关行业。武汉市要进一步解放思想,结合武汉国家数字出版基地建设和"三网融合"等战略机遇,鼓励这些大型文化企业跨行业、跨部

门、跨地域、跨所有制并购和重组，进行上市融资，快速扩大规模，实现多元化经营，力争尽早跻身全国骨干文化企业行列，激发市场活力，提升全行业集约化、规模化水平。

其次，要进一步支持民营文化企业、小微企业的发展。要优化产业环境，拓宽优惠政策，实施中小企业成长工程，通过特色文化产业园区及特色产业示范基地的建设，孵化和集聚一批相关联的民营文化企业、小微企业，引导它们走特色化发展、专业化发展、创新发展之路，把小企业做大，微型企业做多，形成大、中、小企业布局合理，产业链上、下游协调发展的文化产业组织体系。

最后，要进一步转变政府职能，优化发展环境。政府及相关职能部门应当加快从办文化向管文化转变，构建统一、开放、竞争、有序的区域文化市场主体，发挥市场对资源配置的决定性作用，加强资本、产权、人才、科技等要素市场对文化创意产业发展的支撑作用。强化服务意识，优化执法环境，减少行政审批和检查评比，清理废止不合理收费文件，设立对文化产业新兴业态创新发展的激励机制，鼓励文化与科技融合发展，大力支持文化品牌建设，为产业发展营造宽松的环境。

5. 拓宽文化消费市场，精心打造文化惠民工程

文化消费是推动武汉文化创意产业发展的重要引擎，目前文化消费支出无论是总量还是在消费支出中所占比例都偏低，发展潜力巨大。政府要进一步倡导文化消费活动，实现以文化内需拉动文化市场繁荣，提升城市文化品位。

首先，政府应当进一步提高优质文化服务产品的供给能力，增强文化消费的吸引力，主动培养消费增长点。以旅游消费市场来说，武汉可以对文化旅游资源加以整合打包，推出囊括全市旅游资源的旅游年卡、季卡、月卡、周卡、平日卡、周末卡等更多优惠的消费选择，策划精品、特色文化旅游线路，推出多样化的与主题公园、文化场馆、文化活动、文化创意产业园区、健康健身等深入融合的文化旅游产品。例如，在长江沿岸打造大型实景体验型演艺项目，结合游轮观景，再现武汉码头文化。同时，加强对武汉新花城、江汉朝宗文化旅游、汉秀剧场、万达电影乐园、武汉网球公开赛、第十届中国（武汉）国际园林博览会及景区等最新旅游元素的宣传推介。

其次，政府应当全面普及文化惠民活动，并创新惠民方式，确保文化惠民工程精准化并落到实处。继续实施"三个千万人次工程"，结合琴台音乐节、国际戏剧演出季、国际钢琴巡礼、中华戏曲艺术节等品牌艺术活动,不定期举办"惠民文化消费"优惠活动。对象化、精准化地发放文化惠民消费卡,增强文化企业与消费者之间的黏度,使文化消费成为消费者的刚性需求。利用短信、微博、微信、移动 APP 等进行惠民政策及惠民活动的实时推送,尝试将线上互动与线下体验相结合,提供全链条的文化惠民消费产品。同时,进一步完善公共文化服务体系。健全政府公共大数据服务平台,实现政府数据的公开与共享,为市民提供"一站式""一卡通"的便捷服务,全面释放经济效益和社会效益的红利。优化公共图书服务,深入开展全民阅读等各类读书活动,吸引更多市民走进书店、书城和图书馆。推进公共文化服务社会化,鼓励文化活动和文化资源向基层社区拓展,在各区域打造"一站式"大型文化消费场所。针对城镇居民和农村居民文化消费差距大的问题,以新型城镇化发展为契机,推动城乡文化公共服务均等化,在农村地区完善公共文化基础设施建设,拓展影视院线和网络服务,培育休闲娱乐市场。

6. 汇聚人才资源,实现产、学、研有效对接

人才是提高产业竞争力的关键。随着中部崛起战略、长江经济带和"中三角"发展战略的确立,武汉市作为中部地区的中心城市和对接"一带一路"的重要内陆城市,其区位优势更为突出。要充分发挥这一优势,培养引进一批善于开拓文化新领域的拔尖创新人才、掌握现代传媒技术的专门人才、懂经营善管理的复合型人才、适应文化"走出去"需要的国际化人才,打造全球文化创意产业创业创新的人才高地。

倾力做好文化创意人才的"内孵"和"外引"工作。其一,鼓励更多的高校及科研单位开设文化产业相关专业,增加人才储备。在课程设置上,要充分结合经济学、管理学、历史学、美学、文学等学科及互联网知识,探索大类培养和交叉学科建设,引入 MOOC 在线网络课堂,建立实习实训基地,培养高技能的跨学科复合型前沿人才。在培养模式上,尝试高校与文化企业合作,"订单式"培养高端文化创意人才和文化创意产业专业技能人才。其二,深化与华中师范大学、华中科技大学、武汉大学等部属高校的合作,运用产、学、研一体化模式为武汉文化创意产业发展培养高端创新人才和经营管理人才。其三,建立和完善在岗职工短期培训机制,建议在华中师范大学国家文化产业研究中心等机构设立武汉市文化创意人才培训基地,定期组织相关部门、文化企业和文化单位的骨干力量进行文化创意产业发展和管理、文化与科技融合等方面的专题培训。其四，建立更具竞争力的人才吸引制度，围绕现实需求，用更开阔的视野，面向全球引进知名科学家、院士、资深学者等高层次文化科技创新人才，探索建立技术移民制度，优化高端专家学者的就业环境，提高相关待遇。同时，促进人才双向流动，为产、学、研一体化创造有利条件。整合国内外资源，完善文化产业发展和文化体制改革智库，打造文化创意产业国际论坛，加强对文化产业前沿理论和实践问题的研究，充分发挥决策咨询、对外交流和人才培养等方面的作用。

7. 丰富融合内涵，促进文化与其他领域的融合发展

随着科技和金融对推进文化创意产业支撑作用的日益显现，武汉要逐步改变政策和资源驱动的产业发展模式，通过文化与科技、金融的融合发展，以及文化创意产业与其他业态的融合发展，促进文化资源的文化价值和经济价值的全面提升。

进一步促进科技与文化的深度融合。武汉被确定为2014年度"宽带中国"示范城市（城市群），同时成为十大国家级互联网骨干直联点之一，中部地区仅有武汉和郑州两座城市入选。应当以此为契机，将武汉打造成为"中三角"信息中心，促进"三网融合"和跨地域新兴业务的开展。重点培育动漫游戏、视听新媒体、3D打印、绿色印刷和移动互联网应用等新兴文化业态，加快高新技术成果向文化领域的转化应用。支持传统文化企业与互联网企业、信息企业、高新技术企业展开合作，在内容生产、版权保护、数字业务、技术研发等方面开展自主创新和对外合作，推出更多具有高科技含量的文化产品。例如，促进传统文化资源的数字化，加快智慧旅游景区 APP 建设；以文化资源数字化成果为原料，形成"荆楚文化素材库"。

进一步促进金融与文化的深度融合。十八届三中全会提出，鼓励金融资本、社会资本与文化资本相结合。实现文化创意产业的跨越式发展，资金是重要保障。高投入才有高产出，是文化产业发展的一大定律。美国环球影业出品的电影《速度与激情7》投资高达2.5亿美元，2015年4月12日在中国内地首映，票房收入达创纪录的3.91亿元。根据1905电影网的统计，该片上映5周一直稳居周票房排行榜冠军，最终票房达24.4亿元，远超前中国内地票房冠军《变形金刚4》19.7亿元的票房收入。票房收入仅仅是其收入的一部分，

一个拍到系列 7 且集集成功的电影，已然为其后期娱乐产权在全球的发行和产业链的延伸提供了保障。相较于其他一线城市，武汉市金融业对文化产业发展的支持力度不足，中小企业融资困难，要大力推进文化与金融融合，加大引导性资金对高科技文化产业和新兴业态的扶持力度。要丰富文化信贷产品和服务，拓宽投融资渠道，探索风险投资、天使投资、股权投资、互联网众筹等融资方式，建立相对完善的文化创意产业投融资体系、投资价值信用评估体系和配套服务体系，打造面向不同类型文化企业的"文化创意企业投融资服务平台"和信用评级制度。设立各项文化创意产业投融资基金，扩大企业直接融资规模，鼓励社会资本进入文化创意产业。同时，支持符合条件的文化企业在境内外上市，支持成长性好、偿付能力强的文化企业发行中长期票据和债券等，优化融资结构。

进一步促进不同业态与文化的融合。以武汉东湖国家级文化和科技融合示范基地建设为契机，大力发展创意设计、动漫游戏、数字资讯、影视传媒等新兴业态，促进文化创意与现代农业、消费品工业、信息业、高端装备制造业、建筑业、节能环保产业、新能源产业、旅游业、体育产业、健康产业等不同业态实体经济的双向深度融合，释放文化产业的"溢出"效应。例如，以承办 WTA 武汉网球公开赛为契机，借助网球明星李娜的名人效应，促进光谷国际网球中心经营、网球赛事和文化体育产品开发与旅游相结合，发展体育演艺产品，创新体育服务和市场供给。2014 年武汉市文化创意产业融合发展的典型案例是，"汉秀剧场"和"武汉电影乐园"两大高科技文化旅游项目的推出，迅速成为吸引国内外游客的重要旅游产品，文化与科技的有效融合已然为文化旅游创造了新的经济增长点。

（二）武汉市文化创意产业发展的愿景

武汉作为一个有着 3500 多年历史的文化名城和楚文化的重镇，长期以来引领着中华文化的发展。作为国家文化创意勃发的中心城市，武汉不仅要体现应有的文化自觉、文化自信和文化自强，而且应在"敢为人先、追求卓越"的武汉精神的指引下，紧紧围绕全市政治、经济和社会发展大局，继续建设"文化五城"，努力打造城市文化名片，大力发展文化创意产业，为建设国家中心城市、复兴大武汉提供坚强的文化支撑。

一是将武汉打造成为中国文化创意中心，成为中国文化与世界文化接轨的枢纽和中心，打造"中国文谷"，通过实施重大文化产业项目带动战略，培育和引进一批国际知名文化龙头企业，不断催生新型武汉产业业态。

二是将武汉打造成为中国文化创新和文化传播中心，讲好中国故事，彰显民族精神，以国家中心城市和国际化大都市身份参与国际文化交流，并逐步在交流中形成文化话语权，展示城市文化的鲜明特色。利用两江交汇、百湖棋布的区位优势，开设水上巴士、环湖巴士等，做好"水"文化文章，以建设生态武汉、美丽武汉为特色，打通全市的河流和湖泊，建设"东方威尼斯"和全球水上乐园等。

三是通过建设文化人才施展平台和文化人"庇护所"，将武汉打造成为全球人才会聚、人文荟萃、创意迸发的人才高地。

四是打造与现代化城市社会发展水平相适应、与国家中心城市和国际化大都市功能布局相匹配的先进的武汉市公共文化服务体系，充分实现武汉市民的文化享受、文化参与、文化创造和创造成果受保护四大权利，向世界长江文化之都、世界历史文化名城的目标迈进。

五是打造武汉文化产业升级版，在互联网思维下，培育"文化+科技""文化+创意""文化+旅游""文化+金融""文化+电商"等新业态，进行产业融合、重点提升，形成充满生机活力的文化市场，推出更多的具有荆楚风格、代表城市形象的文化创意精品，在国内外市场打响自己的品牌。

六是打造高效的知识产权保护体系，建设知识产权保护强市，加强武汉市文化立法，以《武汉市知识产权促进和保护条例》正式施行为契机，积极营造在全社会弥漫法治文化的环境，以法治精神和民族美德培养文明公民、文明社区和文明城市，建设知识产权特区，争取国家在武汉增设中西部地区首个知识产权法院。

七是打造特色鲜明的城市文化创意发展的"武汉高地"，打造全球文化创意研究联盟，会聚国内外知名专家，逐步建立全国的文化创意研究重镇，通过整合国内外的研究资源，建立国际国内的文化创意产业监测体系和研究团队，形成国内一流、国际知名的重要智库。每年举办国际文化论坛，为人类文明发展提供智力支持，凸显武汉对全球经济、政治、文化等方面的重要影响力。

八是打造中部地区国际文化产业博览会，充分运用湖北"黄金十年"的发展关键期，为城市文化发展注入强大的文化基因，形成创新型、智慧型、力量型城市主流文化，发布具有全球公信力的年度武汉文化创意产业发展各项指数以及国内外相关文化品牌排行榜。

五 结语

武汉正处在建设国家中心城市、复兴大武汉、实现"武汉2049远景目标"的伟大征程中，这需要文化的滋养和推动。2014年，武汉城市经济总量突破万亿元，是中国中部地区首个GDP过万亿元的城市，以文化产业为代表的服务业已占武汉GDP的半壁江山，成为经济发展的新引擎。今后，武汉人要继续发扬"敢为人先、追求卓越"的城市精神，在国家改革试点的大好形势下，在中部崛起战略的指引下，迎接挑战，抢抓机遇。在经济上，把武汉市建设成为中部战略支点、长江经济带和中部崛起的龙头，以及引领"中国经济发展第四增长极"的重要中心城市。在文化上，把武汉建设成为国家文化中心城市和国际化大都市，打造世界设计之都，使武汉成为文化创意产业、公共文化服务体系、文化遗产保护的世界智库；打造国际现代都市文明的典范、中华文明走向世界的典范、中国创意都市的典范、高品位宜居城市的典范，努力实现建设国家中心城市、复兴大武汉的宏伟目标。

行业报告
Industry Reports

B.2
传统媒体与新兴媒体融合的理论与实践

李明 陈波 潘紫路*

摘　要： 技术的发展、受众媒体使用习惯的改变以及国家政策的推动共同促进了传统媒体与新兴媒体的融合发展。在新旧媒体融合的探索过程中，理论与实践齐头并进。一方面，国内外学者在融合战略上各抒己见，为媒体融合的实践提供了理论支撑；另一方面，传统媒体纷纷寻求与新兴媒体的合作，实现了自身的转型。武汉市的传统媒体在媒体融合的实践中取得了一定的成绩，但也暴露了一些问题。发挥自身固有的资源优势，突破制度障碍，通过渠道、内容、技术、资本的真正融合，谋求新旧媒体双方的共赢，将是武汉市媒体及所有传

---

* 李明，江汉大学人文学院文化产业管理系教研室主任，博士、硕士生导师，研究方向：媒介发展、文化产业经营与管理。陈波，江汉大学人文学院硕士研究生，研究方向：文化产业经营与管理。潘紫路，江汉大学人文学院硕士研究生，研究方向：文化产业经营与管理。

统媒体实现可持续发展的合理路径。

关键词： 传统媒体　新兴媒体　融合

一　传统媒体与新兴媒体融合的背景

（一）互联网技术的发展，促进了传统媒体与新兴媒体的融合

从国际上看，20世纪60年代，第三次科技革命的发展，使得媒体作为现代城市生活的载体而存在；进入21世纪以后，互联网技术的引入，催生了现代媒体的革命，特别是2010年以来，媒体不仅作为一种工具和载体，而且作为一种内容和创意正日益受到重视。以互联网技术为支撑，数字媒体、新兴媒体等开始进入人们的视野，媒体内部的冲突与矛盾开始凸显。亨利·詹金斯认为，媒体融合并不是技术上的变迁。媒体融合改变了内容、创意、市场、产业之间的关系，媒体融合改变了媒体业运营以及媒体消费者对待新闻和娱乐的逻辑。记住这一点：融合所指的是一个过程，而不是终点。① 新旧媒体融合的一个重大背景是互联网媒体的猛烈冲击。因此，新旧媒体的融合，可以看成传统媒体在应对新兴的互联网媒体冲击时所形成的一种倒逼趋势。2010年以来，互联网媒体来势汹汹，使传统媒体的市场地位一落千丈，在一定程度上，传统媒体出现了生存与发展的困境，因此，传统媒体必须通过与新兴媒体的融合来实现自身的转型发展。

（二）受众对媒体信息获取方式的分众化

媒体融合的另一个背景在于，互联网媒体之下的受众对媒体信息获取渠道的多元化和分众化。随着互联网技术的普及，人们的观念不断更新，传统的观念受到挑战，因此，受众对于信息的获取，不再局限于传统媒体，而是更多地

---

① 〔美〕亨利·詹金斯：《融合文化：新媒体和旧媒体的冲突地带》，杜永明译，商务印书馆，2012，第47页。

倾向于新兴媒体。实际上，通过传统媒体来获取内容和信息的受众群体数量在不断减少，而我国作为一个极具中国特色的社会主义国家，传统媒体却一直都处于党委和政府的管控之下，所以，在面对互联网技术的大势之下，传统媒体也迫切需要加强媒体传播的建设，以适应媒体变革的趋势。受众对媒体信息获取方式的分众化，可以看成新兴媒体话语权崛起的一个重要标志，受众不再被动地接收媒体信息，更为主要的是，受众对媒体信息进行了重新编码与解码，传统意义上的媒体单向传播渠道不再是无往不胜的了，媒体技术和受众主体意识的增强，使受众对媒体信息的被动性减弱，主动性增强。新兴媒体为受众的信息获取提供了便利，使多样化的媒体信息需求日益分众化，这也在客观上对传统媒体形成了倒逼的压力。

（三）国家政策对媒体融合的推动

近年来，党委、政府不断加强对新兴媒体平台建设的尝试，不断兴起的政府官方微博、微信等平台，从侧面反映了我国新旧媒体融合的背景。传统媒体也在努力寻求与新兴媒体的融合，积极推动新旧媒体融合，以期在新的媒体语境下赢得主动权。

2014年8月18日，中央全面深化改革领导小组第四次会议审议通过了《关于推动传统媒体和新兴媒体融合发展的指导意见》（以下简称《意见》），做出推动传统媒体和新兴媒体融合发展的重大部署，提出在内容、渠道、平台、运营、管理等方面的深度融合，着力打造新型主流媒体，建成新型媒体集团，形成现代传播体系的具体方向与目标。

尽管2014年以来，我国传媒产业有了《意见》的指导，但是我国传统媒体与新兴媒体的融合依然举步维艰，很难说取得了实质性的发展。究其原因，主要是我国文化媒体在管理机制上的二元悖论，具体表现为我国现行的文化媒体条块分割的管理机制。

理论界对我国媒体融合的研究已经存在，问题的关键在于对媒体融合的探讨很难具体到政策层面，直到2014年"8·18文件"的出台，我国业界的媒体融合才真正具备了明确的政策信号。理论研究与实践探索是中国特色社会主义媒体融合的一般规律，需要指出的是，由于我国特殊的文化历史、政治现实、制度体制，在文化-意识形态方面形成了特殊的党委领导制度，所以不可避免地体现了浓重的政策推动色彩。

可以认为,从目前的阶段来看,在我国媒体融合的动力方面,党委、政府的政策一直占据了绝对的主导地位。这主要是因为我国的社会生产力、治理机制、媒体技术等方面的滞后性,从而在客观上导致了我国的媒体融合暂时落后于西方。

它山之石,可以攻玉。从西方媒体融合发展的经验来看,在媒体融合的初期阶段,政府的政策推动是必要的。但是,政府的政策需要有一个阶段性的梯次设计与退出机制,而这其中一个最重要的问题是要正确处理市场与政府的关系。

(四)创意城市与媒体城市的转型,为媒体融合提供了发展契机

创意产业、创意城市的兴起,是媒体融合的重要契机。1994 年,澳大利亚联邦政府在《创新型国家》这份有关文化政策的政府声明中首先使用了"创意产业"一词。1997 年,英国工党政府首相布莱尔成立了英国文化、媒体与体育部,下设"创意产业特殊工作领导小组",率先以官方政策文件的形式提出了"创意产业"一词。

从英国提出创意产业的背景来看,布莱尔政府在 1997 年提出发展创意产业,这其中包含了一定的国家政策推动的意思,但更多的是当时英国城市发展转型的大背景。媒体融合或许是世界上大中城市转型发展的一种尝试。20 世纪 80~90 年代,随着全球化的发展,西方发达国家开始进入后工业社会,城市传统的产业结构难以适应新的发展需求,驱动英国城市和社会经济发展的力量已经开始发生结构性的转型,媒体创意在促进城市和社会发展中的作用日益凸显。彼得·霍尔认为,21 世纪真正的创意城市是多方面领先的,且建立在艺术和技术的融合之中。[①]

二 传统媒体与新兴媒体融合发展的理论

(一)关于媒体融合概念的界定

"融合"最早起源于自然科学领域,1713 年英国科学家威廉·德汉第一次

---

① 褚劲风等:《创意城市:国际比较与路径选择》,北京大学出版社,2014,第 36 页。

谈到光线的融合或发散。在随后的第一次工业革命之后,"融合"一词逐渐进入社会经济领域,广泛地涉及经济学、管理学、社会学等领域。20世纪末,"融合"一词进入大众传媒领域,"媒体融合"的概念首次由美国马萨诸塞州理工大学浦尔教授提出。他指出,各种媒体在内容与渠道上呈现一体化的趋势,通过现代媒体技术,各种形态的媒体创意与内容被转化为数字形式来传输,依托互联网等进一步传播。在一定程度上,现代媒体技术的出现,使得现实媒体与虚拟媒体之间的界限不再清晰。这种变化被称为"融合媒体"。

1978年,麻省理工学院尼古拉斯·尼葛洛庞蒂教授论证了信息技术的融合过程,而后来的新闻出版、广电传媒、影视娱乐、移动互联网等趋于融合的事实,无一例外地印证了其关于媒体融合的论证的科学性与前瞻性。1983年,美国马萨诸塞州理工大学伊契尔·索勒·普尔教授在《自由的科技》一书中提出"媒体融合"的概念,指出各种媒体在不断发展的过程中,呈现多功能一体化的趋势,从而将融合与大众传媒实现了实质性的结合。[1] 1990年,尼古拉斯·尼葛洛庞蒂在其著作《数字化生存》中将"被动的旧媒体"和"互动性的新媒体"进行了鲜明的对比,并预言广播式的电视网络终将衰落,并让位于窄播和基于点播的细分媒体时代。如果说数字革命范式认为新媒体会取代旧媒体,那么正在凸显的媒体融合将会以前所未有的复杂方式展开。

2001年,美国南加州大学新闻传播学教授亨利·詹金斯阐述了媒体融合的五种形式:技术融合、产业融合、社会和组织融合、文化融合及全球融合。[2] 2003年,美国西北大学教授李奇·高登立足美国媒体融合的语境,将融合的含义划分为五种类型:所有权融合、策略性融合、结构性融合、信息采集融合、新闻表述融合。[3] 2006年,亨利·詹金斯指出,他所使用的融合概念,包括横跨多种媒体平台的内容流动、多种媒体产业之间的合作以及那些四处寻求各种娱乐体验的媒体受众的迁移行为等。在媒体融合的世界里,讲

---

[1] Ithiel De Sola Pool, *Technologies of Freedom*, Cambridge, MA: Harvard University Press, 1983, p. 24.

[2] Jenkins, H., "Convergence? I Diverge", *Technology Review*, 2001 (104), pp. 93 – 94.

[3] Rich Gordon, "The Meanings and Implication of Convergence", In Kawamoto, K., Eds, *Digital Journalism: Emerging Media and the Changing Horizons of Journalism*, New York: ILowman & Litdefield, 2003, pp. 57 – 73.

述每一个经典故事，推广每一个品牌以迎合每一个消费者等，都是通过多媒体平台实现的。而他却反对这种观点，认为融合主要是一个技术过程，即在一种设备上汇集了多种媒体功能的过程。事实上，媒体融合代表的是一种文化变迁。

2006年6月，美国密苏里大学新闻学院副院长布莱恩·布鲁克斯和章于炎博士在中国人民大学新闻学院所做的关于"媒体融合"的讲座认为，媒体融合的核心思想就是随着媒体技术的发展和一些藩篱的打破，以及电视、网络、移动技术的不断进步，各类新闻媒体将融合在一起。每一类旧媒体都被迫与新媒体共存，旧媒体并没有被取代，只是在一定程度上，它们（旧媒体）的作用和地位因新技术的引入而发生了变化。①

（二）关于媒体融合战略的理论研究

1. 国外关于媒体融合战略的研究

（1）媒体融合的三个阶段

国外学者认为媒体融合大致经历了三个阶段。

第一阶段是媒体互动阶段，即传统媒体与新兴媒体之间进行内容和营销领域的互动与合作。

第二阶段是媒体整合阶段，即媒体组织结构上的融合，各种不同类型的媒体通过并购等方式，从各自为政向融合发展转型，在新闻信息采集发布上实现了共享与共责。1993年，美国《芝加哥论坛报》进行了这一实验。2000年，美国媒体综合集团成立"坦帕新闻中心"，其主要做法是在报纸、网站、电视台实行资源共享，互相配合采写、共享新闻。

第三阶段是媒体深度融合阶段。媒体通过大数据、云计算等来挖掘媒体内容，将不同媒体形态集中到一个多种数字媒体平台上，实现多媒体终端的功能一体化。

（2）媒体融合是一个协商与斗争的场域

英国学者约翰·斯道雷认为："所谓'融合'，是指媒介内容在一系列不

---

① 〔美〕亨利·詹金斯：《融合文化：新媒体和旧媒体的冲突地带》，杜永明译，商务印书馆，2012，第45页。

同平台间的流动。这并非简单的新技术问题,而是一个要求消费者更加主动地参与传媒生产的过程。"①

西方学者认为,媒体融合是一个协商与斗争的场域。这在很大程度上带有葛兰西的文化霸权理论色彩,根据葛兰西的文化霸权理论,我们不能将媒体融合看成自上而下或者自下而上的结果,而要始终把媒体融合看成两股力量之间协商与冲突、相互融通的产物。

道格拉斯·凯尔纳认为,媒体文化是一个相互争夺的场域,在这一场域里,主要的社群和诸种势均力敌的意识形态都在努力争夺意识形态的话语权。因此,我们不能仅仅将媒体视为主流意识形态中的一种工具而将其摒弃,应该把它放在各种相互争夺的社会话语和社会力量的源头里分别予以阐释,正是这些社会话语和社会力量建立了媒体文化。②

当代社会处于一种融合、转型之中,媒体作为一种文本实践,正处于不断的融合之中。媒体融合的一种可能就是,代表各种利益集团的媒体都想通过新兴的媒体技术来实现自己的话语权,在媒体融合的大趋势下,既得利益集团、改革集团、自由主义集团相互斗争且处于均势。新兴媒体的出现是社会历史发展的必然趋势,也代表着锐意改革、开拓进取的改革思维,从历史发展阶段来看,新兴媒体与传统媒体的斗争与协商、融合与转型是一种必然。

从积极的方面来看,我们身处的转型时代,媒体与技术在为传播文化、改变日常生活方式创造着新的可能性。同时,我们需要有意识地协调我们所拥有的媒体技术与文化,这就要求我们去反思媒体技术以及新媒体技术带来的新的社会问题。我们身处的时代会被看作一种复杂的阶段性社会,在这一阶段,人们尚未适应新的媒体技术,一方面,我们被新兴媒体所湮没;另一方面,我们不能正确地认知与处理新兴媒体与传统媒体的关系。在未来的社会里,人们可能会更多地理解媒体融合的这种协商与斗争的场域,未来的人们或许能够协调新兴媒体与传统媒体之间的关系,利用媒体融合,来改善他们自身,使他们的日常生活更加富有创造性。

---

① 〔英〕约翰·斯道雷:《文化理论与大众文化导论》(第五版),常江译,北京大学出版社,2010,第260页。
② 〔美〕道格拉斯·凯尔纳:《媒体文化——介于现代与后现代之间的文化研究、认同性与政治》,丁宁译,商务印书馆,2004,第10页、第31页。

（3）媒体融合是一个商业驱动与消费驱动的过程

美国南加州大学新闻传播学教授亨利·詹金斯认为，媒体融合既是商业驱动的过程，又是消费驱动的过程，它是商业媒体与自媒体相互融合的共同体，这在很大程度上开启了国外关于媒体融合研究的先声。

英国学者约翰·斯道雷在《文化理论与大众文化导论》一书中进行了一定的分析，他从文化的角度来思考媒体融合，认为媒体融合是三种因素共同作用的结果。

一是传媒所有权的集中。拥有平台优势的媒体巨头在不同的平台之间传播媒体内容，媒体公司从内容、平台、管理、技术等各方面对媒体内容进行传播。

二是媒体技术的变迁。新媒体技术的发展催生了新媒体平台的出现，互联网、移动智能终端、数字化、自媒体等新媒体技术的发展，延伸了媒体范围和功能，新媒体平台的出现，日益具有普遍意义性质。

三是新兴媒体的消费驱动。很难说新媒体技术与个性化消费孰轻孰重，但必须承认的是，个性化的非物质主义消费加快了新兴媒体的发展，同时对传统媒体构成了威胁和挑战。所以，新媒体与旧媒体的融合在一定程度上是消费驱动的。

加拿大传播学大师麦克卢汉的媒介理论认为，媒介即讯息。一般而言，媒介在传播过程中都会传播一定的内容，但是，在麦克卢汉看来，媒介也可以不传播内容。从某种意义上来讲，麦克卢汉所持的媒介理论是一种技术决定论，突出了媒介技术的重要作用，强调媒介技术是社会发展的动力。如果对媒体融合进行溯源研究，我们或许可以把麦克卢汉的媒介理论作为媒体融合的一个缘起。但是，在当时的社会历史条件下，麦克卢汉的媒介理论——媒介技术决定论——不免带有局限性。当然，这也是今天的学者在研究媒体融合过程中必须面临的时代语境。

亨利·詹金斯认为，由于受麦克卢汉的媒介技术决定论的影响，人们往往会狭隘地把融合理解为一种传播的承载工具，而很少关注融合中的内容和创意。所以，亨利·詹金斯指出，媒体融合是一个过程，它不是一个终极目标。但是，客观而言，我们身处信息技术革命的时代，很难置身于技术之外，所以，一方面，需要从技术层面来阐述媒体融合，这是我们秉持的一种客观态度，技术革命是大势所趋，我们不能停滞不前；另一方面，技术的提升加快了媒体融合的进程，而内容与创意、受众的主动性等也在不断地整合。

2. 国内关于媒体融合战略的理论研究

国内较早对"媒体融合"进行理论研究的是中国人民大学的蔡雯教授。她早期的大量文章介绍了西方传播格局的变化以及西方学者对"融合媒体"的界定和探讨。

我国学界对传统媒体与新兴媒体融合的论争由来已久，而且存在多种话语和声音。

第一种观点认为，新旧媒体融合的本质是借助信息技术进行媒介消费行为的变革，在第一、第二次工业革命中，主流是物态化的文化产品，如报刊、广播、电视等，而我们正身处第三次科技革命时代，主流则是非物态化的文化产品，网络化、虚拟化、信息化、数字化日益成为一种趋势，通过互联网、数字化、移动终端等信息化平台，文化和媒介消费行为已经发生了变革，由此，新兴媒体日益成为更受人们认可的消费平台，而传统媒体在某些方面日渐式微，正在经历向新兴媒体融合的转型发展。

第二种观点认为，新旧媒体融合，是内容、产品、技术、平台、管理、人才等一体化的过程。新媒体与旧媒体在内容、产品、技术、平台、管理、人才等方面是互补的，旧媒体可能在平台上占优势，而新媒体则可能在内容、技术、管理、人才等方面领先于旧媒体。所以，旧媒体必须放下自己的身份与姿态，积极融入更具市场优势和发展后劲的新媒体之中，发挥旧媒体自身的独特优势，与新媒体一起，实现共融共生。

第三种观点认为，新旧媒体的融合，是一种社会文化的整合与重构。媒体融合或许只是社会文化整合与重构的组成部分，我们始终无法预知媒体融合的未来，因此，我们更需要从更为宏观的层面来思考媒体融合。在这样一个融合与重构的后现代社会，媒体融合需要具备互联网思维，是一种融合、重构与颠覆。媒体融合是一种社会文化的整合与重构，不仅在于技术、人才、内容、管理等层面，而且最关键的则在于人们的思想层面。

在很大程度上，我国传统媒体与新兴媒体的融合问题一直处于理论层面，直到2014年8月18日中央全面深化改革领导小组第四次会议审议通过的《关于推动传统媒体和新兴媒体融合发展的指导意见》的出台，新旧媒体融合才正式进入政府政策研究的视野。

因此，传媒理论界也把2014年作为"媒体融合元年"。在新的环境之下，传统媒体要与新兴媒体密切互动，促进双方的资源整合、产业共融，形成集约化、集团化的管理运营模式，从而实现社会效益和经济效益的最大化，并且融合还可以在合作中发挥各自优势，实现产业结构的调整与转型，在相互融合中达到共赢，在转型中实现升级。

我们需要客观公正地看待社会正在发生的变化。媒体融合是不可避免的，如果能够对新旧媒体进行实质性的融合，新旧媒体就都能够发挥各自的比较优势，二者在资源、平台、内容、技术、人才、管理等方面就能够真正实现互联互通，新旧媒体将融合成为大媒体、全媒体，这样，我国的媒体融合便能真正取得实质性进展。

应该说，就研究结果而言，目前国内外学者一致认同的是，如今的媒体融合已经成为一种发展趋势，但是这种融合存在结构松散、条块分割等问题，以至于难以形成合力，进而实现融合的价值最大化。从发展方向上看，媒体融合必然朝着市场一体化的深度融合阶段演进，目前国内广播电视集团向全媒体集团的转化就代表着这一方向。同时，也可以看出，学界对于媒体融合的发展战略与路径，还缺乏较为明确而深入的研究，未来的媒体融合，更多地要通过运用市场化的手段，发挥市场在媒体资源配置中的决定性作用，利用市场来整合媒体资源。

三 传统媒体与新兴媒体融合发展的实践
——武汉市媒体融合的视角

武汉市各大传媒集团在《关于推动传统媒体和新兴媒体融合发展的指导意见》等政策和指示精神的指导下，结合自身实际，不断进行新旧媒体融合的尝试与创新。

（一）武汉市传统媒体与新兴媒体融合的成果

1. 主动出击，对接数字出版：以长江日报报业集团为例

（1）构建立体交互的全媒体覆盖传播体系

长江日报报业集团为适应互联网时代信息传播的新形势、新变化，创建了

以《长江日报》、党政 APP 以及长江网等各类媒体平台组成的报网融合的产品集群。其中,《长江日报》利用微博、微信等新兴媒体实现时政财经要闻和城市重大公共信息共享,并与用户积极互动。党政 APP 作为移动终端主打产品,顺应互联网传播移动化、社交化、视频化趋势,生产融合型的互联网新闻精品。长江网全面提档升级,从新兴媒体平台切入,联系长江沿线大中城市、大型企业和各类机构,汇聚国内外经济、社会、人文及环境等各界专家智力,建成长江经济带的综合性网络门户,在更高更广的平台上传播武汉的声音,展示武汉的形象。同时,探索"众包式"媒体运营方式,吸附长江流域各类媒体平台,组成自媒体联盟,形成信息服务产品矩阵。在新兴媒体产品开发上,创办内容多样、周期不一的数字出版物。例如,《长江日报》的《长江评论》《读+周刊》《深读天下》等品牌栏目进行互联网产品化运作,成为新兴媒体中的思想精品;"最武汉"建设成为服务于百万大学生的移动客户端,助推武汉大学之城的建设;"精心打造""超级课堂""青桐周刊""长江影像""户外联盟"等新媒体,服务特定人群。如今,长江日报报业集团的媒体阵容强大,信息结构完整,技术力量先进,充分地满足了读者多层次、多样化的需求,形成了较广的市场覆盖网络和较强的规模竞争能力。

(2) 从单一传播功能升级为信息服务平台功能

"三网融合"不仅要求将新技术、新内容充分利用,进行技术融合,而且要不断进行内容创新、业态创新,特别是创造满足消费者求新求异的多样化需求的新业务。长江日报报业集团以《武汉晚报》《武汉晨报》全媒体为核心,整合汉网等垂直网络平台和生活服务媒体,形成以生活服务为主的区域生活信息服务圈。立足武汉及周边区域,辐射长江流域,生产差异化主流信息和丰富的生活信息,提供衣、食、住、行、教、卫等民生各方面的信息服务,将"铁丝圈""周二之约"等优质项目品牌化、产品化,实现对区域用户在碎片化时间以及家庭、消费、出行场所等空间的覆盖。将核心圈的价值、内涵和功能放大,形成强大的辐射力,发挥本土论坛的人气优势,关注市民的日常生活,打造武汉市互动都市网络新媒体。

同时,长江日报报业集团还在积极尝试将交互思维引入信息服务中,加强与用户的线上线下互动交流,吸引用户参与,强化用户反馈,最终实现在互动中服务、在服务中传播。

(3) 加快推动新闻出版数字化、网络化

在《全国报纸出版业"十一五"发展纲要》中，新闻出版总署明确提出"数字报业"的发展战略。要求传统的报业集团积极适应当代新媒体发展的规律与新特点，进一步加快"数字报业"整合。因此，许多传统的报社纷纷建设各自的新闻网站，整合多种数字形态，如加快建设以 e-Book 阅读器为基础的电子报、以 PDF 版为基础的电子报、以彩信功能为基础的手机报等。

为此，长江日报报业集团创建了独具特色的全媒体数字采编中心和数据服务中心。推进新闻生产流程集约化、数字化改造以及移动采编、多媒体采编系统的建设，协调整合集团内部各媒体平台的资源，推动传统媒体和新兴媒体的融汇互通，做到了新闻信息一次采集、多种生成、多元呈现、多渠道发布、多平台互动。依托这样的全媒体数字采编中心，能够更有效地实现全媒体资源管理、版权及版权资产管理。另外，长江日报报业集团将集团的主要报纸及子报子刊复制刻录成数据光盘，向社会提供服务。使用数据光盘，一是为不能联网检索的用户提供了方便、高效的光盘检索途径；二是适应了资料部门的馆藏变革。数据光盘具有容量大、体积小和易保存等优点，既解决了报刊资料库房紧张的问题，也为抢救报刊历史资料提供了最佳保存方式。

与此同时，长江日报报业集团积极推进云报纸平台的上线，一次性集结了旗下的《长江日报》《武汉晨报》《武汉晚报》等 7 家报纸媒体，成为继《扬州日报》《京华时报》等之后的又一家进行云尝试的报业。所谓云报纸，是指利用图像识别技术，通过移动终端，将纸质载体与互联网相结合。它既不是报纸内容的电子化，也不是互联网的平面化。报纸的图像就像指示牌，读者可以通过它迅速地观看到与此条新闻有关的所有新闻和视频资料，突破了以往局限于"读一家之言"的模式，读者可以自主地了解到相关新闻更多角度、更丰富的报道。如今，长江日报报业集团的云报纸系统虽尚未完全建设成功，但已经取得了许多创新成果，从纸质内容生产、广告运营到独立阅读终端的全品牌覆盖也还在持续摸索当中。

(4) 积极拓展新平台和新业务

长江日报报业集团积极拓展与社会各行业的合作，在巩固"看看湖北"等已有合作项目的基础上，推进好医网等项目的对外合作，在教育、健康、旅游、汽车、餐饮等重点领域培育新项目、新平台、新产品，与电信运营商和技术合作伙伴合作"手机剧场"、智能报刊亭、智能穿戴设备、汽车智能化终端等延伸项目，不断扩大终端覆盖面。

例如，长江日报报业集团与华影时代（北京）国际文化创意产业投资管理有限公司共同建设的长江智能报刊亭，除了可选购各种纸质版报刊外，市民还可在智能触摸屏上浏览电子报刊、查地图、看天气。通过这个智能信息平台，缴纳水电费、手机费、燃气费等都可快速完成。市民还可以在这里链接好医网，便捷完成同济、协和等武汉地区10家大型医院的挂号预约。亭内还设置户外一体机外挂的打印系统，可轻松完成机票和登机牌打印以及火车票、旅游套票、文化演出票的出售。此外，报刊亭还将提供图书爱心驿站、市民急救药包、快递物品寄存与定制配送等便民服务。[①]

新型智能报刊亭不仅完善了社会公共服务，正确引导了舆论，同时结合市民生活需求，利用互联网扩大服务功能，使报刊亭能够长期健康运营，这是媒体融合的一项全新探索，是武汉城市文化形象提升的良好途径。

2. 传统电视的全媒体重构：以武汉市广电集团为例

（1）积极发展"三网融合"新业务

为顺利推进"三网融合"，武汉广播电视总台出台了《武汉广电网络三网融合试点建设和实施方案》与《武汉广电数字网络公司开展电信业务实施方案》。截至目前，武汉广播电视总台已开展七类"三网融合"业务，分别是广播电视类业务、互动电视类业务、基于有线电视网络的网络服务业务、基于有线电视网络的互联网接入业务、基于有线电视网络的互联网数据传送增值业务、基于有线电视网络的多媒体通信业务以及媒体内容中心服务业务。[②] 例如，由武汉广播电视台全新打造的《晴彩武汉》频道节目，就可以在有线电视、手机电视、车载电视三大平台同步播出。

同时，武汉电视台也是全国首批获准开播高清频道的两家省会城市台之一。武汉文艺频道高清频道于2012年正式开播，武汉广电由模拟、标清迈入高清电视时代；高清转播车、13讯道转播车、微波车、数字电视机房、电视

[①] 夏立：《探索媒体融合之路 20座长江智能报刊亭亮相江城》，长江网，2014年12月22日，http://news.cjn.cn/sywh/201412/t2586860.htm。

[②] 向司林：《武汉城市圈电视文化建设研究》，华中师范大学硕士学位论文，2012。

硬盘播出系统、IBC信息系统、广播制播系统、新闻媒资系统、开放式400平方米新闻演播厅等一批技术设备达到同行先进水平；互动电视、高清电视、3D电视、存储电视、宽带上网、可视电视以及医疗、教育、金融、水电煤气缴费等一批数字网络新业务走在了全国的前列。①

2012年底"三网融合"下电视用户统计情况见表1、图1。

表1　2012年底"三网融合"下电视用户统计

分类	有线电视用户	数字电视用户	高清互动电视用户	手机电视用户
数量(万户)	260	200	20	25

资料来源：《武汉年鉴2012》。

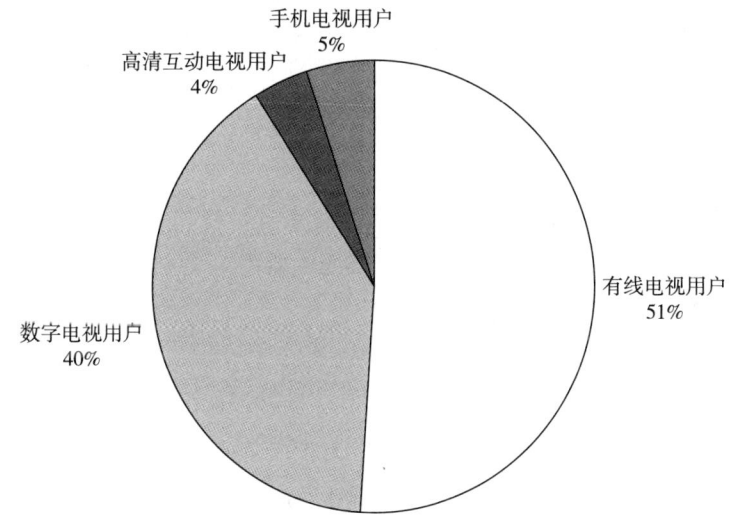

图1　2012年底"三网融合"下电视用户统计

(2) 实现"三网融合·共建G3数字家庭"

武汉市紧紧把握国家"三网融合"建设第一批试点的契机，竭力促成武汉广电集团与武汉移动通信公司进行合作，共同签署了"三网融合·共建G3数字家庭"战略合作协议。充分运用通信网、广电网、互联网"三网融合"，

---

① 黄永林、袁堃主编《武汉市文化创意产业发展报告2013》，社会科学文献出版社，2013，第148~149页。

实现了电视兼容电脑、手机涵盖电视,这是全国首批广电与通信运营商联合推出的"三网融合"的新尝试。自此,也正式宣告"三网融合"的成果开始融入武汉人的日常生活,真正实现了以下功能:一部高清电视除了看电视外,还能上网下载歌曲、登录网站;一部手机除了拥有通话功能外,还可以同步收看电视直播,并能实现无线上网。

武汉市广播电视局局长吕值友认为,"三网融合"中的最大亮点在于,宽带并不是以往常见的宽带线路,而是通过数字机顶盒连接线,形成电视与宽带一条线,向用户提供2M宽带网络,这样,用户便可通过电视一边看节目,一边上网。①

(3) 加快建设和完善数据网络

近年来,武汉广电集团坚持以发展为主题,以抢占战略支点为要点,以发展壮大媒体网络渠道为切入点,特别是在新媒体发展上,先后完成了以下工作:完成了互联网站技术系统升级、带宽扩容改造工作;建立了适应全媒体发展的综合广播制播网,实现了广播节目的网络直播与点播,并实现了广播节目的视频传送;与武汉地铁集团合资成立了武汉地铁移动电视传媒有限公司,开通了武汉地铁电视频道;以重要股东身份参与组建湖北中广传播有限公司,实现了武汉新闻综合频道在 CMMB 播出平台传送;与武汉电信组建合资公司,形成利益共同体,稳步推进武汉"三网融合"试点工作,力争通过合资公司这个平台实现双方业务融合、相互进入,积极发展新业务、开拓新市场;等等。

武汉广电集团作为省网重组中的第二大股东,立足本地实际情况,结合整个行业的发展趋势、"三网融合"实际运用中的技术要求和下一代广播电视网技术路线的特点,通过科学技术创新、服务创新及业态创新,探索能够满足"三网融合"要求的网络和平台总体技术体系,并依据技术发展路线开展网络和平台总体技术体系的规划、建设及运营维护,探索能够保障网络和平台总体技术体系、提供长期高服务质量保证的技术管理方法。②

---

① 罗大伟:《武汉率先实现"三网融合" 年费1399元》,荆楚网,2011年5月9日, http://news.cnhubei.com/news/xwhbyw/xwwc/201105/t1695687.shtml。
② 张海亮:《三网融合背景下我局新媒体建设策略初探》,武汉广电网,2011年6月23日, http://www.whbc.com.cn/gdzz/sxydn/jslt/201106/t20110623_176766.shtml。

(4) 电视的网络视频化

互联网广播电视包括视听节目网站、网络广播电视、互联网电视等。在当下新兴媒体日新月异发展的趋势下，传统媒体纷纷寻找多元渠道扩大自身影响力，积极发展互联网广播电视成为传统媒体和新兴媒体融合的一个重要途径。自 2009 年开始，各省级电视台就纷纷建立自己的网络电视台，实现媒体内容的多屏延伸，探索建立符合自身特点的网络业务模式，抢占各大网络门户网站的视频业务。

黄鹤 TV，即武汉网络电视台，是以视听传播为特色、以互动传播为特点、以精品内容为核心的新媒体。依托新技术平台，黄鹤 TV 在内容方面强调"用户为王"，以贴近生活的新闻资讯、独具地域特色的视听资源、实用丰富的生活信息服务网民。在服务用户生活的同时，黄鹤 TV 还不断探索新媒体的赢利模式，完善电子商务平台等网上运营方式，探索市场化运作的新路。

黄鹤 TV 网站日均 IP 访问量与日均 PV 浏览量见表 2。

表 2　黄鹤 TV 网站日均 IP 访问量与日均 PV 浏览量

单位：人次

日均 IP 访问量(一周平均)	日均 PV 浏览量(一周平均)
≈12000	≈156000

资料来源：http：//alexa.chinaz.com/alexa_history.aspx?domain=whtv.com.cn。

为了打破技术平台的制约，黄鹤 TV 投入近 500 万元对原有技术平台进行升级改造。新技术平台更加重视用户体验，用户有更多的空间存储自己喜爱的内容，还能够与餐饮在线、旅游在线、健康在线、销品在线等电子商务平台实现对接，获得食、住、行、游、购、娱等方面的网络服务。此外，以与武汉电信组建"三网融合"合资公司为基础，积极开展内容运营、新业务形态开发、IP 电视广告运营、电信增值业务、内容增值收益分成等产业增长点拓展。同时，在业务开展过程中，积极稳妥地协调好有线网络与电信网络渠道的差异化发展，做到了细分市场不顾此失彼，形成了互补性发展态势，实现了武汉广电内容产业的保值增值。

(5) 加快推动全媒体的整合运用，推出"掌上 APP"

"全媒体"是指媒介信息传播采用文字、声音、影像、动画、网页等多种媒体表现手段（多媒体），利用广播、电视、音像、电影、出版、报纸、杂志、网站等不同媒介形态（业务融合），通过融合的广电网络、电信网络以及互联网络进行传播（"三网融合"），最终实现用户以电视、电脑、手机等多种终端完成信息的融合接收（"三屏合一"），实现任何人在任何时间、任何地点都能以任何终端获得任何想要的信息。① 它是各种媒介实现深度融合的结果，是媒介形态大变革中最为崭新的传播形态。

"掌上武汉"手机客户端是武汉广播电视台重点打造的集新闻资讯、社交娱乐、生活服务于一体的具有强烈广播电视特色的无线应用客户端。2014年6月16日，"掌上武汉"横空出世，14个功能模块能够满足市民在新闻资讯、视听互动、社交娱乐、生活服务等方面的多种需求，公测1个月即装机3万台，半年装机15万台，推广速度之快在业界领先。2014年11月28日，具有里程碑意义的1.3版本正式上线，推出"问政""第一汇""公交"三大特色模块。

另外，在2014年的电视问政"期末考"中，"掌上武汉"助力电视收视率创历史新高。网络平台共有109.7万人次收看直播，通过"掌上武汉"收看问政直播的网友达到46万人次，120万人次通过"掌上武汉"对问政单位的承诺整改进行了满意度测评，共收到有效报料5793条。相比2014年电视问政"期中考"，新增装机同比增长284%，日用户活跃度同比增长36%，市民参与人数为上半年的8倍。

助推电视问政走向常态化，"掌上武汉"问政频道应运而生。"掌上武汉"与武汉市所有城区以及多家职能部门建立了合作，共解决民生难题千余件，搭建起政府、媒体和市民之间的无障碍沟通平台。未来一年，以"掌上武汉"为核心的武汉广电新媒体，将助力品牌在电子商务、交通旅游、文化教育、医疗保健等全新领域进行产业拓展，打造跨媒体经营全新空间。②

3. 出版业智能化发展：以武汉出版集团为例

（1）加快传统纸质出版物的数字化改造

自2007年起，集团公司开始尝试与省内乃至国内的大型数字出版公司进

---

① 百度百科：词条"全媒体"，http://baike.baidu.com/link?url=OR_e8zQ0OQlReKl1rRbLAWwmTVMfvuTJ69TGuEat80vM0nzl591MB6kXNTJvf4NhetOcgNoGE7eU2AmCZonjFK。
② 《掌上武汉：媒体融合发展的武汉样本》，黄鹤TV网站，2015年2月5日，http://www.whtv.com.cn/w/201502/t20150205_555778.shtml。

行合作，积极探索集团公司数字化转型发展之路。自2012年起，集团公司正式与方正、阿里巴巴、长江传媒等公司开展双边的深度合作，利用它们的技术优势，积极拓展出版流程数字化改造的提档转型空间，加快集团公司原有传统纸质出版物的数字化改造步伐，截至目前，已出版电子图书432种。2013年，集团公司购进数码快印设备，并成立了武汉尚品书缘数码图文制作有限公司，使个性化数字出版成为可能。在数字印刷上，利用武汉尚品书缘数码图文制作有限公司现有的基础，适当增加投入，努力拓宽其数字出版市场，使之成为集团公司在数字出版方面的突破口。2015年正式启动《武汉市出版流程数字化改造项目》，该项目充分利用武汉地区的地域、文化、人才和技术优势，并借助数字化技术和IT产业，通过数字化手段建立起涵盖从作者、出版社、中间服务商、销售商到最终读者的全产业链条，将传统的纸媒出版流程改造为以数字多媒体内容为核心的数字出版流程。

（2）努力搭建网络销售平台

集团公司积极加快发展电子商务，并使之与实体书店及传统业务有机融合。集团公司所属的武汉出版社已与当当网、卓越亚马逊、京东等国内大型图书销售网站建立了良好的合作关系，其淘宝网店已经上线运营。通过微博、微信等新媒体，向客户提供更为方便、快捷的图书选购服务。同时，整合武汉新华书店股份有限公司所有的实体门店资源，依靠公司强大的采购能力和2.4万平方米的现代化物流配送中心，迅速建立起一个服务武汉、辐射全国的营销网络，打造实体店与网店相结合的O2O（Online to Offline）新业态。

（3）试水网络教育出版

集团公司参与搭建的数字出版阅读平台，可使读者在世界任何地区通过网络都能有偿阅读近1000册汉版的精品电子书、工具书以及辞典数据库。集团公司参与开发的教学资源平台已于2014年秋季开通，可以同时对全省范围内的中小学师生进行教材培训，实现了资源共享。为响应国家新闻出版广电总局鼓励传统出版企业积极开展数字出版业务、优先许可其申请网络出版资质的政策，集团公司已向总局提出了网络出版资质申请。

（4）引进新媒体人才

集团公司与湖北省内的多家高等院校、科研机构建立了长期的合作交流培训机制，并且打造了一支既熟悉传统出版流程又富有数字出版经验的网络编辑队伍。集团公司现有在岗人员92人,人员构成涉及新闻出版、数字多媒体、平面设计、美术编辑、网络编辑等多个岗位,全部拥有大学以上文化程度和中级以上职称,其中具有正高级职称的有8人,具有副高级职称的有33人,具有专业背景的人员占总人数的35%,业务骨干都具有高级职称。

(二)武汉市新旧媒体融合出现的问题

1. 融合观念处于被动阶段

传统媒体由于长期受计划经济体制的束缚,在管理、运营上很难适应时代的发展。

首先,面对新兴媒体的强大冲击显得自信心不足,有相当一部分传统媒体在应对媒体融合这一趋势时手足无措,部分传媒企业对媒体融合的理解和应对还处于被动阶段。

其次,部分传统媒体只把新兴媒体当作一种扩大影响的渠道,继续沿用传统的运营理念和方式,坚持在自己封闭的体制内发展新媒体业务。显然,用传统思路来应对媒体融合是难以取得持续发展的,传统媒体与新兴媒体的本质差别是存在的,如果用传统路径来应对新兴媒体的崛起,传统媒体将很难实现转型发展,终将难以取得新旧媒体融合的预期效果。

2. 媒介管理机制不完善

从政府管理层面来看,政府主要是站在宏观的战略角度来推进媒体融合的。然而,市场与政府之间的关系并未厘清,部分传媒企业既是市场主体又是政府主体。无论是在既有的广播电视领域,还是在面对融合的其他传媒领域,条块分割的管理体制和法治化不足的微观管控方式都在很大程度上妨碍了媒体资源的优化重组,束缚了媒介的内容创新。①

我国的媒介管理主要还是依靠行政管理手段,采取产业准入方式进行管理的,与此同时,与新兴媒体管理有关的法律法规也极为有限,而且这些法规并不完全适用于新媒体业务。上述问题都在一定程度上牵制和阻碍了新媒体融合的创新发展。

---

① 李丹林:《媒介融合时代传媒管制问题的思考——基于"公共利益"原则的分析》,《现代传播》2012年第5期。

3. 缺乏完备的市场体制

我国文化体制改革取得了一定成效，但是传媒企业仍然不具备合格市场主体的身份。不合格的市场主体仍然存在，部分已经转企改制的传媒企业尚未建立起市场主体的法人治理结构，与真正的市场主体也还是有一定差距的，以湖北网络电视台等网络运营机构为代表。而新兴媒体的市场化发展更多地要依赖企业行为与市场行为，传统媒体如何在这两种体制的交织下实现媒体融合发展，是一个无法回避的矛盾。

从传统媒体市场化体制改革的程度来看，电信业、部分报刊出版业无疑走在了广电媒体的前面。传统媒体所办的新媒体在市场化体制改革方面步伐缓慢，主要表现在以下方面：股份制改造迟迟难以到位，难以吸引市场的投融资；难以建立市场化薪酬体系，很难留住和吸引高端人才；重要的决策尚带有事业体制的惯性思维和风格。

然而，网络视频、IPTV以及手机电视等新兴媒体都是高投资的行业，高昂的带宽成本、逐步攀升的内容版权成本等，对传统媒体的新媒体经营将带来很大的压力。如果仍然坚持传统媒体的经营模式，仅仅依靠行业内的自我循环来发展，不仅赢利模式单一，而且融资能力也有限，同样难以实现自身的转型发展。

4. 新媒体对旧媒体的依附仍然较强

新媒体目前最大的不足是信息的可信度低，这也是新媒体必须依附旧媒体的原因之一。要成为能影响社会舆论的主流媒体，必须获得一定的公信力，即新媒体应当自觉地在重大事件中承担社会责任。首先，新媒体没有采编权，在获取某些信息时，如重大的政治、经济、军事信息，新媒体无法第一时间获取确切的原始资料。其次，新媒体具有"人人都可以成为信息的传播者"的特点，如果单纯利用受众创造的内容，会严重影响新媒体的传播可信度和公信力。最后，部分报业与报业网站、电视台与网络电视台存在浅层的互动关系，网站只是作为一种简单的延伸，仅仅作为面对新媒体浪潮而采取的一种对新技术浅尝辄止的方法。这种互动仅仅停留在技术应用型模式以及基于电子版的内容复制模式上，网站完全是依附于传统媒体的配角，这样就使得新旧媒体融合并未产生真正的意义。

5. 技术与创新能力不足

当前我国新媒体原创性技术不足，技术创新能力不强，许多核心技术与装备仍然依赖国外进口，无法掌握引领传媒与发展的顶尖技术。由于资金是新媒体企业进行先进的技术创新的核心能力，而传统媒体开展新媒体业务不仅受到融资政策和体制的限制，而且自身的产出投入有限，这就导致其无法满足新兴媒体日新月异的技术更替需求。例如，IPTV发展的一个重要瓶颈就在于机顶盒设备的成本比数字电视机顶盒高出很多，目前这部分费用初期都由运营商来承担，因此在短期内普及是不切实际的。此外，技术标准的制定也直接影响新兴媒体产业链的建立和健全。新兴媒体各业态如果没有统一的技术标准作为前提，就无法建立完善的商业模式。如地面数字电视国标，因技术和产业上的困境而迟迟无法实施。

6. 复合型人才匮乏

新兴媒体的融合离不开复合型、专业化的人才队伍。复合型人才主要分为两大类：一是能够在集团中进行整合传播策划的高层次管理人才，他们既熟悉传统媒体又了解新兴媒体；二是能够运用多种新兴媒体的技术工具的全能型记者编辑。然而目前的状况是，传统媒体的从业人才结构与新兴媒体人才的需求脱节，人员结构不合理的现象严重。因为传统媒体的人事管理方式是注重对行政上级的对接和干部人事的调配升迁管理，而新兴媒体要求的新的人事管理方式是注重对人才的全面培养。这就导致新兴媒体很难运用市场机制选拔出适应未来跨区域、跨媒体的人才，从而造成复合型人才缺乏。

四 传统媒体与新兴媒体融合发展的路径

从理论上来说，新兴媒体特别是以互联网为代表的新兴媒体，正以强大的技术优势和介质优势分流传统媒体的渠道资源，对传统产业链带来巨大的影响。同样，新兴媒体对传统媒体仍有较强的依附作用，传统媒体丰富的资源和优势，对新兴媒体来说是十分重要的。与传统媒体进行合作是新兴媒体的重要出路。因此，通过政策、渠道、内容、技术、资本的融合，打开传统媒体与新兴媒体合作的路径，也是实现双方共赢的基础。

（一）转变思想观念，树立真正的互联网思维

媒体融合，首先是思想观念的融合。必须把转变观念置于首位。互联网思维是媒体融合绕不开的话题，而互联网思维的核心是市场思维、消费思维和受

众思维。

互联网时代的到来，使得传统媒体和新兴媒体相互融合、立体化发展成为一种必然。当前，传统媒体在转型时，存在一些陈旧、错误的观念，如认为互联网仅仅是工具、应该以"内容为王"等，这就要求正本清源，通过有效"换脑"来实现观念转变。

媒体融合，一方面，要顺应用户需求，树立互联网思维，真正做到以用户体验为王，以用户需求为导向，以提升用户体验为核心。这就在客观上要求传统媒体摒弃以生产为中心的陈旧观念。另一方面，要以市场机制为主导，积极推进媒体融合。客观而言，西方在媒体规制方面，或许值得国内媒体研究者和政策制定者借鉴，西方在涉及跨媒体所有权方面的限制，特别是在商业媒体方面，已经有了很大程度的放宽。因此，对于国内媒体融合，我们应该转变思想观念，推进媒体融合取得实质性进展。

我们身处媒体融合时代，这就需要我们不断更新思想观念，树立互联网思维，这是一种颠覆、融合、重构，媒体融合之所以是一种社会文化的整合与重构，不仅在于媒体融合涉及技术、内容、平台、资本、管理、人才等层面，而且最为关键的是媒体融合是一种思想观念。在一定程度上来讲，2014年以前，新旧媒体融合一直处于理论层面，并没有取得实质性进展，造成这一结果的根源之一可能在于人们对新媒体时代思想观念的固守，以及对互联网思维的排斥。我们只有真正从思想观念上接受、融入互联网思维，才能实现新旧媒体的实质性融合。

（二）加快顶层制度的设计与建构，推进媒体的实质性融合

我国当前的媒体融合和国有文化单位的转企改制，在很大程度上是一种政策拼接。以政策方式表现出来的政府强力介入与积极干预，固然为文化产业发展提供了良好的政策环境，但政策是权力的化身，以政策增量的方式推动文化产业发展，也可能迫使文化产业更多地遵循了权力的意志而不是文化价值和市场价值的逻辑。[1]

以市场为主导，打破"板块分割"格局，实现媒体资源的整合和优化。

---

[1] 胡惠林、单世联：《新型城镇化与文化产业转型发展》，上海人民出版社，2014，第20页。

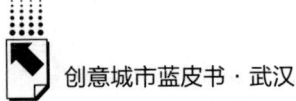

媒体融合，必须在市场规律和媒体发展规律的基础上推进，实现媒体资源要素的整合、优化和重组。

打破传统媒体发展的区域化分割和行业化分割的体制性制约，建立全国统一的传媒业大市场。在媒体融合阶段，主管部门在进行机构改革、制度调整的同时，也要给予媒体融合先行先试的空间，允许媒体融合在一定程度上突破现有管理体制，加快媒体市场化改革的步伐，通过推进国有传媒单位的转企改制、优化传媒集团的文化资产管理和产权改革、深入推进制播分离等手段，推动媒体融合真正取得实质性进展。

从本质上来说，媒体融合就是实现市场资源的最优化配置。因此，加快顶层制度的设计与建构，进一步深化市场化取向的改革，继续推进转企改制，使绝大多数传统媒体的经营业务成为真正的市场主体。

（三）加快跨界并购与资源整合，打造媒体、创意、内容、平台、资本、技术全产业链

鼓励和规范媒体集团的跨界并购。跨界并购是全球文化传媒集团化发展和壮大的必然选择，发挥市场在资源配置中的决定性作用，就是要发挥市场在媒体资源并购与整合中的决定性作用，建立统一规范、竞争有序的现代传媒市场体系，是打造现代主流媒体集团的必要前提，而我国当前的传媒体制是属地化管理，这导致我国传媒业市场的高度碎片化。因此，要实现媒体的实质性融合，就必须改革和完善现有的传媒管制政策，大力鼓励和支持优势传媒上市公司进行跨地区、跨行业、跨所有制、跨媒体地整合并购。

媒体融合，必须发挥创意、内容、平台、资本、技术的全方位优势，打造媒体全产业链。互联网为媒体发展提供了机遇，也带来了挑战，在媒体融合的大趋势下，如果传统媒体仍固守陈旧观念，仅仅依靠其平台优势，结果只能是故步自封，甚至可能会失去原有的市场空间与阵地，最终难以实现可持续发展。

（四）深化文化体制改革，更加注重发挥市场机制在媒体融合中的作用

大多数传统媒体仍然属于事业单位性质，而在融合的进程中，它们一方面

要适应新兴媒体和市场化体制；另一方面又要受到事业单位体制的束缚。应该说，我国现阶段文化体制改革和传媒体制改革的模式为"事业单位性质，企业化运作"，这种模式只有在我国特殊的政策体制下才会存在，这也是政府行政力量纵向干预的结果。从融合的初期来看，这样的制度设计有利于融合体的形成与发展，但随着市场化进程的加快，媒体融合向深水区迈进，两种体制之间的矛盾和摩擦将逐步暴露。实现国有文化传媒集团和国有文化资产的市场转制，盘活存量资产，提升增量资产，实现国有文化传媒集团从事业单位向企业法人转变，即转企改制，是我国文化体制改革最难的问题，目前的成功案例屈指可数。

新旧媒体融合，必须深化文化体制改革，发挥市场机制在媒体融合中的作用。2010年，我国文化体制改革取得了重大成果，完成了对国家经营性事业单位的转企改制。必须积极探索对国有文化单位产权的市场化改革，通过市场化的手段，对国有文化资产的产权从虚拟的国有产权向市场产权转变，让企业真正成为独立的市场主体。

科学界定党政关系，调整利益分配布局，转变党对媒体的领导方式，实行宏观领导。党对文化媒体的领导理论必须与时俱进，发展具有中国特色的党对媒体领导方式，对文化媒体实行宏观领导，实现党对文化媒体由管控型向服务型转变。数据显示，通过深化文化体制改革，湖北文化产业的规模、速度、重要程度和集中程度的发展较为均衡，形成了湖北日报传媒集团、长江出版集团、广电总台、知音传媒集团、长江日报报业集团等骨干文化企业。①

深化文化体制改革，需要正确处理好市场与政府的关系。政策是由政府制定和发布的，要从根本上解决文化政策中出现的问题，必须合理合法地界定政府与市场的关系。就中国的文化国情来看，"政策"是文化产业的第一推动力，这本身是不合理的，政府在推动文化产业发展之后，就应当考虑适时退出这一位置。从一个更长远的目标看，中国文化产业的真正动力，不应当是政府和政策，而应当是企业与市场，这才是全体中国人民健康旺盛的文化需求。②

---

① 胡惠林、王婧主编《2012：中国文化产业发展指数报告（CCIDI）》，上海人民出版社，2012，第46页。
② 胡惠林、单世联：《新型城镇化与文化产业转型发展》，上海人民出版社，2014，第22～23页。

(五)坚持创意、媒体、城市的融合发展,打造创意媒体与现代城市空间

21世纪的主题是互联网、创意、城市。同时,我们的日常生活逐渐成为创意、媒体、城市的重要内容。20世纪80年代,伦敦、伯明翰、柏林、纽约、东京等世界大城市开始向工业化时期转型,传统城市的发展面临衰落的问题,传统城市的转型发展,成为21世纪世界大城市发展的主题。

21世纪以来,互联网媒体、创意成为传统城市转型的重要发展路径。1997年,英国布莱尔政府成立文化、媒体和体育部,设立创意产业特殊工作小组,英国通过伦敦的创意产业,实现了伦敦向现代城市的转型,媒体创意产业日益进入人们的研究视野。

媒体融合是置身于互联网、创意、城市之中的。自2012年以来,传媒产业的形势异常复杂,我们已经不能局限于传媒领域来探讨媒体融合,跨界融合成为互联网时代的主题。所以,媒体融合,必须坚持创意、媒体、城市的融合发展,打造创意媒体与现代城市空间。

2012年,我国正式提出"新型城镇化战略";2014年8月18日,中央全面深化改革领导小组第四次会议审议通过了《关于推动传统媒体和新兴媒体融合发展的指导意见》。很明显,我国的新型城镇化与媒体融合是叠加并行的。

现代城市空间是媒体的重要内容,媒体与现代城市日益融为一体。斯科特·麦奎尔认为,当代城市是媒体、建筑的复合体,它源于空间化了的媒体平台的激增和杂合的空间整体的生产。"媒体城市"这一术语,旨在凸显媒体技术在当代城市空间的动态生产中的作用。①

从一定程度上来讲,现代城市在本质上是通过媒体平台和内容而得到发展的。互联网媒体和创意的发展,不断地建构着现代城市的时间与空间,同时也推动了新旧媒体的不均衡融合。现代城市与媒体的融合发展,成为21世纪现

---

① 〔澳〕斯科特·麦奎尔:《媒体城市:媒体、建筑与都市空间》,邵文实译,江苏教育出版社,2013,第001页。

代城市发展的重要维度，也是新旧媒体融合的重要路径。

关于武汉市新旧媒体的融合路径，在很大程度上要坚持创意、媒体、城市的融合发展思路，打造创意媒体与现代都市空间。武汉市的媒体融合，需要着眼于武汉市这座现代城市的进程，同时也必须立足现代城市这一公共空间。

B.3
武汉市文化和金融结合的发展路径探索

袁 威 仇志婉*

摘 要： 近年来，武汉市文化产业进入高速发展时期，与文化创意产业相关的金融需求也将极大地释放，文化产业的蓬勃发展离不开金融业的大力支持，文化金融发展的关键在于文化产业与金融业的对接与融合，金融业支持文化产业发展繁荣必须落脚于文化创意产业投融资体系和服务与支撑体系的建设。合理高效的文化产业投融资模式的构建，不仅要形成多元化的融资模式，而且要从产业政策、制度环境和法律法规层面为文化产业投融资营造一个良好的客观环境，在相关配套措施的支撑下，投融资体系才能发挥应有的作用，从而促进金融资源的优化配置，推动文化创意产业蓬勃发展。

关键词： 文化金融 投融资 发展 路径

一 武汉市文化创意产业及文化金融发展状况

（一）武汉市文化创意产业发展概况

武汉是楚文化的重要发祥地之一，是我国的历史文化名城、著名旅游城市

---

* 袁威，武汉大学经济与管理学院金融系讲师，研究方向：宏观金融和货币政策。仇志婉，武汉大学经济与管理学院金融系硕士研究生，研究方向：货币金融和国际金融。

和华中地区的中心城市，具有得天独厚的区位优势和深厚的历史文化底蕴。

近年来，武汉市文化创意产业发展迅速。2013年武汉市文化创意产业实现增加值627.1亿元，同比增长48.9%，产业增加值占全市GDP的比重达到6.93%，比上年提高了1.8个百分点，① 文化创意产业日益成为武汉市的支柱产业，对武汉市经济发展起到了促进作用。从表1可以看出，在武汉市文化创意产业中，增加值和营业收入排名前三位的分别为文化创意服务、管理咨询服务和新闻出版发行服务，这说明武汉市的新闻出版、广告会展等行业发展稳健，实力较为雄厚。同时，休闲娱乐、创意设计、动漫游戏、数字印刷等新兴业态不断涌现，文化产品和服务日益丰富。

表1　2013年武汉市文化创意产业各行业情况

项目	单位（个）	从业人员（人）	营业收入（亿元）	营业收入占比(%)	增加值（亿元）	增加值占比(%)
新闻出版发行服务	440	24484	171.5	7.67	74.7	11.91
广播电视影视服务	485	12708	67.1	3.00	25.6	4.08
文化艺术服务	1833	16481	30.4	1.36	14.5	2.31
文化传输服务	901	24643	61.7	2.76	29.4	4.69
广告会展服务	3711	27365	71.3	3.19	23.4	3.73
文化创意服务	7513	156401	742.9	33.24	224.6	35.82
文化休闲娱乐服务	1638	24975	63.3	2.83	14.3	2.28
文化艺术品的生产	662	9635	94.6	4.23	10.2	1.63
文化产品生产的辅助活动	1743	25044	100.9	4.52	29.4	4.69
文化用品的生产	1658	15786	111.6	4.99	19.0	3.03
文化专用设备的生产	382	3532	30.1	1.35	11.3	1.80
管理咨询服务	7552	86852	678.5	30.36	144.0	22.96
教育培训服务	870	15735	10.8	0.48	6.7	1.07
合计	29388	443641	2234.7	100	627.1	100

资料来源：武汉市统计局。

从横向对比来看，根据《2013：中国文化产业发展指数报告（CCIDI）》，在全国各大城市中，武汉的文化产业发展指数排名第八位，② 位于北京、上

---

① 数据由武汉市统计局提供。
② 胡惠林、王婧主编《2013：中国文化产业发展指数报告（CCIDI）》，上海人民出版社，2013，第304页。

海、杭州、深圳、广州、长沙和太原之后，说明武汉在全国主要城市中的文化资源相对丰富，文化产业发展水平较高。武汉的重点行业门类发展综合指标成绩也非常优异，在被评估城市中排名第三位，其中书刊发行业和文化会展业无疑居功至伟。

（二）武汉市文化创意产业投融资现状

文化创意产业是知识与资本密集型产业，文化创意产业的发展离不开金融的支持，资本对整个产业的生存和发展具有不可替代的作用。

武汉市政府在财政和产业政策等方面对文化创意产业的发展给予了大力支持。2013年武汉市对文化体育与传媒等的公共财政支出为204258万元，相比2012年增长了近48.2%。自2013年起，武汉市财政统筹安排60亿元资金支持文化和科技融合示范基地建设，在市级科技计划中设置"文化科技创新工程"专项，并增加各区财政经费投入。同时，政府积极推动文化科技企业上市融资，计划成立文化科技小额贷款（担保）公司，鼓励银行成立"科技支行"，支持金融机构建立实物抵押、联保、未来收益权抵押、风险保证金等相结合的小额贷款偿还机制，鼓励用版权、专利等知识产权质押贷款。

虽然武汉市政府已经制定了许多措施给予文化创意产业支持，但武汉市文化创意产业投融资仍面临困境。2014年财政部和文化部建立了文化金融合作项目库，根据2014年度文化金融合作信贷融资项目库的数据，全国共有98个文化金融合作项目，其中武汉市只占据两项，分别为武汉万达东湖置业有限公司与中国进出口银行合作的武汉中央文化区汉秀剧场项目、武汉极地海洋世界投资有限公司与中国工商银行合作的武汉极地海洋世界项目，而2014年度文化金融合作债券融资项目库中则没有落地武汉的项目，这反映出武汉市对文化产业的支持力度在全国范围内相对较小，资金不足是制约产业发展的瓶颈。

对于许多中小文化企业而言，融资难的困局始终难以打破。根据文化部2010年对我国300家民营文化企业进行的专题调研结果，56.7%的企业认为融资困难，超过80%的企业的资金主要来源于自身的积累，融资渠道极为单一。中国的资本市场起步较晚，企业通过资本市场进行直接融资的比重很小，导致中小文化企业的发展缺乏资金的支持。从目前沪深两市上市的文化企业来看，国有企业占了大部分，从股本数量上看，国有企业更是一枝独大，这主要是因为：一方面，我国的资本市场容量有限，审批制对企业上市的条件进行了严格的限制；另一方面，企业上市需要投行、财务、法律等多方提供中介服务，费用高昂，一般文化创意企业难以承受。2004年中小板在深圳交易所的上市，以及2009年创业板的推出，为中小文化企业提供了新的直接融资渠道，但由于时间短，文化企业上市数量非常少。目前武汉市只有长江传媒和湖北广电两家文化传媒上市企业，直接融资的比例非常小。

二 武汉市文化金融发展中存在的问题

在文化创意产业总体规模不断扩大的同时，武汉市文化创意产业的发展仍然存在一些问题和不足。其中，武汉市文化创意产业发展最大的阻碍在于资金短缺、融资方式单一、融资渠道受阻，从而制约了武汉市文化企业做大做强。目前，文化企业的融资困境主要体现在以下几个方面。

（一）文化创意产业的融资效率受制于文化产业的特性

首先，与其他产业，特别是制造业企业相比，文化创意企业的资产规模通常较小，综合实力不强，企业赢利模式不清晰，经营发展的不确定性很大，抵御市场风险的能力较弱，加上文化项目的发展前景难以评估，这些都使文化创意企业，特别是中小文化创意企业融资困难。

其次，文化产业具有高风险、高回报、高投入的特点，对资本具有较强的依赖性，但文化产业的资产结构具有轻型化特点，即固定资产少，无形资产占比较大，其核心资产主要为知识产权、版权和收费权，因而资产的价值难以评估，并且贬值空间很大，难以进行抵押获得资金。

最后，文化投资收益回收周期过长，无论是文化知识产权投资还是培育文化战略后备资源投资，其周期都比较长，实现收益回收投资的周期则更长，这是制约资金流入文化创意产业的一个重要原因。

（二）文化产业融资渠道单一，缺乏市场化的融资体系

相对于其他产业，文化产业具有公益性的特征，产业的市场化程度不高，政府掌握着文化资源的配置方向，规模以上的文化企业以国有企业为主，文化

企业的融资主要依赖财政支持和银行贷款,而规模较小的民营文化企业的文化资源有限,财务制度不健全,难以获得足够的资金用于扩大生产。文化创意产业整体投融资主体过于单一,民间资本和外资进入的限制很多,门槛也很高,融资手段较为传统,很少运用新型的、现代化的金融工具。

首先,文化创意企业贷款融资的门槛仍然很高,银行对企业的赢利模式、发展前景、财务状况、担保抵押手段等各方面都设置了很严格的条件,因此对急需资金但风险又较高的中小文化企业而言,银行贷款仍存在很高的壁垒。

其次,文化创意企业直接融资的能力偏弱。文化创意企业通过现有资本市场进行直接融资面临诸多阻碍,我国的资本市场发展还很不完善,市场容量较小,各项制度也不健全,企业进入资本市场进行股权融资和债券融资的条件较为严格,只有经营规范、现金流稳定、财务制度健全、固定资产占比较大的工商业企业才有资格上市融资,文化创意企业很难达到证监会规定的上市标准。目前文化行业板块的上市企业数量相比其他板块非常少,并且相当一部分为壳资源,武汉市则只有少数几家文化创意企业成功上市,除上市融资外,文化创意企业发行债券等直接融资方式仍处于空白状态。

最后,文化创意企业向民间借贷一般利率较高,而且如果操作不当,容易带来法律问题。根据发达国家的经验,风险投资是创业企业获得发展资金的重要途径,对初创期企业的成长和发展具有重要的战略意义。然而,武汉市文化企业多存在原创力不足、赢利模式和市场前景不清晰等问题,使风险投资对文化创意项目的关注度不高。

(三)文化产业投融资相关的配套体系不完善

首先,文化创意产业的成长需要市场的土壤,需要相关法律法规、融资担保体系、知识产权保护体系和产权交易体系等相关配套体系作为支撑,但目前武汉市支持文化创意产业发展的相关配套机制还不完善。

其次,近年来,我国逐步建立了文化产业相关行业管理条例,但缺少鼓励文化产业投融资的相关法律法规,与文化产品相关的知识产权保护法规建设还很不完善,投资者的法律地位和投资权益缺乏必要的法律保护,这为投资者对文化创意产业的投资带来了很大的风险。

再次,我国信贷担保体制不完善,从有效担保人、担保物到担保机制均存在不同程度的缺失，许多中小文化企业由于规模小、企业制度不健全、运营不规范、财务制度不完善、缺少抵押物，很难得到担保公司提供的贷款担保。而担保是解决借贷双方信息不对称的重要环节，担保缺位直接阻碍了文化创意企业从银行等金融机构获得贷款。

最后，知识和创意是文化产业的核心资产，而这类资产很容易被复制，因此需要知识产权来保护文化创意主体的合法权益，激发其创新的积极性。而目前不论是知识产权保护的相关法律法规，还是知识产权交易制度都还不健全。

三 金融支持文化产业发展繁荣的内在机理

目前我国处于保增长、扩内需、调结构、促发展的经济转型期，文化产业成为国民经济新的增长点，面临重要的发展机遇。而金融在国民经济中处于核心地位，不仅起到优化资源配置的作用，在分散和管理风险、促进经济正常运行等各方面都具有不可替代的作用。一方面，文化创意企业从成长到发展壮大需要一个较长的过程。根据企业生命周期理论，在每一个阶段企业都需要金融为其提供支持，金融支持既是壮大文化创意企业资本的基础，也是文化创意企业增强核心竞争力的物质保障。另一方面，支持文化产业的发展也是促进金融资源优化配置、促进金融业发展的需要；将文化与金融深度融合，以金融之力促进文化产业发展，是促进文化产业大发展大繁荣的需要，是提高地区和国家文化软实力的需要，也是我国和武汉市调整经济结构、转变经济发展方式的需要。

（一）现代企业融资理论

现代企业融资理论主要包括 MM 理论、权衡理论、优序融资理论、金融成长周期理论等。MM 理论奠定了现代融资结构理论的基石，着重探讨了企业融资结构与企业市场价值的关系，但许多学者对 MM 理论提出了质疑，并从多个角度进行了改进。权衡理论在原有理论框架中加入了破产成本和代理成本，认为虽然企业负债可以带来抵减税收的好处，但负债融资也存在风险和额外的费用，企业不能通过无限扩大债务的方式进行融资，因此在确定企业的资本结构时必须权衡比较。优序融资理论对 MM 理论中完全信息的假设进行了放松,认为各种融资方式的信息约束条件存在差异,不同的融资结构会向公众传递不同的信号,因而根据成本最小化原则,企业融资一般会遵循内源融资、债务融资、权益融资的先后顺序。金融成长周期理论对优序融资理论进行了进一步的修正,该理论认为影响企业融资结构的基本因素会随着企业成长周期和每个时期企业经营的不同特点发生改变,企业的融资结构和融资渠道也会不断变化。对于信息封闭的初创企业,很少有机会从企业外部筹集资金,因此内源融资为主要的资金来源;对于成长期的企业,资金需求迅速增加,主要寻求银行等金融机构融资;而随着企业的发展壮大和企业信息透明度的逐渐提高,企业会更多地依靠资本市场,以发行有价证券等形式融资,此时债务融资的比重不断下降。可以看出,影响企业融资决策和融资结构的因素非常多,企业在不同的发展阶段也具有不同的融资需求,因此,需要一个多渠道、多层次的金融体系来为文化产业的繁荣发展服务。

(二)金融支持文化产业发展的产业选择基准

金融在储蓄向投资转化的过程中扮演了至关重要的角色,因此金融的支持不论是对产业规模的扩大和产业结构的优化,还是对企业的成长和发展都至关重要,一般有两类产业会成为金融资源支持的主要对象:一类是主导产业;另一类是瓶颈产业。其中,主导产业是指对一国和地区经济发展起关键性作用的产业,它直接决定了国民经济的发展速度,主导产业的选择基准如下。

第一,产业关联基准,也可称为"Hirschman 基准",由美国经济学家 Albert O. Hirschman 在 *Economic Development Strategy* 中提出,是指某一产业与产业集群内或产业链条中的其他产业具有较高的相关性和紧密度,从而该产业的发展可以发挥乘数作用,有效地拉动其他相关产业的发展,对经济增长起到刺激作用。产业关联性可以表现为向前关联、向后关联和旁侧关联,即一个产业的发展可以通过分别带动原材料和设备等要素产业、后续产业以及周边产业的发展来促进经济发展。

第二,收入弹性基准和生产率上升率基准,又可称为"Shinohara 基准",由日本经济学家 Shinohara 在 19 世纪中期提出。需求收入弹性是指当价格不变时某产业的需求和收入的比值,用以衡量一个产业产品需求的增加在多大程度

上依赖消费者收入的增长,一般用需求收入敏感指数表示:

$$需求收入敏感指数 = D/Y$$

其中,D 为某产业产品的需求增长率,Y 为人均国民收入的增长率。Y 代表的国民收入在一定程度上代表了社会总需求,因此对产业的存在和发展具有决定性的作用。如果需求收入敏感指数大于 1,说明当人均国民收入增长时,该产业的产品需求将以更大的幅度增长,这类产业在国民经济中的占比也将逐渐提高,因此,根据市场化原则,这类产业应该成为金融支持的首选对象。

生产率指标是一个综合性的指标,等于劳动生产率、资金生产率、能源生产率和技术生产率的加权平均值。生产率指标值较高的产业在资金使用效率、投入产出效率等各方面都具有明显的优势,因此更易于受到金融等资源的青睐,产生资源集聚效应,从而提高社会效益。

可以看出,收入弹性基准反映的是产业发展的需求结构特征,而生产率上升率基准则主要体现了供给结构对产业的影响。两个基准指标都较高的产业通常具有较大的发展潜力,从而成为金融支持的重点产业。

第三,过密环境基准与丰富劳动内容基准。前者强调经济发展和环境保护之间的关系,要求所选产业具备扩充社会资本、提高能源利用效率和改善公害的能力,可以用万元产值能源消耗量表示。后者对劳动内容的充实度和生动性提出了要求,要求在选择产业时不仅要以产值和利润作为目标,而且要考虑从业人员的工作环境、工作忠诚度和工作热情。

根据以上指标,结合文化创意产业的特点,可以发现,从产业关联基准来看,文化创意产业的产业关联性强;从 Shinohara 基准来看,文化创意产业的需求收入敏感指数大于 1,生产率上升率较高;从过密环境基准与丰富劳动内容基准来看,文化创意产业具有低污染低能耗、节能环保、劳动内容丰富有趣等特点,分别符合各项基准的要求。除了上述这些主导产业的选择基准外,一些学者还从不同的侧面考察了主导产业所需具备的条件,如增长后劲基准、短缺替代弹性基准、高附加值基准等,但不论是从主导产业基准指标,还是从可操作指标等方面考虑,文化创意产业都应被列为主导产业,成为金融重点支持的产业对象。

四 武汉市文化和金融结合的发展路径探索

大力发展文化产业是现阶段我国经济转型和结构调整的重要战略选择,在文化大发展大繁荣的进程中,武汉市文化金融的发展面临重要的战略机遇。虽然从现状来看,武汉市文化创意产业的成熟度还不高、产业链条尚不完善,但文化需求强劲,市场前景非常广阔,经济效益也较为可观。金融包括信贷、信托、保险、租赁、基金、债权等一系列产品,要使金融和文化创意产业有机结合,除了专业化的团队,还需要综合化的运作模式,构建文化资源产业化过程中的金融服务支撑系统,形成"政府引导、市场主导、社会参与"的多元投融资体系,要在政府的重视和引导下,实现文化产业投资主体多元化、投资方式和投资渠道多样化的格局,以金融之力助推文化产业的繁荣发展。

(一)完善政府管理职能,加大政府对文化创意产业的支持

公共财政是政府履行职能的重要物质基础、政策工具和管理手段,财政具有优化资源配置和进行宏观调控的功能。政府运用财政资金支持文化创意产业的发展应更多地采取文化创意产业投资基金或设立文化创意产业发展专项基金的形式,借助金融的杠杆作用,撬动更多社会资本参与文化创意产业的建设。

文化创意产业投资基金主要以未上市的文化企业为对象,通过多渠道募集资金、建立完善的资金管理制度、制订信托计划等措施为文化创意产业融资提供服务,提高融资效率并降低融资风险。文化创意产业发展专项基金则是集中投资于基础性服务平台建设的投资制度,如环保印刷设备购置或改造、仓储物流设备更新升级、重点新闻网站软硬件技术平台建设等,其作用在于以平台促进信息沟通,吸引和引导更多的社会资本投入。文化创意产业投资基金和文化创意产业发展专项基金的突出作用在于解决了资金来源单一、投资不足的问题,减轻了单一主体的投资压力,有利于缓解文化创意企业的融资难题。从世界各国的经验来看,各种类型的基金是文化产业融资体系中的重要组成部分,以英国的"国家彩票基金"为例,接近1/4的彩票收入被用于文化产业的建设和发展;日本的文化艺术基金由政府发起,吸引了社会资本积极参与,基金用于对各类文化艺术策划提供资金支持;韩国的文化产业基金种类最为丰富,

除了文艺振兴基金等用于文化产业基础设施建设的基金外,韩国政府还成立了电影、广播、出版等多个子行业专项基金,通过广泛吸引社会资本,进行规范的市场化运作,极大地促进了文化产业的繁荣发展。

在文化产业投资基金或专项基金建立的初期,政府应占主导地位,当文化创意项目正式运营,基金的建设、运用都步入正轨之后,政府应该积极引导社会资金进入,通过制定特色财政扶持政策,广泛吸纳金融机构、捐赠基金、退休基金或养老基金、公司法人或自然人等多种投资主体参与。当文化创意产业项目运营稳定后,则可进行规范的市场化操作,政府可以择机转让股份,变现退出。政府在退出时可以选择多种方式,除了在二级市场进行交易外,还可以通过并购、回购等方式实现股权流转。文化产业投资基金的运作路径见图1。

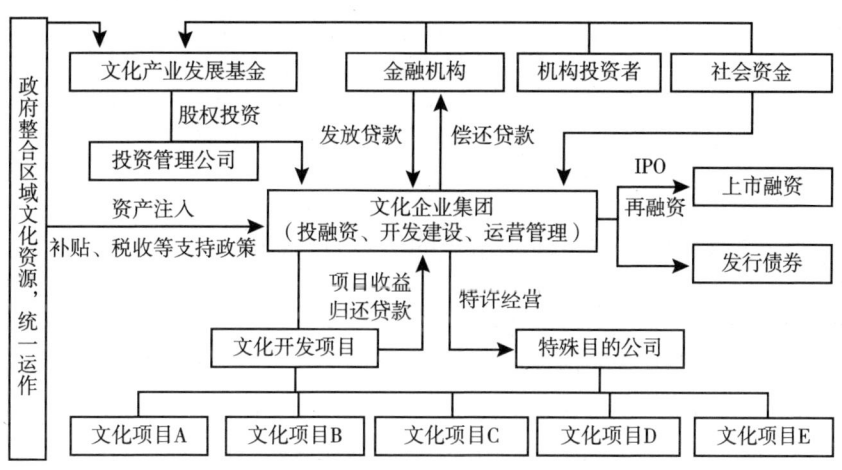

图1 文化产业投资基金的运作路径

(二)开发多样化的信贷产品,加大文化产业的信贷投放

银行信贷是传统的金融手段,首先,应根据企业的特点用好传统信贷工具。对规模较大、赢利模式稳定、经营效益好的成熟企业,在发放贷款时应给予一定的优先权;对应收账款占比较大但经营稳定的企业,可适当放松应收账款质押贷款的条件;对电视电影、广播、动漫等需要投入大量相应的机器设备

的文化企业,应简化融资租赁贷款的手续和流程;对拥有自主研发知识产权的文化企业,则应更多地发放权利质押贷款;对文化产业集群或者产业链中的中小文化企业,商业银行应该尝试联保贷款等方式,鼓励和引导金融机构以合作的方式建立统贷平台,对文化创意产业实行统贷和统批政策,缩短中小文化创意企业的融资周期,降低企业的融资成本,从而在整体上提高融资效率。

其次,信息不对称和企业信用基础不足是造成文化创意企业融资难的重要原因,因此,文化创意企业的信用制度建设和企业信用担保机构建设非常有必要。

再次,针对文化创意产业的特点,各商业银行应该建设文化金融特色支行或专营机构,开发新型信贷产品,为文化创意企业提供结算、网银、理财、现金管理、汇兑、中间业务等多元化、全方位的金融服务,如北京银行的"创意贷"、工商银行的"影视通"、华夏银行的"文创贷"等。

最后,随着文化创意产业的蓬勃发展,为了适应文化创意产业的特点,银行等金融机构也应该在信贷政策和融资方式等方面进行创新,如根据文化企业特点,创新信贷评级制度,设计新的评价指标和模型、风险评估工具、贷款审核流程,采取集合担保等多种授信方式。

(三)建立与文化企业相适应的债券发行制度

发行债券是企业重要的融资方式之一,但目前文化企业债券融资的比例相对较小,这主要是由于我国现行的债券发行制度较为严苛,对企业的经营、财务、内部控制等各方面都设置了较为严格的条件,文化企业通常难以达到发行债券的标准。因此,应该建立应用于不同产业的债券发行制度,灵活放松对文化企业的审批标准,鼓励更多文化企业通过债券市场筹集资金,缓解文化企业的流动资金压力。

2010年3月,中国人民银行与中宣部、财政部、文化部、广电总局、新闻出版总署、银监会、证监会和保监会联合发布了《关于金融支持文化产业振兴和发展繁荣的指导意见》,支持文化企业通过债券市场进行融资。这为武汉市文化创意企业通过发行债券进行融资提供了良好的政策环境,符合发债条件的中小文化企业可以通过发行企业债、公司债、短期融资券、中期票据等进行融资。另外,根据文化创意企业的特点,可以尝试发行中小文化企业集合债券。

武汉市中小文化企业可以在自愿平等的基础上结成一个债券发行人，也可以由武汉市政府有关部门牵头，在文化企业集群中挑选，将业务经营模式相近、信用等级较高的企业组合在一起，帮助其成立一个联合债券发行主体，中小文化企业集合债券以统一的债券名称发行和流通，实行统收统付，但各个企业分别负债，根据各自的发行额度还本付息。为了实现信用增级，中小文化企业集合债券可以由实力较强的担保机构提供担保，同时采取再担保和反担保等措施，以提高中小文化企业集合债券的市场认可度，这就可以在一定程度上解决单个文化企业发行债券难度大、融资效率低的问题。

（四）扩大文化企业直接融资的规模，构建多层次的资本市场

资本市场具有融资、提供流动性、风险定价、资源配置与再配置、产权交易等多种功能。利用资本市场不仅可以帮助文化创意企业获得长期稳定的资本性资金来源，完善公司治理结构，实现规范化发展，而且有利于有效扩大文化创意企业的市场影响力，提升品牌价值，实现公司股权的增值。

从武汉市文化创意产业的发展速度来看，文化产业已进入高速发展时期，这就意味着与文化创意产业相关的金融需求也将极大地释放，当前文化创意产业和资本市场之间的联系还不够紧密，应该鼓励上市文化企业进一步发展壮大，不仅可以通过并购重组、股权置换等整合产业资源，通过公开或定向增发增资扩融，而且可以针对优质文化资产开展文化创意项目的资产证券化业务，支持文化企业通过创业板、"新三板"、全国中小企业股份转让系统和区域性股权交易市场，如武汉股权托管交易中心，实现股权融资。

（五）积极利用小额贷款公司、互联网金融和众筹模式融资

目前从我国的相关政策来看，小额贷款公司的放贷金额虽然受到很多限制，但其信贷条件与银行相比较为宽松，并且小额贷款公司在将企业的"软信息"还原方面具有技术和经验优势，比较适合创立之初急需资金的小微文化创意企业。众筹模式是通过项目的创意来吸引社会资金的关注和支持，通过团购和预约等形式来募集资金的，这与文化创意产业的特色高度吻合。目前，众筹网站发布的项目已经涵盖了影视动漫、出版娱乐、旅行摄影等多个文化领

域，可在武汉创建专门的文化众筹网站，拓宽小微文化企业的融资渠道，提高文化企业的融资效率。

（六）引导民间资本进入文化产业

比较各种融资方式后可以发现，民间借贷实效性很强，能满足微型文化创意企业的资金需求。其一，可以利用银行作为中介，规范民间借贷市场，降低风险；其二，可以鼓励艺术名家和演职人员个人持股，加快国有文化资产的股份制改造，对投资于符合国家扶持方向的文化企业的民间资本，政府可适当采取贷款贴息、项目补贴等方式给予支持。

（七）积极培育文化产业保险市场

保险可以为文化产业的发展提供经济补偿、风险分散、资源配置的功能，保险公司应该开发适合文化产业特点的保险险种，如"杀青险""上映险"等，并积极进行推广和营销。对文化创意企业而言，能极大地缓解信用不足的问题；对银行和小额贷款公司而言，则有利于降低放款的风险，提高贷款的积极性。另外，保险公司还可以直接对文化创意企业进行股权和债券投资，为其提供融资服务。

（八）建立和发展金融支持文化产业发展的配套机制

建立风险分担和补偿机制。文化产业是高度经营风险的产业，这一特点是制约文化产业发展和文化产业投融资的主要因素。为此，要积极搭建文化产业保险与担保平台，为文化产业投融资体系的构建提供支撑。一方面，应该设立更多的文化产业融资担保机构，解决文化企业在融资过程中面临的有效抵押品不足、资产抵押变现困难、信用程度低等难题，解决文化创意企业与金融机构之间的信息不对称，疏导文化企业的间接融资渠道。除了增加担保机构的数量之外，还要从制度改革入手，解决现有担保机构对文化企业担保供给不足的问题。另一方面，文化保险是文化产业融资中的重要环节。应该通过积极开发相关文化产业保险产品，降低文化产业经营风险，保障资产主体利益，促进文化产业融资，最终形成从文化资源到文化产品的完整链条，其中，担保、保险和银行等金融机构积极参与，形成良性循环。

建立健全文化产业服务体系。文化创意产业的发展离不开良好的社会经济环境和社会中介服务体系的支撑。文化产业服务体系中最重要的是与文化创意产业相关的法律法规体系，著作权、商标权等是文化企业的核心资产，加快修订文化企业知识产权的法律法规意义十分重大，应从法律上规定无形资产的价值评估规则，为文化企业资产的质押和托管等提供有力的依据，从而实现和加快文化企业资产的流转与变现。同时，应积极搭建武汉市文化产权交易平台，为文化资产的流转提供专业服务，从而保障投资者、债权人和消费者的权益。另外，建立投资安全风险评估体系和管理体系也非常有必要，对于有效降低文化创意产业的投资风险具有十分重要的意义。

建立文化创意企业信用信息平台。应有政府引导组织，联合企业、银行、小额贷款机构、担保公司、中介机构进行信用信息整合，建立中小企业征信数据库，解决借贷双方的信息不对称问题，降低风险，同时提高中小企业的诚信意识。

建立文化创意产品的估值体系。文化创意企业在使用版权质押、票房质押等新型担保方式时，往往面临文化资产价值评估的难题，估值过高可能会造成投资无法收回，估值太低企业则无法获取需要的资金。目前应积极探索文化创意产品的估值规则和估值模型，发展第三方估值市场，并充分发挥产权交易所的定价作用。

促进信贷政策和产业政策的协调。建立文化创意产业投融资服务平台，以武汉市产权交易所为依托，加强文化企业、金融机构、政府等部门之间的信息沟通和交流，可定期举办研讨会和论坛，搭建文化产业优质资源数据库，解决各相关主体之间的信息不对称问题，促进文化创意企业和金融部门之间的相互了解与沟通，实现金融资本和优质文化创意企业的高效对接，从而引导文化创意企业通过债券市场、股票市场进行融资，培育优质企业成长，促进产业内的并购重组，各部门之间良好的沟通和协调有利于提高资源的配置效率，提高文化产业项目的市场化和专业化水平。

综上所述，武汉市金融支持文化创意产业发展的目标是实现文化产业与金融业的相互融合，建立以财政资金为引导、企业投入为基础、银行信贷和民间资金为主体、股市融资和境外资金为补充的多元化文化产业投融资体系。同时，从法律、保险和担保、信用制度等方面建设文化产业投融资体系的全方位配套保障体系，促进金融资源的优化配置，以金融之力提升文化创意企业的经营能力，从而推动文化创意产业的发展壮大。

武汉市金融促进文化创意产业发展机制见图2。

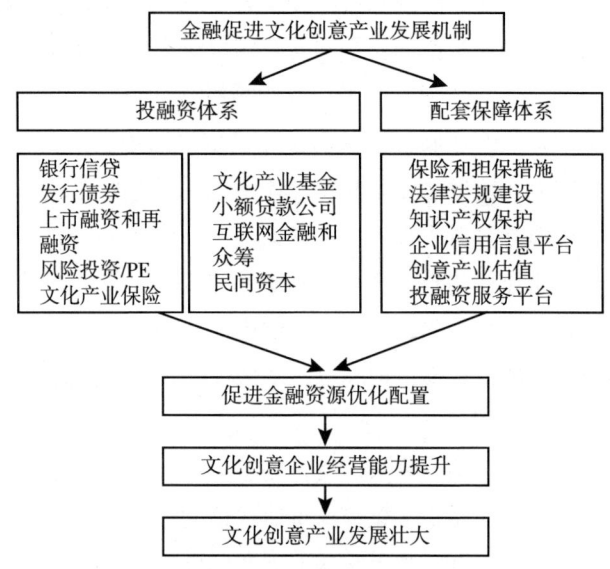

图2　武汉市金融促进文化创意产业发展机制

五　结语

近年来，在武汉市政府的大力支持下，武汉市文化创意产业发展迅速，正在成为推动武汉经济发展的强大动力之一，但是目前武汉市文化创意产业仍存在融资渠道单一、市场化的融资体系缺乏、相关配套支撑体系不完善等诸多问题，资金问题是文化创意产业发展的瓶颈。应对武汉市文化创意产业投融资机制和配套保障体系进行探索，加大金融业支持文化产业的力度，推动文化产业与金融业的深度融合，建立健全武汉市文化产业投融资体系，推动武汉市文化创意产业蓬勃发展。

B.4 发展时尚产业 打造时尚之都

叶晓飞 叶林 崔婷 陶劲松*

> **摘 要：** 发展时尚产业，是武汉市实现产业转型升级、打造全国时尚之都的重要途径。本文描述了武汉市时尚产业发展的现状，并利用SWOT分析框架分析了武汉市时尚产业发展的机遇和挑战、优势和劣势，最后在此基础上提出了武汉市时尚产业发展的路径。研究发现，武汉市时尚产业面临市场和资源方面的发展机遇，但也存在发展风险、竞争激烈的挑战。同时，武汉市时尚产业本身具备发展基础和人才方面的优势，但也存在高端人才缺乏、技术创新不足、规模经济水平不高和未形成产业集群等方面的劣势。武汉市应抓住机遇、面对挑战，发挥优势、转变劣势，探索适合自身的时尚产业发展路径。
>
> **关键词：** 时尚产业 机遇 挑战 优势 劣势

打造世界时尚中心，激活城市文化底蕴，促进经济转型和产业向高端化、创意化发展，已成为许多发达城市的共同选择。塑造"时尚武汉"，是实现"武汉梦"的重要推动力。武汉应抢抓机遇，发挥资源禀赋优势，加快建设全国时尚之都。

---

* 叶晓飞，武汉市发改委服务业处处长，研究方向：国际金融。叶林，经济学博士，华中师范大学国家文化产业研究中心副研究员，研究方向：产业经济学、文化产业。崔婷，武汉市发改委服务业处副处长，研究方向：产业经济。陶劲松，武汉市发改委服务业处干部，研究方向：现代服务业。

一 时尚产业的定义和特点

（一）时尚产业的定义

目前学术界对时尚产业的界定尚无定论。赵磊从审美角度给出的时尚产业的定义为"目标是消费者，进而对与消费者紧密相关的环境进行装饰和美化从而使人的生活更加美好的产业"。① 高长春从时尚消费角度将时尚产业定义为："时尚产业是以消费时代人们的精神及文化等需求为基础的，设计、制造、推广、销售具有时代先进性并装饰美化人们生活的产品或服务的企业组织及其在市场上的相互关系的集合。"② 《中国时尚产业蓝皮书2008》从产业链的角度指出："时尚产业是指通过工业和商业化方式所进行的时尚产品和时尚服务的设计、采购、制造、推广、销售、使用、消费、收藏等一系列经营性活动的总称。"③ 综合不同学者对时尚产业的定义，我们认为时尚产业是以消费者精神文化需要为基础，以装饰和美化消费者生活为目的，是时尚产品和服务的设计、制造、销售等一系列经营活动的总和。

学者们对时尚产业的范围也有着不同的划分。赵磊从时尚产业美化人们生活的层面概括了时尚产业的范围，将时尚产业划分为三个层次：核心层是对人体进行装饰和美化的产业，包括服装、鞋帽、美容美发、珠宝首饰、香水、名表等；扩展层是对人在生活和工作中所处的小环境进行装饰和美化的产业，包括家纺、家居装潢、家居用品产业等；延伸层是对人生存和发展中相关的事物和情状进行装饰和美化的产业，包括手机、MP3、数码相机产业等。而《中国时尚产业蓝皮书2008》则认为时尚产业既包括时尚产品制造业又包括时尚服务业，前者涵盖服装、鞋帽、皮具、珠宝首饰、香水、名表等行业，后者则包括美容美发、健身旅游、流行音乐、影视摄影、动画漫画、时尚书籍杂志、餐馆酒吧等休闲娱乐产业。

---

① 赵磊：《时尚产业的兴起和发展》，《上海企业》2007年第2期，第50页。
② 高长春：《时尚产业经济学导论》，经济管理出版社，2011，第3页。
③ 中欧国际商学院时尚产业蓝皮书课题组编《中国时尚产业蓝皮书2008》，2008，第10页。

我们认为，由于时尚产业的主要目的是美化和装饰消费者的生活，满足消费者的时尚需求，因此一切具有这一功能的产业都应属于时尚产业，但其有广义和狭义之分。狭义的时尚产业仅包括对消费者自身进行美化和装饰的产业，主要涉及服装、鞋帽、化妆品、珠宝首饰、箱包、钟表等领域；而广义的时尚产业除包含狭义的时尚产业涉及的领域外，还包括对消费者的生活进行美化的行业，涉及消费者衣、食、住、行的各个方面，包括家居装饰、健身旅游、流行音乐、影视摄影、动画动漫、参观酒吧等。需要说明的是，本文所研究的时尚产业主要是指狭义的时尚产业。

（二）时尚产业的特点

1. 时尚产业的短期需求弹性小

时尚最根本的特征是既希望与流行群体一致，又希望与众不同，是一种矛盾的混合体。[①] 时尚与自我密切相关，时尚背后是自我主义的冲动。[②] 为满足消费者的这种个性需求，时尚产品生产者所生产的时尚产品既具有与同时期的同类产品不同的特征，又具有与不同时期的同类产品不同的特征，这使时尚产品在流行的时期需求价格弹性很小。换句话说，在时尚产品流行的短期内，这种产品对消费者而言是稀缺的，因此其需求对价格的变化不敏感。正因为如此，时尚产品的生产者可以对时尚产品制定较高的价格而不用担心需求量减少的问题，所以时尚产业经营者可以在短期内获得垄断利润。

2. 时尚产业是创意密集型产业

时尚产业的重要特征是它能满足消费者的审美需要，装饰消费者的生活。时尚产品的创造者运用自己的创意将时尚的元素、符号、内容加入时尚产品，让消费者的审美需要得到满足、生活得到美化。因此"创意"是时尚产业的灵魂，是时尚产业生产要素中最重要的生产要素，时尚产业是创意密集型产业。

---

① Hemphill C. Scott and Suk Jeannie, "The Law, Culture and Economics of Fashion", *Stanford Law Review*, 2009（5）.

② Fronmikin, Howard L., "The Psychology of Uniqueness: Avoidance of Similarity and Seeking of Differentness", Paper of Institute for Research in the Behavioral, Economics and Management Science, Purdue University, 1973, No. 438.

3. 时尚产业是高附加值产业

产品附加值是劳动者在利用原材料和生产工具生产产品的过程中附加于原材料之上的价值，它来源于劳动者的无差别人类劳动。普通商品的生产者只需要使用简单的体力劳动就可以，因此创造的产品附加值并不高，而时尚产品的生产者不仅要使用简单的体力劳动，而且要使用复杂的脑力劳动，特别是创意劳动，因此创造的产品附加值较高。

4. 时尚产业的产业链长

时尚产业的核心要素是创意，时尚产品的核心内容往往是一个创意，而这一创意不仅可以用于一种时尚产业，而且可以用于其他时尚产业。例如，一个好的创意可以运用在服装、鞋帽、饰品、箱包、家纺等领域，这使得时尚产业具有较长的产业链。正因为如此，一种时尚产业的发展可以带动其他众多时尚产业的发展，并形成产业集群，发挥规模经济和范围经济的作用。

二 武汉市时尚产业的发展现状

由于本文所谈的时尚产业主要是指狭义的时尚产业，所以在描述武汉市时尚产业发展现状时主要涉及服装、鞋帽、化妆品、珠宝首饰、箱包、钟表六大领域。

（一）时尚产业生产增长迅速

2013年，武汉市纺织服装、鞋、帽制造业共有规模以上工业企业45家，年平均从业人员数为19003人，实现总产值82.9亿元。2013年，武汉市各类服装生产企业共生产服装8487.4万件，比上年增长20.97%，远高于武汉市国内生产总值的增长水平。[1]

（二）时尚产业销售稳步增长

2013年，武汉市实现服装、鞋帽、纺织品销售总额38.78亿元，其中零

---

[1] 数据来源于《武汉统计年鉴2014》。

售总额为31.06亿元;实现化妆品销售总额116.89亿元,其中零售总额为105.17亿元;实现珠宝首饰销售总额113.14亿元,其中零售总额为78.23亿元。①

三 武汉市时尚产业发展的机遇和挑战

本部分将主要探讨武汉市目前时尚产业发展所面临的外部环境,包括两个方面的内容:一是武汉市时尚产业发展的机遇;二是武汉市时尚产业发展的挑战。

(一)武汉市时尚产业发展的机遇

1. 武汉市时尚产业市场前景广阔

第一,居民收入水平的提高为时尚产业的市场扩张创造了条件。后福特主义者认为,随着居民收入水平的提高,人们进行消费的目的已经不仅是满足基本的物质需要,而且是满足非物质需要,而时尚产品除了能满足人们的基本物质需要以外,还能装饰人们的自身,美化人们的生活,从而满足人们的审美情趣等非物质需要。因此,随着人们收入水平的提高,居民对时尚产品的需求将会迅速增长。2014年,武汉市人均国内生产总值已达到97402元,超过了国际上认为发展时尚产业所需的最低水平5000美元。2014年,武汉市城镇常住居民人均可支配收入突破3万元,达到33270元,比上年增长9.9%,增长速度比全国、全省平均水平分别高出0.9个和0.3个百分点。② 武汉市经济的迅速发展以及人均收入的提高为武汉市居民消费结构的转型和时尚产业的发展提供了有利条件。

第二,武汉市居民的时尚消费传统为武汉市时尚市场的发展奠定了基础。武汉人素有时尚消费的传统,一些国际时尚品牌在武汉市从来就不缺少市场,这让一些国际时尚品牌纷纷入驻武汉。2015年4月8日世界五大咨询机构之一仲量联行发布的《中国城市60强》显示,武汉在"全球最具活力城市20强"中排名第8位,零售购物中心数量在全国排名第4位,武汉国际广场购物

---

① 数据来源于《武汉统计年鉴2014》。
② 数据来源于《武汉统计年鉴2014》《中国统计年鉴2014》。

中心的兰蔻专柜销量居全球第4位，全国最大的LV旗舰店也将落户武汉。目前，已形成汉正街商品市场、汉口北国际商品交易中心两个服装交易集聚区和多个服装批发市场，武汉国际广场、楚河汉街、新世界、万达、百联、奥特莱斯等吸引了大量国际顶级品牌入驻，时尚氛围和市场前景较好。武汉时尚品牌高度汇聚，消费潜力巨大，时尚消费高度繁荣。

2. 武汉市政府大力支持时尚产业发展

武汉市政府对时尚产业的发展十分支持，目前已经出台了一系列促进时尚产业发展的政策措施。2013年，武汉市政府常务会通过的《工业重点产业链（企业群）构建工程》将时尚产业确定为重点产业。2014年出台的《武汉市振兴服装产业专项规划（2015～2020年）》指出，武汉要打造集教育、设计、媒体、营销、物流于一体的完整服装产业链，培育和发展一批有市场影响力的品牌，打造"中国服装名城"。同年，《振兴汉派服装产业专项规划》出台，计划从2014年开始，连续3年，每年投入2000万元作为服装产业发展专项资金，争取在2019年将纺织服装产业打造成该市又一个千亿元级产业，在市黄陂区工业倍增发展区内规划3000亩园区，建设服装时尚创意产业园。这些政策表明了武汉市政府发展时尚产业，特别是服装产业的决心。

3. 武汉市文化底蕴深厚

时尚产业的基础是文化，多色彩的文化和对多元文化的包容，是时尚文化的精髓。武汉市历史文化底蕴深厚，从形式上看，既有黄鹤楼、盘龙城商朝遗址、归元禅寺、琴台等有形文化资源，又有湖北大鼓、汉剧、龙舞、汉绣、黄陂泥塑、绿松石雕等无形文化资源。从内容上看，既有武昌起义纪念馆等历史文化资源，又有龙舞等民族文化资源，还有归元禅寺等宗教文化资源，更有汉绣、汉剧、武汉方言、武汉码头等地域文化资源。这些丰富的文化资源是时尚产业发展的基础，是时尚设计师灵感的来源和宝库。

（二）武汉市时尚产业发展的挑战

1. 时尚产业的发展蕴含风险

首先，时尚产业的风险和不确定性来源于时尚消费的不确定性。时尚产品主要是为了满足消费者的精神需求，属于符号效用满足型产品，时尚消费具有主观性、易变性、不稳定性的特点，即使当下走红的时尚也有可能很快被淘汰，即使名不见经传的元素也有可能成为流行时尚。

其次，时尚产业的风险来源于经济周期的波动。时尚产品消费与消费者的收入水平有关，并且受收入水平的影响很大，但是收入水平会随着经济周期的波动而波动。一旦经济发展趋缓，居民收入水平增长停滞，时尚产业需求就可能受到很大影响。目前，受全球金融危机影响，全球经济呈现缓慢增长态势，时尚产业也受到一定程度的影响。2015年6月，多家国际顶级品牌在香港、成都、上海等地进行低至3折的促销。而在海外，Burberry等国际顶级品牌也在2015年5月开始了5折的促销活动。据悉，打折的原因主要是2015年以来产品在全球的销量下滑，因此，各品牌不得不以提前打折的方式来缓解销售收入的大幅下滑。

最后，时尚产业的风险来源于知识产权的盗用。设计师的创意是时尚产业最为重要的因素，但是版权存在被盗用的风险。如果时尚产品的相关版权被盗用，设计师耗费大量时间和精力、研发团队投入大量研究资金所设计和开发出来的时尚产品就无法收回最初的投资。

2. 国际、国内时尚产业竞争激烈

中国是最大的服装生产国，也是最大的服装消费国，但是中国服装产业在国际上的竞争力并不强。根据《世界品牌500强》按照不同国家对服装、化妆品、电子类消费品、手表和珠宝首饰5个领域进行的统计和排序，拥有世界500强品牌最多的国家依次是美国（22个）、法国（15个）、日本（9个）、瑞士（8个）、德国（5个）、荷兰（4个）、中国（3个）。中国的3个入选品牌分别是海尔、联想和长虹，而在服装、化妆品、手表、珠宝首饰这几个时尚领域中，中国没有一个品牌入选。这说明中国作为一个时尚产品制造大国，并不是一个时尚产品制造强国，中国的时尚产业在国际上面临的竞争很激烈。

四 武汉市时尚产业的优势和劣势

（一）武汉市时尚产业的优势

1. 时尚产业发展基础较好

作为东方芝加哥，武汉市时尚产业的萌芽可追溯至20世纪30年代。新中国成立以后，武汉成为全国老纺织工业基地。目前，武汉市服装产销量在全国同类城市中排名第6位，其中女装产量居全国第1位，全国女装品牌60强中汉派占9席，涌现了爱帝、太和、红人、佐尔美、乔万尼等一批知名品牌，武汉成为中部地区最大的服装生产、批发、零售中心。武汉市服装产业拥有的中国驰名商标已达17个，中国名牌有9个。当前，汉派服装正孕育着"新工艺、新面料、新设计、新精裁"的新内涵。在珠宝业方面，投资50亿元的周大福珠宝文化产业园项目落户黄陂，正在规划建设以中国地质大学（武汉）鲁磨路一带为核心的珠宝园区，计划到2030年打造成产值达3000亿元的"宝谷"。

2. 优秀设计力量集聚

湖北美术学院、武汉纺织大学、江汉大学、中南民族大学等高校每年为武汉培养众多时尚设计方面的专门人才，武汉的原创设计力量居全国第3位。在服装设计方面，武汉纺织大学的服装设计实力连续15年排名全国高校第1名，培育了30多名国家级设计金奖得主。该校张文辉副教授作为中国新锐设计师的代表，成为在巴黎获奖的中国高校教师第一人。在珠宝设计方面，中国地质大学（武汉）珠宝学院是我国开办最早和规模最大的宝石学教育和研究专业机构，每年培育一大批珠宝设计、鉴定、加工、营销等方面的人才。在其他设计方面，武汉工程设计、工业设计、创意设计、艺术设计力量在全国都处于领先地位。

（二）武汉市时尚产业的劣势

1. 缺乏高端设计人才

设计是时尚产业的灵魂，设计师是时尚产业的灵魂工程师，而目前武汉市时尚产业的高端设计师比较缺乏。就武汉市服装企业来说，武汉虽有1600多家服装企业，但是90%以上的企业没有设计师，或以"打版师"代替设计师。[1] 剩余的不到10%的服装企业虽然拥有设计师团队，但"高端设计师"缺乏。这些企业的设计师团队中的设计总监、主设计师通常由外地或外籍设计师担任，且他们通常不只为一家企业服务，而设计师或设计助理则由本地设计师担任。[2] 这说明武汉市服装企业并没有自己的高端设计师，且这些高端设计师

---

[1] 数据来源于武汉服装设计师协会。
[2] 夏毓婷：《产业价值链视角下的武汉时尚产业发展研究》，《江汉大学学报》（社会科学版）2012年第6期。

并不十分稳定。

2. 技术创新力度不够

19世纪法国文学家福楼拜曾经说过："艺术越来越科学化，科学越来越艺术化，两者在山麓分手，有朝一日，将在山顶重逢。"从时尚产业的演变历史来看，时尚产业的每一次变化和发展都与科学技术的进步分不开，但是武汉市大部分时尚企业目前并未重视技术创新。以服装产业为例，2013年，武汉市纺织服装、鞋、帽制造业45家规模以上工业企业中仅有2家企业有研发活动，占比仅为4.44%；拥有研发人员308名，占整个行业从业人员的比重也只有1.62%。从研发投入来看，2013年，武汉市纺织服装、鞋、帽制造业研发经费支出占该行业总产值的比重为0.72%，低于整个规模以上工业企业平均研发投入水平0.72个百分点。不重视创新、不加大创新投入的结果是，2013年武汉市纺织服装、鞋、帽制造业产生的专利数量只有24项，当年新产品销售收入占总产值的比重也仅为5.23%，低于规模以上工业企业平均水平11.61个百分点。①

3. 规模经济水平低

规模经济是指随着生产规模的扩大，产品的平均成本下降的现象。在服装、鞋帽、手表等时尚产业中都存在明显的规模经济，因此在一定范围内扩大产量，能使企业平均生产成本下降并带来利润率的增加。但是，武汉市目前大部分企业规模小，处于作坊生产和半机械化状态，技术水平不高，重复建设和低水平扩张严重。2013年，武汉市1600多家服装企业中，规模以上的企业只有45家，而杭州有1250家，青岛有748家，宁波有437家。② 全市产值过10亿元的企业只有爱帝1家，而温州过10亿元的企业达7家，青岛即发集团2014年产值突破100亿元，雅戈尔产值突破40亿元。③ 从珠宝行业来看，在周大福生产基地内迁武汉之前，武汉珠宝行业在全国所处的位置和对珠宝行业的贡献度都有待提高，尤其是在珠宝的加工制造方面。与深圳珠宝加工量占全国市场70%份额的龙头地位相比，武汉珠宝制造加工没有形成产

---

① 数据来源于《武汉统计年鉴2014》。
② 数据来源于《武汉统计年鉴2014》
③ 数据来源于武汉市发展和改革委员会。

业规模，差距巨大，生产加工企业数量少（仅3家），国内市场占有份额极其有限。

4. 品牌建设滞后

目前武汉市服装产业中仅有中国驰名商标5个、中国名牌产品3个，而深圳的自创品牌有800多个，国内知名品牌有100多个，国内市场占有率高达60%以上。① 同样，在珠宝、消费类电子产品、化妆品、高端腕表等行业，武汉市场都是外来品牌主导。武汉市时尚产业品牌的缺乏与企业的品牌意识有关，大部分企业的品牌意识较弱，在生产的前端缺乏设计、忙于抄袭、风格不清晰、附加值低；在生产的后端缺乏营销，即使建立了自己的品牌，也并未通过合适的营销手段将品牌形象深入人心。

5. 未形成完整产业链和产业集群

从时尚产业的产业链来看，时尚产业包含了创意、设计、制造、营销、推广、培训等环节，各环节之间应协调配合，时尚产业才能很好地发展。从武汉市目前的情况来看，时尚产业的诸多环节是割裂存在的，这些环节分布在不同的行业，从属于不同的部门，各利益主体都在自己的领域追求利益最大化，这导致创意与设计、设计与制造、制造与营销推广、创意设计与培训等各环节之间无法协调发展。从地域构成上来看，时尚产业各环节如果能集中于某一区域，形成产业集群，则可以节省物流成本，加强信息分享，加快技术扩散，但武汉市的服装、鞋帽生产企业散落于武汉三镇，尚未形成产业集群。

五 武汉市加快时尚产业发展、打造时尚之都的路径

根据以上分析，为将武汉建设成为全国时尚之都，需要抓住时尚产业发展的机遇，面对挑战，发挥优势，规避劣势。具体来说，应该加强顶层设计和战略谋划，加大人才培养和引进力度，利用荆楚文化资源进行原创设计，大力推进技术创新，推动时尚产业集聚，促进时尚产业国际化合作。

---

① 数据来源于武汉市发展和改革委员会。

（一）加强顶层设计和战略谋划

武汉市时尚产业刚刚起步，要想在激烈的竞争中站稳脚跟，必须在发挥市场配置资源决定性作用的同时，充分发挥政府顶层设计、战略谋划、强力推动的作用，彰显后发优势。

明晰目标定位和总体思路。把时尚产业作为重要的战略性新兴产业，以产业园区为平台，依托科技创新、文化创意、品牌经营，打造集设计、制造、营销于一体的完整产业链，把武汉建成服装产业发展的设计中心、信息中心、体验消费中心、展示发布中心，成为珠宝首饰产业的制作中心、鉴定中心，力争经过3~5年的时间，实现时装产业产值过1000亿元，培育一批在全国叫得响的一线时尚品牌，推动一批拥有自主知识产权、市场竞争力较强的优势企业（集团）成长，努力将武汉打造成为中部地区最大、产业功能最全、时尚品位最高的时尚之都。

（二）加大人才培养和引进力度

第一，加大时尚产业设计人才的培养和引进力度。当前，国内先进城市高度重视时尚创意人才的培养和引进。如上海，由东华大学与英国爱丁堡大学合作成立上海国际时尚创意学院，邀请维维安·韦斯特伍德等全球服装设计界权威人士担任顾问，与施华洛世奇、伊泰莲娜、德库宁、IED、雅戈尔、杉杉等国内外知名企业联合，建立时尚研究基地和教学实习基地，通过"1对N""点对面"式的合作办学，集聚全球资源，培养时尚创意人才，其经验值得武汉学习借鉴。武汉是法国在中国投资最大、居住人口最多的城市，武汉市可发挥这一优势，积极与法国高级时装公会、法国时尚学院等加强合作，筹建武汉国际时尚学院，创办时尚设计研究中心，制订时尚人才专项计划，着力培养和引进武汉时尚产业领军人物。武汉市可更好地发挥武汉纺织大学、江汉大学、湖北美术学院、中南民族大学等武汉地区高校的作用，加强产、学、研合作，通过建立实习基地、开展联合培养等方式为时尚产业的发展培养研发设计人才。

第二，加大时尚产业管理人才的培养和引进力度。除了时尚产业的设计人才以外，时尚产业的管理人才也是需要大力培养和引进的。时尚产业不同于其他的传统产业，对时尚产业的管理有着与对其他产业的管理不同的模式，因此，对时尚产业管理的知识非常重要。早在十几年前，法国的一些院校就先后开设了奢侈品管理专业,课程内容涵盖"时装市场学""奢侈品及服务市场学""奢侈品工业市场和管理""奢侈品广告和市场学"等基础课程。武汉市也可以与法国的一些高等院校合作培养"奢侈品管理"专门人才,并与法国奢侈品企业建立合作,引进其管理人才,为武汉市的时尚产业发展提供智力支持。

(三)利用荆楚文化资源进行原创设计

消费者消费时尚产品时具有追求个性的特点,因此时尚产品生产者所生产的时尚产品既具有与同时期的同类产品不同的特征,又具有与不同时期的同类产品不同的特征。在传统文化的基础上进行创新是创造时尚产品差异性的重要手段,也是突出城市特色、打造时尚之都的重要途径。武汉市丰富的文化资源,以及荆楚大地源远流长的文化遗产,是武汉市时尚产业取之不尽、用之不竭的原创题材。武汉的历史遗址大致包括工业遗址、商业遗址、优秀历史建筑、老里弄几大类。除固化有形的历史遗址外,目前武汉还拥有非遗传承项目近百个、传承人80余人,可供开发作为非遗手工艺特色礼品销售的种类估计有上亿元的年销售额。武汉国际时装周上推出的汉派时装集合新品牌——"汉工场",以其独特的楚文化元素博得众彩,这种突出荆楚文化特色的原创设计应成为今后汉派服装、汉派饰品发展的一个方向。

(四)大力推进技术创新

当今时尚产业的技术创新日新月异,舒适且环保的竹纤维面料、耐脏的纳米面料、带有MP3的游泳衣、装有卫星导航定位系统的宇航服、根据人体信息定制的服装等,这些新的面料、新的工艺正让时尚产品的消费者体味更舒适、更便捷的时尚生活,也让时尚产品有了更大的附加值。但和其他制造业企业一样,中国时尚产业制造业中的企业在技术创新上一直处于落后状态,面辅料技术、数字化人体测量技术已成为武汉服装产业的技术瓶颈。为促进武汉市时尚产业技术创新,武汉市应着力做好以下几点。

第一,加强高等院校、科研院所和时尚产业界的融合。具体措施包括:一是结合武汉市"科技十条",促使高等院校和科研院所的纺织技术、珠宝技术研究成果商业化;二是通过服装企业、珠宝企业等时尚企业与高等院校之间以开展联合培养计划的形式促进学界与时尚产业界的互动，为产业界培养适宜的时尚产业专门人才。三是通过合作研发、合作培训等方式促进时尚产业界与学界之间的互动合作。

第二，改善时尚产业创新的融资环境。技术创新要么需要引进国外先进设备，要么需要自行研发，这些都需要大量的资金投入，中小企业根本无力承担。针对这一问题，一方面应促进银行进行金融创新，开展针对时尚企业创新的融资工具；另一方面应大力发展风险投资基金和众筹平台，为时尚产业技术创新提供资金支持。

第三，提高技术吸收能力。虽然有些技术可以通过引进国外先进设备得到目前时尚产业发展所需的技术，但是如果缺乏吸收能力，这些技术仍然不能得到应用。以服装产业为例，服装计算机集成制造系统（CIMS）是集服装设计、加工、市场销售于一体的信息系统，有人称这一系统为第三次工业革命的核心技术。我国很多服装企业也早就意识到了这一技术的重要性，纷纷引进了这一技术，但是由于缺乏相关的技术人才和配套工艺流程，很多企业将其买回后就束之高阁，致使其不能发挥应有的作用，这反映了我国的服装产业非常缺乏技术吸收能力。武汉市的时尚产业需要通过承担研发项目、培养技术人才等方式来提高技术吸收能力。

（五）推动时尚产业集聚

国内外时尚创意产业发展的实践表明，时尚创意产业通过集聚要素、实现园区化发展，有利于形成产业规模效应，节约交易成本，加强技术扩散，扩大产业影响。

应该采取政府主导、市场运作的模式，在有条件的中心城区高品位设计、高质量建造武汉国际时尚中心和时尚创意产业园，推动时尚产业特色发展，重点打造武汉中央商务区、"武汉·中国宝谷"等时尚产业示范集聚园区，形成覆盖专业秀场、研发设计、面辅料高端研制、商务营销、产品体验、人才培训服务、时尚传媒等的时尚全产业链。整合现有市中心老的展馆资源，将其改造为时装周或时尚展会的平台和载体，提升其功能和服务价值，发挥其在武汉时尚之都建设中应有的作用。

同时，应扶持品牌时尚企业做大做强。集中主要的人力、物力、财力于优势品牌企业，支持它们通过投融资、借壳上市、并购与资产重组等方式提高资本运作能力，帮助其在差异化的时尚市场中做强品牌、做大规模。

（六）推动时尚产业国际化合作

时尚产业外向度高，具有较强的全球同步性，通过国际合作发展壮大时尚产业，成为知名时尚企业发展的普遍战略选择。纵观世界五大时尚之都米兰、巴黎、纽约、伦敦和东京，它们都将生产制造环节转移到成本更为低廉的地区，其自身则大力加强对时尚产业的研发、设计、标准、营销等高端环节的控制，逐步确立并强化了其时尚流行中心的国际地位。

我们必须站在全球高度，利用全球资源，与世界时尚之都开展国际合作，谋划和发展时尚产业。加强与法国、意大利等时尚品牌的合作。进一步加大贴牌生产合作的力度，学习其先进的生产工艺和管理模式。借鉴武汉市汽车产业合作发展的经验，与世界知名时尚品牌组建合资公司，共享品牌资源、人才资源和渠道资源。在此基础上，深入推进自主品牌研发，邀请知名设计师加盟，加强与本地优秀设计力量的衔接，开发具有武汉本土文化内涵的品牌产品，为新兴时尚市场打造原创本土品牌。

同时，应注重时尚品牌的展示推广和体验消费环境的打造。抓紧谋划推进长江大道等时尚品牌集中展示区建设，吸引国内外品牌企业来武汉发布展示最新时尚产品，打造武汉的香榭丽舍大街。提升中心城区现有时尚购物市场的品位，吸引世界知名的特色品牌入驻，打造一批商业时尚新地标，建设时尚消费集聚区。积极引进体验中心、定制中心、品牌之家等新兴业态。

区域报告

Regional Reports

B.5
武汉国家级文化和科技融合示范基地建设发展报告（2014年）

王五洲　田雪枫*

摘　要：　2014年是推进国家级文化和科技融合示范基地的第三个年头，武汉作为科技部、中宣部等中央部委联合命名的国家级文化和科技融合示范基地，在推动文化体制机制创新、科学技术创新、产品内容创新和商业模式创新方面取得了积极进展。但在示范基地建设过程中，武汉市文化和科技融合发展仍存在一些突出的问题，既有源于地区发展的基础条件的制约，也有思想观念、体制机制等方面的缺失。武汉必须在产业规划、发展布局、企业培育、政策保障等方面形成强有力的扶持措施，以全面推进武汉国家级文化

---

* 王五洲，武汉大学经济学博士，中共武汉市委宣传部改革发展办主任，研究方向：政治经济学、文化改革发展。田雪枫，武汉大学经济学学士、武汉科技大学管理学硕士，中共武汉市委宣传部干部，研究方向：世界经济、区域创新、工商管理。

和科技融合示范基地建设。

关键词： 文化　科技　融合　创新　国家级示范基地

文化和科技融合是推进文化体制机制创新的重要抓手，是完善现代文化市场体系、提升公共文化服务能力的关键举措，是增强国家文化"软实力"和地区经济综合竞争能力、促进社会主义文化大发展大繁荣的战略抉择。武汉是科技部、中宣部等中央部委联合命名的国家级文化和科技融合示范基地，在国家文化体制机制创新和科学技术创新战略布局中占有举足轻重的地位。经过多年的努力，文化和科技融合发展已成为武汉市全面深化改革的一大着力点，为建设国家中心城市、复兴大武汉提供了越来越丰富的精神动力和物质基础。

一　文化和科技融合发展成效卓著

2014年是推进国家级文化和科技融合示范基地的第三个年头，武汉市委、市政府领导市直有关部门、各区及开发区密切配合、携手努力，大力推动文化体制机制创新、科学技术创新、产品内容创新和商业模式创新，取得了积极进展，全市文化和科技融合发展呈现技术创新日新月异、产业门类齐头并进、示范工程亮点纷呈、保障体系日臻完善、工作机制逐步健全的良好格局。

（一）文化科技创新取得新突破

2014年，武汉市整合创新资源，发挥智力优势，开发新技术，催生新业态，促进文化领域的科技创新和成果转化。围绕数字内容、移动互联网、数字教育、数字演艺、动漫网游、数字出版等领域，采取无偿资助、研发补贴、贷款贴息、保险费补贴、孵化器政策奖励和创新平台奖励等多种方式，累计投入科研经费逾1900万元，组织实施文化和科技融合项目71项。其中，武汉楚天激光股份有限公司自主研制开发的全彩激光舞台效果集成系统，集全彩激光、激光光纤扫描、水幕、纱幕、烟雾、音响、灯光等高科技于一体，一键式操作的大型演艺专业装备系统，具有节省电能、节约资源、节省人员、循环使用等特点；武汉传神信息技术有限公司研发出我国首个第四方语言服务平台——"语联网"，成为国内最大的语言服务提供商，通过对资源、技术和服务能力的有机整合来满足市场需求，为国际工程、装备制造、影视文化、外贸出口、文化咨询、服务外包等领域提供专业服务；武汉精伦电子有限公司开发的新一代机顶盒产品"别致云盒"，能够提供176个直播频道、1500款APP应用、10万小时赛事内容、20万小时高清影视的丰富资源。

（二）文化科技产业展现新活力

2014年完成的第三次经济普查结果显示，武汉市拥有文化和科技融合产业单位2.94万个，实现文化和科技融合相关产业增加值627.1亿元，其中营业收入在亿元以上的企业达205家。截至2014年12月，全市共评选文化和科技融合示范园区11个（见表1）、示范企业24家（见表2），产业发展的龙头牵引作用日益凸显，各大行业领域均取得不同程度的突破。在工业设计方面，湖北美术学院文化发展有限公司等4家企业被评为湖北省工业设计中心，24项作品获"楚天杯"工业设计奖项。在工程设计方面，武汉设计产业园部分楼宇竣工并有中咨桥隧、西北市政院等单位入住，东湖工程设计城前期工作形成联系机制，积极策划由中建三局主导建设中建设计产业园。在时尚创意方面，圆满举办首届"创意武汉"国际时尚节暨第三届武汉国际时装周、创意珠宝节、时尚博览会等系列活动，实现了创新要素集聚、创意资源荟萃、创意品位提升的多重效应。在文化旅游方面，编制完成《武汉市智慧旅游建设项目规划》，搭建智慧旅游数据中心主体框架，开发了智慧旅游信息查询系统和移动端APP，被国家旅游局命名为全国旅游标准化示范城市。在动漫游戏方面，2014年全市动漫游戏产业完成总收入近40亿元，完成动画剧集制作16部共5307分钟，在全国各大电视台播放的10部汉产动画片中有7部闪耀央视荧屏；漫画期刊发行总量超1亿册，销售收入近10亿元，占全国的半壁江山；动漫衍生品产销3亿元；新增页游、手游20余部，全年实现销售收入近1.5亿元；工程动画、虚拟技术应用在城市规划、模拟仿真、数字教育和数字娱乐等领域应用广泛，全年产值近3亿元。在广告设计方面，培育"汉阳造"文化创意产业园，形成以广告创意、影视制作、艺术设计、新媒体技术为特色的广告集聚区，指导楚天181文化创意产业园获批省级广告产业园区。

表1 武汉市现有文化和科技融合示范园区基本情况一览

序号	上报单位	园区名称	园区面积（平方米）	主导产业	园区企业数（个） 总数	文化企业数	500万元以下	500万~2000万元	2000万元以上	园区企业经营收入（万元）	纳税总额（万元）	研发投入（万元）	知识产权数（个）	吸纳就业人数（人）	服务外包额（万元）	出口贸易额（万美元）
1	江汉区	江北新媒体科技产业园	699000	信息、服装及其他	380	82	62	5	15	1700000	122900	51500	815	22084	3600	2500
2	洪山区	南湖科技创意产业园	697015	设计、出版、动漫、影视、数字科技	187	112	61	39	12	601446	34300	11500	125	9000	—	850
3	东湖开发区	武汉大学文化科技园	456000	地球空间信息、文化创意、互联网	95	60	48	9	3	35360	4950	1697	465	5150	5335	190
4	江岸区	黄埔文化科技园	347500	文化制造、物流	32	7	23	1	6	476190	15624	2000	150	3730	—	—
5	江岸区	岱家山文化科技创业城	160000	文化创意、智能机电、信息技术	50	33	32	1	0	3880	116	410	144	1082	—	—
6	武昌区	武汉东创研发设计创意园	66700	科技研发、创意设计	83	51	23	25	3	56749.3	357	6569.4	—	589	—	—

续表

序号	上报单位	园区名称	园区面积（平方米）	主导产业	园区企业数（个） 总数	文化企业数	500万元以下	500万~2000万	2000万元以上	园区企业经营收入（万元）	纳税总额（万元）	研发投入（万元）	知识产权数（个）	吸纳就业人数（人）	服务外包额（万元）	出口贸易额（万美元）
7	东湖开发区	华中师范大学科技园	66681	数字内容、工程设计	59	51	35	12	4	111700	6923	5560	41	1786	40.02	200
8	汉阳区	汉阳造文化创意产业园	60030	广告、影视创意制作、艺术设计	80	65	54	17	14	150000	4800	10000	10	4000	—	—
9	武昌区	楚天181文化创意产业园	40000	文化传媒、艺术品展示及销售	71	65	60	3	2	137000	—	—	652	3000	—	300
10	东湖开发区	中国光谷创意产业基地	29999	动漫游戏、创意设计、数字媒体	92	86	54	15	7	93800	20850	17300	1254	2865	8672	385
11	青山区	英赛工业设计产业园	1425	工业设计、创意设计	63	30	30	—	—	22300	855.4	360	—	707	—	—
合计			2624350		1192	642	449	127	66	3388425.3	211675.4	106896.4	3656	53993	17647.02	4425

创意城市蓝皮书·武汉

表2 武汉市文化和科技融合示范企业基本情况一览

序号	所属区	企业名称	主要文化和科技融合产品（服务）名称
1	江岸区	武汉金运激光股份有限公司	—
2	武昌区	武汉邦维文化发展有限公司	动漫衍生产品开发与产业化
3		湖北视纪印象科技股份有限公司	智慧社区、智慧旅游、智慧展厅、三维动画
4	洪山区	海豚传媒股份有限公司	海豚传媒股份有限公司开发、生产、创作和经营的动漫产品主要涉及漫画产品中的插画、漫画图书、动画抓帧图书、原画，动画产品中的动画电视剧、动画短片、动画影像制品、动漫衍生品中的玩具、文具和电子游戏，可分为原创漫画图书类、合作动漫图书研发类、合作动画品牌图书版权引进类四类
5	东西湖区	武汉艾立卡电子有限公司	音箱、效果器、电吉他及嵌入式音乐软件
6		精伦电子股份有限公司	数字家庭云影音智能机
7		武汉传神信息技术有限公司	语联网
8		武汉楚天激光（集团）股份有限公司	舞台演艺激光器及设备销售、激光演示创意策划、加工服务
9		武汉天喻信息产业股份有限公司	电子书包、教育云、无线城市
10		立得空间信息技术股份有限公司	移动道路测量器、实景三维数字景系统、数字社区地理信息服务
11	东湖开发区	百纳（武汉）信息技术有限公司	海豚浏览器、内容资讯平台、手游
12		武汉飞鹏数码科技有限责任公司	基于SOA架构的电视制播管理系统；面向广电传媒的数字内容推广服务平台
13		湖北盛天网络技术股份有限公司	易乐游网契平台
14		武汉佰钧成技术有限责任公司	佰钧成移动增值服务平台系统、基于云图形引擎技术的文化创意平台等
15		武汉玛雅动漫有限公司	电影《淘堂兔2：疯狂马戏团》
16		江通动画股份有限公司	原创动画片的投资出品与版权经营、动画制作服务

续表

序号	所属区	企业名称	主要文化和科技融合产品（服务）名称
17		武汉超级玩家在线科技有限公司	游戏产品
18		武汉雅阁数字视频技术有限公司	数字家庭投影系列、新媒体展示、数字家庭服务平台等
19		湖北盛泰文化传媒有限公司	立体动画片《福吉小熊猫》
20		武汉银都文化传媒股份有限公司	电影《全城通缉》，电视动画片《家有浆糊》《迷糊女侠好哭Y》《N大差生》《哈罗早点乐》，移动APP《掌推》、手机游戏《逃离榨汁机》、动漫云服务
21	东湖开发区	武汉博润通文化科技股份有限公司	原创动画片《木奇灵之绿影战灵》30集共750分钟，"植物科普"动画片系列30集；"木奇灵"系列衍生产品——木奇灵超控陀螺；"木奇灵"跑酷小游戏研发上线；新媒体《UP喵》《公交男女》漫画持续创作，QQ原创表情20套，创作主题壁纸和彩漫；"公交男女"系列APP《随手撑漫画》以及"木奇灵"系列APP《木奇灵小闹钟》均在研发中
22		武汉麦塔威科技有限公司	2013年国庆节天安门广场中心花篮多媒体亮化工程（天安门花篮投影）、人信汇连廊数字皮肤工程、北京瞭望塔底部大厅光影工程、东湖海洋世界展厅改造工程、三光束展厅改造工程、洛珈创意城光影秀活动、武汉农村商业银行金融中心展示设计及施工
23		武汉拇指通科技有限公司	赖子山庄游戏平台
24	武汉经济技术开发区	佑图物理应用科技发展（武汉）有限公司	演播室、舞台用舞台机械及吊挂控制系统、演播室、舞台用LED聚光灯、成像灯、平板灯；LED舞美设计及舞台效果设计；启明星环境调光系统；演播室、舞台效果集成系统；舞台效果灯光控制系统；舞台效果设备

(三）融合示范工程发挥新效应

武汉市各大文化和科技融合示范工程建设取得积极进展。在数字图书馆示范工程方面，积极推进数字阅读平台建设，新增电子资源商业数据库11个，总容量达143TB；在省内率先启用电子书下载机，完成武汉图书馆电子阅览室虚拟网环境搭建，丰富"武汉移动图书馆"服务内容，引导读者使用手机客户端、"市民学堂"网上课堂等新型阅读方式。在数字博物馆示范工程方面，着力推动博物馆科技信息化建设，武汉博物馆与水晶石公司联合开发"智慧武博·数字武汉博物馆"平台，实现网上虚拟参观和交流互动。在"教育云"示范工程方面，进一步改善中小学基础信息环境，6.5万名教师、37万余名学生全部开通网络空间；依托天喻信息采购第三方教学资源154万条，市教科院开发精品课例200节、微视频200个、课程专题讲座100小时、校本课例50节，并通过年度征集评比方式积累校本个性资源6.2TB。在"云翻译"示范工程方面，大力拓展多语云翻译应用示范，传神语联网已覆盖17个行业、6个语种，聚集4万多名译员、500多家翻译供应商。

（四）重点项目建设呈现新亮点

武汉市各区、各部门2014年协调与推动多个文化和科技融合重点项目建设，形成了一批具有影响力的文化科技品牌和产品服务形态。万达汉秀剧场、电影科技乐园惊艳登场，成为武汉新的文化名片；光谷创意产业基地完成二期项目供地手续，总建筑面积约为47万平方米，"阿里云移动互联网孵化器"正式落户；武汉创意天地一期正式开园，目前已有40余名国际国内艺术与设计名家以及尤伦斯创意工作坊等国际艺术机构入驻；江通动画与中央党史研究室、省委宣传部等联合创作的《中国共产党的故事之四渡赤水》受到中央媒体高度关注；金运激光3D打印电子商务与互动体验服务模式引领行业，已在各大城市开设近40家"3D记梦馆"，成为国内业界龙头；武汉艾立卡连续5年入选国家级重点文化出口企业，其自主研发的电声乐器出口额稳居中部六省榜首；玛雅动漫原创3D院线动漫电影《闯堂兔2：疯狂马戏团》票房逾2000万元；银都传媒采用4K技术出品的院线电影《全城通缉》众星云集，票房喜人；武汉博润通成功登陆"新三板"，探索衍生产品线上线下同步销售，运用技术手段和文化内容创造新的市场需求；颂大教育研发的教育信息化产品异军突起，已覆盖全国52个城市的12000所学校，成为国内行业标杆之一。

（五）政策保障体系形成新支撑

2014年，武汉市文化和科技融合工作领导小组印发了《武汉市文化和科技融合示范园区、示范企业管理暂行办法》，明确了示范园区和企业认定标准、程序及考核评价、支持服务等系列措施，在国内率先形成了文化和科技融合园区载体、市场主体建设发展的地方性规范。市城建委主导制定并以市政府文件形式出台了《关于打造"工程设计之都"配套政策的通知》，每年设立1亿元专项资金，并在财税优惠、产业导向、人才政策、科技创新等方面支持和引导产业发展。市经信委牵头拟定了《关于加快工业设计发展的意见》，计划提交市政府常务会议审定。东湖开发区管委会出台了《关于推进文化科技产业融合发展的实施意见（试行）》，对文化内容生产、文化作品传播、重大奖项获取、创新平台建设、文化金融服务、产业园区建设等给予配套支持（见表3）。

武汉市文化产业发展专项资金发挥了积极的导向和杠杆作用，对现代传媒、数字创意、移动互联等领域发展前景好、成长潜力大的44个文化创意项目进行资助，其中文化和科技融合产业化及应用示范项目有16个，通过800余万个项目资助撬动近70亿元社会资本投资文化科技产业；指导、推荐的20个文化和科技融合项目获中央、省文化产业发展专项资金扶持达4600万元；艾立卡、传神、江通动画、全景三维等文化科技企业获中央财政外经贸发展专项资金700万元资助。

鼓励文化科技企业通过资本市场做大做强。截至2014年底，亿童文教、银都传媒、颂大教育、荆楚网、博润通、超级玩家6家企业挂牌"新三板"，融资额过亿元；推动硅谷天堂、深圳天图创投、中国高新投资集团、武汉东湖百兴创投等向江通动画、银都文化、博润通等7家文化科技企业投资9300万元。

（六）工作协调推进建立新机制

2014年7月，武汉市召开了文化和科技融合工作领导小组第三次会议，对相关工作进行了部署。年内共召集文化和科技融合部门（各区、功能区）

表3　武汉市2014年度研究制定的促进文化和科技融合发展的政策措施一览

序号	政策名称	文号	印发主体	牵头制定部门	受惠文化领域	受惠区域
1	《关于打造工程设计之都配套政策的通知》	武政规〔2014〕1号	市人民政府	市城建委	工程设计	全市
2	《关于加快发展与运用电子商务的若干意见》	武政规〔2014〕6号	市人民政府	市商务局	电子商务	全市
3	《关于建设全国重要会展中心的意见》	武政规〔2014〕2号	市人民政府	市商务局	文化会展	全市
4	《关于印发武汉市会展业发展专项资金管理暂行办法的通知》	武政规〔2014〕4号	市人民政府	市商务局	文化会展	全市
5	《关于加快大数据推广应用　促进大数据产业发展的意见》	武政规〔2014〕12号	市人民政府	市信产办	文化大数据	全市
6	《关于印发〈武汉市大数据产业发展行动计划（2014~2018年）〉的通知》	武政办〔2014〕126号	市政府办公厅	市信产办	文化大数据	全市
7	《市人民政府关于加快工业设计发展的意见》	报市政府常务审议	市人民政府	市经信委	工业设计	全市
8	《武汉市文化和科技融合示范园区、示范企业管理暂行办法》	武政科〔2014〕1号	市文化和科技融合工作领导小组	市委宣传部	全领域	全市
9	《武汉市文化和科技融合示范园区、示范企业扶持暂行办法》	报市文化和科技融合工作领导小组审定	市文科办、科技局、文化局、财政局	市委宣传部	全领域	全市
10	《武汉市文化产业发展专项资金管理办法（修订稿）》	报市文化体制改革与发展领导小组审定	市文产办、市财政局	市委宣传部	全领域	全市
11	《武汉市知识产权试点示范工作奖励管理办法（试行）》	武知发〔2014〕18号	市知识产权局	市知识产权局	文化科技专利	全市
12	《武汉市专利工作绩效奖励管理办法（试行）》					

续表

序号	政策名称	文号	印发主体	牵头制定部门	受惠文化领域	受惠区域
13	《武汉东湖新技术开发区关于推进文化科技产业融合发展的实施意见（试行）》	武新科创〔2014〕18号	东湖开发区管委会	东湖开发区科创局	全领域	东湖开发区
14	《关于印发〈江岸区文化和科技融合发展推进方案〉的通知》	岸发〔2014〕18号	江岸区委、区政府	江岸区委宣传部	全领域	江岸区
15	《关于加快推进文化创意和设计服务与相关产业融合发展的实施方案》	江文产〔2014〕2号	江汉区委宣传部	江汉区委宣传部	全领域	江汉区
16	《关于加快推进文化创意和设计服务与相关产业融合发展的实施方案》	硚文产办〔2014〕2号	硚口区文产办	硚口区文产办	全领域	硚口区
17	《武昌区文化旅游产业发展工作意见》	武昌文旅字〔2014〕1号	武昌区文旅委	武昌区文体局	文化旅游	武昌区
18	《青山区关于推进文化创意和设计服务与相关产业融合发展的实施方案》	—	—	青山区委宣传部	全领域	青山区
19	《洪山区扶持创意天地项目发展实施办法（试行）》	—	—	洪山区委宣传部	全领域	洪山区
20	《关于推进文化创意和设计服务与相关产业发展的意见》	东宣〔2014〕24号	东西湖区委宣传部	东西湖区委宣传部	全领域	东西湖区
21	《关于印发〈全区文化创意和设计服务与相关产业融合发展的实施方案〉的通知》	夏宣〔2014〕7号	江夏区委宣传部	江夏区委宣传部	全领域	江夏区
22	《关于印发〈新洲区文化创意产业发展实施方案〉的通知》	新宣〔2014〕3号	新洲区委宣传部	新洲区委宣传部	全领域	新洲区
23	《关于印发〈全区关于推进文化创意和设计服务与相关产业融合发展的实施方案〉的通知》	蔡宣〔2014〕5号	蔡甸区委宣传部	蔡甸区委宣传部	全领域	蔡甸区

联席会议6次，集中研究国家级文化和科技融合示范基地年度考核评价、讨论《文化和科技融合示范园区、示范企业管理暂行办法》、制定《文化和科技融合2014~2015年任务清单》、组织市级文化产业发展专项资金项目申报及评审、推动"设计创意之城"建设、编纂《武汉文化创意产业发展报告》等专项工作，巩固和健全了部门联动、市区共建的工作机制。

2014年，武汉市首次将文化和科技融合园区、企业、项目建设纳入"设计创意之城"市级绩效目标，增强了各区、功能区对此项工作的重视程度。根据日前对各区、功能区报送年度目标完成情况的考核结果，年度任务目标均已圆满完成，其中江岸区、武昌区、洪山区等城区及东湖开发区文化和科技融合工作走在全市前列。

根据《武汉市文化和科技融合工作2014~2015年度任务清单》明确的责任分工，武汉市文化和科技融合工作领导小组办公室组织相关市直部门对年度工作进行了梳理和总结，并提交了相关佐证材料。对照责任分工和完成情况进行初步判断，市发改委、城建委、文化局等部门工作成效比较明显，其经验做法值得借鉴。

二 文化和科技融合发展存在的主要问题

近年来，在取得显著进展的同时，武汉市文化和科技融合发展仍存在一些突出的问题，既有源于地区发展的基础条件的制约，也有思想观念、体制机制等方面的缺失，亟须加以解决。

（一）产业总体规模与地区经济实力不相称

文化是城市发展的"软实力"，也是地区经济的"硬支撑"。据初步统计，2014年武汉市地区GDP首次突破1万亿元，地方一般预算收入迈上千亿元台阶。与之相应的是，全市文化产业实现增加值280亿元，占地区GDP的比重接近3%，而南京市2013年已超过这一水平（该市仅规模以上文化产业增加值就达到280亿元，占地区GDP的比重达3.1%）。据统计部门提供的数据，早在2012年，北京、上海、深圳、杭州4个城市的文化产业增加值就已超过1000亿元，占地区GDP的比重均在5%以上。同发达地区相比，武汉文化产业总体规模还比较小。此外，在权威机构公布的"全国文化产业30强"榜单中，武汉文化企业多年来无一上榜，同长沙相比差距明显，作为中部崛起战略支点的大武汉，文化还远未成为区域的龙头。

（二）创新创意能力与融合发展需求不匹配

技术创新与文化创意是文化和科技融合发展的"本钱"。武汉坐拥逾百所普通高校和科研院所，华中师范大学、武汉理工大学、中国地质大学（武汉）、武汉纺织大学等学府在文化资源保护与利用、工程设计、工业设计、时尚设计等领域，年复一年地迸发着充沛的智慧成果。然而，从产业整体来看，出版、传媒、印刷、广告等传统行业运用新技术、创造新模式、提供新型产品和服务内容的主动性还不强。以软件和信息技术服务为主的新兴业态对文化领域有一定程度的渗透，但主要分布在软件服务外包领域，对内容的原创开发成效不彰。近年来引进落户的一批文化类消费电子产业，许多还是以为其母公司或其他知名品牌代工为主，缺乏自有技术、自主品牌、武汉独创或智力成果在本地转化生成的文化科技产品。与之相应的是，大量"汉产"创意内容和科技成果在长三角、珠三角地区落地生根，开花结果，大量高端文化科技创新人才和高校毕业生选择远赴北京或东南沿海地区创业就业，武汉对文化科技创新要素的吸引力还不够足，产业的影响力还不够大，城市整体品牌的号召力还不够强。加快整合创新资源，优化创业环境，提升城市形象，推进文化科技成果本地转化与产业化，打造具有"武汉气派"的文化品牌和彰显"武汉精神"的文化产品，已是城市深化改革、创新发展的当务之急。

（三）文化和科技融合发展区域特色不鲜明

目前，国内先进地区文化和科技融合发展各具特色，比较优势明显。例如，杭州、深圳以资本为支撑重点发展电子商务与社交融合的新媒体产业，长沙以品牌为号召重点推进文化演艺产业，西安以传统为依托重点打造文化旅游产业，合肥借助中国科技大学的科教产业资源重点发展语音服务产业，成都联合国家级电信巨头打造无线音乐基地，等等，各地旗帜鲜明，脉络清晰，产业链形态较为完整。相比而言，武汉文化和科技融合覆盖面较广，在创意设计、文化演艺、数字出版、动漫游戏、智慧旅游等方面均取得了一定进展，但特色产业的规模和影响力尚需扩大,作为国家级文化和科技融合示范基地的辐射与带动作用需要进一步增强。此外,武汉文化和科技融合区域发展不太均衡,重点企业和项目主要集中在东湖开发区,江汉区、汉阳区、武昌区、洪山区等中心城区也有少量文化科技企业分布,但在区域产业结构中的比重比较小。产业发展的集群化、集约化、特色化水平有待提升。

三 文化和科技融合发展的路径思考

武汉市文化和科技融合发展方兴未艾,国家级示范基地的产业集聚效应、融合示范效应和辐射带动效应如何得到进一步发挥,有赖于在产业规划、发展布局、企业培育、政策保障等方面形成更有力的扶持措施。

(一)完善文化和科技融合的技术创新体系

创新是文化和科技融合的"生命线",技术是产业创新发展的"活力源"。加快文化和科技融合发展,要立足区域协同创新做好文章。一是推进文化科技领域关键共性技术研究。发挥在汉高校和科研院所的智力优势,瞄准文化科技前沿领域和武汉发展文化产业、繁荣文化消费、提升文化服务的现实需要,既要大力推进声光电综合集成、大数据、云计算、虚拟现实、移动互联网、地球空间信息、电子商务支撑平台等方面的关键共性技术开发,又要积极着眼影视制作与传播、新一代广播电视、互联网社交媒体、数字出版、3D打印、舞美控制、舞台机械、电子乐器等文化领域的技术升级和应用,加快知识产权自主研发、高校(科研院所)与企业间技术转移和创新成果在汉转化。二是加快建设武汉文化科技创新研究院。发挥华中师范大学在"大文化范畴"的科研与教学优势,坚持集成创新的理念和思路,整合华中科技大学、武汉大学、武汉理工大学、中国地质大学(武汉)、武汉纺织大学等高校在光电子、地球空间信息、软件、工业与工程设计、时尚创意设计等领域的人才力量和智力成果,充实研究院的科研团队,形成以华中师范大学为主导、在汉高校共建共享的智力汇集新模式;鼓励研究院与文化科技企业、文化产业园区和政府职能部门在项目策划、园区规划、产业谋划等方面开展合作。三是打造文化科技成果转化和技术转移服务平台。在科技成果转化"汉十条"的基础上,针对文化的特殊属性和文化科技成果自身的特点,探索传统文化资源保护利用模式、非物质文化遗产传承开发方式、文化科技创新成果转化与产业化形式。加快建设文化产权交易场所,试点通过成果奖励、费用补贴等办法对文化产权交易活动予以鼓励和引导。搭建文化科技品牌内容、专利技术、版权内容、市场渠道、人才资本等要素资源对接共享平台,引导高校、科研院所和企业构建产学研用一体化的协同创新体系,提高技术支撑、内容生产、信息传播、消费服务等各类本地企业之间的相互配套能力,鼓励市场主体优势互补,通过内容、技术、人才、资本等纽带探索互利共赢的新型商业模式。

(二)夯实文化和科技融合的产业创新平台

文化和科技融合的内生动力在于创新,而创新效果能否彰显,不仅需要人才、资本、物理空间等要素的支撑,也有赖于通过良好的平台机制发挥智力整合、资源聚合与优势互补效应。一是依托市场主体打造产业创新战略联盟。组织在汉文化科技骨干企业、成长性和创新能力较强的文化企业、高校、科研院所及中介服务机构共建武汉文化科技创新联盟,建立理事会、秘书处等常设机构,探索以财政资助为牵引、联盟成员单位合作共建的联盟实体化运作模式。重点支持联盟打造面向成员单位的技术研发、成果转化、人才培训、招商展示、投资融资、法律咨询等系列平台,形成面向文化科技创新前沿技术和领域的合作机制与服务能力。二是依托园区载体提升产业创新服务功能。进一步完善以东湖国家自主创新示范区为龙头的"一区多园"示范体系,制定更为系统和完善的文化科技园区、企业评价体系,征集、评审、认定文化和科技融合示范园区、示范企业,依照《武汉市文化和科技融合示范园区、示范企业管理暂行办法》对示范园区、示范企业进行考核评价,将园区的公共服务能力、企业和项目的产学研合作水平、集群中产业链的健全程度、区域内企业互利合作的效果作为考核评价与财政奖励资助的导向和依据,激励园区和市场主体提升协同创新与集成创新的意识和动能。三是围绕文化科技产业搭建交流展示平台。由文化和科技主管部门牵头组织开展融合发展系列成果展示、招商引资、人才培训活动,提升武汉文化科技创新、内容创新和产业创新的城市号召力、品牌影响力和项目吸引力;以财政资金引导企业投资,打造武汉文化资源数据库和集查询、体验、消费等功能于一体的互动服务平台,在新技术运用、新服务开发、新模式运营的驱动下，鼓励企业和其他社会组织合作探索公共文化资源市场化运营方式。

（三）丰富文化和科技融合的政策扶持手段

文化和科技融合作为新兴业态，在起步阶段需要依靠财政资金撬动社会投资，引导传统文化企业加快机制创新和技术革新，鼓励科技企业向传统文化领域渗透。一是出台扶持文化科技园区和企业成长的专项政策。在中央2014年出台的系列文化经济政策和《武汉市关于加快文化产业发展的若干政策》规定的面向全市文化企业实行普惠性政策的基础上，结合文化科技融合企业与园区的特点进行政策梳理、提炼和升华，形成既立足武汉实际，又具备前瞻思维，同时拥有较强可操作性的文化科技专项政策，在项目资助、成果奖励、贷款贴息等传统扶持办法的基础上，探索财政资金撬动社会资本和金融资本进入文化科技产业的"快捷方式"。二是制定文化科技创新人才培养和激励措施。由文化和科技融合主管部门召集组织部、人社部、科技部、文化部等职能部门开展系统调研，对武汉市现有人才政策进行梳理归纳，借鉴北京、上海、深圳、苏州等地的人才工作经验，形成《武汉文化科技创新人才服务指南》，探索制定文化科技人才，尤其是复合型内容创作人才、专业技术人才和经营管理人才引进培养的专项政策，支持大专院校打造文化科技人才跨学科培养平台。在丰富财税、土地、金融等优惠政策的同时，面向高端人才有针对性地做好宣传服务工作，提高人才对武汉创新氛围的倾慕感、对创业环境的依赖感和对城市生活的归属感。三是研究文化科技产业与金融资本融合的实践路径。建立武汉市文化产业发展投资基金，以武汉文化发展集团为平台，聚合银行和其他金融机构参与筹建运作；发挥市级财政专项资金的"种子"效应，引导金融资本、产业资本投资入股，在2~3年内形成5亿~10亿元的基金规模。此外，加快探索筹建政府、银行、担保公司和其他金融机构共同参与的文化科技企业贷款"风险池担保基金"，形成面向初创型和成长型文化科技企业的股权投资模式、回报分享机制和风险共担体系。

（四）提升文化和科技融合的工作推进效能

文化和科技融合发展涵盖领域广，从行业发展角度讲，包括产业规划、内容创意、技术创新、市场准入、土地规划、金融服务等领域；从工作推进层面看，涉及宣传、文化、科技、财政、商务等多个职能部门和各区、开发区、风景区。唯有建立一套领导有力、调度得力、合作聚力的推进机制，形成党委、政府高度重视，相关部门齐抓共管，市、区两级联动共建的工作机制，才能将文化和科技融合的组织力度最大化、实施路径最优化、行政成本最低化。一是强化组织领导和工作推进。在两年多来的探索实践基础上，进一步健全市领导小组、部门联席会议、专题工作会议、专家咨询会议、具体工作专班等系列制度，形成自上而下、从宏观到微观的决策部署、分析研判、推进落实的体制机制。二是促进资源共享与交流协作。建立文化和科技融合工作重要信息报送制度，运用市委宣传部官网和"中国文化科技创新网"及时发布行业、园区、企业和主管部门工作动态，编发文化和科技融合工作信息。三是加强目标考核与进度督办。继续将文化和科技融合园区、企业、项目建设纳入对各区、功能区绩效目标，对《武汉市文化和科技融合工作2014～2015年任务清单》提出的重点工作，明确路线图和时间表，按季或按月跟踪进度，实时掌握工作进展，解决困难和问题。四是更加注重同中央、省级主管部门的沟通联系。市级主管部门定期向中宣部改革办、科技部高新司领导和主管处室报告武汉文化和科技融合的工作进展，从省委宣传部、省科技厅实时掌握最新动态，确保任务部署准确领会、工作成效及时上报。由市文科办牵头，市科技局、东湖开发区管委会等部门共同参与，积极争取承办国家级文化和科技融合会议。

B.6
坚持创新驱动　加大创业扶持
——东湖高新区文化产业发展迈入新阶段

庄　黎*

摘　要： 武汉东湖高新区位于武汉市东南部，区内高新产业园区林立，科研院所与大专院校密集，文化创意产业基础雄厚。2014年，东湖高新区通过加快实施创新驱动和开放先导"双轮"战略，构建产业格局，打造产业特色，大力推进创新创业，使得全区文化产业的发展进入一个新的发展阶段。

关键词： 东湖高新区　创新　创业　文化产业

武汉东湖高新区位于武汉市东南部，东起武汉三环线，西至民院路，北接东湖，南临汤逊湖，面积为518.06平方公里，常住人口有190.6万人（2012年）。武汉东湖高新区由关东光电子产业园、关南生物医药产业园、汤逊湖大学科技园、光谷软件园、武汉软件新城、佛祖岭产业园、机电产业园、光谷生物城等园区组成，因而又被称为"中国光谷"。东湖高新区内高等院校林立，有中南财经政法大学、华中科技大学、武汉大学、中国地质大学（武汉）、华中师范大学、中南民族大学、武汉体育学院、武汉职业技术学院、武汉软件工程职业学院等58所高等院校和100多万名在校大学生；科研机构众多，有中国科学院武汉分院、武汉邮电科学研究院等71个国家级科研院所。这些都成为东湖高新区经济与产业发展所依托的重要资源。

---

* 庄黎，华中师范大学国家文化产业研究中心博士，华中师范大学美术学院副教授，研究方向：文化资源与文化产业。

一 东湖高新区经济增长与产业发展概况

2014年是东湖高新区全面深化改革、大力开展先行先试、示范区建设取得重大突破的一年。这一年，开发区在省、市政府的坚强领导下，加快实施创新驱动和开放先导"双轮"战略，强力推进"工业倍增"计划，突破性发展战略性新兴产业，大力推进创新创业，加快科技新城建设，在建设具有全球影响力的科技创新中心和享誉世界的"光谷"征程中迈出了坚实的步伐。

（一）经济保持平稳较快增长

2014年东湖高新区经济依旧保持平稳较快增长势头，全年完成企业总收入8526亿元，同比增长31%。按政府统计口径，完成规模以上工业总产值2011亿元，同比增长16%；完成规模以上工业增加值603亿元，增长14%；固定资产投资为626亿元，增长17%，其中工业投资为402亿元，增长15%。公共财政预算总收入为140亿元，增长17%，其中地方公共财政预算收入为69亿元，增长18%。主要经济指标居全市各区前列，为全市经济平稳较快增长做出了重要贡献。

在对外开放环节也是成绩显著。2014年东湖高新区实际利用外资13亿美元，增长21%；外贸出口额为54亿美元，增长18%，其中外贸出口额分别占全市、全省外贸出口总额的40%、21%。邮科院、长飞、武汉新芯、联想等海外市场销售收入增长40%以上，光谷北斗公司的北斗系统（见图1）已推广到泰国、马来西亚等东盟国家。2014年光谷企业境外投资项目达23个，投资总额为7.32亿美元，同比增长165%。会展、翻译、医疗等服务业向外资开放。启动跨境电子商务平台建设，华中首个特色保税展示交易平台正式运营。建成有色金属等大宗商品贸易平台4个。成功举办"光博会"（见图2）、"华创会"，协办WTA武汉网球公开赛，光谷的海外影响力显著提升。①

---

① 张文彤：《2015年东湖国家自主创新示范区工作报告》，东湖高新区2015年工作会材料之二，2015年1月16日。

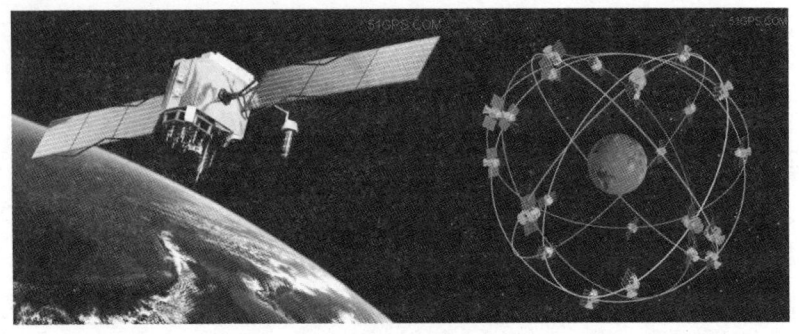

图1　北斗系统

资料来源：http://www.51gps.com/news/HTML/18148.html。

图2　2014年武汉光博会

资料来源：http://news.sina.com.cn/c/p/2014-11-06/192031106840.shtml。

（二）产业发展取得新突破

2014年，东湖高新区在产业发展上取得了骄人的成绩。其中，光电子信息产业增长37%，完成企业总收入3679亿元；生物产业增长27%，达651亿元；节能环保产业增长18%，达935亿元；高端装备制造业增长26%，达1005亿元，成为示范区第三个千亿元产业；现代服务业增长35%，突破2000亿元，达2179亿元。战略性新兴产业发展获得有力支撑，以华星光电、武汉天马为龙头的中小尺寸显示面板产业基地加速建设；以联想为龙头的移动互联产业加速集聚；以武汉新芯为龙头的国家集成电路产业基地加速布局。同时，工业机器人、3D打印、跨境电子商务等新兴产业加速培育。

在产业发展中，东湖高新区格外重视与鼓励科技创新能力的提升。2014年全区新认定高新技术企业161家，累计达832家，步入全国高新区第一方阵。全年申请专利1.4万件,约占全市的50%,其中发明专利7000余件,同比增长25%,约占全市的60%。主导制定国际标准1项、国家标准10项、行业标准13项。办理技术合同认定登记6732项,技术合同成交总金额达119.1亿元,同比增长42%。涌现了一大批自主创新成果,如全球最大容量的大数据光盘库、全球首台超重型高精度多功能复合数控机床、全球首创治疗心肌缺血新药、中国首条汽车激光拼焊板全自动生产线、中国第一根中空带隙光子晶体光纤等。

同时,东湖高新区也显著加大了企业培育力度,在产业发展中逐步形成了小微企业加速涌现、"瞪羚企业"快速成长、领军企业不断壮大的企业生态体系。2014年新注册科技型企业4293户。新增10亿元以上企业11户,总数达72户;新增亿元以上企业35户,总数达366户。新认定"瞪羚企业"206家,新增规模以上工业企业65家。新增年纳税千万元以上工业企业35户,总数达201户;新增纳税过亿元以上工业企业4户,总数达10户。领军企业迅速壮大,联想武汉基地产值增长112%,全年达311亿元;中石化石油工程机械公司产值增长357%,全年达77亿元;邮科院、人福医药、武汉天马、凡谷电子等保持高速增长。[①]

二 东湖高新区文化产业发展概况

东湖高新区是武汉国家级文化和科技融合示范基地的核心区。自2012年5月中宣部、科技部等五部委批复"武汉东湖国家级文化和科技融合示范基地"以来,东湖高新区先后被认定为科技部"国家数字内容产业化基地"、原国家广电总局"中国东湖广播影视媒体内容基地"、工信部"国家数字家庭应用示范产业基地"、教育部"首批国家'教育云'试点单位"。2014年,东湖高新区文化科技融合产业实现总产值590亿元,同比增长32.5%,相关企业数量达到500多家。新增文化产业孵化平台2个(腾讯创业基地和阿里云孵化平台)、国家级文化产业孵化器1家、湖北省文化产业示范园2家、湖北省文化产业示范基地19家,新增武汉市文化科技融合示范园2家、武汉市文化科技融合示范和试点企业34家。年营业收入在50亿元以上的企业有4家,分别是中冶南方、中国五环、

---

① 张文彤:《2015年东湖国家自主创新示范区工作报告》,东湖高新区2015年工作会材料之二,2015年1月16日。

长江广电传媒集团、长江出版传媒集团。新增"新三板"上市企业2家，累计达到5家。涌现了一批有品牌、有影响力、发展迅速的文化科技企业。[①]

（一）文化科技融合，产业格局初现

经过多年的发展，目前东湖高新区已初步形成了创意设计服务、光影互动体验、动漫游戏和影视、数字教育和出版、文化信息（传输）服务五大特色产业竞相发展的格局。

1. 创意设计服务产业

2014年，东湖高新区创意设计产业的160多家企业共实现产值180亿元。其中，中冶南方、中国五环的营业收入均突破了50亿元。此外，东湖高新区还拥有落地创意、巧意科技、武汉海达数云、华科三维等一大批创意设计代表性企业，在工程和建筑设计、3D打印快速成型等工业设计、通信传输与网络设计、软件设计、文物再现等领域显示出较强的优势与较大的发展潜力。在科技部公布的2014年国家火炬计划企业名单中，湖北省共有12家企业入围，其中总部位于光谷的中冶南方、光庭信息和微创光电3家公司入选。火炬计划重点高新技术企业资格的有效期为三年，是我国目前级别最高的企业高新技术认定资质。"不超过2%的企业才可以参加此类评选。"据东湖高新区相关负责人介绍，除要求企业具备较强的研发能力和创新能力外，公司主导产品的技术水平要在国内处于领先地位。[②] 2014年8月出台的《武汉市发展智能制造产业实施方案》，更是为这些高新技术企业的发展提供了一片更为广阔的天空。按照该方案，武汉将首批重点构造高档数控机床、3D打印设备、工业机器人、激光加工设备和工程机械五大产业集群。同时，争取国家工信部、省政府的支持，武汉将拥有一个以智能制造为主题的国际级产业园区，选址光谷。到2016年，武汉将形成2~3个产值超百亿元的智能制造产业群，智能制造产业总产值突破1000亿元，继汽车、装备制造、电子信息、能源环保、食品烟草和钢铁之后，成为第七个迈进千亿元大关的"武汉造"。[③]

---

① 武汉东湖国家自主创新示范区：《坚持创新驱动　大力发展具有光谷特色的文化产业》，2015年4月20日。
② 刘晓杰：《光谷3公司入围国家火炬计划》，《楚天金报》2014年11月30日。
③ 刘晓杰：《智能制造将奏"武汉强音"》，《楚天金报》2014年8月11日。

2. 光影互动体验产业

2014年光影互动体验产业实现产值40多亿元,拥有企业50多家。在激光显示、人机交互、增强现实、3D裸眼投影等领域具有一定的科技优势,在激光演艺、建筑数字皮肤、智慧旅游等领域已步入国内领军方阵。拥有麦塔威、立得空间、武汉雅图、武汉闪图科技、泛亚光电、武汉数虎、湖北印象光电、武汉全景三维等一批代表性企业。

3. 动漫游戏和影视产业

光谷聚集了湖北省70%以上的动漫游戏企业,2014年动漫游戏、数字影视产业实现产值80多亿元,拥有企业100多家,年创作动画作品20多部,年均上线游戏20多款。拥有江通动画、盛泰传媒、银都文化、玛雅动漫、博润通数码等动漫企业,拥有超级玩家、拇指通、天赋网络、鱼之乐等游戏企业。已拥有国家动画产业基地1家、国家文化产业示范基地2家、国家认定的重点动漫企业2家、动漫企业10家,从业人员近万人。近年来,形成了较为完善的产业链,精品力作不断涌现。2014年,更是有多部作品强势上线,进入公众视野。例如,由江通动画股份有限公司出品的动画电影《民的1911》获中国广播影视大奖电影华表奖优秀动画片提名(见图3)。该片作为纪念辛亥革命一百周年的献礼片,以写实的人物、细腻的动画风格,全景式地再现了武昌首义打响第一枪的波澜壮阔的经过。以独特的视角,结合高科技数字化二维、三维动画的表现形式,还原百年前历史人物和武昌城的原貌,内容生动感人,形式新颖别致。影片开创性的表现形式带给观众身临其境的体验,追忆发生在身边的近代历史情境。影片无论从制作手法、题材立意还是历史真实展现等方面都是国产动漫产业的一次创新。①

江通动画的另一部历史纪实动画献礼片《四渡赤水》也强势登陆央视少儿频道,并同时在"卡酷""金鹰""嘉佳""优漫""炫动卡通"五大卡通卫视展播。该片是一部面向青少年及中小学生讲述党史的纪实动画片,再现了红军长征中湘江之战、遵义会议、四渡赤水、抢渡金沙江等历史事件。这种寓教于乐讲历史的方法,有助于培养青少年对党史的学

---

① 《江通动画〈民的1911〉获华表奖优秀动画片奖提名》,武汉东湖新技术开发区政务网,2014年2月17日,http://www.wehdz.gov.cn/xwdt/qydt/29645.htm。

图3 《民的1911》海报及剧照

资料来源：http://www.veryed.com/entries/529973/images/view/339274。

习兴趣。① 包括《四渡赤水》在内,光谷已有天娱动画的《蔬菜精灵大冒险》和《蔬菜王国》、盛泰传媒的《福吉小熊猫》4部动画片在央视播出。另据国家新闻出版广电总局网站的消息,2014年5月,备案公示的全国国产电视动画片共40部,其中湖北省公示的6部中有4部来自光谷创意产业基地,分别是博润通的《阿普喵植物科普》、今古传奇的《武当虹少年》、玛雅动漫的《闯堂家族》、联宇文化的《鸭力》。而在国家新闻出版广电总局第二届"向全国青少年推荐50种优秀音像电子出版物"活动名单中,由光谷企业博润通科技制作、华中科技大学电子音像出版社出版的《木灵宝贝之重回帆智谷》成为湖北省唯一上榜作品。该片已于2013年5月亮相央视少儿频道黄金时段,是湖北省第一部获得中国动漫领域政府最高奖"中国少儿精品——优秀国产动画片奖"并同时登陆央视黄金时段的动画片。② 另外,博润通原创动画片《木奇灵之绿影战灵》和漫画作品《UP喵》在第十一届中国国际动漫节"金猴奖"评选中分获综合奖动画系列片提名和最具潜力奖漫画提名两项大奖(见图4)。"金猴奖"是一项具有国际权威性的动漫专业奖项,两部汉产动漫从33个国家的1007部作品中脱颖而出。其中,《木奇灵之绿影战灵》是国内

---

① 《光谷纪实动画片〈四渡赤水〉登陆央视少儿频道》,武汉东湖新技术开发区政务网,2014年7月2日,http://www.wehdz.gov.cn/xwdt/qydt/56731.htm。
② 《〈木灵宝贝之重回帆智谷〉上榜青少年优秀音像电子出版物名单》,武汉东湖新技术开发区政务网,2014年7月3日,http://www.wehdz.gov.cn/xwdt/qydt/56756.htm。

首部植物精灵动画片,目前已在央视、多家卫视及地方台播出,并同步推出动漫衍生玩具木奇灵超控陀螺上市销售。《UP 喵》是反映积极生活态度的正能量新媒体动漫,已入选文化部 2013 年国家动漫品牌建设与保护计划,2014 年被收录国家中国文化产业重点项目库。① 由光谷动漫企业玛雅动漫有限公司出品的动漫电影《闯堂兔》正式签约海外院线,也填补了"武汉造"的空白。②

图 4　原创动画片《木奇灵之绿影战灵》和漫画作品《UP 喵》

资料来源:http://hb.ifeng.com/culture/detail_2015_04/29/3844252_0.shtml。

4. 数字教育和出版产业

2014 年数字教育和出版产业实现产值 50 多亿元,拥有企业 50 多家。初步形成了包括内容生产、渠道、平台和终端装备的产业链,拥有天喻信息、颂大教育、长江盘古、湖北云天下等数字教育平台,以及长江出版传媒、三新书业等渠道发行商,以及长江出版传媒、华中教育出版社等内容生产和服务企业。

---

① 《第十一届中国国际动漫节　汉产动漫荣获"金猴奖"提名》,凤凰网,2015 年 4 月 29 日,http://hb.ifeng.com/culture/detail_2015_04/29/3844252_0.shtml。
② 《〈闯堂兔〉正式签约海外院线》,武汉东湖新技术开发区政务网,2014 年 2 月 17 日,http://www.wehdz.gov.cn/xwdt/qydt/29637.htm。

5. 文化信息（传输）服务产业

2014年文化信息（传输）服务产业实现产值240亿元，拥有企业100多家。基于互联网的数字内容渠道和分发平台加快建设，形成了以联想移动通信软件、百纳信息、悦然心动、盛天网络、立得空间、传神科技、尔湾文化等为代表的互联网平台公司，涌现了一大批互联网及新媒体的创业公司，如滴滴网络、怡龙谷、华中时讯、弗洛格、光合无线等。

2014年高端文化装备产业实现产值300亿元，现有企业50多家。借助在光显示领域的核心优势，加快在智能手机、显示平板、高清投影、数字电视、数字教室等文化消费终端产品的研发和产业化。随着武汉联想、武汉雅图、全真光电、精伦电子、安通科技等实现量产，产业规模有望位居全国前列。

武汉市部分企业2014年收入和净利润情况见表1。

表1　武汉市部分企业2014年收入和净利润情况

单位：万元

序号	企业名称	营业收入	净利润
1	湖北盛天网络技术股份有限公司	23170	10562
2	武汉雅图数字视频科技有限公司	21950	153
3	武汉传神信息技术有限公司	19700	1109
4	立得空间信息技术股份有限公司	17135	3102
5	江通动画股份有限公司	13734.77	1898.95
6	武汉光谷信息技术股份有限公司	10013	1130
7	武汉天喻通讯技术有限公司	8361.07	-863.24
8	武汉颂大教育科技股份有限公司	6232	1994
9	方正国际软件（武汉）有限公司	6854.31	394.05
10	百纳（武汉）信息技术有限公司	5083	3
11	武汉海达数云技术有限公司	5066	907
12	武汉飞鹏数码有限责任公司	3891	589
13	武汉银都文化传媒股份有限公司	3123.56	42.1
14	精伦电子股份有限公司	2794	485
15	武汉两点十分文化传播有限公司	2473.65	217.86
16	武汉华影动漫设计有限责任公司	2191	198
17	武汉玛雅动漫有限公司	2071	158
18	武汉闪图科技有限公司	1528.09	53.57
19	武汉博莱科技发展有限责任公司	1402	124

续表

序号	企业名称	营业收入	净利润
20	湖北华秦教育软件技术有限公司	1365	174
21	武汉联宇文化传播有限公司	1000	200
22	武汉悦然心动网络科技有限公司	958.75	782.53
23	武汉深海互动数字科技有限公司	924	211
24	武汉联宇文化传播有限公司	920.77	143.63
25	武汉麦塔威科技有限公司	881	135
26	武汉冶图文化传媒有限公司	858	439
27	武汉博润通文化科技股份有限公司	639.54	375.98
28	武汉创游网络科技有限公司	527.72	1.36
29	武汉沃达文化传媒有限公司	500	300
30	武汉华中师大科技园发展有限公司	466.6	20.83
31	武汉童年网络科技有限公司	230	-32
32	武汉家天下伟业信息技术有限公司	220	33.4
33	武汉天娱动画设计有限公司	209.76	5.46
34	武汉梦之游科技有限公司	201.16	1.06

（二）园区建设提速，产业特色彰显

近年来，东湖高新区的产业园区建设一直处于高速进行中。目前已建成了中国光谷创意产业基地一期、华中师范大学科技园一期、楚天传媒产业园、武汉大学科技园等一大批专业园区，还有包括武汉雅图光影城、湖北广播电视传媒基地、长江数字文化产业园、中国光谷创意产业基地二期、珠宝旅游产业园（"宝谷"）、东湖书画（院）产业园（"文谷"）、联投佩尔文化创意产业园、花山文化和科技融合示范园、牛山湖文化和科技融合示范园、国际时尚创意产业园（"时尚谷"）等在内的一批园区处于建设或筹建中。预计2015年东湖高新区文化科技产业园面积将达到10平方公里，2020年将达到25平方公里。

在不断加快园区建设、拓展园区面积的同时，开发区也在逐步确立与强化各个园区特色。这种集群化发展模式，不仅促进了企业间的共生共赢，而且有效地整合了各类创新资源，以实现创新配置的最优化与创新效益的最大化。

中国光谷创意产业基地位于佛祖岭产业园，重点发展动漫、游戏、数字出版、创意设计产业。规划面积为253亩，已建成100亩，入驻企业100多家，2014年实现产值35亿元（见图5）。

图 5　中国光谷创意产业基地

资料来源：http://www.whxc.org.cn/2014/0603/5410.shtml。

华中师范大学科技园位于佛祖岭产业园，以数字教育、数字家庭、数字出版为重点发展产业，规划面积为 100 亩，已建成 27.3 亩，入驻企业 50 家。2014 年实现产值 12 亿元。

湖北广播电视传媒基地位于光谷中心城，将打造以广播电视事业为核心，集影视内容生产和相关产业于一体的现代数字化传媒基地，12 家企业已入驻。

长江数字文化产业园位于光谷中心城，以纸质出版为基础、数字出版为方向，将形成数字出版产业链。除长江出版传媒及其 18 家子公司入驻外，有 93 亩用于数字出版传媒企业招商。

珠宝旅游产业园位于中国地质大学（武汉）北部，依托珠宝品牌价值优势，将建成集珠宝研发设计、教育培训、旅游展览、度假休闲和购物于一体的专业集群和特色旅游区。

花山文化和科技融合示范园位于花山生态新城，由严西湖、花山河、严东湖等组成，规划面积为 5000 亩，已经完成严西湖 300 亩起步区建设，入驻企业 20 多家，包括世界 500 强企业 IBM、法国阳狮等，2014 年实现产值 21.3 亿元。

国际时尚创意产业园发展服装设计、新媒体艺术、平面设计、民族文化等产业，形成集创意产品孵化及时尚展示于一体、产学研紧密结合的产业园。规划占地面积为 210 亩。预计到 2020 年实现产值 50 亿元以上。

（三）明确发展重心，扶持创新创业

在武汉光谷，"让创业成为一种生活方式，让创新成为一种人生追求"已成为一种文化和潮流。早在2009年，东湖高新区就已启动实施"3551光谷人才计划"，目前已累计投入人才专项资金10亿元，集聚了一批国内外高端人才与团队。①"我们要让大家一看到这个制度，就有到光谷来创业的冲动。"湖北武汉东湖高新区管委会副主任夏亚民所说的制度，指的是2015年3月1日正式实施的《东湖国家自主示范区条例》。出台法规、政策，为创新者保驾护航，刺激创新创业，是高新区的重要途径之一。有了法规、政策的保障，开发区的创新创业局面便豁然开朗。据统计，2014年，东湖高新区新增各类市场主体8663户，同比增长42.69%；新增注册资本419亿元，同比增长117.35%；新增企业5596家、个体3067户，其中新增科技型企业4189家，占比为75%。②

1. 出台创新驱动政策，加大支持培育力度

2014年，东湖高新区出台连环政策，继续加大对创新创业的政策支持。2014年9月，"文科十条"新政响亮出台，从当年起，光谷每年将设立不低于5000万元的专项资金，支持文化科技产业发展。据了解，这份《关于推进文化科技产业融合发展的实施意见（试行）》，重点支持创意设计、动漫游戏和影视、数字教育和出版、新媒体信息服务、光影互动体验等文化和科技融合的特色产业领域，以鼓励其在内容、技术、商业模式、业态等方面创新。这项政策的出台，填补了国内高新区文化科技产业政策的空白。东湖高新区还积极争取2014年国家、省、市相关政策支持近4000万元。其中，获得国家文化产业专项资金支持1000万元；获得省扶持优势文化产业发展专项资金支持300万元；获得市级文化产业发展专项资金支持388.38万元；高新区文化科技融合专项支持了33家企业，共计1120.34万元。

图6为位于武汉未来科技城的光谷人才企业发展服务中心。

---

① 冯梓晔：《光谷海归创业创新人才走进湖北省政府新闻发布厅》，荆楚网，2015年5月27日，http://news.cnhubei.com/xw/jj/201505/t3267468.shtml。
② 夏静、张晶：《让创业者放心一搏——湖北武汉东湖高新区用法治保障创新文化建设》，《光明日报》2015年5月13日。

图 6 位于武汉未来科技城的光谷人才企业发展服务中心

资料来源：http：//hb. sina. com. cn/news/2014 - 12 - 23/detail - icesifvy113757。

据东湖高新区产业发展与科技创新局负责人介绍，光谷正在建设东湖国家级文化和科技融合示范基地，"文科十条"新政落地后，将在产业园建设、金融等方面给予更大支持，加速内容原创及产业化，使文化和科技更好地融合。[①]

2014 年 12 月，《东湖国家自主创新示范区关于建设创业光谷的若干意见》出台，提出深入实施创新驱动发展战略，全面落实"青桐"计划，加快推进东湖国家自主创新示范区创业特区建设，以营造光谷大众创业、万众创新的新格局。[②] 由此，开发区创新创业平台建设进入加速期。随后，继"黄金十条"后，光谷再推"创业十条"先行先试新政，为创新创业持续注入强心剂。如果说"黄金十条"是在高校科技成果转化上打破了体制机制的藩篱，那么"创业十条"则围绕科技成果的"前市场"和"后市场"，在孵化器、网上注册公司、创业投资、高校教师校外兼职、高校技术转移转化、大学生实训实习、创业活动、创业风险援助等方面给予了范围更广的扶持。十条举措中，被称

---

① 李墨：《武汉光谷端出"文科十条"新政》，《湖北日报》2014 年 9 月 24 日。
② 《东湖国家自主创新示范区关于建设创业光谷的若干意见》，武汉东湖新技术开发区政务网，2014 年 12 月 24 日，http：//www. wehdz. gov. cn/xxsh/zcnr/61257. htm。

作"创新货币"的科技创新券尤为引人注目。光谷每年将向经认定的高新企业或"瞪羚企业"发放总规模为5000万元的科技券,每家企业最高额度为20万元,企业可凭此券向光谷的30家"智库"购买专利成果或委托研发,使用范围包括国家级实验室、高校工研院、检验检测中心等。接券单位再拿这些券向有关部门兑现。

这种创新,是政府财政资金分配模式的又一改革。过去企业找政府要补贴,都是通过项目评审制,仅少数企业能受惠,现在则化整为零成了普惠制。而闲置着大量科技成果的工研院,"接单"积极性也将盘活。

自2014年8月启动学习上海自贸区先行先试以来,像这样可推广、可复制的制度性成果,光谷已出台了30多项。依托创新驱动,光谷2014年新增企业5596家,其中4189家是科技型企业,新增注册资本达到419亿元。这意味着在光谷,每个工作日就要注册22家企业、新增近17家科技公司。[①]

2. 营造创新创业氛围,促进产业交流展演

东湖高新区2014年共举办12场光谷"青桐汇"活动,累计融资达5.06亿元,形成铺天盖地的创业局面(见图7)。300家大学生创业企业(团队)入驻大学生创业特区。举办开展"十一"光谷动漫节、光谷微电影创新日、中国新媒体动漫游戏产业博览会,组织企业参加义乌文交会、杭州动漫节、深圳文博会。在杭州动漫节上,光谷动漫企业签订授权协议金额200万元。微电影创新日共征集到120部微电影影片,多项作品获得投资人青睐。联合央视推出"寻找光谷创业榜样",光谷创业者在中国创业榜样总决赛中包揽第一、第二名,光谷创新创业环境在国家平台上得到集中体现和传播。承办中国创新创业大赛先进制造行业决赛、黑马大赛TMT行业决赛等,示范区创新创业氛围日趋浓厚。

3. 搭建创新创业平台,加快企业孵化培育

近年来,东湖高新区在创新创业平台建设方面成绩斐然。国家技术转移中部中心落户光谷,示范区获批科技创新服务体系试点,导航与位置服务工研院开工建设,资源环境工研院一期封顶,光电工研院完成企业化改制,海洋装备工研院、智能装备工研院完成企业化注册,累计有6家工研院正式运营,转化科技成果近1亿元,可以说是硕果累累。同时,新增省级创新平台26家,总

---

① 李墨:《创新驱动 光谷之光耀九州》,《湖北日报》2014年12月29日。

图7 "创青春·青桐汇"在武汉光谷亮相

资料来源：http://hb.sina.com.cn/tech/itnews/2014-11-04/182437008.html。

数达284家。新成立光谷工业机器人等5家产业技术创新联盟，总数达43家。新组建生物技术、创赢咖啡、跨境电商等11家孵化器（加速器），总数达44家。新增孵化面积54.5万平方米，总面积达355万平方米，在孵企业超过3200家。引进腾讯武汉创业基地、阿里云移动互联孵化器等新型创业平台，为在光谷的互联网企业和创业团队提供创业扶持，重点孵化本土互联网、文化创意类企业。①

同时，"青桐计划"的实施与推广，也为青年创业者打造了一个"梦工厂"，遍布东湖高新区的创新创业孵化器，以及各种创业咖啡，搭建起青年创业者与企业家、天使投资人的交流平台。

光谷创业咖啡等主打"免费创业辅导+天使投资"，华中科技大学启明星空创客空间等主推"校园创客+天使投资"，DEMO咖啡等以"开放式平台+天使投资"而闻名。不同特色的新型创业服务模式在光谷集聚发展。仅光谷创业咖啡2014年举办的创业活动就超过300场，完成天使投资近5000

---

① 张文彤：《2015年东湖国家自主创新示范区工作报告》，东湖高新区2015年工作会材料之二，2015年1月16日。

万元。2015年3月16日，光谷创业咖啡等14家创新型孵化器被科技部认定为国家创新型孵化器。①

2015年6月14日，科技部火炬中心率北京中关村、上海张江、深圳、成都、西安、杭州、苏州工业园七大国家级高新区齐聚武汉光谷，就加快创新驱动、建设世界一流高科技园区达成"武汉共识"。"武汉共识"认为，冲刺世界一流高科技园区，体制机制改革是关键，驱动力则靠技术、管理、组织和商业模式上的持续不断的创新；作为抓手，大力发展众创空间，激励大众创新创业，将为高新区注入全新的经济生态和活力；高新区历来是新产业、新业态的发源地，要加快互联网与实体经济的跨界融合，大力发展科技服务业，积极参与全球科技合作与竞争；国家级高新区的一系列改革创新与先行先试举措，将最终辐射带动全国。②

三 发展战略目标

在2015年3月5日十二届全国人大三次会议上，李克强总理在《政府工作报告》中首次提出"互联网+"行动计划。"互联网+"文化产业改变传统文化产业的营销渠道，激发了人们的文化消费意愿，打通了文化领域产业链，创新了众筹、股权投资等新的文化金融模式。东湖高新区也抢抓互联网的机遇，加快文化和科技融合，着力打造"411"文化科技产业格局，即重点发展4个内容产业集群——创意设计服务、光影互动体验、动漫游戏和影视、数字教育和出版；全力培育1个渠道产业——文化信息（传输）服务；继续壮大1个制造业——高端文化装备业。下一步的主要措施如下。

（一）加快产业集聚区建设，促进产城融合发展

争取引进一批大型文化科技企业，打造集产业孵化、公共服务、产业研究于一体的大型文化科技产业集聚区，完成东湖文化和科技示范园挂牌。建设

---

① 夏静、张晶：《让创业者放心一搏——湖北武汉东湖高新区用法治保障创新文化建设》，《光明日报》2015年5月13日。
② 李墨：《冲刺世界一流高科技园区 国家8大高新区达成"武汉共识"》，《湖北日报》2015年6月15日。

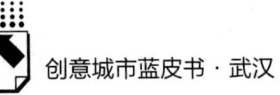

"五城",即"设计之城""光影之城""创意之城""教育之城""生态艺术之城";形成"三谷",即"宝谷""时尚谷""文谷"。通过文化产业园建设,聚集人气,彰显特色,对工业区、商业区进行提档升级,并带动远城区开发,改变城市面貌,提升城市形象。

(二)加快完善产业链,进一步扩大产业规模

促进大型企业入驻发展,培育和引进一批文化科技骨干企业,加大创新创业服务力度,培育一大批创新能力强的新兴业态企业,完善已有产业链。发挥光影互动体验、创意设计服务等特色领域的优势,新建光影互动体验、数字教育和出版产业联盟。发挥好动漫游戏、数字家庭、数字教育等产业联盟的积极作用。

(三)搭建文化科技对接平台,加大产业服务力度

着力打造建设华中数字版权交易中心、文化金融服务平台、文化贸易服务平台等。实施一批"国家现代服务业试点项目""国家文化科技创新工程""中小企业创新创业项目"等,重点支持一批文化和科技融合的优秀企业。新建1~2个文化科技产业联盟、1~2个文化科技企业孵化器。推动企业建设新媒体平台,宣传展示光谷产业品牌,提升光谷品牌效应。

(四)实施好示范工程,带动产业规模化应用

积极借助光电子信息等优势技术,策划实施一批示范工程。例如,通过现代工业设计链示范工程,推动武汉时尚设计、建筑设计、广告设计、展会设计等快速发展。通过示范工程,建立健全以企业为主体、市场为导向、产学研相结合的文化创新体系,为文化产业的发展提供有力的技术支撑和创新动力。

(五)加大版权保护力度,推动版权产业发展

深入实施版权战略,建立健全版权服务统计体系。加大版权支持力度,培育一批版权优势企业。加快建设版权交易中心。加强版权保护法律法规宣传普

及。加强联盟版权管理能力建设,推行版权集群式管理。建立版权服务统计制度。

(六)举办特色文化活动,提升光谷品牌效应

采取政策采购、政府购买服务等方式,支持举办具有光谷特色的文化活动,积极推介光谷的文化科技产品,帮助企业积极开拓国内外市场。支持企业将好的文化产品和服务优先提供给本地居民,提升光谷的文化服务水平,营造光谷的文化氛围,弘扬光谷的文化精神。

B.7
科技引领创新　文化服务发展
——江岸区科技助力文化产业的新形势

詹一虹　史红玲　王奥*

摘　要： 江岸区政府紧抓政策和发展，大力推进本区文化创意产业的发展。在"十二五"规划中，江岸区打造板块分区的文化创意产业布局，加强政策引导，积极引入人才，发挥科技的引领作用，锐意改革，争当创意产业发展的排头兵。在"十三五"来临之际，江岸区主打在"文化+科技"的大前提下实现发展。本文通过对江岸区的优势资源进行分析，探讨江岸区文化创意产业后续发展的形式，挖掘江岸区文化创意产业发展特点，依托整体，划分功能板块，为江岸区新一轮的发展建言献策。

关键词： 江岸区　文化创意产业　文化科技融合

一　区域文化经济优势新瞰

江岸区是武汉市政治、经济、文化中心，是武汉城市近代化的起点，是全国少有的五国租界文化集聚区和拥有"三桥一隧一轨一外滩"的中心城区。这里行政机构云集，商务经济繁荣，智力资源密集，历史文化底蕴深厚，地理

---

* 詹一虹，华中师范大学国家文化产业研究中心常务副主任，教授、博士生导师，研究方向：文化产业管理、科技管理与科教评价。史红玲，华中师范大学国家文化产业研究中心博士研究生，研究方向：文化资源与文化产业。王奥，华中师范大学国家文化产业研究中心硕士研究生，研究方向：文化资源与文化产业。

优势明显。区委、区政府对文化创意产业越来越重视,大力促进文化和科技融合,江岸区依托这些优势,逐渐迸发出文化创新、改革领先、高端服务、商务休闲的新活力。

(一)产业布局清晰,创新激发活力

1. 经济实力不断增强

据统计,江岸区2012年GDP为612.38亿元,2013年达到680.00亿元,2014年突破700亿元达到762.90亿元,经济发展迅猛,增长势头强劲。①

借助"互联网+""文化+"的产业升级新势头,很多民营企业也把"向文化靠拢"视为转型升级的一条新途径,针对民营资本投入文化产业发展的迫切需要,江岸区给予了大力支持与引导,一批由民营资本投入的文化产业集聚区及文化产业项目先后落户江岸区。截至2014年底,江岸区开工在建项目面积突破1000万平方米,已摘牌待开发项目面积同样达到1000万平方米。随着沿江商务区的建设、打造以及大型文化创意产业项目的建设,江岸区的经济发展将展露新的活力。

2. 服务业形势良好

江岸区服务业发展平稳,增长较快。2014年上半年,全区315家规模以上服务业企业增长平稳,资产总计达到488.22亿元,同比增长4.3%。2014年三季度,其他营利性服务业实现营业收入24.04亿元,同比增长22.5%,增幅高于二季度13.9个百分点。其中,租赁和商务服务业实现营业收入16.81亿元,同比增长28.7%,比二季度提高26.4个百分点;居民服务、修理和其他服务业实现营业收入0.57亿元,同比增长1.4%;文化、体育和娱乐业实现营业收入6.66亿元,同比增长11.0%。② 江岸区服务业发展总体表现平稳。

2014年前三季度江岸区三次产业分析见表1。

---

① 《江岸区委书记蔡杰:推动创新创业要持之以恒》,大武汉宣传网,2015年4月1日,http://www.whxc.org.cn/2015/0401/19192.shtml。
② 《江岸区三季度规上服务业分析》,武汉统计信息网,2014年10月27日,http://www.whtj.gov.cn/details.aspx?id=2405。

表1 2014年前三季度江岸区三次产业分析

产业	产业增加值（亿元）	同比增长（%）	经济增长贡献率（%）	拉动GDP增长（个百分点）
第一产业	0.09	0.8	0.02	—
第二产业	108.79	3.6	1.58	0.7
第三产业	432.16	9.1	98.4	7.4

资料来源：《江岸区2014年三季度全民创业浅析》，武汉统计信息网，2014年11月26日。

3. 产业功能板块格局初成

江岸区在产业布局上大力建设六大功能区（见图1），促成"板块发展、组团发力"的合力优势，"一区两城三块"的格局基本形成。汉口沿江商务区延续历史文脉，打造现代都市高端商务服务示范区；后湖新城将建设成为现代化绿色生态都市和宜居宜业新城，同时形成新的家居消费商圈；黄浦新城以打造集文化传媒、旅游休闲、科技型产业及商住于一体的新型宜商宜居新城为目标；港澳台高端商贸商务板块加快促进金融业发展，以高端政务、商务和高端社区服务为功能和产业主导，提升商贸商务服务功能；二七新兴商居商贸板块向实施新兴商贸商务工程、科技数码工程、宗教名寺工程，建设新兴商贸商务功能新板块发展；堤角先进制造业板块着力打造高新技术产业和新兴环保产业，建设现代物流基地。

4. 创新引领增长

"创新是一个民族进步的灵魂。"2013年8月，武汉市出台《关于实施"青桐计划" 鼓励大学生到科技企业孵化器创业的意见》，正式启动实施"青桐计划"，江岸区高度重视扶持创新创业，紧跟政策，积极创建大学生创业特区，设立"孵化器"，全区按照"竞进提质、升级增效"的总体思路，以改革促发展，着力推进重点功能区建设，着力加强生态环境建设，着力改善民生，促进经济社会转型发展，江岸区全民创业取得显著成绩。创业推动全区经济平稳增长，有力地激发了经济活力；创业主体不断壮大，江岸区新增"四上"单位59户，在七个中心城区中排名第一；创业收入大幅增长，居民创业热情高涨。

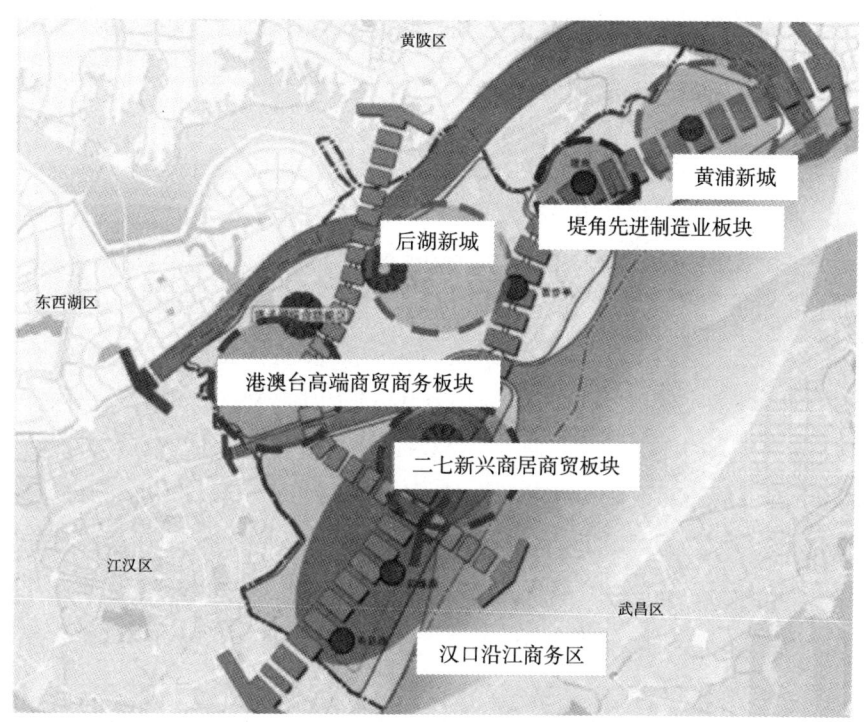

图1 江岸区六大功能区布局

（二）文化服务发展，智慧引领江岸

江岸区是武汉历史文化的缩影，有着丰富的文化资源。江岸区沿江一带拥有武汉市80%以上的历史文化街区、76%以上的优秀历史里份、70%以上的优秀历史建筑，是大武汉历史风貌核心区。[①] 同时，江岸区文化形态特色突出，拥有租界文化、红色文化、市井民俗风情、码头文化等，文化形态丰富，种类繁多。

1. 保护传统，力促新发展

江岸区是老武汉风情民俗的发源地之一，这里临江涉水，正是武汉"码头文化""江湖民情"发源的开端所在。这里有记忆里漂泊的码头江湖，也有老通城、叶开泰等老字号，还有吉庆街的汉味风情。随着江岸区对文化的重视和开

---

① 《武汉改造历史文化街区 展现城市独特魅力》，大武汉宣传网，2014年5月30日，http：//www.whxc.org.cn/2014/0530/5233.shtml。

发,政府着力将这些传统资源利用起来,打造成富有特色的"文化名片"。

江岸区在推进历史街区保护进程中,从"旧城改造"模式向"整旧如旧"模式转变,从单个历史建筑保护向整个历史街区保护转变,形成多点支撑、多极带动、各具特色的历史街区复兴格局。① 加强历史街区及历史建筑的"紫线规划"控制,按照《优秀历史建筑保护图则》的要求,对历史建筑实施严格管理,注重在发展中保护城市文脉,留住历史记忆。以吉庆民俗文化街为例(见图2),此处原本是汉口闹市区一条不引起人们注意的街道,20世纪90年代,随着一些江湖艺人的进入,逐渐自发形成了依附于餐饮业的民间艺人演出活动,并成为一道独特的民俗人文风景,但是随着城市化的进行和城区的改造,吉庆街的地区形象逐渐显得不那么"和谐"。江岸区政府高度重视吉庆街的民俗保护,投入巨资对吉庆街进行改造。自2009年起,江岸区就以"提档升级"为目标开始对吉庆街进行改造;2012年,为了保护吉庆街的特色,江岸区政府对演出艺人进行了资格审核;2014年,江岸区响应"文化体制改革",重视文化产业开发,又对吉庆街民间艺人生存现状进行了调查,重点开发"吉庆街民间文化"。

图2 吉庆民俗文化街

资料来源:江岸区政府。

---

① 黎东辉:《政府工作报告——2015年1月6日江岸区第十四届人民代表大会第4次会议》,2015年1月6日。

2. 政府重视公共文化建设

江岸区政府高度重视公共文化服务，通过举办各类文化活动来为文化发展宣传服务，同时着力打造"博物馆之区"，使优秀文化更好地传承，使广大市民的精神品格得到陶冶。

2014年，江岸区在江滩举办了以"漫步江岸，走进博物馆"为主题的第五届旅游文化节，举办了以"春天的礼赞"为主题的江岸地区第35届"滨江之春"艺术节，同时还举办了第23届"金秋读书节"。这些活动让广大市民得到了艺术的熏陶，感受到了文化的魅力。

江岸区还特别重视博物馆的建设，并大力打造"博物馆之区"。江岸区历史文化资源丰富，特别适合打造"街头博物馆"。武汉市被列入优秀历史建筑保护目录的里份有13处，其中江岸区就有10处，占76.92%；武汉市人民政府公布确认的优秀历史建筑共6批181处，其中江岸区就拥有128处，占70.72%。[1] 江岸区高度重视这些珍贵的历史文化资源，并采用现代科技来参与这些资源的保护，建立街头博物馆，促进智慧旅游发展。

3. 打造智慧江岸

2013年1月29日，住建部在北京召开了国家智慧城市试点工作会议，发布了第一批创建国家智慧城市试点名单，武汉市及江岸区均名列其中。[2] 同样，在谋篇布局"十三五"规划中，江岸区明确提出要打造"智慧城区"。

作为国家可持续发展先进示范区，江岸区积极探索信息化时代"智慧城市"建设的途径和方法，并将车站街作为启动"智慧街道"示范点建设项目。该项目以武汉天罡信息技术有限公司、华中科技大学和武汉理工大学为技术依托，以创新社会管理为目标，突破智慧街道综合应用服务数据获取、数据编码、数据接入和数据互通等一系列关键技术，形成一体化的智慧城市管理技术标准规范和社会管理共性技术体系，通过物联网智能实现人与人、人与物、物与物的互联，为居民提供贴身的智慧化服务，丰富和完善政府的民生工程，为

---

[1] 《江岸区采取多项措施大力推动街头博物馆建设》，大武汉宣传网，http://www.whxc.org.cn/2014/0603/5534.shtml。

[2] 《武汉市及江岸区被列为创建国家智慧城市首批试点》，湖北省住房和城乡建设厅网站，http://www.hbzfhcxjst.gov.cn/Web/Article/2013/01/30/1623187431.aspx?ArticleID=a35af1a6-b4c5-4bc4-85b1-0efd6919d1ae。

实现智慧街道、幸福民生，提升居民幸福指数以及消除电子政务系统"信息孤岛"等目标探索切实有效的办法，为构建"智慧江岸""智慧武汉"提供典型的应用案例和平台支撑。

二 江岸区文化创意产业发展概况

江岸区积极响应国家大力发展文化产业的号召，高度重视本区文化产业的发展，作为首批"国家可持续发展试验区"之一，早在2009年就已经提出"创意激活新江岸，擦亮'创意产业名片'"的目标。[①] 2011年，江岸区又提出"打造支点武汉核心区"的概念，着重发展现代服务业，谋划新发展。[②] 2014年，江岸区深入实施文化科技创新战略，繁荣发展社会主义文化事业，提出了《江岸区文化和科技融合发展推进方案》，加快推进文化和科技相互融合，促进传统文化产业的调整和优化，加快新兴业态的培育和发展。江岸区一直走在推动武汉文化产业发展繁荣的前线，结合本区实际，发挥区域优势，逐步形成了思路清晰、特色鲜明的文化创意产业发展思路。

（一）创新激发传统文化产业新活力

1. 文化旅游产业

江岸区积极发挥创新驱动发展优势，将园区产学研成果转化为发展动力，在文化旅游中积极运用新技术。将增强现实（Augmented Reality，AR）科技手段与江岸区的历史文化遗迹进行融合，给游客提供老建筑导航、导游、导购"一站式"的文化游览体验。通过3D形式再现老街区的历史风貌，让整个街区呈现老汉口的繁荣景象，让游客体验回到过去的游览感受。用户可将手机的位置虚拟至汉口历史文化风貌街区的位置，以3D模型展现历史文化街区风貌的形式进行虚拟旅游。

运用新型定点式和头戴式移动设备使游客在中共中央机关旧址纪念馆、"八

---

① 《武汉江岸：擦亮"创意产业名片"》，光明网，2009年3月29日，http://www.gmw.cn/01gmrb/2009-03/29/content_903058.htm。
② 《打造支点武汉核心区》，荆楚网，2011年12月22日，http://news.cnhubei.com/ctjb07/201112/t1929280。

七会议"会址纪念馆、汉口中宣部旧址暨瞿秋白旧居陈列馆、汉口历史博物馆（暂定名）等博物馆内以多种形式感受数字文物观赏的魅力。结合全息投影技术手段，完美展现全息投影数字视觉的效果，将三维画面悬浮在实景的半空中成像，提升博物馆的科技感，实现影像与实物的结合，实现展品与观众的互动。

2. 出版传媒

江岸区积极推动出版传媒转型，在互联网时代，积极主动地加强传统媒体和新兴媒体的融合。

为了推动高新技术与传统传媒出版业的结合，积极促进传媒出版业向多媒体、网络化发展，江岸区积极依托长江日报报业集团、武汉广播电视局、武汉市电影发行放映公司、武汉电视节目公司、武汉财经传媒中心和长江互动传媒网等传媒企业，重点推进新媒体产业，大力推进移动互联网基础平台建设，打造全媒体内容集成和数字播控平台，大力推进视频、图像、文字跨媒体共享与服务项目，发展地铁电视、网络电视等广播电视新媒体业务，发展手机报纸、手机书刊等移动媒体和数字化产品，打造以数字新媒体产业为主导的文化传媒中心。运用3D打印技术，以三维立体形式，通过凹凸有致的外观，直接或间接地表现各种立体形态的地理现象。搭建B2B华中图书网络交易平台，使网络销售这一科技手段与实体销售结合起来，促进图书经营发展，壮大经济实力。

3. 动漫设计产业

江岸区加快推进动漫设计产业发展，积极推动传统动漫产品通过移动互联网等新媒体渠道及手机、平板电脑等智能终端传播，实现动漫内容的跨平台共享，降低内容制作和产品推广成本。鼓励文化内容与网络技术结合，发展网络原创动画、游戏等新兴文化业态。依托中媒文化传媒有限公司、浩瀚动漫有限公司等企业，创新网络文化内容的制作、传播和运营模式。鼓励和支持数字技术企业、网络技术企业和通信企业参与网络文化内容产品的生产和经营。推动生活服务网络终端软件开发，支持和规范网络视听产业、互动社交网络平台发展。支持长江互动传媒网等重点新闻网站加快发展，打造一批区域特色文化网站。

武汉中媒文化传媒有限公司于2010年在江岸区成立，多年来致力于互联网和移动互联网娱乐业，推出了《疯狂酒吧》《夜店达人》《噩梦狗》等多款网络游戏，并成功运作了"58特产网""游戏部落"等多个网络平台。2013年在中国互联网游戏产业年会上被评为"中国十大新锐游戏企业"，公司正在研发的《艾伦大陆》游戏获得"中国手机移动互联年度最受期待手机游戏"和"2014年最受期待原创移动游戏"大奖。

4. 创意设计产业

江岸区高度重视发展创意设计产业，引进了一大批设计类重点企业（见表2）。依托长江勘测规划设计研究有限责任公司、长江水利委员会水文局、长江航测信息工程院、长江工程建设局、水利部长江勘测技术研究所、中信建筑设计研究总院有限公司、武汉正华建筑设计有限公司等相关企业机构，运用先进文化创意理念，引入先进技术，培育一批工程勘测、建筑景观研发与设计机构，通过研发、设计、营销提高产品的附加值。依托外滩里艺术设计中心、界立方创意空间、青岛路文化创意产业园和珞珈山街艺术设计创意带的建立发展，加强文化创意设计与展示自主核心技术及装备的研发与应用，提升文化创意设计的创作能力和表现效果，推动艺术设计产业高端化、规模化、品牌化。

表2 江岸区设计领域重点企业

企业名称	组织机构代码	所在区	成立年份	所属行业门类	主营业务	注册资本（万元）	2013年营业收入（万元）	主管部门资质认定情况
长江勘测规划设计研究有限责任公司	67276954-1	江岸区	2005	水利行业设计	工程设计、总承包	8000	301784	工程设计综合甲级；工程勘察综合甲级
中信建筑设计研究总院有限公司	44135007-3	江岸区	1952	建筑设计	工程设计、城乡规划	25000	63390	建筑行业（建筑工程）设计甲级、城乡规划编制甲级
武汉中合元创建筑设计有限公司	75182027-X	江岸区	2003	建筑工程设计	工程设计、总承包	300	5160	建筑行业（建筑工程）甲级、风景园林乙级、城乡规划丙级
武汉市园林建筑规划设计有限公司	17773085-0	江岸区	1990	风景园林	工程设计	318	5138.64	风景园林甲级、建筑工程乙级、规划乙级
武汉正华建筑设计有限公司	75182043X	江岸区	2003	建筑设计	建筑工程及相应的工程咨询	400	9600	武汉市文化和科技融合示范企业

资料来源：江岸区政府。

（二）文化科技融合新型园区发展概况

随着全球化和互联网时代的深入发展，文化产业的持续发展必须更多地依靠文化与科技的融合，而文化与科技从来都是不分家的。自十六大提出重视文化建设以来，我国对文化产业发展的探索就没有停止过，2012年5月《国家文化科技创新工程纲要》的出台，正式将文化科技融合作为文化建设的目标与方向。武汉市自2012年以来，根据《武汉国家级文化和科技融合示范基地建设实施方案》的要求，在"1+3+N"的总体顶层设计框架下全面推动文化和科技融合园区的试点示范工作。截至2013年底，全市已认定了首批8个文化和科技融合示范园区（见表3），江岸区政府积极贯彻《中共武汉市委、武汉市人民政府关于推进文化科技创新、加快文化和科技融合发展的意见》和《武汉市文化产业振兴计划（2012~2016年）》的精神，深入实施文化科技创新战略，繁荣发展社会主义文化事业，着力增强文化产业核心竞争力，推动城区体制机制创新、技术创新、产业支撑创新，江岸区力图以项目带动产业发展，大力支持、建设新型产业园区，以园区的带动效应支撑文化产业发展，并充分发挥科学技术是第一生产力的效应，实现江岸区文化产业可持续发展。

表3　武汉市首批文化和科技融合示范园区

序号	园区名称	园区内主要文化和科技融合企业	所在区（功能区）
1	中国光谷创意产业基地	江通动画、玛雅动漫、武汉超玩、盛泰文化	东湖高新区
2	南湖科技创意产业园	海豚传媒、亿童文教、有戏网络	洪山区
3	楚天181文化创意产业园	邦维文化、腾讯·大楚网	武昌区
4	华中师范大学科技园	长江盘古	东湖高新区
5	汉阳造文化创意产业园	筑巢数字传媒、纵道网络科技	汉阳区
6	江北新媒体科技产业园	利器传播、博看网	江汉区
7	英赛工业设计产业园	也琪工业设计	青山区
8	黄浦文化科技园	金运激光	江岸区

资料来源：《武汉市多项并举推动文化和科技融合园区建设》，大武汉宣传网，http://www.whxc.org.cn/2014/0618/8077.shtml。

1. 黄浦文化科技园

黄埔文化科技园位于武汉市江岸区石桥园区内，是武汉市首批文化与科技融合示范基地。自创办以来，黄埔文化科技园就立足体制创新，在经济发展、体制变革和城乡统筹等方面起到了重要示范带动作用，成为武汉经济发展的一大亮点。在体制创新方面，更是迈出了可喜的步伐。与待开发的乡村组成股份公司，以股份制形式吸引村集体参与土地开发，分享开发区建设成果。同时，园区成立了管委会，在整个园区的运作中，管委会处于宏观管理层面，主要职能是代表政府对开发区的总体规划、发展定位、投资项目、投资环境、制度建立等进行宏观管理，但不介入园区的具体经济活动。充分给予园区经济发展的自主权，创建"服务型"政府。2014年初，江岸经济开发区黄浦文化科技园已顺利通过武汉市首批文化和科技融合示范园区的验收工作，在市文化和科技融合工作领导小组扩大会议上，江岸经济开发区黄浦文化科技园获批"武汉市首批文化和科技融合示范园区"，金运激光获批"武汉市首批文化和科技融合示范企业"并当场授牌。

2013年底，金运激光成功召开3D打印云工厂计划（见图3）说明会，有20多名机构投资者和多家新闻媒体参加。金运激光3D打印云工厂计划通过云工厂实现激光加工产品与3D打印领域的定制生产。通过建立线上"激光3D打印云工厂"和线下3D打印人像馆"3D记梦馆"、激光雕花创意店等实体加盟体验店，打造公司激光3D打印创意产业O2O运营模式，并围绕"创造个性生活"这一定位，努力打造一个为传统产业提供个性化产品解决方案的"金运·3D+"平台，然后以平台为中心，建立一个创造个性化生活的"金运·3D+"平台生态圈。目前，在金运激光云工厂计划中，基于C2B2C平台的"意造网"于2014年中旬起开始运营，基于B2B2C平台的"我秀网"也已于2015年初上线；以"记梦馆"、意造科技体验中心（见图4）为代表的连锁店已在全国开设了数十家。与此同时，项目的再融资工作也在有条不紊地推进。接下来，金运激光将在开发区内开建"金运·3D+设计师俱乐部""金运·3D+数字化云工厂""金运·3D+潮流科技体验街"等项目单元。这些项目的成功、快速推进，将有利于公司进一步打造核心竞争力，扩大领先优势。

黄埔文化科技园占地面积为34.7万平方米，建筑面积为47.7万平方米。园区积极引进文化科技领先企业，经济收入取得了骄人的成绩。2014年，文化类企业实现营业收入27460.4万元，占比为5.8%；实现税收687.2万元，占比为4.4%。文化与科技融合类企业实现营业收入69584.4万元，占比为14.6%；实现税收2944.4万元，占比为18.9%。汽车文化类企业实现营业收

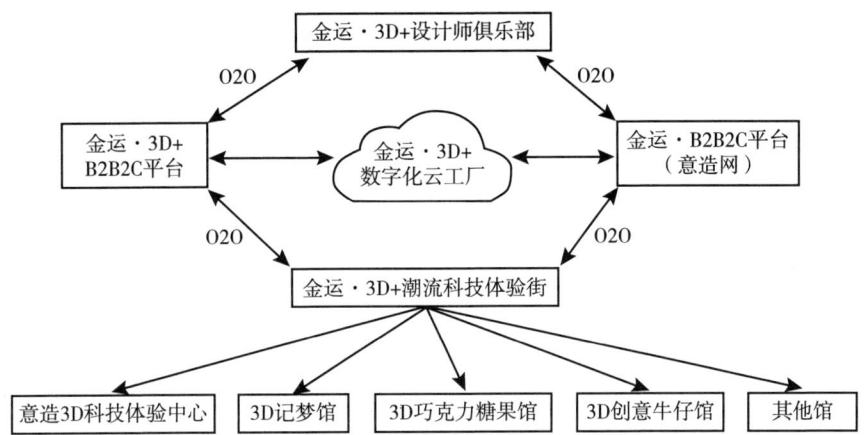

图3　金运激光云工厂商业模式

资料来源：江岸区政府。

图4　2014年8月16日首家意造线下体验店开业

资料来源：江岸区政府。

入307601.9万元，占比为64.6%；实现税收2237.85万元，占比为14.3%。制造业企业实现营业收入141127.2万元，占比为29.6%；实现税收8103.5万元，占比为51.9%。黄浦文化科技园将不断提升自身竞争力，在文化与科技融合中努力发挥引领示范作用，做"文化江岸"的排头兵。

黄埔文化科技园经营状况见表4。

表4 黄埔文化科技园经营状况统计

相关数据指标	2013年	2014年	同比增长(%)
企业总数(家)	32	32	0
文化类企业数(家)	7	7	0
经营收入为500万元以下的文化企业数(家)	0	0	0
经营收入为500万~2000万元的文化企业数(家)	1	1	0
经营收入为2000万元以上的文化企业数(家)	6	6	0
投资额(万元)	3297.48	6946	110.6
政府投入(万元)	1320	646	-51.1
企业产值(经营收入)(万元)	326659	476189.9	45.8
文化及相关产业产值(万元)	80569.5	97044.8	20.5
纳税总额(万元)	11733.9	15623.5	33.1
税后利润(万元)	—	—	—
研发经费投入(万元)	800	2000	150
知识产权数量(个)	140	150	7.1
专利(项)	80	102	27.5
著作权(项)	20	20	0
就业人数(人)	3063	3730	21.8
创意与研发人员数(人)	60	220	266.7

资料来源：江岸区政府。

2. 武汉出版文化产业园

武汉出版文化产业园（见图5）位于武汉市江岸经济开发区后湖兴业路与塔子湖西路（文博路）交界处，是武汉市文化产业发展"十一五"规划的重点项目。为了适应出版物市场快速发展的需要，应对国内外产业资本纷纷进入图书分销业竞争的态势，顺应国家关于建立全国统一、开放、竞争、有序的现代出版物流市场的形势，扶持和引导武汉市初具发展规模的民营书业经营者做大做强，促进文化产业的发展，打造武汉出版物流产业在中部地区的引领地位，改变目前武汉市图书大世界不适应国内市场发展需要的现状，武汉出版集团公司经过认真调研和分析出版物市场的发展趋势，决定筹划建设华中地区规模最大、在全国有重要地位和影响的多功能出版文化产业园。武汉出版文化产业园占地102亩，总投资5亿元，规划总建筑面积为15万平方米，分两期建成（一期建筑面积约为6万平方米，二期建筑面积约为9万平方米，于2014年3月竣工验收）。

图 5　武汉出版文化产业园

资料来源：http://whcb.cjn.cn/html/2008-11/27/content_694295.htm。

华中图书交易中心是武汉出版文化产业园的一期项目，总投资3亿元，旨在改变武汉市单一图书批发市场集贸式商铺的松散格局，规划面积为9万多平方米的二期工程目前已经竣工。按照功能定位，二期项目可进行出版文化产业链延伸，在原有书刊、文化用品、礼品等贸易功能的基础上，大力发展文化创意、出版印务产业。武汉出版文化产业园二期工程建成后已具备出版分销、版权贸易、文博会展等功能，将成为华中首席出版文化产业超级平台。

3. 岱家山科技创业城

岱家山科技创业城（见图6）位于江岸经济开发区内，由武汉岱家山兴城实业发展有限公司于2005年开发并全权持有物业。岱家山村发挥地缘优势，立足城中村改制与改造，科学规划，节约用地，集群产业，集约发展，把政府建设项目占地补偿的资金用于开发建设"岱家山科技创业城"，规划用地面积为30万平方米，现已建成15万平方米的多功能通用厂房、孵化基地和研发、商务、办公综合体，是大学"校园式创业社区"。经过几年的发展，园区引进了百余家以节能环保、光机电一体化、激光、生物医药、软件、文化创意等为主的各类科技型企业，创造的就业岗位超过1500个。

图 6　岱家山科技创业城

资料来源：http：//www.hbstd.gov.cn/info/iList.jsp? cat_ id =11564。

岱家山科技创业城现已成为武汉市城中村改造发展的一个典型，成为武汉市科技创业园领域尤其是江北地区的知名品牌，也成为武汉市的一个科技创新创业基地。它构建了从创客空间到创业苗圃，从孵化器到加速器，再到留学人员创业园、巾帼创业基地的全方位创业服务空间，集聚了包括大学生、"海归"、科研人员以及知名企业高管等在内的 200 多位创业者，成为武汉市汉口地区的人才创新创业高地。它以文化、科技型中小企业为主要服务对象，重点培育动漫游戏、数字新媒体、创意设计、软件、网络及计算机服务等类型产业链企业，目前已吸引各类文化、科技型企业 140 余家入驻，园区内企业拥有各类知识产权 115 个、专利 97 项。最新统计显示，岱家山科技创业城主要产业可分为三大类，即文化创意类、智能机电类以及信息技术类，其所占比例分别为 66%、28% 和 6%。2013 年，岱家山科技创业城被确定为武汉市文化科技融合试点园区；2014 年，岱家山科技创业城新增 1000 平方米的大学生创业苗圃，总面积达到 5000 平方米，设立了附带办公家具和无线网络的"创业体验区"和"创业咖啡馆"。[①] 2014 年共征集 70 多个大学生创业项目，18 名大学生创业者成立公司进驻孵化器发展，同时岱家

---

① 邓淑华：《武汉岱家山打造校园式创业社区》，《武汉高新技术产业导报》2015 年第 12 期。

山孵化器主动对接高校、科研院所，先后与湖北工业大学、武汉轻工大学、华中科技大学、武汉理工大学、湖北大学等签订合作协议，充分发挥武汉智力密集优势，将产、学、研对接起来。

岱家山科技创业城经营状况见表5。

表5 岱家山科技创业城经营状况统计

相关数据指标	2013年	2014年	同比增长(%)
企业总数(家)	42	50	19.0
文化类企业数(家)	23	33	43.5
经营收入为500万元以下的文化企业数(家)	22	32	45.5
经营收入为500万~2000万元的文化企业数(家)	1	1	0
经营收入为2000万元以上的文化企业数(家)	0	0	0
投资额(万元)	1000	1000	0
政府投入(万元)	0	0	0
企业产值(经营收入)(万元)	3425	3880	13.3
文化及相关产业产值(万元)	2224	2987	34.3
纳税总额(万元)	102	116	13.7
税后利润(万元)	754	856	13.5
研发经费投入(万元)	325	410	26.2
知识产权数量(个)	101	144	42.6
专利(项)	81	113	39.5
著作权(项)	20	31	55.0
就业人数(人)	863	1082	25.4
创意与研发人员数(人)	531	889	67.4

资料来源：江岸区政府。

在2014年天津全国青年创业园区建设工作会上，岱家山科技创业城作为全国首批40家青年示范创业园区正式挂牌，成为武汉市唯一获批的创业园区。岱家山科技创业城将继续依托江岸经济开发区，发挥创新优势，真正做到文化与科技融合，为新江岸的建设和大武汉的复兴助力。

（三）江岸区文化创意产业发展的主要特征

江岸区紧紧跟随文化体制改革的政策指引，着重加强文化与科技的融合，采取政策扶持、跟踪服务、平台建设、区内文化企业横向联合四大措施，结合大项目的带动，重点扶持文化与科技融合园区，打造典型，力图发挥武汉精神，打造文化江岸。江岸区的文化创意产业发展呈现以下三个特点。

第一，江岸区文化产业门类齐全，平台优势明显。江岸区历史文化资源丰富，地理优势明显，处于众多经济发展圈的中心，并形成了齐全的文化产业门类，包括文化旅游、传媒出版、文化艺术、创意设计、网络动漫等门类，这些门类在江岸区的发展中纵横联合，有利于发挥合力，在一个大的产业平台上相互交叉融合。例如，在旅游开发上，江岸区协调并推动中媒文化、阳光谊通、钻石艺术博物馆、浩瀚动漫等企业发挥各自优势，积极为江岸区设计开发各类文化旅游纪念品，深入挖掘江岸区的旅游文化元素，使异国文化资源展现出新的生机与活力。各类文化企业在搭建文化平台上各施所长，既展示了企业特色，也推进了江岸区文化产业的飞速发展。

第二，以项目带动产业发展，发挥重点园区的模范作用。江岸区坚持走质量效益型的集约发展之路、高端产业引领的跨越发展之路、创新驱动的持续发展之路，突出大项目高品质，转型发展建设新江岸，同时加强产业园区建设，用项目带动园区，通过园区平台服务项目企业，实现互利共赢、共同发展。特别是以岱家山科技创业城为代表的产业孵化器，积极吸引项目，培养创新人才，提供产业发展平台，做到互惠。在江岸区2014年的《政府工作报告》中，江岸区提出在15年的规划中要着力完成幸福垸产业园基础设施规划编制，推进园区基础设施建设，积极参与"一区多园"建设，形成与全市科技园区之间资源共享、空间互补、协调发展、政策对接的良性发展格局。继续实施"青桐计划"，支持岱家山科技创业城开展国家级创新创业孵化链条试点，加快构建"创业苗圃＋孵化器＋加速器"的全链条创业服务平台，打造大学生创新创业梦工厂。实施"科技型中小企业成长路线图"计划，加大战略性新兴产业发展引导基金对中小企业发展支持力度，培育创新能力强、成长性突出、发展潜力大的科技企业群。加大知识产权保护力度，促进创新成果转变成实实在在的产业活动，实现知识产权市场价值。

第三，政府充分发挥服务作用，大力支持文化创意产业。江岸区政府积极制定政策，想法子为企业提供平台，给予优惠政策，同时大力保护本地区文化资源。以开发园区为例，江岸区政府在岱家山科技创业城充分退到台后，积极发挥服务作用。2015年初，江岸区政府大力推进园区标准化和质量管理水平双提升：向园区企业全面普及《中华人民共和国标准化法》，深入企业广泛宣传标准化与质量管理的意义和作用；在园区设立"创新驱动质量管理大讲堂"，持续开展培训活动；积极申报智能机电高新技术特色产业基地，建设检验检测公共服务平台；举办互联网商业模式论坛，引导企业开展工业4.0智能制造，争创全国"创业孵化链条建设"试点，建设质量信得过大学校园式创业社区，以良好的服务引导企业充分走向市场，参与竞争，成为企业的"好帮手"。

三 江岸区文化创意产业发展的瓶颈

（一）新型园区建设初具规模，集聚效应初步显现，但区域品牌效应仍不明显

产业集群概念最早是由迈克尔·波特提出的，他在其著作《国家竞争优势》中指出，产业集群是推动区域经济增长的重要方式，是区域创新系统的一种重要实现方式，是提升区域竞争力的重要方式，具有"规模效应""创新空气""集聚效应""衍生效应""黏性效应"等。[①] 区域文化产业集群发展不仅能成为区域经济的一个重要增长点，而且有利于区域经济结构转型，快速提升区域文化产业的竞争力。在我国文化产业发展呈良好态势的大环境下，各个城市都致力于发展本区域的文化产业，正向着文化产业集群集约式转型升级，走区域文化经济可持续发展道路。而文化产业园区则是产业集群发展的重要载体。

目前，江岸区文化产业园区的发展既有政府主导的"中关村"型，又有文化商人牵头的"大芬油画村"型和艺术家自发形成的"798"型，涵盖类型齐全。近年来江岸区大力发展本区文化产业，按照推动文化与科技、金融、旅游、商贸融合的思路，积极引进、扶持和培育了一批文化产业项目，各自有准确定位的文化产业园区逐步繁荣起来。例如，青岛路文化创意产业园是以华中

---

① 崔文昊：《成都市推进文化与科技融合促进文化产业发展研究》，四川省社会科学院硕士学位论文，2013，第43页。

版权数据管理与资源信息中心、版权展示和交易中心为主形成的以出版、动漫、数字娱乐制作等为主的特色产业集聚区；外滩里设计艺术中心、卢沟桥路民营文化设计创意园、"武汉坊"微创意文化基地、"界立方"创意空间、汉口金库艺术区主要是以文化艺术创意、文化传媒、文化策划、工程设计、工业设计、平面设计、园林设计等为主的文化艺术创意设计园区；长江传媒大厦文化创意基地主要是以文化传媒为主流的文化产业基地，致力于打造武汉市乃至国内文化创意产业基地新旗舰。除以上综合性的文化艺术创意设计园区以外，江岸区政府为落实文化和科技融合发展战略，重点打造了黄浦文化科技园、武汉出版文化产业园和岱家山科技创业城三种不同类型的新型文化产业集聚区。其中，黄浦文化科技园及园区内企业金运激光分别被认定为武汉市文化和科技融合示范园区、示范企业，园区内全省最大的民营建筑设计企业正华设计被认定为武汉市第二批文化和科技融合试点企业。武汉出版文化产业园和岱家山科技创业城也被认定为武汉市第二批文化和科技融合试点园区。

到目前为止，江岸区共有8个已建成的园区、4个在建园区、2个拟建园区，是武汉市文化产业园区发展速度较快、数量较多的区域之一。随着各个园区的快速发展，武汉市文化产业发展的部分资金、创意人才、科学技术等逐步向江岸区各个园区涌入，园区初具规模，集聚效应初步显现。虽然近年来江岸区新型文化产业园区发展速度较快，但是与北京、上海、深圳等城市的文化产业园区相比，江岸区文化产业园区的发展仍处在发展完善阶段，品牌园区效应仍不明显。自我国大力推进文化产业建设以来，各地文化产业园如雨后春笋般崛地而起，数量惊人，许多地方政府为了快速提高本地GDP，降低文化产业园区准入门槛，导致大多园区质量欠佳、千篇一律，产业形态雷同、内容相似，同质化现象比较严重。江岸区文化产业园区虽然在区位、文化、经济以及产业园区数量上具有一定的优势，但是对能够代表本区域特色的园区品牌挖掘还不够深入，没有形成在国内具有一定影响力和行业领先地位的品牌园区。

（二）投资主体较为单一，投融资政策无法满足企业发展的需要

目前武汉市江岸区文化产业投资主体较为单一，主要以民营企业和政府投资为主。以黄浦文化科技园和岱家山科技创业城为例，2013年和2014年，黄埔文化科技园民营企业投资额分别为3297.48万元和6946万元，2014年较2013年增长110.6%；政府投资额分别为1320万元和646万元，2014年较2013年增长-51.1%。2013～2014年，岱家山科技创业城完全由民营企业注资，共投入2000万元。

2012年，《武汉市关于加快文化产业发展的若干政策》（以下简称《若干政策》）出台，对文化企业投融资给予了相关的政策红利。武汉市江岸区政府在参照《若干政策》的基础上努力为文化企业营造良好的投融资环境，建设良好的投融资平台，在一定程度上缓解了文化企业的资金困难，保障了文化产业队伍的健康发展和不断壮大。但是，长期以来，融资难是困扰文化企业发展的难题，尽管《若干政策》对文化企业融资有相关表述，但在实际操作中有一定难度。① 而江岸区政府的投融资政策与服务依然需要完善。一方面，江岸区各个文化产业园区的文化企业多为中小企业，很难向银行提供有形资产作为贷款抵押；另一方面，江岸区现有的财税政策优惠力度不大，不能吸引更多的投资主体，如社会资本、银行资本等。根据《若干政策》的规定，市财政每年提供不少于2亿元的文化产业专项资金，虽然总体数额较大，但是分拨到每个区域就比较少了。而北京市每年的文化产业专项资金达到100亿元，深圳市则从3亿元增加到了5亿元。②

（三）文化和科技融合创新能力仍显不足

历史上每一次科技的变革，必定会为文化带来新的传播技术，而文化的传承创新离不开科学技术的支撑。自党的十八大提出"促进文化和科技融合，发展新型文化业态，提高文化产业规模化、集约化、专业化水平"的纲领性任务要求以来，全国各地都在高举促进文化和科技融合的旗帜，积极探索文化和科技融合创新之路。力图借文化和科技融合之力调整优化地方经济结构，发展文化产业新业态。

2012年10月底，武汉市召开文化产业振兴暨文化和科技融合工作动员大

---

① 《国内主要城市文化产业政策比较分析》，大武汉宣传网，http://www.whxc.org.cn/2014/0527/361.shtml。
② 《国内主要城市文化产业政策比较分析》，大武汉宣传网，http://www.whxc.org.cn/2014/0527/361.shtml。

会，出台了《武汉市文化产业振兴计划（2012~2016年）》《武汉市关于加快文化产业发展的若干政策》《武汉国家级文化与科技融合示范基地建设实施方案（2012~2015年）》，成立了由19位专家组成的文化和科技融合工作专家委员会，命名了首批10个文化和科技融合试点园区、21家文化和科技融合试点企业，吹响了实施文化产业创新发展、跨越式发展的号角。[①] 江岸区政府在严格按照以上各项政策要求发展本区域文化产业的同时，出台了与地区文化和科技融合的实际情况相符合的具体措施，如《江岸区文化和科技融合发展推进方案》。近年来，江岸区文化和科技融合创新虽然取得了良好的发展，但是对文化和科技融合在机制、模式方面还没有进行系统的研究并形成完善的体系，对文化和科技融合的新型产业园区而言，文化和科技融合在一定程度上出现脱节现象，文化和科技融合创新能力仍显不足。

目前江岸区一些传统的文化企业资产规模较小，没有雄厚的资金支撑技术创新研发的平台。而具备一定实力的科技企业，虽然可以利用高新技术去探索涉足文化产业领域，转变经济发展方式，但是因文化内容的缺乏而无法取得长足发展。现阶段文化产业重点领域与高新科技领域缺乏紧密的联系和有效的合作机制，并且在融合的深度上缺乏创新力，这不仅导致文化科技企业无法获得较高的利润和较大的市场空间，而且制约了文化产业的后续发展，影响了产业价值链的形成，最终制约了文化和科技融合创新能力的提高。此外，我国现阶段虽然把文化和科技融合作为发展文化产业、提高国家软实力的一种新方式，但是尚处在实践探索的初级阶段，一些文化领域内的核心技术仍然无法赶超群雄，尤其是数字文化产权保护和数字内容集成分发等。

（四）缺乏完善的公共服务平台

文化产业园区公共服务平台是为了创意产业和文化的发展，针对某类中小企业、院校在某一时期的公共需求，通过组织整合、集成优化各类资源，提供可共享共用的基础设施和设备以及信息资源共享的各类渠道，以期为用户提供辅助解决方案，达到减少重复投入、提高资源效率、加强信

[①] 吴天勇、章可：《促进文化科技融合 实现文化产业振兴》，《政策》2013年第1期。

息共享的目的。① 文化产业园区公共服务平台作为一个开放的系统，能够为园区内的企业、科研院所提供系统、科学、高效的公共服务。而公共服务平台将园区内的各种有效资源进行整合创新，形成了完整的产业链与市场渠道。不仅能够吸引公众进行消费，提高产业生产率，而且能够吸引文化产业领域内具备实力的大型企业入驻，使文化产业园区逐步壮大并趋于完善。

目前江岸区一些文化产业园先后建立了相关的公共服务平台，这对园区内企业的生产和创新起到了一定的积极作用，但是文化产业园区公共服务平台的建设还有待进一步完善。为园区内的企业提供它们真正需要的政策、融资、法律、培训等公共服务内容以及完善公共服务平台的管理是要解决的首要问题。而且在园区的公共服务平台建设中也存在公平性与服务性的价值取向缺失问题。对文化产业园区公共服务平台按功能划分，可以分为生产型公共服务平台和管理型公共服务平台。生产型公共服务平台包括公共技术服务平台、物流仓储服务平台、公共商务平台、公共基础设施平台。管理型公共服务平台包括政务服务平台、能源智能化应用和可视化管理平台、停车场智能化管理平台、园区综合监控平台、园区一卡通平台、园区公共信息发布平台、园区经济辅助决策平台。以岱家山科技创业城和黄埔文化科技园为例，岱家山科技创业城建立的公共服务平台包括智能机电公共技术服务平台、产品展示服务平台（厅）、商务服务平台、知识产权服务平台、人力资源服务平台、中介服务平台、投融资服务平台、科技信息服务平台，黄埔文化科技园也先后建立了研发平台、展示平台、孵化平台、投融资平台、交易平台、培训平台等公共服务平台。虽然以上两个新型文化产业园区公共服务平台的内容建设逐渐趋于完善，但是生产型公共服务平台的内容及管理还需进一步得到提升。同时，其他文化产业园区的公共服务平台建设与新型文化产业园区相比稍有滞后。

（五）人才机制无法适应新型园区发展的需要

区域文化创意产业的发展，以及文化和科技深度融合的实现，不仅需要高新技术做科技支撑，而且需要高端创意人才做智力支持。高端创意人才的缺失

---

① 俞海波：《创意产业园区公共服务平台建设方法研究》，华东理工大学硕士学位论文，2012。

也就意味着文化创意内容的缺乏。目前国内大部分文化产业园区的企业面临创意人才缺失的问题，尤其缺乏具备"A+B+C"，即Art（艺术）、Business（商业）、Computer（计算机）技术的复合型高端创意人才。一方面是由于产业园区产学研合作机制不够完善；另一方面也跟地方人才引进政策有一定关联。

目前江岸区出台了一系列文化创意人才引进、培养的相关政策和实施办法，但是从现实情况看，文化产业园区仍然存在人才数量不足、结构不合理、培养机制不健全的现象，急缺"A+B+C"复合型高端创意人才。江岸区政府采取多种形式引进了一批具有高端创意的人才，但是受人才管理机制、工资奖励等各种客观因素的限制，各类文化创意产业人才外流现象严重，在很大程度上影响了园区企业的发展和创新。另外，江岸区文化产业园面临人才结构不合理的问题。文化科技融合需要大量的"A+B+C"复合型人才，而目前许多高校在专业设置上更新缓慢，与文化产业市场对复合型人才的需求出现脱节现象。以黄浦文化科技园为例，2014年园区就业人数为3730人，而创意与研发人员仅为220人，人员总数所占比例非常小。

（六）知识产权保护仍属薄弱环节

文化产业的发展离不开知识产权的保护。虽然近年来江岸区出台了许多有关本区文化产业发展的政策，但大多只是对本区域文化产业发展的扶持政策，如资金扶持、税收扶持等，并没有太多涉及文化产业知识产权保护方面的政策。此外，与文化产业相关的企业对知识产权创新与保护的意识不够强。文化产业属于创意产业，其生产活动就是创新意识的生产，在科技高速发展、文化产业规模不断扩大的今天，存在文化创意产品被肆意复制侵权等现象，知识产权保护不全面在一定程度上阻碍了文化创意产业的发展。

在专利申请方面，江岸区新型产业园区的专利申请数量持续增长，以岱家山科技创业城和黄浦文化科技园为例，岱家山科技创业城2013年专利申请数为81项，2014年为113项，同比增长39.5%；著作权数量2013年为20项，2014年为31项，同比增长55.0%。黄浦文化科技园2013年专利申请数为80项，2014年为102项，同比增长27.5%；著作权数量2013年与2014年均为20项，同比增长为0。但是2014年江岸区专利申请在总量上比其他区域略少，为1156件，同比增长-8.69%；专利授权量为636件，同比增长-34.77%，居全省第十位，区政府的扶持力度还有待加大。

四 江岸区文化创意产业发展路径选择

（一）发挥比较优势，培育强势品牌

在未来区域文化创意产业的发展过程中，除了在政策、资金上进行扶持和投入以外，还需要发挥比较优势，树立文化创意产业园区区域品牌。强势品牌的培育有利于提高文化产业的核心竞争力，而品牌的创造是区别于其他园区的重要标志，是避免归入同质化大流的重要途径。强势品牌的建构需要政府和企业的共同努力。地方政府需要在宏观层面上对品牌园区的建立和形象推广起到政策扶持、实际指导的作用，文化企业则需要通过对园区品牌的有机整合进行市场营销。在培育文化产业园区品牌的过程中一定要结合本土化特色和武汉风格，塑造品牌个性气质。只有大力打造文化产业的本土化特征，发挥比较优势，才能在千篇一律的文化产业园区中旗帜鲜明，在市场上具有竞争力，文化产品质量和内涵才会受到消费者的关注和认可。江岸区是一个文化资源大区，可挖掘的特色资源更是包罗万象，对于能够代表本区域的特色文化资源，要在借鉴其他成功品牌园区经验的基础上进行深度开发。要对内容进行整合，对形式进行创新，成功地把文化资源转化为具有品牌效应的文化生产力。

在培育区域文化产业强势品牌的同时，对品牌产品的定位和识别系统的建构要符合广大消费者的文化审美。园区品牌的建立也只有在获得消费者认同的情况下，才能提高美誉度、忠诚度和竞争力。此外，还需进一步引导民众的文化消费，扩大园区品牌产品的销售渠道。

（二）建立健全投融资服务体系

文化产业不仅属于知识密集型产业，而且也是资金密集型产业，江岸区政府要在充分考虑区位、文化、经济等因素的基础上建立一种新型的投融资模式。要充分利用社会力量，将政府、企业、银行、证券公司、行业协会、担保公司等各种主体进行有机合理的结合。投资主体趋于多元化，文化产业的发展将获得更多的资金注入。

从政府层面来说，首先，要建立健全投融资服务体系，进一步加大文化产业专项资金支持力度，优化财税优惠政策。在对园区企业做好引导和监督工作的同时，积极创建各种融资渠道，逐步降低文化产业投资的准入门槛，积极鼓励社会闲散资金、民营企业资本的注入。其次，要健全担保体系，完善担保制度，鼓励社会民间担保公司与担保机构的建立与发展，努力协调园区企业与银行、证券公司以及担保公司的关系，创新融资产品，加大金融支持力度，扩大授信额度，加大对文化创意产业园区的支持力度，切实解决文化产业园区企业融资难的问题。

（三）促进文化和科技深度融合

促进区域文化创意产业和高新科学技术深度融合的实现路径主要着眼于两个方面。首先，要推动新兴文化产业的培育与发展。目前，发展快速的文化产业园区大多以数字技术为依托优化和升级传统文化产业门类，所以江岸区新型文化产业园要整合区域特色优势资源和技术资源，加速文化产业与数字技术的深度融合，以科技创新带动文化产业发展，促进文化产业转型升级，融文化内容于科技产业，加快产业融合发展。其次，要提高文化科技创新能力，完善文化科技服务创新体系。江岸区要充分利用区位优势，依托区域现有资源，将所在区域的高等院校、科研院所和文化科技企业紧密结合，以产学研战略联盟为平台，加强文化产业孵化器建设，积极开展文化科技领域共性关键技术交流。

以3D打印机为例，与其发展初期相比已经是完全不同的规模，现今的3D打印并不限于Makerbot制造的桌面级3D打印，还可以打印一些微小的零部件并将其组合起来，甚至创建一个大型的生产机构，在未来还有可能为工业化所用，提高生产效率。上海迪士尼运用3D打印设计技术取代传统模型制作，将搭建一座城堡所需的时间从3周大幅缩短到8小时，楼梯、走道、回廊等细节纤毫毕见，提高了设计效率。在游览节目设计方面，通过引入三维沉浸式体验技术，设计工程师戴上特制的眼镜后，在他们面前的环形银幕上就会出现超真实的虚拟场景，帮助工程师设计更刺激、更奇幻的游乐项目。在参观游览时，游客们戴上基于物联网技术的腕带设备后，可以凭腕带进入园区、预约热门游乐项目、购买纪念品，极大地方便了游客。[①]

[①] 秦月：《上海文化与科技融合产业发展研究》，华东师范大学硕士学位论文，2014。

（四）完善新型园区公共服务平台

公共服务平台最基本的功能是集聚各种优势资源形成一个大型资源库，产生集聚效应。而公共服务平台实体、平台内容以及服务是否完善，直接影响到文化产业创意园区的集聚效应。所以，实现园区的集聚效应必须完善公共服务平台。

首先，江岸区政府要在政策上予以大力支持。目前许多文化创意产业园区的平台实体依托的大多是本区域较有特色的老建筑，如青岛路文化创意产业园就坐落在具有"万国建筑博物馆"之称的汉口老街区，平台实体的所有权归政府所有。所以，政府要在园区平台实体的选择方面给予更多的相关政策优惠和鼓励。此外，要积极创建展现文化和科技融合的特色平台，与区域高等院校以及文化科技企业合作共建公共服务共性技术平台，进一步优化生产型公共服务平台和管理型公共服务平台的内容建设。

其次，要促进重点产业推动公共服务平台的完善。公共服务平台的建设必须遵循"市场化运作、面向产业、服务企业"的原则，所以公共服务平台的打造既要提高社会参与程度，又要结合本地区的重点产业特征，尤其是文化创意产业园区的企业所拥有的产业资源，如武汉出版文化产业园的公共服务平台依托的是武汉出版集团公司和武汉黄浦文化科技园石桥科技发展公司，黄浦文化科技园依托的则是上市公司金运激光有限公司。

（五）创造良好政策环境，广纳高端创意人才

文化产业属于知识密集型产业，而文化产业人才不仅是技术的提供者，而且是文化内容的创新者。所以，产业的发展离不开对人力资源的投入。首先，江岸区要立足对本地文化创意人才的培养。利用武汉市高等院校资源，深化产学研合作机制，着力培养具有文化与科技融合创新能力的实践性人才。同时，建立产业人才培养基地，定期输送园区企业工作人员深造学习，以此提高文化产业人才的基本素质。其次，政府要积极搭建平台，优化人才引进政策。要依托新型园区的大型项目和区域特色优势资源，吸引国内外具有知名度的大型企业和高端创意人才。最后，要完善人才引进的相关配套政策，为高层次人才提供良好的政策环境，如给予一定的财税优惠政策和住房保障政策等。

（六）营造有利于园区发展的产权制度环境

江岸区政府作为区级政府，不具备制定和完善知识产权法的权力，所以在推行国家知识产权法律的情况下要尽可能优化园区发展的产权制度环境。首先，要面向社会大众全面普及文化产业知识产权相关知识，包括文化企事业单位、市民以及从事文化产业的工作人员。定期开展文化产业知识产权培训，以及以"4·26世界知识产权日"为主题在各个产业园区、文化企事业单位和社区开展知识产权内容宣传与教育活动，以此提高社会大众与文化产业知识产权相关的法律意识。对文化企事业单位而言，对文化产业知识产权相关法律的掌握，有利于对自我创意成果的保护，防止侵权现象发生，从而提高园区企业以及文化创意人员的工作积极性，促进文化产业的良性发展。其次，政府要鼓励各个园区建立企业知识产权保护联盟，并加大知识产权保护的执法力度，建立维权举报奖励制度，严厉打击各种侵犯著作权、专利权和商标权的行为，为江岸区文化创意产业园区的发展营造一个规范、健康、有序的制度环境。

B..8

文化创意互相融合　园区集聚建构优势
——武昌区文化创意产业发展报告

翟艺琳　张帮晋*

摘　要：	武昌是中国历史文化名城，拥有深厚的文化底蕴。作为江城武汉重要的中心城区，武昌区拥有雄厚的经济实力、发达的文教事业和便利的交通。这些区位优势为本地区发展文化创意产业提供了资源禀赋，打下了坚实的基础。2014年武昌·长江创意设计产业园区获评第五批国家级文化产业试验园区，表明武昌区文化创意产业发展已经取得一定进展。本文拟在总体把握武昌区文化创意产业发展现状及特点的基础上，对相关重点行业的建设及发展问题进行深入研究。总结其成功的发展模式，并针对其发展过程中存在的困难与挑战提出对策和建议，以进一步促进武昌区文化创意产业稳健发展。
关键词：	武昌区　文化创意产业　园区集聚

一　武昌区文化创意产业发展现状

武昌是中国历史文化名城，拥有深厚的文化底蕴。作为江城武汉重要的中心城区，武昌区拥有雄厚的经济实力、发达的文教事业和便利的交通。这些区位优势为本地区发展文化创意产业提供了资源禀赋，打下了坚实的基础。自

---

* 翟艺琳，华中师范大学国家文化产业研究中心教师，研究方向：故事漫画与动漫产业。张帮晋，华中师范大学国家文化产业研究中心硕士研究生，研究方向：文化资源与文化产业。

2003年起，在武汉中心城区功能转型的推动下，武昌区按照"退二进三"的发展方针，确立了文化产业位列全区四大支柱产业的功能地位，先后实施了武昌古城、首义文化区、武昌·中部设计之都、东湖西岸－沙湖南岸文化传媒产业带等一系列文化项目工程。① 2009年，武昌区围绕软实力建设，不断调整优化产业结构，将文化创意产业纳入本地区的支撑产业格局中，初步形成了以总部经济为龙头，以文化创意、金融保险、高新科技、商贸旅游为支撑的"1 + 4"产业融合格局。② 2014年，武昌区认真贯彻落实党的十八大及十八届三中、四中全会精神，大力实施"三区融合、两翼展飞"发展战略，持续推进服务业升级计划，金融、文化创意设计、高新科技、商贸旅游等重点产业规模进一步扩大，质量进一步提升。③ 由此可见，近年来武昌区在制定本区发展战略时已将文化创意产业提升到一个十分重要的战略地位，通过出台各项政策措施，着力为文化创意产业发展营造良好的政策环境。

（一）文化创意产业增值突出

文化创意产业作为现代新兴产业，因其无可比拟的发展潜力而被誉为21世纪的"朝阳产业"。随着知识经济时代的到来，文化创意产业在促进区域经济发展方面发挥的作用日益显著。由发达国家发展的经验可知，当人均GDP为1000～5000美元时，推动城市经济增长的主要动力是加工、制造及传统服务业；当人均GDP为5000～10000美元时，推动城市经济增长的主要动力是创意产业、高科技产业、科技创新和服务业。④ 可以预见，随着经济社会的不断发展，未来以文化创意产业为代表的高科技、创意产业将逐步成为拉动经济增长的核心要素。

近年来，武昌区第三产业发展迅速，产业产值呈逐年上升之势（见表1），

---

① 湖北省文化厅：《武昌·长江文化创意设计园区简介》，湖北省文化厅网站，2014年10月31日，http：//www.hbwh.gov.cn/whcy/cywgjd/8000.htm。
② 武昌区委宣传部、武昌区文产办、武昌区科技局、武汉大学发展研究院：《武昌文化创意产业发展白皮书》，新华网湖北频道，2008年4月24日，http：//www.hb.xinhuanet.com/zhengwu/2008－04/24/content_13076999.htm。
③ 武昌区政府：《2014年武昌区政府工作报告》，武汉市武昌区政府信息网，2015年1月5日，http：//www.wuchang.gov.cn/wcqzfzz/zwgk/jbxxgk/zfgzbg/zfgzbg/1337596/index.html。
④ 张文洁：《英国创意产业的发展及启示》，《云南社会科学》2005年第2期。

其中文化创意产业发展尤为迅速。相关统计资料显示，2004～2007年，武昌文化创意产业以年均超过30%的增长速度支撑了区生产总值年均13.6%的增长率，其中研发设计、文化传媒分别以年均40%、25%的速度增长，二者在武昌经济社会发展中的地位日趋重要。2011年武昌区文化创意产业对财政收入的贡献率达到18.5%；2012年武昌区文化产业完成税收18亿元，增长22%。①2010～2012年，全区文化产业分别实现税收13亿元、14.8亿元和20亿元，增幅逐年提升，分别为10.5%、13.8%和35.1%。2013年，全区文化产业实现增加值45亿元，占地区生产总值的6.3%，在武汉市文化产业增加值中的占比达到17%。②目前，全区文化产业企业有5314家，税收过千万元的文化企业超过20家，有3家文化企业税收过亿元。其中，设计企业有2837家，纳税贡献占文化产业税收总额的57%以上，产业优势十分明显。艺术品业、旅游业、影视业和培训业增幅较大，分别增长77.46%、36.41%、23.89%和8.87%。③

表1 2010～2014年武昌区GDP、第三产业产值及其占GDP比重、人均可支配收入变化情况

年份	GDP(亿元)	第三产业		人均可支配收入（万元）
		总产值(亿元)	占GDP比重(%)	
2010	470	385.4	82.0	2.1
2011	530	434.6	82.0	2.4
2012	640	537	83.9	2.7
2013	710	600	84.5	3.1
2014	800	690	86.3	3.8

资料来源：2010～2014年《武昌区政府工作报告》。

文化创意产业发展所创造的经济效益对武昌区域经济发展的贡献毋庸置疑。武昌区文化创意产业的高经济增长值与本区在文化创意产业发展方面所坚

---

① 武昌区政府：《2012年武昌区政府工作报告》，武汉市武昌区政府信息网，2013年2月1日，http://www.wuchang.gov.cn/wcqzfzz/zwgk/jbxxgk/zfgzbg/zfgzbg/1177899/index.html。
② 湖北省文化厅：《武昌·长江文化创意设计产业园简介》，湖北省文化厅网站，2014年10月31日，http://www.hbwh.gov.cn/whcy/cywgjd/8000.htm。
③ 武昌区政协：《武昌发展文化创意产业新业态的建议》，武汉市武昌区政协信息网，2014年6月30日，http://wczx.wuchang.gov.cn/Publish/2014-6-30/2014-6-303731866.shtml。

持的"文化武昌"发展战略密切相关，武昌区始终把文化作为第一资源、第一优势和促进区域发展的第一动力、第一品牌，力求推动文化产业成为武昌城市功能转型的引擎和经济发展的增长极。

（二）文化创意产业示范园区、示范基地不断涌现

"文化产业园"是将文化产业以园区化、规模化的形式进行发展。通过将文化企业在地理空间上集聚，进而形成集企业、孵化、政策、投资管理、后勤服务和产权交易等一系列功能于一体的文化产业园。文化产业园区化发展可以集聚大量文化企业，使产业之间的集群优势得到充分发挥。国家级文化产业示范园区是指在文化产业资源开发过程中，在文化行业集聚和文化企业及与之相关的产业链集聚过程中，对区域文化相关产业发展起带动、示范作用并能够发挥园区经济效益和社会效益的特定规划区域。

建设国家级文化产业示范园区对武昌意义重大，不仅可以极大地促进武昌区文化创意产业的规模增长和品质升级，而且能够加速提升武昌区文化创意产业在全市、全省乃至中部地区的竞争力。因此，武昌区委、区政府将成功申创国家级文化产业示范园区确定为战略重点，并强力推进。①

自 2012 年以来，武昌区政府秉持"发挥优势、整合资源、集群发展、树立品牌"的工作理念，大力助推文化创意产业园区的发展。通过区政府、企业、市场、社会四者共同发力，武昌区文化创意产业取得突破性进展，先后培育并获批文化部、省文化厅命名的国家级文化产业试验园区 1 家、国家级文化产业示范基地 1 家、省级文化产业示范基地 8 家，获市委宣传部命名的市级文化与科技融合园区（企业）5 家，以武汉万达德贡演艺有限公司、武汉武昌文化旅游产业发展有限责任公司、湖北视纪印象科技股份有限公司等为代表的多家企业共获得国家、省、市级文化产业发展专项扶持资金 1000 万余元，形成了一批具有较强成长性和较大发展潜力的文化产业园区、基地及代表企业。其中，武昌·长江文化创意设计产业园于 2014 年获批第

---

① 武昌区政协：《武昌建设国家级文化产业示范（试验）园区的思考》，武汉市武昌区政协信息网，2014 年 6 月 30 日，http：//wczx.wuchang.gov.cn/Publish/2014 - 6 - 30/2014 - 6 - 30382769.shtml。

五批国家级文化产业试验园区,湖北视纪印象科技股份有限公司获评第六批国家级文化产业示范基地;湖北知音传媒集团、武汉万达东湖置业有限公司、湖北视纪印象科技股份有限公司、武汉东创研发设计创意园有限公司、邦维文化、琴岛文化、尚格会展和海山文化等获评湖北省文化产业示范基地。[1] 至此,武昌区形成了以武昌·长江文化创意设计产业园为龙头的一批国家级、省级重点文化创意产业示范园区和示范基地群。在政府与企业的共同努力下,截至2014年底,武昌·长江文化创意设计产业园共入驻企业1832家,其中文化企业达1493余家,占园区企业总数的81.5%;实现产业总值146亿元、增加值43.2亿元、税收17.5亿元。[2] 由此可见,武昌·长江文化创意设计产业园在产业集群发展、园区集聚建设过程中已逐步形成自身的特色和优势。它充分利用本区文化创意和设计服务优势产业的势能,融合旅游、科技、金融等相关产业,努力发展成为湖北省文化产业的领军性园区和标杆性园区(见图1、表2)。

图1 武昌·长江文化创意设计产业园

---

[1] 中共武汉市委宣传部:《武昌区多家文化企业获评省级文化产业示范园区和示范基地》,大武汉宣传网,2015年1月23日,http://www.whxc.org.cn/2015/0123/17213.shtml。
[2] 中共武汉市委宣传部:《武昌:文化创意设计产业领跑者》,大武汉宣传网,2015年2月4日,http://www.whxc.org.cn/2015/0204/17578.shtml。

表2　武昌区文化产业示范园区和示范基地

湖北省文化产业示范基地	省级文化产业示范园区	国家级文化产业示范基地	国家级文化产业示范(试验)园区
湖北知音传媒集团(第一批) 武汉万达东湖置业有限公司(第三批) 湖北视纪印象科技股份有限公司(第三批) 武汉东创研发设计创意园有限公司(第三批) 邦维文化(第四批) 琴岛文化(第四批) 尚格会展(第四批) 海山文化(第四批)	楚天181文化创意产业园(第一批) 昙华林艺术区(第一批)	湖北视纪印象科技股份有限公司(第六批)	武昌·长江文化创意设计产业园(第五批)

注：括号内为入选批次。
资料来源：根据武昌区政府提供的相关资料整理而成。

（三）文化创意产业重点项目稳步建设

"十二五"时期，武昌区结合其地域特色，依托区域优势资源着力发展相关文化创意产业。文化创意产业重点项目稳步建设，形成了以东湖西岸文化传媒产业带、滨江商务文化休闲产业区、楚河汉街文化旅游商贸产业带、首义文化区及昙华林风貌体验区等文化片区和文化线交织融合的文化产业集群区。武昌区致力于将该产业集群区打造成本区文化创意产业的名片，将其建设发展为武昌区文化创意产业的品牌。

1. 东湖西岸文化传媒产业带

作为武昌区的文化重地，东湖西岸文化传媒产业带附近区域范围内集聚着湖北省社会科学院、湖北省文化厅、湖北省文联、湖北知音集团、湖北日报报业集团、湖北省博物馆、新华社湖北分社等全省多家文化主管部门和文化传媒机构，这表明武昌区也是湖北省文化的中心地带。"十二五"期间，武昌区政府继续坚持以往的文化政策，以湖北知音集团产业园区、湖北日报报业集团传媒大厦、湖北省艺术馆、湖北省博物馆、楚文化展示场馆等文化项目为重点建设项目。希望依托这些文化项目的建设，以其为契机，促进周边文化产业群的集聚。力争到2016年，努力将东湖西岸文化传媒产业带建设成为湖北省的"文谷"。

2. 滨江商务文化休闲产业区

武昌西临长江，坐拥延绵13公里的滨江岸线。新规划的滨江商务文化休闲产业区位于长江一桥和二桥之间，连续滨江界面长达5530米，总用地规模为

134.16公顷，规划有4条轨道线和1条过江隧道贯穿其中，新增19条垂江道路，构建系统化、立体式的交通网络。规划形成武昌临江公园、滨江防护林带、集中绿地和沿街绿带相结合的生态系统，构筑观江、游憩的滨江生态走廊；规划建设积玉桥D-H片综合商贸区、裕大华高档商务中心、车辆厂金融商务区、月亮湾文化商贸区，总建筑规模约为200万平方米，其中临江一线酒店商业设施、文化休闲娱乐等公建设施面积为110万平方米，并通过强化标识建筑和功能分区，促成特色鲜明、起伏有序的临江天际线，将滨江商务文化休闲产业区建设成集历史教育、文化体验、休闲旅游等于一体的独具武昌水文化特色的"城市外滩"。

3. 楚河汉街文化旅游商贸产业带

楚河汉街文化旅游商贸产业带靠近东湖、沙湖两个城市大湖，南面靠近公正路白鹭街，北面紧靠武汉重型机床厂。楚河汉街整个的规划总用地面积约为1.7平方公里，拆迁建筑面积约为100万平方米。这是武汉大东湖水网连通的启动工程，以明渠方式连通两大城中湖。建成后的楚河总长度为1700米，源头在水果湖区，流经武汉重型机床厂宿舍区、中北路，最后与沙湖连通。楚河的修建是利用武汉湖泊水的文化内涵发展城市经济的一个典范。此外，汉街依楚河两岸而生，总长为1500米并设计有3个主题文化区和10个游览景点区。依据附近地区的区位特色，将省老干部活动中心、省老年大学、特色餐饮区和展云阁等景点布局在东段。在中段以南，即现在白鹭街泰华大厦一侧，将咖啡休闲、高端精品旗舰店、楚韵会馆、千湖馆、民俗文化馆、地下超市等汇集在此。此外，在此处设涌月台、洲前草色、东沙人家等与水文化相关的特色景点；在楚河以北设艺术沙龙、创意文化园等以创意为核心要素的文化区。在中北路以西段，则布局了以文化活动和公共活动为主的场馆，主要有民间美术馆、主题餐厅、健身会所、映晴阁、有浪花无影、河上梅花等相关景点。

4. 首义文化区

首义文化区是首义辛亥革命发生、发展集中的活动范围，具体是指武昌旧城内蛇山、紫阳湖之间，西面靠近复兴路，东面紧接首义路，北面邻近蛇山，南面毗邻津水路的区域。首义文化区的总面积为178公顷，依据"整体规划、分期实施"的原则进行三期建设。其中重点建设首义文化园、以蛇山为核心的南北向和东西向的主题景观区及紫阳区。首义文化区在建设过程中将蛇山自然景观、武昌红楼文化景观、首义广场、紫阳湖公园景区和起义门五大景区打通,以实现"坐拥山水、背山面水"的景观格局;并以"敢为天下先"的首义精神为宗旨,力图将首义文化区建成集旅游、休闲、纪念、教育于一体,融历史遗迹与现代风貌于一身的文化区典范。将其建成武汉市具有强烈认同感和知名度的地标级城市景点,使其成为体现江城文化神韵的特色景区。

5. 昙华林风貌体验区

昙华林风貌体验区是武昌古城保护与复兴规划的重点建设区域之一,处于其核心的昙华林历史文化街区也被纳入武昌区"十二五"规划的重点发展项目。昙华林历史文化街区地处武昌老城区东北部,靠近花园山北麓。规划的建设范围是东面毗邻中山路、南面紧接粮道街、西面靠近得胜桥和凤凰山、北面紧临中山路的围合区域,总面积为104.1公顷,区域范围内有瑞典教区、仁济医院等20多处优秀历史建筑,除此之外,还有昙华林街、太平试馆、戈甲营等数条历史风貌保存较好的街巷。可以说昙华林风貌体验区是近代中西文化交流、碰撞、融合的重要历史地段,这里以实物为历史标本,记载着近代武汉众多的历史事件,充分彰显了武昌厚重的历史文脉。"十二五"期间,武昌区继续遵循"保护为主、适度发展"的方针,将在昙华林风貌体验区内规划建设历史文化展示区、古城文化展示区、街巷生活文化展示区、生态景观风景区、宗教文化展示区、居住生活区、综合服务区七大功能区,并在建设过程中,始终将"保护"的主旨贯穿其中,力图将昙华林建设为以优秀历史建筑为核心,以山、城、街巷、建筑为基本结构特色的历史文化街区。① 这一系列重点项目的稳步推进,充分利用了武昌区得天独厚的自然及历史文化资源,将古城区开发保护与文化产业发展相结合,力图使武昌区文化创意产业逐步发展成为集文化旅游、休闲娱乐、商务贸易于一体的多功能产业区,并促使新兴产业融入千年古城的血脉中。

二 武昌区文化创意产业发展的特点

武昌区发挥本区域的资源优势,结合本地区的区位优势,在文化创意产业发展中逐渐形成了自身的发展趋势和特点。

---

① 武昌区政府:《武昌区"十二五"文化发展规划(文化产业部分)提纲》,武汉市武昌区政府信息网,2012年9月17日,http://www.wuchang.gov.cn/wcqzfzz/zwgk/jbxxgk/fzgh/zxgh/1185283/index.html。

（一）特色产业集群形成因地制宜

文化创意产业集群发展是我国当代产业集群发展中的一种新兴形态，其内涵是以某一文化产业为核心，以此吸引大量彼此相关联的创意工作者、创意产业和相关服务机构集聚在某一特定的文化地理空间范围内，从而形成一种相对集中的区域业态现象。① 文化创意产业的集群发展在增强区域内集群产业综合竞争力的同时，也有利于区域资源共享和扩大产业规模效应。

2014年武昌·长江文化创意设计产业园区获评第五批国家级文化产业示范园区，集中展现了园区集聚建设所取得的良好成果和所产生的综合效应。关于文化产业集聚群，学术界有两条研究脉络：一条是从人群、地域及相关行业着手来研究产业的"集聚效应"，即从"产业集群"的角度入手，研究相关产业在一定空间条件下，通过地理位置集中来降低企业生产成本以提高区域产业综合竞争力；另一条是从文化氛围的营造、文化产品的生产和文化认同的形成角度来研究产业的文化和商业价值，② 即从"文化集群"的视角着眼，研究相关产业在一定文化环境中，通过文化企业文化氛围的营造，形成适于鼓励文化创意的文化氛围，以此来激发企业工作者的创新意识，促进企业的文化创新。

武昌·长江文化创意设计产业园作为武昌区文化创意产业集群发展中的突出成果，其园区建设所形成的产业集群形态同时兼具上述两种类型的特征，既是"产业集群"的典型，又是"文化集群"的范例。武昌·长江文化创意设计产业园立足武昌区传媒设计产业的发展优势，在大力发展工业设计产业的同时，也借助区域历史文化资源为群内艺术设计产业的崛起提供了土壤。园区建构围绕"一心两轴四区"的模式展开。"一心"，即武昌·长江文化创意设计产业园总部。"两轴"，即"长江 - 沙湖 - 楚河 - 东湖"生态水轴和"中南路 - 中北路"设计文轴。"四区"，即园区的四大功能组团，分别为：东湖西岸传媒设计产业集聚区，规划面积约为44公顷，重点发展新闻传媒、移动终端、动漫网游等传媒产业；世界工程设计产业集聚区，规划面积约为28公顷，

---

① 郑自立：《论我国文化创意产业集群发展的态势、困境与对策》，《学术探索》2012年第10期。
② 向勇、刘静：《中国文化创意产业园区实践与观察》，红旗出版社，2012。

重点发展工程勘察设计、工业设计、建筑设计等设计产业；楚河汉街创意生活体验区，规划面积约为34公顷，重点发展演艺娱乐、旅游休闲、商贸服务等高端文化及关联业态；武昌古城艺术设计产业集聚区，规划面积约为45公顷，重点发展文化旅游、艺术品创作与交易等相关产业，展示千年古城文化精髓。① 四大区域各自功能划分明显，发展方向明确，同时又由两轴紧密串联，形成了兼具多样性及整体性的创意文化产业集群（见图2）。

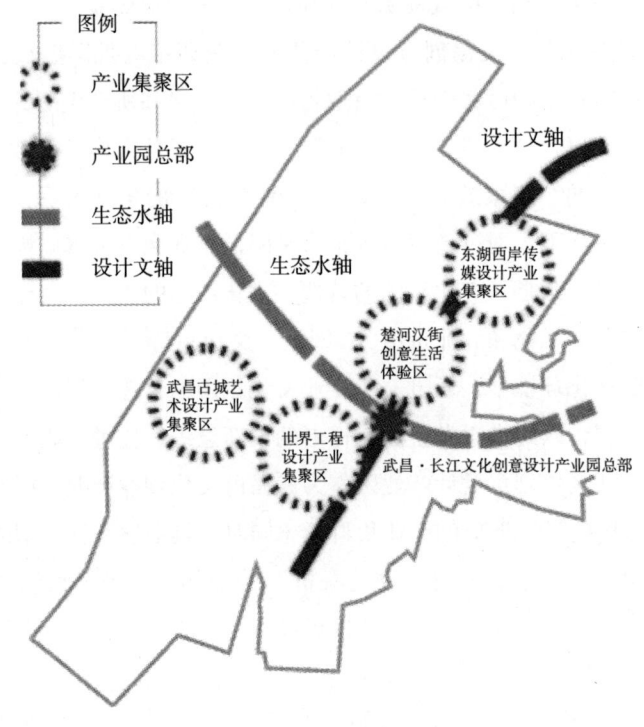

图2　"一心两轴四区"

这种"一心两轴四区"的布局模式，以武昌·长江文化创意设计产业园总部为重点核心，利用创意工程设计优势打造"设计文轴"，结合"东湖－沙湖－长江"生态水系打造"生态水轴"，为整个园区的发展创造了优越的生态环境和

---

① 许甫成等：《武昌·长江文化创意设计产业园跻身国家队》，《湖北日报》2015年1月26日。

人文环境。将文化创作、艺术生产活动集聚在功能区内的文化集群模式，为整个园区乃至周边区域营造了良好的文化创意氛围。科学的布局模式吸引了文化创意产业的各个门类在此集聚，易于形成一种上下联动、左右协调的有机产业链条，以拓宽产业深度，使整个区域文化创意产业的综合竞争力得到提升。园区的规划布局充分考虑了武昌区的地理位置特点，结合本区历史文化资源优势，紧抓长江经济带建设的时代机遇，创造了因地制宜的文化创意产业园区典范。

此外，武昌·长江文化创意设计园针对武昌区文化产业的基础、特色及地理分布状况，极力推动相关产业融合，以释放园区文化产业发展的优势与潜力，促进企业间协同创新发展。

（二）多领域产业融合

随着现代文化创意产业的多元化发展，其涉及领域不断拓展，多产业融合已经成为文化创意产业发展的必然趋势。武昌区文化创意产业在发展中逐渐与诸多领域融合，"和而共生"的发展模式为武昌区文化创意产业的发展注入了新的活力，同时也催生出一系列文化创意产业新业态。

1. 文化产业与金融业相结合的新业态融合诞生

在文化创意产业发展中，投融资是制约其发展的一大要素。由于文化创意产业的产值和发展前景具有抽象性，难以具象评估，因此很难获得银行等金融团体、机构的资金支持和投入。加强文化与金融的融合，解决资金问题，是文化创意产业发展的一大难题。武昌区在大力发展文化创意产业的同时，也开始关注产业投融资问题。2010年10月9日，湖北华中文化产权交易所在武汉正式设立，并于2014年7月落户昙华林，成为促进武昌区文化创意产业加速发展的新引擎。文化产权交易所通过架构资本与文化的对接服务平台，为包括风险投资在内的各类出资主体介入文化产业提供便捷、规范、有效的服务。同时，文化产权交易所一边连接着银行、保险、基金、投行等充足的资本市场，一边连接着画廊、影视公司、出版社、传媒企业等文化艺术机构创造的文化产品，可以促使资本与文化产品的"联姻"加速，[1] 解决文化产业的融资难问题。湖北华中文化产

---

[1] 武昌区政协：《武昌发展文化创意产业新业态的建议》，武汉市武昌区政协信息网，2014年6月30日，http：//wczx.wuchang.gov.cn/Publish/2014-6-30/2014-6-303731866.shtml。

权交易所的入驻使资本市场和文化创意在武昌汇集与融合，解决了文化创意产业投融资困难的问题，也使文化金融新业态呈现良好的发展态势。

2. 文化产业与科技化相结合的新业态融合涌现

文化与科技融合是文化产业发展的目标，在这一目标的实现过程中，必须促使科技成为文化产业发展的手段。文化产业是科技创新最活跃、科技应用最广泛的产业之一。在文化产品的设计、制作、销售等诸领域都需要运用科技的创新元素，即文化产品生产的各个环节都需要技术做支撑。此外，随着数字化时代的到来，新兴技术的发展推动新兴消费手段和消费形式创新，数字娱乐消费时代已经来临。这表现在文化传播技术及手段日益多样化的时代，文化消费形态也应逐渐多元化。

武昌区将文化与科技融合视为文化创意产业发展和转型的重要战略方针，积极扶持区内文化科技创意企业。2013年，由武汉市政府、武汉市科技局、武昌区科技局、尚文地产、世纪天创联合打造的"5.5创意产业园"在武昌区落地，为区内文化资源与科技产业融合提供了平台。该园区由市、区两级政府部门主导投资，以数字娱乐、信息消费为主导产业，集企业孵化器、大学生创业基地功能于一体，力争建设发展成为国家级文化与科技融合示范基地。2014年4月21日，首届5.5创意产业园文化科技融合发展论坛召开，园区的建设发展，为武昌区结合自身基础和优势探寻文化与科技融合发展道路带来了新机遇。

3. 诸业态融合开始试水

随着文化创意产业的不断发展，各大产业开始与之融合。文化创意产业不再局限于第三产业门类，而是逐渐融入第一、第二产业中。例如，文化创意产业与农业相结合，将文化创意元素引入生态农业中，促进农业发展；利用废弃工业厂房的空间环境发展文化创意产业，将创意元素嫁接到工业产品的生产中，提升产品的文化含量，促进制造业的发展。

武昌区文化创意产业也开始呈现诸业态融合的趋势，如武汉美城艺术创意有限公司的产品经营就体现了这一业态融合趋势。武汉美城艺术创意有限公司是由武汉城投集团公司所属建兴公司与湖北美术学院所属文化发展公司组建而成的。公司于2012年12月17日正式注册成立，经营范围包括：装饰画、雕塑、布艺、花艺、家具、工艺礼品、研发、制作、零售；建筑装饰、园林景观设计、施工；工业品、包装设计与推广；电脑动画制作；广告设计、制作、代理、发布；展览展示服务；投资咨询（不含证券、期货咨询）；礼仪服务；公关活动策划；电脑图文设计、制作；企业形象策划；商务信息咨询；企业管理咨询；等等。该公司在产品生产中将文化艺术与时尚消费相嫁接，借助信息科技和文化创意的创新创造力，把个性设计、量身定做、物美价廉的传统工艺制作提档升级为高端文化创意设计。一是将文化创意设计元素融入工艺品等手工制品的制作中；二是将科技创新元素融入工程设施建设中。这种将文化创意与第一、第二及第三产业融合的发展创新模式，不仅使该公司在同类企业中脱颖而出，而且也达成了企业建设美好城市、美丽武汉的愿景，实现了企业服务城市化过程中的公共空间和生活环境艺术创意服务的社会价值。

这种诸业态融合的趋势为武昌区文化创意产业的发展广开门路，既拓宽了文化创意产业发展的方向，也为其他产业摆脱传统发展路径、创新发展方式、获取经济效益提供了动力支持。

三 武昌区文化创意产业发展中的困难与挑战

（一）文化创意产业结构亟须调整

文化创意产业结构是指文化创意产业内部构成及其比例关系，它代表着文化创意产业的发展层级，决定着文化创意产业的发展规模。首先，从产业内部结构看，武昌区文化创意产业内部各企业门类发展不均衡。整个武昌区文化创意产业以工程设计、出版传媒、文化产品制造、销售业为主，相关文化服务业所占比重较小。以文化为核心内容，为直接满足人们的精神需要而进行的创作、传播、展示等文化产品的生产活动在整个武昌区文化创意产业经营活动中仍然占据优势地位，而文化相关产品，即以文化元素为核心的相关衍生产品的生产活动所占的比重较小。从产业技术结构看，武昌区文化创意产业中工程设计的科技含量高，而其他产业，诸如传统出版传媒产业的技术含量仍然较低。电子出版、数字媒体、数字内容、数字娱乐等具有强大发展潜力的新兴数字文化业态比重偏小。其次，从规模来看，各产业规模不一，同一产业中不同企业的发展规模也不一样。以出版传媒产业为例，从市场主体结构看，以湖北日报报业集团、湖北广电集团为代表的国有文化产业占据资源优势，其规模大、实力强。而民营出版集团的产业竞争力较弱，对整个出版传媒产业发展的贡献较小。由此可见，武昌区文化创意产业内部各企业构成、技术结构、市场主体结构等方面均存在不合理现象。

（二）政策体系建设有待完善

文化创意产业的发展离不开政府政策的支持和扶植，也离不开相关服务平台的搭建。良好的政策环境和健全的服务平台将为文化创意产业的发展指明方向，为其发展提供相关优惠政策和便利服务。

随着武汉城市现代化的不断发展、产业结构的调整以及经济发展方式的转变与深化，武昌区加快"退二进三"步伐，将第二产业中污染严重的企业进行外迁和转移，实现工业企业污染减排，为城市可持续发展"腾笼换鸟"。利用外迁企业资产存量，发挥武昌区科技、人才的优势，大力发展文化创意、科教设计等新兴第三产业，为其发展创造良好的外部环境和智力支持。近年来，武昌区围绕增强软实力，将文化创意产业纳入本地区的支撑产业，形成了以总部经济为龙头，以文化创意、金融保险、商贸旅游、高新科技为支撑的"1+4"产业格局。[①] 这些政策措施和发展战略提纲挈领，为武昌区文化创意产业的大发展大繁荣创造了良好的政策环境。除此之外，武昌区政府还从大处着手，为文化创意产业发展进行政策体系建构，实施诸多宏观政策，进一步推动文化创意产业发展。例如，武昌区2006年成立文化创意产业办公室，制定文化创意产业发展规划；2008年出版《武昌文化创意产业发展白皮书》，出台相关扶持政策；2011年启动《武昌·长江文化创意设计产业园发展规划》编制。这些政策措施大多从宏观视域出发，以促进武昌区文化产业发展，为整个文化创意产业的发展提供方向指引和前进动力。但是从微观角度来说，整个武昌区尚未形成一套系统、合理、健全的政策体系来支撑文化创意产业的发展，缺少相关具体的、能激发大、中、小文化企业发展活力的政策措施。

---

① 武昌区委宣传部、武昌区文产办、武昌区科技局、武汉大学发展研究院：《武昌文化创意产业发展白皮书》，新华网湖北频道，2008年4月24日，http://www.hb.xinhuanet.com/zhengwu/2008-04/24/content_13076999.htm。

(三) 缺乏创意和管理人才

与其他产业不同，文化创意产业是"软产业""头脑产业"，其增值模式相对灵活，即在文化创意产业链的任何一个环节，都有可能因为加入新的创意而改变原有的价值构成，形成新的盈利点。创意是文化创意产业的核心资源，文化创意产业的可持续发展与竞争优势在很大程度上取决于创意人才的数量和质量，取决于其创造性才能和创造性思维的发挥。[①] 武昌区虽拥有众多高校和科研机构，文化和教育事业发达，创意人才较密集，但真正投入文化艺术创作的创意人才相对欠缺，且真正用于文化创意产业的创意元素含量也有待提高。如何将创意人才和创意元素引入武昌区文化创意产业的发展中，是武昌区需要重视的一大问题。此外，武昌区在发展文化创意产业的过程中，文化管理人才也十分缺乏。武昌区的民营企业和股份制企业与处于市场强势领域的企业相比，市场观念、经营理念薄弱，具体表现为管理人才欠缺。作为市场化运作的文化创意企业，其现代化管理体制、合理战略布局等，都需要管理人才运筹帷幄，而不能仅依靠一个好创意、好点子。因而，创意人才和管理人才的引入将是武昌区文化创意产业进一步发展的关键因素。

四 武昌区文化创意产业发展的对策和建议

(一) 积极发挥产业链条的延伸作用

文化创意产业的产业链条延伸表现在两个方面：一是内在产业链的延伸；二是协同产业链的延伸。内在产业链是利用多种产业共享一种内容资源的特点来实现价值链延伸的。美国迪士尼乐园的建设就是这一特例。通过迪士尼动画在受众中形成的良好口碑，成功开拓产业链下游产品。利用迪士尼动画内容的特质来制作迪士尼动画人物形象的书包、文具、衣服等，通过产业链下游的成功运作，提升整个文化品牌的竞争优势，获取更大的经济效益。武昌区文化创

---

① 牛维麟、彭翊：《文化创意产业集聚与发展——北京地区研究报告》，中国人民大学出版社，2009，第215页。

意产业在发展中就可以借助内在产业链的延伸,通过产业链下游的开发来获取更大利润。例如,作家方方的《春天来到昙华林》,就可以通过这一故事创意,形成小说、漫画作品,也可以将其制作成影视节目或者改编为动画游戏等。除此之外,可以进行知识产权的授权和转让,将作品出售给电视台播放,还可以将作品中的肖像权和形象权授权给其他生产者使用,通过开发衍生产品来销售作品的文化内涵。协同产业链是进行产业之间的协同合作,以促进不同产业环节高效运转,实现产业要素的配套与整合。以武昌知音动漫产业园为例,可推进影视产业数字化与动漫游戏产业相结合,增强各种手段之间的协同效应。动漫属于影视产业,动漫产业集聚的最优途径是漫画出版公司、影视动画技术企业、影视和动画节目制作公司、广告公司、人才培训和经纪公司、衍生产品开发公司、国际影视贸易公司、艺术授权公司等的集聚,而不是孤零零的几家所谓原创动漫企业的集聚。① 发挥文化产业链条的延伸作用是文化创意产业可持续发展的不竭动力,唯有深入拓展产业链条,才能将文化创意产业的文化和创意内涵凸显出来,才能借助链条的延伸作用获取更大的经济效益。

(二)借力新业态拓展产业发展空间

随着现代文化创意产业的发展,其产业业态已经突破原有形态,产生了诸多新业态。积极发展以网络化传播、数字化生产为主要方式的新产业形态,大力推进数字化内容产业等技术密集型、智力密集型的新兴产业门类。一是大力发挥科技的创新作用,将科技元素应用于传统产业的发展中,利用创意元素实现传统产业的结构升级、形式变换和内涵提升,增强其整体竞争力。如文化创意农业的发展,要以市场为导向,以农业生产为依托,以创意为核心,以知识产权为基础,充分应用文化学、美学、艺术学、生态学等,将文化创意元素应用到农业生产和农产品制作中,利用文化创意提升农产品的附加值,使其既能满足消费者的物质需求又能满足消费者的文化需求。二是着力发展新媒体产业链。据统计,截至 2014 年 12 月,中国网民规模达 6.49 亿人,其中手机网民规模达

---

① 武昌区政协:《武昌建设国家级文化产业示范(试验)园区的思考》,武汉市武昌区政协信息网,2014 年 6 月 30 日,http://wczx.wuchang.gov.cn/Publish/2014 - 6 - 30/2014 - 6 - 30382769.shtml。

5.57亿人,较2013年底增加5672万人。网民中使用手机上网的人群占比由2013年的81%提升至85.8%。这表明新媒体不仅代表文化发展的未来和方向,也预示着它正以锐不可当之势深深地融入人们的生活。谁在发展中抓住了新媒体,谁就抓住了未来。因此,武昌区在发展文化创意产业时,应当利用也必须充分利用新媒体这一技术手段,培育新兴产业业态。

(三)充分挖掘高等教育资源优势

要保持文化创意产业持续、健康发展,高水平、高层次的创意及管理人才不可或缺。同时,文化创意产业的服务对象也需具备一定的文化消费能力,文化教育事业是文化创意产业发展的根基。武昌区拥有丰厚的教育资源,尤其是高等教育方面的优势明显,武汉大学、湖北省社会科学院等多所高等院校及研究机构坐落于武昌区,对周边文化产业的发展起到了一定的推进作用。充分发挥本区内高等教育机构人才培养及服务社会的职能,能够在一定程度上缓解武昌区文化创意产业发展进程中创意及管理人才紧缺的问题,也有助于扩大文化消费群体。通过促进高等院校与文化创意企业协同共进、相互扶持,吸引高素质人才通过自主创业等方式加入区域文化创意产业建设中,在推动文化产业发展的同时,使创新性人才真正实现价值、发挥才能。如昙华林艺术区的规划与建设,就是依托湖北美术学院的艺术与人才资源发展产业园区的一次创新之举。除此之外,借助高等院校及科研机构的研究和科技创新能力,有助于为文化创意产业自身的发展及多产业交叉融合寻求理论指导,拓宽发展思路,探寻科学发展观,将区内高等教育机构转化为武昌区文化创意产业发展的"智库"。

(四)探寻市场化的机制模式

文化创意产业是按市场经济规律运行的产业,其发展从根本上看是要将文化资源放入"市场经济"这台机器上,生产出具有精神价值和商品价值的产品。文化创意产业的发展、运行应该重点考虑生产什么、如何生产、为谁生产、如何获利等市场经济中最常见的问题,也就是要在产业活动中坚持市场导向。长期以来,武昌区文化创意产业的发展主要依赖政府的扶持,甚至形成了自上而下的路径依赖,如武昌区主要的大型文化创意产业园区均是在政府的主导和支持下建设完成的。区内很多文化创意企业缺少"接地气"的市场意识,一部分文化产品无法转化为市场价值,丧失了可持续发展的动力。因此,要根据市场消费需求大力创造自下而上的发展模式,形成可持续发展的动力机制。文化为大众所认同方显魅力,文化创意产业的基础是大众化消费的形成。面向广大的普通受众提供多元化的文化创意产品,不仅能够培育市场,而且能够创造社会经济效益。除此之外,挖掘文化市场潜力以培育消费市场,也可以推动文化创意产业的发展。文化产品创造观念价值,是拥有巨大潜力的蓝海市场。挖掘文化市场的消费潜力,可以拓展文化创意产业发展空间,同时创造文化发展的新市场、新业态、新模式和新价值。一方面,要挖掘引领生活方式的文化消费市场。通过对历史文化资源的传承和创新,将文化产业融入日常生活中,使文化与生活完美结合,让人们感受融入生活的文化创意。另一方面,要开发基于互联网的文化消费新模式。迅速发展的互联网正在改变我们的生活,应当充分利用依托互联网技术兴起的网络视频产业、网络游戏产业以及新媒体、数字娱乐、数字内容等新业态所开辟的蓝海市场,进一步拓展文化产业的发展空间。真正发挥市场在文化创意产业发展资源配置中的基础性作用,使市场成为检验武昌区文化创意产业发展优劣的试金石。

武昌是一座"新旧交替"的城区,既有悠久的历史文化底蕴,又有活泼灵动的现代都市元素。这使得它在发展文化创意产业进程中兼具丰厚的历史文化资源及充分的智力创新优势。在城市现代化发展的背景下,武昌区文化创意产业的健康发展将推动整个武昌区乃至整个武汉市的城市现代化进程,同时将有助于武昌这座历史古城及其文化的保护与传承。学者厉无畏曾指出:"文化创意产业和城市旧区改造有机结合,可以避免城市文脉的中断,不仅能保留具有历史文化价值的建筑,而且通过历史与未来、传统与现代、东方与西洋、经典与流行的交叉融合,为城市增添了历史与现代交融的文化景观;不仅对城市的经济发展产生了巨大的推动作用,而且使城市更具魅力。"[1] 武昌区在文化创意产业发展中已经形成了自身的独特优势和产业特色,其发展已达到一定规模,在"建设国家中心城市,复兴大武汉"的时代背景下,武昌区文化创意产业发展将持续为这座千年古城注入活力,使它焕发新的生机。

---

[1] 厉无畏:《文化创意产业——推进城市实现创新驱动和转型发展》,《上海城市规划》2012年第4期。

文化旅游携手并进　产业融合共谋发展

——黄陂区文化与旅游融合发展的现状、问题及对策

徐金龙　毕　波*

摘　要： 在行业竞争日益激烈、文化产业快速发展的时代背景下，文化与旅游融合发展已成必然趋势。黄陂区拥有得天独厚的旅游资源及底蕴深厚的文化沉积，更应借助时代潮流赋予的历史机遇，加强文化与旅游产业融合，大力发展文化旅游业。本文着重梳理分析黄陂区现有的文化旅游资源优势，以国家5A级木兰景区为个案透视黄陂区文化旅游业发展过程中存在的问题和不足，探讨并提出可持续健康发展的路径和产业融合创新的对策。

关键词： 文化　旅游　产业融合　黄陂区

当今世界，文化与旅游在很大程度上呈现融合趋势。文化因旅游得以广泛传播，旅游因文化更富有深度。旅游产业具有文化传承功能，已成为推动文化产业发展的重要动力。文化产业能够提升旅游产业的魅力，助推旅游产业持久、健康地发展。文化与旅游的跨界融合是必经之路，二者互相促进，相得益彰，前景广阔。在这一时代背景下，纵观黄陂区，不仅拥有优势明显的地理区位，而且有着得天独厚的文化资源，完全可以走文化与旅游融合发展的路子，

---

* 徐金龙，华中师范大学国家文化产业研究中心办公室主任，文学博士、硕士生导师，研究方向：非物质文化遗产保护利用、民俗文化资源与动漫产业开发、文化创意策划。毕波，华中师范大学国家文化产业研究中心硕士研究生，研究方向：文化资源与文化产业。

提高文化旅游业的核心竞争力,促进文化旅游业的健康长远发展,为黄陂区乃至武汉市经济社会发展提供强劲的支撑和动力。

一 黄陂区文化与旅游融合发展的资源优势

(一)黄陂区文化旅游资源概况

独特的地理环境,搭建了黄陂数千年文化异彩纷呈的魅力平台。位于武汉北大门的黄陂区,处在鄂东北、鄂东南和江汉平原三个相对独立的地理单元的连接部位。从大的时空视角来观察,这里还是古代江汉与中原、皖赣、湖湘几大历史文化区间的一个过渡地带或时常相互激荡的重要前沿区域。置身于上述地理环境,客观上决定了黄陂的历史文化必然要走一条多元而独卓的发展道路,并且由于历史和地理因素的双重作用,这里不仅文化璀璨、文明昌盛,而且文化源流绵亘久长,其中首屈一指的,要数殷商盘龙远古文化资源、汉魏木兰孝女文化资源、二程宋明理学文化资源、黎元洪近代名人文化资源四大传统文化资源。

1. 殷商盘龙远古文化资源

处于长江与汉江交汇处这一优越独特的地理位置,武汉自古以来对全国的政治、经济、文化有着重要影响,而盘龙城的出现,则开启了武汉非同寻常的城市历程。虽然"武汉自古不帝都",但是盘龙城从一开始就把武汉地区推到了中国历史大舞台的显要位置,使其在上古的3500多年前就在华夏中部崛起。不仅如此,它深蕴的文化意旨,已经成了"江城之本,精神之源"。[①] 盘龙城揭示了商文化在长江流域的传播,其距今3800多年的殷商文化被专家学者论证为"华夏文化南方之源,九省通衢武汉之根"。如此厚重而博大的文化赋予了盘龙城厚积薄发的气势。政府斥资29亿元建设了以盘龙城遗址为核心的盘龙城国家考古遗址公园,该公园被列入第二批国家考古遗址公园立项名单并入选武汉市"十大城市文化名片"。盘龙城出土的青铜器文物种类齐全,特征鲜明,而众多珍奇玉器的出土也显示了该地文明的发达。

---

① 中共武汉市黄陂区委宣传部课题组:《武汉黄陂的三大传统文化资源》,《学习与实践》2005年第9期。

2. 汉魏木兰孝女文化资源

木兰作为巾帼英雄，忠孝节义。木兰传说已经被列为国家级非物质文化遗产。黄陂木兰山是弘扬木兰文化的特殊物象。由木兰文化之源——木兰山、木兰外婆家——木兰天池、木兰骑马习武之地——木兰草原和木兰晚年归隐之地——木兰云雾山四大景区组成的黄陂木兰文化生态旅游区已成功晋升为国家5A级旅游景区。木兰文化引申的女性文化展现的是一种开放意识和民族情怀，其所展示的木兰之美更多地体现于内在精神，这也是木兰文化经久不衰的重要原因。黄陂如今大力发展木兰文化旅游生态景区，着重构建以木兰景区为轴心的文化旅游格局，现今势头良好，吸引了一大批中外游客。独特的辨识度、深厚的文化内蕴使黄陂在旅游城市中独树一帜。

3. 二程宋明理学文化资源

黄陂鲁台山地区是二程理学思想的最初萌芽之地。二程即程颢和程颐，师承理学创始人周敦颐，同为宋明理学的奠基者。在融入佛、道学说的基础上，把孔孟儒学发展到一个新的阶段，经南宋又一大理学家朱熹完善，世称"程朱理学"。"程朱理学"在宋以后的中国封建社会思想政治领域占据正统地位，成为中国古代文化的重要组成部分。黄陂遗存有为数众多的二程遗迹遗址，如二程曾在此地谒念先贤的圣山"鲁台山"、为崇祀两夫子而修建的"双凤亭"以及相传二程练习射箭而流矢于此的流矢湖等。如今，在黄陂，与二程相关的地名、街道名或村名俯拾皆是，这充分表明了二程在黄陂影响深远。

4. 黎元洪近代名人文化资源

作为辛亥革命武昌首义的都督，同时也是中国历史上唯一一个两任大总统和三任副总统的黎元洪，世居湖北黄陂，世人亦称"黎黄陂"。黎元洪生于黄陂，发迹于武昌，按其遗志葬于武昌。武汉市政府斥资1000万元将黎元洪墓扩建为黎元洪陵园并作为辛亥百年的重要纪念场所。现今位于华中师范大学东南门的黎元洪墓庄严而肃穆，陵园牌坊正面正中四个大字"共和磐石"，以及背面正中"乾坤正气"四个大字向世人宣示着黎元洪的伟大功勋。

（二）黄陂区文化与旅游融合发展的优势

1. 资源种类齐全，精彩纷呈

黄陂区自然资源富饶，以木兰景区为首的生态旅游区现已迈入国家5A级景区之列，并成为武汉市第三个被列入国家5A级景区的旅游景点。这给黄陂区带来了巨大的发展机遇，有利于黄陂走品牌化发展道路。景区内壮美的湖光山色、精致的亭台水榭给黄陂平添一份生机盎然之美；古色古香的大余湾余味悠长，落日余晖掩映之下，更增古朴的气韵；二程理学于此发端，鲁台谒念先贤，每念及此，不禁慨叹此地人杰地灵、底蕴厚重。黄陂区旅游资源类型全面，既有以木兰景区为主的自然风光、以大余湾为亮点的古朴村落，也有以盘龙城遗址公园为特色的历史遗迹，同时还有以二程理学为轴心的思想文化宝藏。如此品种繁多、五彩斑斓的旅游资源为黄陂旅游业注入了源源不断的生机与活力，带给了黄陂旅游业厚积薄发的潜力和不断创新的动力。

2."品牌化"突出，极具核心竞争力

一个城市发展旅游业要有其核心竞争力。在文化与旅游融合的过程中，要突出大特色、打造大景区、形成大循环。重点发展有潜力且具有竞争优势的资源，做到重点突出、区分度强，以保证其发展势头迅猛。黄陂正着力发展木兰文化景区，其宣传口号"中国木兰故里，四季休闲之都"充分体现了这一思路。提及木兰，可谓耳熟能详，木兰代父从军的孝心及建功立业的壮举可谓妇孺皆知。黄陂打出这样一个口号，深厚的文化内涵便植根于这一片广袤的大地，其核心竞争力不言而喻，可以极大地提升黄陂作为旅游城市的独有性和极强的辨识度。

3.文化内涵丰厚，为文化与旅游融合注入源源不断的动力

黄陂可谓文化大市，既有耳熟能详的木兰文化，又有源远流长的二程文化和具有历史厚重感的殷商盘龙文化。在黄陂文化与旅游融合发展的过程中，这将是一笔取之不尽、用之不竭的财富。有着如此深厚的文化背景及得天独厚的自然资源储备，在当今文化与旅游融合的大趋势下，黄陂区应大展身手，将自己这块宝地以傲人的姿态展示出去，打造独有的黄陂旅游文化品牌。

二 从木兰5A级景区看黄陂区文化与旅游融合发展的现状和不足

（一）发展现状

由木兰山、木兰湖、木兰天池、木兰草原、木兰清凉寨、木兰古门、锦里

沟、木兰云雾山、农耕年华和大余湾、天寨沟漂流、明清古建筑博物馆、汉口北旅游购物中心、奥特莱斯旅游购物广场等木兰系列景区构成的近千平方公里的都市后花园——木兰文化生态旅游区，是华中地区最大的城市生态旅游景区群，被誉为中部地区最美的生态文化休闲之都，被联合国计划开发署列为《中国21世纪议程》优先发展项目，为华中地区重要的旅游目的地。

近年来，黄陂区深度挖掘以木兰传奇、木兰遗迹和木兰精神为代表的木兰文化资源，做大做强以木兰山佛、道两教寺庙群为代表的具有1500多年历史的宗教文化旅游资源，以木兰天池、素山寺国家森林公园为代表的森林峡谷自然景观旅游资源，以木兰湖为代表的滨湖休闲度假旅游资源，以古门山为代表的石景地貌地质景观旅游资源，以清凉寨为代表的高山生态避暑旅游资源，以云雾山十里花山为代表的特色植物生态景观资源，以大余湾为代表的民俗文化旅游资源和以姚家山新五师师部旧址为代表的红色革命旅游资源，大力发展文化旅游产业，取得了显著成效，文化旅游产业已成为黄陂区的支柱产业。2014年全区共接待游客1211.5万人次，实现旅游综合收入36.35亿元，同比分别增长20.2%和21%。2014年11月28日，全国旅游景区质量等级评定委员会发布公告，正式批准湖北武汉黄陂木兰文化生态旅游区为国家5A级旅游景区。至此，黄陂区成功跻身国家最高级别风景旅游区行列。黄陂区还荣获了"中国最具活力的老区生态旅游示范区""全国旅游系统先进集体""湖北旅游强区""全省旅游标准化示范区""全国休闲农业与乡村旅游示范区"等一系列荣誉称号。目前，黄陂区正全力打造"全域旅游"，创建"全国智慧旅游示范区"和"全国旅游强区"。

目前，整个木兰生态旅游区已初步形成了集"食、住、行、游、购、娱"于一体的旅游服务体系。"木兰文化旅游"已成为省市主打旅游品牌之一，受到游客朋友的青睐和好评，市场知名度和美誉度不断提升。预计2015年接待游客将突破1500万人次，实现旅游综合收入45亿元，为全区10万农民直接或间接提供就业机会。木兰生态旅游区成为全区四大经济板块之一，木兰文化旅游已成为黄陂的一张亮丽名片。

木兰文化旅游作为黄陂区进军旅游市场的主打品牌，在旅游资源上，拥有古色古香的文化内涵、悠久的历史底蕴、丰富的物产资源，具备市场竞争力的基础；在接待能力上，已建成初具规模的能满足"食、住、行、游、购、娱"

要求的餐饮、宾馆、交通、购物、娱乐等旅游硬件设施,以及遍布省内外的旅游经营体系;在消费价格上,旅游服务水平较高,旅游产品价格较低,在旅游市场竞争中处于极为有利的地位。目前,木兰文化旅游区已初具规模,呈现社会生态效益和旅游经济效益良性互动发展的良好势头。

作为一个具备市场吸引力并能够长足发展的景区,不仅现在能吸引游客,而且将来也能不断扩大客源市场,还能留住游客并让游客乘兴而来、满意而归。随着《国民旅游休闲纲要》的发布和带薪休假制度的不断完善,未来旅游发展将不断趋于成熟化、常态化、自然化,全民旅游、深度旅游、文化旅游是未来旅游的发展方向,能够做好文化的深度开发的景区才是具备长久生命力的景区。

近年来,黄陂木兰北部生态旅游区大力开发新景点,不断完善旅游迎检设施设备,如投资1000万元新建了黄陂旅游集散中心(木兰文化生态旅游区游客中心),成为武汉北部地区重要的旅游集散、咨询、换乘中心。全区共投入资金7.5亿元用于建设、整治和提升,其中景区内投入近4亿元,景区周边投入3.5亿元,功能与服务设施齐备,可以为游客提供信息咨询、导游接待、影视介绍、节目预告、餐房预订、休闲休憩、邮政服务、旅游购物等全方位"一站式"旅游服务。

但硬件设施的完善还需要立足"木兰文化"这一软实力的根本,否则也难以实现预期的经济效益。旅游活动是综合性很强的社会活动,不仅包含经济行为,也蕴含文化因素。文化旅游不仅与旅游者本身的道德修养、文化教育等因素密切相关,而且与旅游目的地的历史、文化内涵的关系也十分密切。花木兰的巾帼传奇广为人知,她替父从军、战功显赫还不图功名的英雄形象深入人心,传唱至今的《木兰辞》可谓妇孺皆知,为黄陂开发木兰文化打下了良好的基础。与木兰相关的影视、报纸、杂志都在宣扬木兰精神,尤其是美国迪士尼经典长篇动画片《花木兰》及其续集,更为木兰生态旅游做了国际宣传,使国外游客对木兰文化产生了浓厚的兴趣。只要黄陂区巧借木兰文化,打好"木兰文化"这张牌,就一定能更好地推动黄陂旅游业的发展。

(二)存在的不足

近年来,黄陂木兰文化旅游取得了长足的发展,武汉后花园的格局初具规模,但在旅游发展中存在的问题也逐步显现,这种经济发展中的问题对旅游业的生存提出了严峻的考验,具体表现在以下五个方面。

1. 文化内涵挖掘不够,缺乏市场竞争力

具有特色的旅游景点能够起到吸引游客的作用,但在木兰文化旅游区内先后开发的景点,多停留在以自然观光资源为主等层面,存在旅游景区开发、旅游产品设计同质化的问题,没有完全体现"木兰文化"的特点,多有木兰文化之名而无木兰文化之实。现有的一些景点在发掘、表现木兰文化上仅停留在表面,文化内涵没有得到更深层次的挖掘,因而也就无法充分彰显;有的只是简单模仿复制、缩影古文化,造成现有的旅游区文化主题不鲜明、不突出,缺乏特色,市场竞争力还不够。

2. 环保意识有待提升,缺乏自然和谐力

良好的旅游资源不仅具有原生态的自然美,而且包括历史底蕴深厚、人文内涵丰富的文化美,在可持续发展生态建设的前提下,既不破坏自然生态环境,也不影响内涵丰富的文化美的展现,将自然美与文化美完美融合。一方面,许多旅游景区的开发可谓大兴土木,建设各类宾馆、别墅、仿古建筑、游乐场等人造景观,向城市化、现代化的方向发展,破坏了自然景观和人文景观原有的和谐环境氛围。木兰文化旅游区内多个景区不同程度地存在这种现象。另一方面,在旅游高峰期,当景区容量达到饱和值甚至超出饱和值时,各类影响破坏环境的问题便随之产生,如交通拥堵、人群拥挤、垃圾遍地、攀折花木等不文明行为时有出现,给原本优美的生态环境造成了污染和破坏。

3. 管理体制尚需整合,缺乏向心力和凝聚力

黄陂旅游景区数量众多,高品质的4A级、5A级旅游景区也不少,但从全局来看,全区旅游发展缺乏整体性。在管理体制上,区内的木兰系列景区中,木兰山和木兰湖均由政府行政部门管理,而其他景区则由民营企业管理,管理体制各不相同,各景点追求自身利益而各自为战、自成一派,没有形成龙头企业并起到带动作用,需要加强对4家创建国家5A级旅游景区的整体管理,改变资源整合效益不高的现状,提高黄陂旅游景区的市场竞争力。在成功创建国家5A级旅游景区后应该成立统一的管理运营机构,规范管理,以此来做大做强"木兰文化"这个品牌。

4. 宣传营销方式有限,缺乏品牌认可度

就目前的旅游宣传营销力度来看,黄陂旅游宣传以境内和邻近省市为主,

对外地的宣传力度还不够。许多外地游客对黄陂旅游并不了解。本地人大多了解木兰文化旅游，而且也曾经到木兰景区旅游过。而外地人知道木兰文化，却不知道或者不认同黄陂就是木兰故里，更不知道有木兰景群、木兰文化生态旅游区，可见景区的宣传造势力度不够，"木兰故里"的品牌还没有足够的市场认可度和竞争力，没有辐射出应有的影响力。

5. 旅游产品设计缺乏新意，缺乏乘数效应

目前来看，木兰文化旅游客源市场主要集中在省内周边城市及邻省部分地区，游客多以观光、休闲为主，停留时间也多是一日到两日，不过夜旅游占旅游市场的主导地位。主要原因在于区内现有的旅游景区开发规划多以自然风光为主，缺乏深层次的设计和打造，对于历史和人文与旅游产品融合的力度不够，产品设计缺乏新意，如缺乏大型文艺演出活动、夜间娱乐项目、冬季旅游产品等，难以给游客带来吸引力。在旅游六大要素中，缺乏对拉长游客停留时间的"游、购、娱"的产品开发，难以发挥旅游"一业兴百业"的乘数效应。

三 黄陂区加强文化与旅游融合发展的思路对策

文化与旅游产业之间存在天然的契合性，即所谓的"文化是旅游的灵魂，旅游是文化的重要载体"。从产业发展的角度看，文化产业和旅游产业相互依存，密不可分。文化需要旅游繁荣市场，发展旅游可提高文化内涵的经济效益；旅游需要文化来提升品位，突出文化特色能进一步提升旅游吸引力。因此，文化与旅游产业融合发展符合产业自身特征的内在要求。①

在当今时代发展的趋势下，加快、加强文化产业与旅游资源的融合刻不容缓。黄陂拥有精彩纷呈的人文、地理、生态旅游资源，在现如今文化与旅游交互融合的大背景下，应积极探索一条良性、可持续发展的道路。政府的重视和引导是必不可少的；合理的规划，大处着笔的设计是先决条件；对优势资源的整合与营销是必要手段；打破区域限制，不同部门联手协作是保证。多方积极配合，万众齐心方能缔造有核心竞争力的旅游景区。

---

① 苏卉：《文化旅游产业的融合发展及政府规制改革研究》，《资源开发与市场》2012年第11期。

1. 秉承产业融合理念，以文化助推旅游业

党委及政府要改变发展方式，打破以经济为主、以文化为辅的惯性思维定式。要看到以文化为助推力的巨大潜力，好的、经久不衰的旅游产业终究会落实到文化这一范畴，文化会赋予旅游业以文化底蕴、历史厚度及生机活力。更何况，现如今游客更加追求一种有知识属性的旅游体验，而不仅仅是感官及生理的享受。文化旅游因此应运而生。黄陂区找准了定位，大力发展以木兰文化为核心的文化旅游业，以木兰文化之源——木兰山、木兰外婆家——木兰天池、木兰骑马习武之地——木兰草原和木兰晚年归隐之地——木兰云雾山四大景区为景区名片，并成功晋升为国家5A级景区。

没有文化的承载，旅游是缺乏深度及持久力的。文化是旅游的灵魂，旅游是文化的载体。旅游从本质上来说是人的一种消费行为，随着人们生活水平的提高，以及消费层次的提升，有一定文化内涵及深度的旅游方式备受追捧，文化旅游异军突起。在这样的消费行为转变的启发下，黄陂区发展旅游业必须深挖其文化内涵，拓宽文化产业的内涵和层次，以满足人们对赋有知识属性的娱乐方式的需求。纵观黄陂旅游业，这方面还有很大的空间可以挖掘，黄陂厚重的文化底蕴亟待开发。现今黄陂旅游大多集中在对自然风光的享受上。多数人提及黄陂，只知晓木兰天池、木兰云雾山，而对木兰故里、木兰文化知之甚少。若着重挖掘文化内涵，不仅能够为旅游业注入活力，而且也能够提升其核心竞争力。

做好自然景观与文化特色的结合，将历史、社会文化和民俗文化融合到旅游发展中来，充分挖掘景区的文化内涵，把黄陂文化的魅力以民众喜闻乐见的方式展现出来，吸引游客并让游客接受、认同，是当前发展文化旅游产业的一个重要任务。文化传统植根于旅游者的精神深处，好的创意必然有着深厚的文化基础和可信的历史根据。黄陂文化旅游业的发展可以从大家耳熟能详的《木兰辞》上做文章，选择其中具有表现力和代表性的文化概念来营造旅游景区的文化理念，以巾帼英雄木兰的传奇故事来着力体现木兰精神、弘扬木兰文化，推动黄陂文化旅游业发展。旅游创意项目的建设一定要有精品意识，主动打造旅游精品，把精品意识贯彻到策划、设计、打造、服务、管理整个流程中，向高品位要效益，向高质量要市场，向品牌要竞争力，力争达到一流水平。

2. 发挥龙头引领作用，彰显特色品牌效应

文化旅游是我国旅游业近年来的重头戏，众多省区市已将文化旅游列入政

府报告和规划，部分地区甚至将其直接列为区域战略性支柱产业。各地争夺、整合和共享文化旅游的优势资源，正逐步实现文化与旅游的产业融合。木兰文化旅游离不开具有历史底蕴的文化基础，木兰文化是木兰旅游的根本所在，没有了木兰精神，木兰旅游就失去了发展的根基和灵魂。当今文化旅游只有巧借木兰文化品牌，才能推动黄陂旅游进一步发展，实现从"武汉后花园"向全国旅游目的地的蝶变。

黄陂以成功创建国家5A级旅游景区为契机，举全区之力打造"全域旅游"，将积极打造全国性的旅游目的地作为产业战略发展目标。文化旅游业必须有其核心竞争力，找准定位。黄陂区重点打造以木兰文化为核心的景区特色，着力宣扬木兰精神、木兰之美。但纵观整个景区，木兰文化并没有完全落到实处，游客很难完全感受到木兰故里、木兰文化的气氛。游客大多以享受湖光山色为主。因此，加强品牌营销，深挖木兰文化内涵刻不容缓。另外，黄陂文化底蕴深厚，除木兰文化外，二程文化、殷商盘龙文化、民俗文化、红色文化等多种文化在此繁衍共生。对这些文化进行整合，开发文化创意产品，注重文化融合也是增强景区辨识度的重要途径。木兰宗教文化中佛、道二教融合的特色，有利于黄陂创建全国独有的佛道互融的宗教文化。民俗文化可通过民俗文化旅游这一途径展开。按照以木兰生态旅游区为主、其余多种文化协同发展的思路对黄陂旅游文化资源进行整合，在突出重点的同时尽可能多地深挖其余文化的内涵。要充分挖掘北部生态、自然景观、历史人文等旅游资源，突出特色，找准定位，以"中国木兰"为品牌，整合木兰景区群优势资源，以"黄陂木兰文化生态旅游区"国家5A级旅游景区为龙头引领，以高端的品牌效应带动整个区域旅游业的发展，发挥龙头引领的作用，把黄陂打造成全国旅游目的地。

3. 强化品牌营销意识，加大对外推广力度

巾帼英雄"木兰传说"是家喻户晓的民间传说故事。2008年"木兰传说"成功获批国家级非物质文化遗产。20世纪末，美国迪士尼公司的卡通片《花木兰》问世，在全球引发了"木兰热"。之后，有关花木兰题材的电影、电视、歌剧、戏曲等文艺作品不断在国内外文化市场推出，让"花木兰"的故事和英雄形象从中国走向了世界舞台。黄陂应以此为契机，继续唱响"木兰山组歌"，以"木兰文化"为载体，在着力打造木兰文化品牌的同时，更要做好大力宣传推广工作。可以成立木兰文化研究会，邀请相关专家举办木兰文化论坛来研究"木兰景群"，策划旅游形象广告语来推介"木兰景群"；在营销手段上，按照"走出去"推销的方针，积极举办各种节庆活动，开辟特色旅游线路介绍"木兰景群"及相关旅游项目；在对外宣传上，组织新闻专题报道，出版一系列有关"木兰文化"的刊物弘扬和传承木兰文化，把"木兰景群"的精品和亮点凝聚起来，形成综合魅力，扩大影响力，感染游客。

在文化与旅游融合的大背景下，旅游业竞争可谓白热化，要想在大家都想要分一杯羹的市场经济引领下的文化旅游市场中独占鳌头，营销是必不可少的。营销不仅是对品牌的一种保护，而且是对其中所蕴含的文化旅游资源的一种传承及保鲜。黄陂在木兰文化生态旅游区成功晋升为5A级景区后推出"寻访木兰足迹，冬游大美黄陂"感恩回馈活动，推出四大景区门票半价活动，这一宣传为黄陂旅游造足了气势。这种营销手段是一种极好的宣传手段，除此之外，应深挖黄陂文化内涵进行包装、整合、营销，如在大打"木兰文化"旅游牌的过程中，配合木兰形象制作相关系列的微电影、旅游宣传片、纪录片、动漫等，同时联合周边产业发行诸如吉祥物、海报、手办等文化创意产品，利用明星效应，选拔木兰形象大使拍摄广告片，在重大节庆活动日推出特色活动，将黄陂旅游资源做成主题展览，形成品牌集聚效应。

4．加强基础设施建设，完善交通旅游线路

由于木兰文化生态旅游区景点众多，景区间暂时没有相互通达的旅游专线车，游客往往很难在短时间内将所有景点都游玩到，常常会抱有遗憾。黄陂区正在对通往木兰生态旅游区各景区的旅游主干道进行全面改造升级。截至目前，全区共投入15.8亿元用于完善交通设施，大大提高了旅游的可进入性。目前，全区主要干道及旅游环线公路已进行了全面提升，现已拥有全省最为全面化和人性化的旅游交通导向标牌、全省唯一一条环湖景观旅游大道和风景明信片式的110公里二级公路旅游环线。此外，还开通了到景区的旅游专线车和公交车，形成了连接各景区的15分钟到达1个景区、2小时串联4个景区的"15＋2"旅游环线。同时，实现了旅游公路的全面黑化、绿化、美化、标准化、公交化、景观化。

近年来，黄陂在基础设施建设方面投入了不少财力、物力和人力。斥资1000万元建设的黄陂旅游集散中心成为武汉北部地区重要的旅游集散、咨询、换乘中心。全区投入的7.5亿元资金使"一站式"旅游服务成为可能，信息咨询、导游接待、影视介绍、节目预告、餐房预订、休闲休憩、邮政服务、旅游购物等全方位地满足了游客的需要。这是黄陂旅游良性发展的重要基础保障，基础设施完善了，后续发展才有实现的可能性。

5. 加强人才队伍建设，培养专门复合人才

现代旅游业的竞争，归根到底是人才的竞争，培养造就一支德才兼备的旅游从业人员队伍是建设旅游强区的前提条件之一，也是提高旅游核心竞争力的基本要素之一。通过全行业的人才开发工作，使旅游业的公务员队伍、企业管理者队伍和导游员队伍的整体素质在现有基础上提高一个层次；通过加大旅游人才开发的力度和大力培育旅游人才市场，逐步建立一套系统、高效的大旅游教育的人才开发体系和开发机制，使旅游业行政领导人才、职业经理人才、短缺专业人才和教育培训师资人才的供给在数量、素质和结构等方面适应现代旅游竞争的需要，为黄陂区提供旅游人才保障。

6. 整合区域优势资源，打破行政壁垒限制

在确定了总体发展思路的情况下，各区域要联手协作，把发展黄陂旅游作为最紧迫的任务。黄陂旅游管理体制机制和行政区划限制所产生的区域行政壁垒是当前黄陂旅游发展过程中的一大障碍。各区域应主动打破行政壁垒，团结协作，以黄陂旅游为重中之重。有统一的目标再结合各自区域的优势加以推动，方能成就黄陂走上良性发展之路。现今，在旅游业已白热化的背景下，旅游市场竞争日益激烈，黄陂要跻身旅游强区之列需要各区域的通力合作，互惠互利。

7. 积极谋求管理创新，着力推动产业融合

在当今产业融合发展的新态势下，文化与旅游资源的优化配置及规模化经营显得尤为重要。积极探索文化旅游产业发展的新管理模式迫在眉睫。在产业融合背景诞生下的文化旅游集团或企业因追求范围经济，以及出于节约成本等相关因素的考虑，更加注重多元化发展，实行多产品经营，以最大限度地整合文化旅游资源，实现最大限度、最有效率的运用。在这一思想的指导下，管理方式发生了翻天覆地的变化，传统的价值模式也发生了变化，原本属于价值外的产业增值环节被有效地衔接起来，继而形成新型价值链。这种价值链更具竞争力，在市场经济环境下生存能力更强，也更能繁荣市场经济。

（武汉黄陂区区委宣传部、区旅游局、区文体局对本文亦有贡献）

B.10
以创意农业为特色 文化创意产业快速发展
——东西湖区文化产业发展报告

纪东东 文立杰*

摘　要： 2014年是东西湖区文化创意产业快速发展的一年，产业规模快速扩大，市场得到进一步规范，并涌现了一批有影响力的文化品牌。其中，创意农业成为文化创意产业发展的新亮点。创意农业是文化创意产业与农业的融合，它对促进区域产业结构升级和文化创意产业的发展有着重要的作用。东西湖区农业创意产业发展成果显著，但问题同样不容忽视。本文在对东西湖区文化创意农业发展的成果与问题进行全面分析的基础上，力求为东西湖区创意农业的进一步发展提供一些可行措施。

关键词： 东西湖区　文化创意产业　创意农业　乡村休闲旅游

一 东西湖区文化创意产业发展概况

发展文化创意产业、转变经济增长方式、促进产业结构优化升级、全面贯彻落实科学发展观，是实现区域经济社会全面协调可持续发展的重要战略举措。东西湖区作为武汉市的工业强区，产业升级面临诸多限制，东西湖区委、

---

* 纪东东，华中师范大学国家文化产业研究中心副教授、硕士生导师，研究方向：农村文化与文化产业发展。文立杰，华中师范大学国家文化产业研究中心硕士研究生，研究方向：文化资源与文化产业。

区政府高瞻远瞩，大力促进文化创意产业的发展，先后制定并发布了《东西湖区文化发展中长期规划（2012~2020年）》《东西湖区关于支持文化产业发展的若干政策》等相关文件。① 经过多年探索，东西湖区文化创意产业形成了以文化创意旅游产业为重点、以创意农业为特色、其他产业协调发展的格局，文化创意产业总体发展态势良好。

（一）产业规模快速扩大

2014年，东西湖区文化创意产业实现增加值34.7亿元，文化创意产业增加值规模位次提升1位，在全市中排名第7位，文化创意产业增加值占GDP的比重上升到5.97%，在武汉市6个远城区中，东西湖区文化创意产业增加值与规模排名均遥遥领先于其他5个区（见表1）。

表1　2014年武汉市远城区各区文化产业增加值及位次

行政区	增加值（亿元）	位次
东西湖区	34.70	7
汉南区	4.02	16
蔡甸区	6.17	15
江夏区	21.77	10
黄陂区	20.61	12
新洲区	6.30	14

资料来源：武汉市统计局。

在文化创意企业户均增加值方面，2014年东西湖区文化创意产业法人单位户均实现增加值268.78万元，居武汉市第6位，高于武汉市平均水平（240.25万元），在6个远城区中仅略低于黄陂区，居第2位（见表2）。

表2　2014年武汉市远城区各区文化产业户均增加值及位次

行政区	户均增加值（万元）	位次
东西湖区	268.78	6
汉南区	151.13	13
蔡甸区	149.76	14

---

① 黄永林主编《武汉文化创意产业发展报告（2014）》，社会科学文献出版社，2014，第89页。

续表

行政区	户均增加值（万元）	位次
江夏区	225.60	8
黄陂区	289.47	5
新洲区	95.31	16

资料来源：武汉市统计局。

（二）文化市场日趋规范

2014年，东西湖区文体广电旅游局联合区综治办、区工商局、区公安局开展文化市场的整顿行动，重点整顿经营性网吧、出版市场、演出市场及广播影视行业，重拳打击相关行业违法违规行为，为文化创意产业的发展营造了良好的市场环境。

1. 加强对网吧的监管工作，营造良好的上网环境

2014年，东西湖区大力开展网吧整治行动。一是重点做好对网吧的年审换证工作，逐步将农村和新发证网吧纳入监管范畴；二是规范网吧的经营行为，对于违规接纳未成年人、超时经营、网上传播有害文化信息等违法违规经营行为给予严厉打击，坚持定期开展网吧管理整治工作，大力开展网吧规范经营、环境卫生及禁烟整治工作，始终保持网吧管理的高压态势。截至2014年底，东西湖区共清查网吧400余家次，出动人员780人次，出动车辆230台次，下发整改通知单50余份，进行行政处罚6次，与区综治办、区工商局、区公安分局联合行动7次，先后取缔36家违法违规互联网上网服务场所。[1]

2. 抓好出版物市场的管理工作

2014年，东西湖区广电旅游局在加强行政审批项目许可制度的同时加大针对出版物的专项执法检查力度。开展"清源""净网""雷霆"等"扫黄打非"专项整治行动，不断加大针对音像、书刊、印刷等文化经营市场的检查力度，强化印刷出版物行业监管。第一，组织辖区80余家印刷企业业主学习贯彻《印刷业管理条例》和有关政策法律法规，增强行业法制观念；第二，严厉打击各类非法经营行为，除了对辖区印刷企业进行正常的日常巡查外，继

---

[1] 内部资料，《2014年东西湖区文体广电局旅游局工作总结》。

续加强对学校周边书刊市场的管理，全年共集中开展3次辖区中小学校园书刊市场集中整治行动，净化校园周边书刊市场环境，与公安、工商等部门协同打击出售非法音像制品行为，没收黄碟等非法音像制品300余盘、盗版及色情图书20余册、非法印刷物400余张，有力地遏制了涉黄、盗版等非法音像及不良文化产品的销售，进一步规范了新闻出版行业的市场行为。①

3. 明确演出市场的准入机制，加强歌舞娱乐场所的监管

2014年，东西湖区继续加强外地演出队伍来本区演出的资格审查与审核，对本区两家演出单位落实好监管责任，严打歌舞娱乐场所"毒、赌、黄"现象，针对辖区内无证歌舞娱乐场所进行坚决取缔。区文体广电局旅游局先后针对52家无证歌舞娱乐场所业主上门组织学习，通过两次集中取缔行动，完成了辖区全部无证照小歌舞厅的取缔工作，同时联合各相关部门组成联合巡查小组进行巡查，杜绝被取缔的无证照小歌舞厅继续或变相经营，辖区无证照小歌舞厅的取缔工作取得了阶段性成效。②

4. 落实影视管理，抓好影视安全保障工作

2014年，东西湖区相关部门按照法律法规的要求认真落实影视管理工作，抓好东西湖区广播影视内容及节目的管理，防止出现违规行为。区文体广电局旅游局协调与宣传信息中心、网络公司的关系，共同保障影视节目播出安全，抓好重要时段的监督工作，落实"6·4""7·5"及十八届四中全会期间网络节目播出安全，并开展了辖区内东山、辛安渡等边远乡镇集贸市场违法销售卫星接收设施的集中整顿清理行动，共查处30余家违法销售卫星接收设施的家电销售商户和电视修理商户。同时，区文体广电局旅游局还积极参与区"610办公室"对两处"法轮功"组织非法使用卫星接收器的收缴取缔行动。③

（三）涌现了一批有影响力的文化创意品牌

1. 以武汉客厅为载体的一系列会展活动硕果累累

武汉客厅是湖北省重大文化建设项目、武汉市重点文化建设工程，项目总

---

① 内部资料，《2014年东西湖区文体广电局旅游局工作总结》。
② 内部资料，《2014年东西湖区文体广电局旅游局工作总结》。
③ 内部资料，《2014年东西湖区文体广电局旅游局工作总结》。

建筑面积为180万平方米，总投资为100亿元，由卓尔发展有限公司联手美国、法国、德国、新加坡、中国香港等国家和地区文化会展机构共同打造，是集文化艺术品展览、交易、高端酒店、商业集群于一体的世界级文化综合体和城市文化地标。① 2014年，东西湖区依托武汉客厅丰富的文化、艺术资源及成熟的运营经验，大力发展会展产业，一系列会展活动卓有成效。

2014年9月，第三届"武汉·东西湖国际啤酒节"在武汉客厅顺利举行。各色国内外啤酒美食以及东西湖本土特色食品、文艺表演，不仅让市民们大饱口福和眼福，而且让人们在炎炎夏日之中享受了一次精神上的狂欢。②

2014年11月，为期三天的"2014中国（武汉）电影产业博览会暨第二届中国（武汉）微电影大赛"吸引了近百家影视文化、设备展商参展，万余名市民前来观看展览或演出。本届电影博览会包括微电影大赛颁奖典礼、经典电影歌曲欣赏会、电影产业预估发布会、电影新媒体论坛暨微电影交易会、中国电影产业创新发展与改革论坛、首届中国高校电影展颁奖典礼等几个重要组成部分，《孕城》《最青春》等多部新片在此发布，文章、郑爽、沈丹萍、许还山等电影明星加盟助阵，新华网、人民网以及《湖北日报》《长江日报》《楚天都市报》《武汉晚报》等多家媒体争相报道，本次电影节可谓硕果累累、收获颇丰。③

2014年11月，由东西湖区政府支持举办的"首届中国湖北文化艺术品博览会"于7~11日在武汉客厅顺利举行。此次博览会硕果累累，共有价值30亿元的商品（藏品）展出，吸引了8万多人次到场参观，总成交额超过1.3亿元（其中现场直接成交金额为5600万元，意向金额为7800万元），10位专家为近230位市民鉴宝。④

2. 以东方马城为依托打造国际"赛马之都"

东方马城由香港东方神马集团控股的东方神马实业（武汉）有限公司精心打造，位于东西湖区金银湖街，紧邻江汉区，占地1500亩，作为其核心项目的国际赛马场是目前华中地区唯一的国际标准赛马场，也是国家体育总局、

---

① 百度百科，http://baike.baidu.com/link?url=Gxmde0XLHebQ7xB1h1egwclGYcC16VxHkqtoJvfGPciY_kUasyt0UWyszY9Av4RKa9t6_7xhWSpHMxatCavh_。
② 内部资料，《2014年东西湖区文体广电局旅游局工作总结》。
③ 内部资料，《2014年东西湖区文体广电局旅游局工作总结》。
④ 内部资料，《2014年东西湖区文体广电局旅游局工作总结》。

中国马术协会唯一的马术与速度赛马训练基地，于2003年正式投入使用。①东方马城包括国际赛马场、马会俱乐部、马术学校、神马乐园、五星级国际会议中心大酒店、高尚住宅小区、智能化写字楼、东方商业广场和汽车博览中心等10多个项目。国际赛马场外圈是沙地跑道，内圈是草地跑道，中央广场总面积达180亩，可容纳数万名观众。赛马场总计拥有纯血马和各种赛马数百匹，每年举办一届"武汉赛马节"，每月举行数次日常赛事，富于刺激性和参与性。神马乐园集体育、休闲、旅游于一体，分为6个园区，包含赛马展览馆、名马观赏、马车巡游、骑马游乐、骑士俱乐部、马头湖垂钓、马术表演、休闲西餐八大休闲游乐项目，不但为广大游客提供了专业优质的服务，而且吸纳发展了数目庞大的各类会员。②

全国速度赛马锦标赛暨第十二届中国·武汉国际赛马节于2014年10月25~26日在武汉东方马城国际赛马场举行。本届赛马节参赛俱乐部达到17个，参赛的207匹马匹皆为代表国内顶尖水准的纯血马匹。本届赛事的亮点众多，精彩纷呈，多项赛事组织纪录被改写。首先，参赛骑师队伍创历史之最。在本届赛马节和全国速度赛马锦标赛上，参赛骑师数量达到历届之最，70余名中外骑手同场竞技，其中有声名显赫并屡夺各类大赛金牌的斯日古楞、单海龙、麻联凯、黎加飞、张明亮等，也有青年冠军骑师覃朝辉、刘益年、双英、张剑、覃勇等。除此之外，本届赛马节还邀请了来自德国、法国、英国、挪威、澳大利亚、马来西亚、新加坡等多个国家的职业或业余顶尖骑手参加国际骑师邀请赛，各路高手同场比拼的经典场景成为国内赛马业界的永久珍藏。③ 其次，赛事场次创历史之最。在10月24日与10月26日两天内，"国际骑师邀请赛""中国金牌骑师邀请赛""武汉速度赛马公开赛"共计13场组别的比赛令观众大饱眼福。1000米、1200米、1800米、2000米、3000米等多组别赛事轮番上演，207匹纯血马捉对厮杀逐鹿沙道，让人眼花缭乱。④ 两天的速度赛马赛事，

---

① 百度百科，http：//baike.baidu.com/link? url = 7rCyKfqfady2DHc3cdGlwdW3Aw4RiFRTQMe－dy7gxkfz－5FdMb－9O38jmDzTTrFy6hdKbRPBwLTzP6UVeZVnK_。
② 东方神马集团官网，http：//www.olhgroup.com/web/subpage.php? mid = 207。
③ 东方神马集团官网，http：//www.olhgroup.com/web/subpage.php? mid = 213&id = 280。
④ 肖进安：《第12届武汉国际赛马节落幕 赛马节创下多个"最"》，新华网，2014年10月27日，http：//www.hb.xinhuanet.com/2014－10/27/c_1112985098.htm。

令全国及武汉市民大饱眼福。本次赛马节和全国速度赛马锦标赛，是武汉举办的国内最高水准的赛马赛事，是国内、国际马业交流的盛会，彰显了武汉赛马赛事组织的先发优势及人才与区位优势，集中展示了全国最具底蕴的赛马文化，有力地提升了武汉"赛马之都"的品牌影响力。

二 农业创意产业成为东西湖区发展的新热点

（一）农业创意产业的概念与类型模式

农业创意产业又称创意农业，是第一、第二、第三产业相融合的新型业态，是用创意产业的思维方式重塑农业的产业体系，拓展农业的生产、生态、旅游、文化、教育等综合功能，形成农业创意产业链和产业集群，促进现代农业整体发展的全新模式。① 农业创意产业具有以农业为主要创意对象、富含创意、文化附加值高、与三次产业高度结合等特征。创意产业强调用新的理念，激发新的发展模式和其他产业融合发展，创意农业绝非具有传统农业的单一生产功能，它是创意产业与农业相融合的产物，是文化创意产业在农业中的延伸，同时又大大地扩展了创意产业的空间概念。

就类型而言，农业创意产业主要包括八种基本类型，即农业资源替代型、创意农业产品型、农业过程利用型、创意农业景观型、农业节庆开发型、农业生态修复型、创意农食文化型、医农同根开发型。农业创意产业在发达国家起步较早，这些国家根据自身实际条件与客观需要探索出了几种成功的模式，如荷兰主打高科技创汇模式，德国偏重社会生活功能，法国重点放在生态环保上，而日本则意在多功能致富。在国内，虽然农业创意产业起步较晚，但经过不断探索形成了一系列富有中国特色与地方特色的创意农业模式，如成都的"五朵金花"模式、温江模式、双流模式、上海模式以及北京的"紫海香堤"模式。

从1958年起，东西湖区就作为"米袋子""菜篮子"服务于整个武汉，为武汉市的发展提供了有力的农业支撑。近年来，东西湖区人民与政府抓住由

---

① 任钰：《北京创意农业发展研究》，北京农学院硕士学位论文，2011。

城郊农业向现代都市农业转型以及现代服务业大发展的重大机遇,大力发展农业创意产业。

(二)东西湖区大力发展农业创意产业有其历史必然性

1. 创意农业之路是东西湖区农业进一步发展升级的客观需要

首先,长期以来,东西湖区都是作为"菜篮子""米袋子"服务于整个武汉市建设的,但随着武汉市城市规模的不断扩大,东西湖区耕地面积迅速减少。据2013年相关数据统计,在武汉6个远城区中,东西湖区耕地总面积仅为10.9千公顷,仅略多于汉南区的10.46千公顷,耕地总面积远远少于其他几个远城区(见图1)。

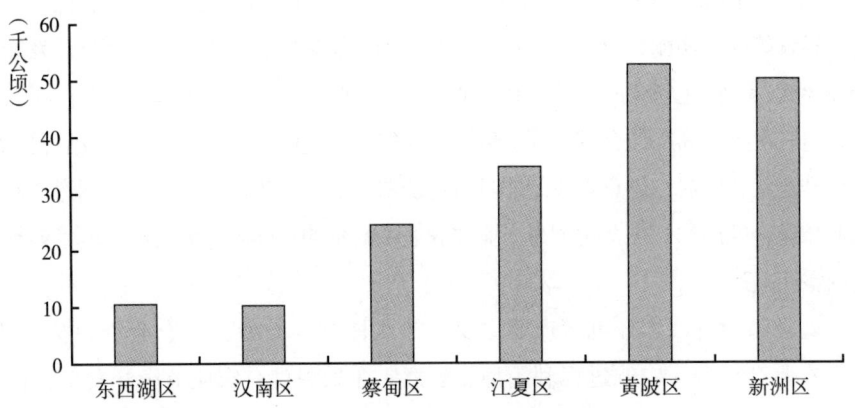

图1 2013年武汉市各远城区耕地面积

资料来源:根据《2013年武汉统计年鉴》相关数据整理。

其次,东西湖区人均耕地面积严重不足。2013年东西湖区农业人口每万人占有耕地面积0.59千公顷,与黄陂区的0.58千公顷大体持平,与其他几个远城区相比差距较大(见图2)。

最后,东西湖区农林牧渔业总产值偏低。2013年东西湖区农林牧渔业总产值仅为237278万元,略高于汉南区,这与东西湖区总体经济水平不相适应(见图3)。2013年东西湖区实现总产值496.69亿元,在远城区中仅次于江夏区居第2位,但人均产值遥遥领先于其他各个远城区。

耕地总量少、人均耕地不足、农业产值低是东西湖区农业发展的三大难

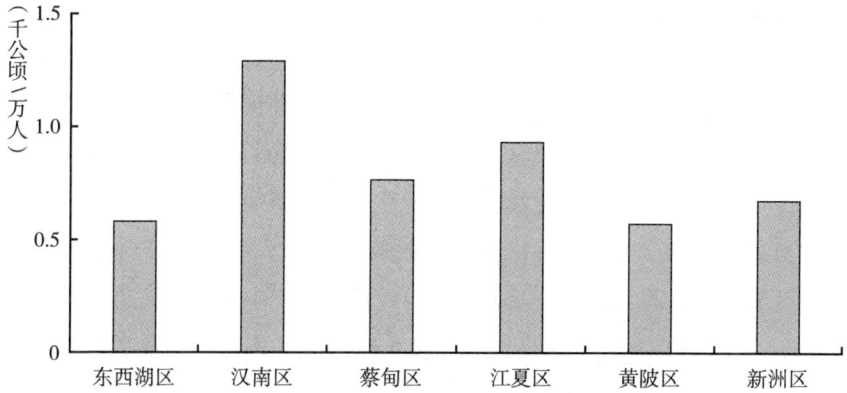

图2　2013年武汉市各远城区农业人口人均耕地占有量

资料来源：根据《2013年武汉统计年鉴》相关数据整理。

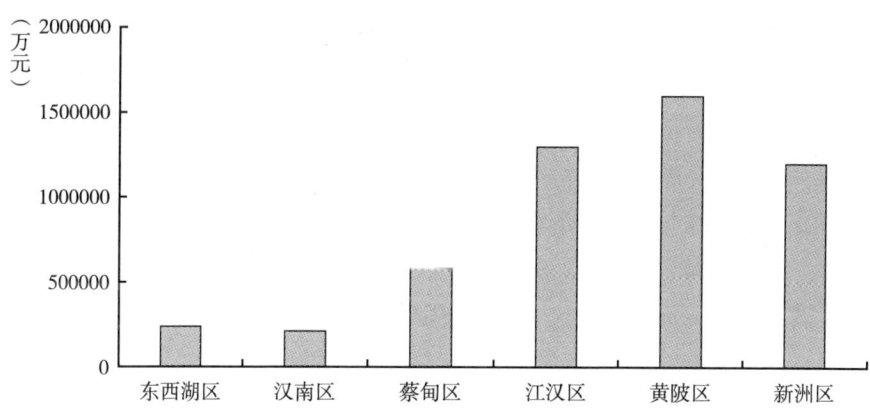

图3　2013年武汉市各远城区农林牧渔业产值

资料来源：根据《2013年武汉统计年鉴》相关数据整理。

题。东西湖区要实现农业发展的突破，必须克服自身客观条件带来的限制，提高农业生产效率，延长农业产业链条，充分挖掘农业生产各个环节的潜质，使农业的综合效益最大化。

2. 东西湖区具备承接武汉市发展创意农业的客观条件

作为中部地区的重要经济和文化中心，武汉市人才集聚，高收入水平人群比重较高，拥有大规模的消费群体，而且武汉市消费群体的文化层次和收入水平相对较高，对产品多样化的需求强烈，特别是文化方面的需求尤为显著，对消费质量的要求也日益提高。随着收入水平的不断提高和城市生活压力的不断增大，面对生活压力和都市生活的单调，他们日益青睐个性化、特色化以及艺术化的产品，这为武汉市创意农业的发展提供了广阔的市场空间，而东西湖区的特殊优势成为武汉市发展创意农业的绝佳选择。第一，在武汉市6个远城区中，东西湖区距离市中心最近，更加接近消费人群。另外，从市内交通来看，东西湖区地处汉口西北近郊，紧邻市区，武汉市规划中的8条轨道交通线中有6条线的起点在东西湖区，乘坐已全面投入运行的武汉轨道交通1号线和地铁2号线，半小时即可抵达城市中心。① 第二，东西湖区的资源禀赋符合创意农业发展的需求。东西湖区因水得名、因水而兴，区内密布金银湖、巨龙湖、杜公湖等28个湖泊，总干沟、径河、东流港、白马泾以及73支沟把东西湖织成一张水网，形成湖泊星布、沟渠交错的滨湖水乡特征。2013年，全区林地折合面积为11.7万亩，森林覆盖率达15.1%，林木绿化率达15.38%。城镇绿化覆盖率达47.6%，绿地率达39.69%，人均公共绿地面积达9.32平方米，是武汉西北部主要的绿色屏障，② 良好的生态环境为创意农业的发展打下了坚实的基础。第三，东西湖区历史文化资源较为丰富，拥有文物古迹13处，其中省级文物保护单位1处、市级文物保护单位4处。③ 除此之外，区内还有柏泉古镇、㵲口古镇、景德寺、柏泉天主堂、孙武故居等文化遗存。优美的生态环境、深厚的历史底蕴与现代农业相融合将成为创意农业发展的强劲动力。

（三）东西湖区创意农业发展成效显著

在创意农业的八种类型中，东西湖区主要有两种。一是农业过程利用型。把农业生产与销售过程中有趣的一面（或有感官刺激的一面，或有教育意义的一面）剥离并展示出来，供城市市民和游客参与，从而提高农产品的知名

---

① 黄永林主编《武汉文化创意产业发展报告（2014）》，社会科学文献出版社，2014，第96页。
② 李琳、彭吉松、方懿：《开创武汉现代都市农业的"东西湖升级版"》，《长江日报》2013年11月26日。
③ 高扬波：《武汉市东西湖区简介》，东西湖政务网，2011年11月15日，http://www.dxh.gov.cn/wcm/res/dxhmhw/C120101223100040700427.shtml。

度,提高农民的收入,这在东西湖区主要表现为以农事体验与休闲采摘为主的都市观光农业。二是农业节庆开发型。在东西湖区,节庆开发主要体现为赏花节与传统节日乡村游。两种类型最终融合于乡村休闲旅游,乡村休闲旅游成为东西湖区创意农业的主要经营模式。

1. 乡村休闲旅游整体发展迅猛

按照东西湖区区委、区政府提出的"农业经济向旅游经济延伸,大力发展乡村休闲游、赏花游产业"的工作思路,东西湖区坚持以市场为导向,立足区情,发挥优势,以农民增收为核心,提出了发展集"田园风光、农耕体验、农家休闲、水乡游憩、花卉观赏"于一体的乡村休闲游、赏花游,紧扣"生态、低碳"主题,打造水乡生态休闲品牌。通过规划把全区乡村休闲游、赏花游资源有机地连成一体,形成乡村休闲游、赏花游精品线路。全区现有乡村休闲游、赏花游景区景点127家,其中农家乐89家、休闲农庄21家、农业旅游点13家、赏花游景点4家。被省农业厅、省旅游局评为五星级农庄2家、四星级农庄8家、星级农家乐12家、湖北省休闲农业示范点5家。2014年,全区共接待游客256万人次,比2013年的221.9万人次增加34.1万人次,增幅达15.4%;全年实现乡村休闲游、赏花游综合经营收入2.3亿元,比2013年增加3500万元,增幅达17.9%;转移农村富余劳动力共计1401人。①

2. 乡村休闲游内容不断扩展,品牌影响力增强

首先,乡村休闲游内容不断扩展,旅游线路逐渐整合。第一,东西湖区不仅对原有农业休闲、观光采摘点进行了提档升级,还新开发了一批特色鲜明的农业休闲项目。2014年,东西湖区吸纳开发了以特色草莓、蔬菜为主要产品的东山汇春农业休闲点,以特色果蔬、草莓为主要产品的东山绿发源农业开发公司休闲点,以葡萄采摘为主要产品的新沟七彩葡萄观光园休闲点等农业观光休闲采摘点。据统计,全年农业观光采摘特色农产品销售综合收入达9800万元,占乡村休闲游综合收入的42%。第二,整合资源推介线路工作成果显著,结合东西湖区乡村休闲旅游景点分布特色,推出了三条乡村休闲旅游特色精品线路。

---

① 数据由东西湖区文体广电局旅游局提供。

其次，充分利用各种传媒增强赏花游品牌影响力。2014年，东西湖区开展了声势浩大的宣传活动，引导游客进行旅游消费，利用新闻媒体进行旅游产品宣传推介，加大赏花游宣传推介力度。第一，专题制作赏花游宣传推介短片，通过轨道交通电视向武汉市市民宣传东西湖区赏花游景点；第二，组织召开媒体记者动员会，吸引了《长江日报》《楚天都市报》《楚天金报》《武汉晚报》等报纸媒体，湖北经视、武汉电视台等电视媒体，以及长江网等网络媒体参与旅游推介；第三，利用武汉电视一台《晶晶有味·晶晶乐道》栏目，对全区5个省级休闲农业示范园进行宣传推介，共拍摄宣传片5期。

通过整合推介赏花旅游线路，全方位、多角度地报道东西湖区赏花游基地，带动全区乡村休闲游产业取得了不俗的成绩。据统计，截至2014年11月，全区乡村休闲游、赏花游景点共接待游客215万人次，实现综合经营收入1.97亿元，分别比上年增长16%和19%。其中，赏花游景点共接待游客37万人次，实现综合经营收入3250万元。①

3. 一批重大创意农业项目稳步快速推进

2013年，武汉市共下达东西湖区赏花游项目6个：新沟二大队前港合作社桃花基地建设项目，总投资为684万元，发展面积为1000亩；东山陈家冲富利专业合作社桃花基地建设项目，总投资为323万元，发展面积为1000亩；柏泉郁金香观赏园建设项目，总投资为2449万元，主题公园面积为600亩，种植近12个品种、50万株郁金香；汉江花世界赏花基地建设项目，总投资为1350万元，发展面积为600亩，园内植有樱花、碧桃、桂花、百合、薰衣草等；四季吉祥赏花游基地建设项目，总投资为541万元，赏花带长达4.8公里，自西向东布有"春桃、夏榴、秋桂、冬梅"4个主题公园；湖北宏华醉美西湖赏花园基地建设项目，总投资为536万元，赏花园面积为500亩，分为樱花观赏园、玫瑰花观赏园、紫薇花观赏园等赏花区，园区集赏花、餐饮、住宿、会议、垂钓等功能于一体。武汉市所下达的特色目标项目总投资为5883万元，按照武汉市市政府赏花游项目建设的要求，东西湖区按时保质保量地完成了建设任务。截至2014年6月底，全区6个赏花游基地建设项目共完成投

---

① 数据由东西湖区文体广电局旅游局提供。

资5883万元，完成投资任务的100%；项目工程建设、项目资料整理及财务、工程审计已全部完成，并全部通过市、区专家组验收；市级财政补贴资金、区级财政配套资金也已全部拨付到位。①

（四）东西湖区创意农业发展中暴露的问题

1. 创意农业发展模式陈旧，产业链开发不够深入

章继刚认为，创意农业是以市场为导向，将农业的产前、产中和产后诸环节联结为完整的产业链条，将农产品和文化、艺术创意相结合，使其成为具有较高文化品位、特色化、个性化、艺术化的农产品，使其带来更高的营利与附加值，以实现资源优化配置的一种新型的农业经营方式。② 产业链条的完整与否对创意农业影响巨大。

花卉观赏游是东西湖区创意农业发展的重点，在东西湖区众多以花卉为主题的项目中最具影响力的莫过于郁金香主题园。但是同为花草类创意农业项目，东西湖区郁金香主题公园与北京"紫海香堤"相比在产业开发深度上差距明显。东西湖区郁金香主题公园由武汉林业集团在原柏泉彩叶树种基地的基础上打造而成，集现代林业生产、科普教育、生态休闲于一体，建园以来已成功举办两届（2013年、2014年）春季郁金香赏花游以及一届（2014年）"百万葵花展"，获得"湖北省休闲农业示范点""武汉新花城赏花典范地""东西湖十佳生态休闲点"等众多荣誉称号。③ 郁金香主题公园所取得的成绩不容否认，但主要经营活动仍然停留在花卉观赏的低端层面也是事实。园区对"郁金香"的深层次开发严重不足，赏花之外仅有垂钓、生态餐厅、特色食品、儿童游乐区、花卉超市等少数低端休闲购物项目。总体上讲，郁金香主题公园还停留在"花卉观赏+农家乐"的模式，很难真正吸引高端客户。

作为以香草为主题的"紫海香堤"创意农园，在产业链条开发上，比起东西湖区则要高明得多。"紫海香堤艺术庄园"（以下简称"香草园"）位于北

---

① 数据由东西湖区文体广电局旅游局提供。
② 任钰：《北京创意农业发展研究》，北京农学院硕士学位论文，2011。
③ 百度百科，http://baike.baidu.com/link?url=8KsKbWyrtUkkXLo61G6EMZ9ksX7BYmU0p XyyCxKAJ_GmYOsIWvPapEWS77WYbVbInI7fxxAPckFpG4LDRnfZY_。

京市密云县古北口镇汤河村，是一个集养生、度假、休闲、体验、艺术创作、婚纱摄影、影视拍摄于一体的综合性都市型现代农业观光旅游区。香草园突破了传统农业园区种植果树、农作物，以观光、采摘为主打的经营模式，采取差异化经营战略，将目标群体锁定在中高端市场。香草园划分了"香草体验休闲"和"汤河亲水休闲"两大功能区，开发了"香草休闲""爱情体验""汤河亲水休闲"三类旅游产品，使游客不仅能感受异域乡土风情，而且能亲身参与制作香草产品、体验香草文化。此外，香草园还开发了多种香草时尚产品，如根据普罗旺斯古法手工制作的干花、香包、香袋、精油、香水、香皂、蜡烛、薰衣草、花草茶等。① 这样，不仅满足了游客"购"的意愿，而且农产品由此成为具有实用价值的商品和具有特殊意义的纪念品，既增加了香草作为农产品的经济附加值，又增加了香草的文化附加值。

2. 创意农业文化附加值低、缺乏创意

创意农业是第一产业与文化产业相融合的新型业态，它充满了创造力、想象力和艺术感染力，既具有创意产业的共有属性和特征，也具有农业特色。归根到底，创意农业以高文化附加值与丰富的创意为根本特点，以满足人们的精神与文化需求为目的。文化附加值低、缺乏创意是创意农业发展的致命伤，而东西湖区则恰恰面临这样的问题。东西湖区创意农业缺乏创意主要体现在以下三个方面：第一，主题创意不够新颖；第二，经营模式陈旧；第三，缺乏以农产品为加工对象的特色文化产品。目前东西湖区开发的创意农业项目中，除少数科技试验项目外，其余项目过度依赖乡村休闲游，乡村休闲游中又以花卉观赏与农业采摘为主，可以扩展的休闲项目也仅局限于垂钓、农家美食品尝，很难真正留住游客，对相关产业的带动作用有限，而且具有品牌影响力的创意农产品严重缺乏。创意农产品的缺乏不仅不利于经济附加值的提高，而且严重影响了相关项目的文化附加值。综上所述，在东西湖区的创意农业中，文化创意极度缺乏，本土特色文化尚未很好地融入现代农业中，创意农业多局限于较为低端的"农家乐"，这是东西湖区创意农业未来发展的最大难题。

---

① 王爱玲、刘军萍、任荣、秦向阳：《农业创意产业——现代农业与文化创意产业的融合》，《中国科技产业》2009年第9期，第81页。

3. 创意农业项目同质化严重

东西湖区创意农业文化附加值低、缺乏创意的难题，直接导致了另一严重问题，即项目开发同质化严重。东西湖区创意农业项目开发同质化严重主要体现在两个方面。第一，区内项目同质化严重。东西湖区总面积约为499.71平方公里，但有多处农业休闲旅游项目内容基本一致。其中，东西湖区仅葡萄采摘园就有3处，分别为七彩龙珠葡萄园、辛汊葡萄园、东山群里葡萄园；桃花观赏园有2处，即新沟镇街千亩桃花观赏园、东山陈家冲桃花基地；莲花观赏、采摘园有2处，即新沟荷包湖太空莲采摘园、新沟舜耕千亩莲花观赏园。这些项目不光在内容上同质化严重，而且在地域上也相当接近，主要观赏花卉的花期与主要采摘作物的成熟期基本相同，一方面造成了资源的严重浪费；另一方面也极易引发区内类似休闲旅游项目的无序竞争。第二，就整个武汉范围来说，东西湖区乡村休闲游项目与黄陂区、江夏区的产品同质化同样严重，3个区绝大多数创意农业相关项目都以农事体验与观光为主要内容，但东西湖区与江夏区、黄陂区相比，先天条件严重不足。东西湖区农业用地面积为274002亩（包括耕地187829亩、养殖水面77433亩、果园8740亩），大约是黄陂区耕地面积的1/3。农业用地少，加上距离市中心近、工业发达等，使东西湖区地价远高于黄陂区，这无形中增加了东西湖区相关农业项目的成本，同等条件下竞争力就大打折扣。

（五）针对东西湖区创意农业发展现状的几点建议

1. 推动文化创意产业与农业深度融合

创意是文化创意产业发展的灵魂，创意农业的发展也不例外。推动东西湖区文化创意产业与农业深度融合，就要重视创意在农业发展特别是农村文化休闲游中的重要作用。第一，以农业为主要创作对象，创造富于创意的农业文化景观。东西湖区要借助武汉市着力打造"创意设计之都"的契机，充分利用武汉市全市范围内创意设计的各项有利条件，做好农业发展的规划与设计，着重增加创意含量。第二，创意农业中要充分体现"荆楚文化"特色。农业文化本身作为地域文化的重要组成部分，更深刻地反映着地域文化的变迁。创意农业作为文化创意产业与农业融合的产物，必须正视客观自然条件与文化因素。发展东西湖区创意农业，必须厘清东西湖区地域文化的特色所在，充分挖掘、利用特色文化资源，将广博的"荆楚文化"中独特的历史文化资源、民族文化资源、民俗民间文化资源与农业深度融合，不仅要有通过增加农业中的文化含量以促进创意农业发展的功利性目的，而且要有通过创意农业展示本区特色文化以促进文化繁荣的远大目标。

2. 创新乡村休闲文化游的经营模式

在"农家乐"模式遍地开花的今天，简单地进行农业采摘、品尝农家菜、休闲垂钓已经很难真正吸引游客、留住游客并获得规模效益，东西湖区创意农业的发展要取得突破必须在经营模式上下功夫。首先，东西湖区必须正视乡村休闲文化游区内外同质化严重的现实，在市场调研的基础上，明确各个项目的市场定位，根据市场定位的不同，拉开各个项目档次上的差距，采取异化经营的模式，着力打造高端项目。对于存在向高端发展可能性的项目，要不失时机地促进其进一步发展，在适度进行规模扩建与设施更新的同时，要注重对产品的深入开发，延长产业链条。以郁金香主题园为例，其经营目的绝不应当是仅为广大市民提供一个赏花的好去处。郁金香主题园在未来的发展中，应当逐步实现目标消费群体的上移，锁定中高端市场，有效地规避与传统花卉观赏景区竞争，赢得独特的市场。郁金香主题园要不失时机地开发服务于新婚夫妇、情侣、摄影爱好者、写生画家、商务游客等特殊高端客源的休闲项目，以满足个性化的市场需求，适当的时机可以接纳摄影、绘画等创意工作室进入园内。其次，要下大力气对区内相关同质化项目进行合并，促进相关项目实现合并联营，对于过剩、经济效益低下的项目进行果断淘汰，力争实现规模效益。

3. 完善财政支持制度

东西湖区针对创意农业的现行财政制度主要存在两个问题：第一，财政支持力度不够；第二，财政支持手段单一。2014年武汉市在东西湖区重点建设4个赏花游项目，项目总投资为4674.95万元，其中企业自筹3434.79万元，市财政补贴898.16万元，区财政配套342万元，市、区两级财政补贴占总投资的26.53%，而福建省在《福建"十二五"旅游业发展专项规划》中的投资金额已达10770.11亿元，政府直接投资占比为46.2%，相比之下凸显了东西湖区相关项目投入的不足。另外，政府财政支持的资金全部以补贴、配套资金的形式到位，形式过于单一。

在加大对创意农业财政支持力度的基础上，东西湖区要更加注重探索丰富财政支持的手段。对区内创意农业项目的支持应该综合运用财政补助、转移支付、财政贴息、税收等财政手段，大力推进财政贴息、财政奖励等方式，在财政补贴上注重奖励补贴，以激励产业项目完成升级改造，对暂时处于经营困境的企业采取利息补贴的扶持方式，以促进产业整体协调发展。①

---

① 李正欢：《区域旅游业发展的财政支持研究》，《通化师范学院学报》2012年第1期。

案例分析
Case Studies

B.11
搭建数字化平台 构"三圈一体" 促全媒体转型
——全媒体背景下长江日报报业集团发展探析

毕 曼 邝艳梅*

摘 要： 在互联网等数字化浪潮的冲击下，借力数字技术寻求报业的数字化生存空间，实现从新闻报道理念到运作流程再到经营管理体制的全面革新，进而改写传媒格局，成为传统报业集团必须面对和解决的重要问题。面对新媒体的高速成长和传播生态的深刻变局，作为武汉市第一家文化产业集团的长江日报报业集团积极谋划融合发展战略，以"三圈一体"为战略指导思想，努力把握新技术，发展新业态，打造新平台，再造内容生产流程，成功实现了从传统媒体向新兴媒体、从

---

* 毕曼，华中师范大学国家文化产业研究中心博士研究生，研究方向：文化资源与文化产业。
邝艳梅，华中师范大学国家文化产业研究中心硕士研究生，研究方向：文化资源与文化产业。

单一平面传播向立体化全媒体传播的转变。长江日报报业集团作为全媒体转型的成功案例,为其他传统报业集团的全媒体转型提供了有益的参考和借鉴。

关键词: 全媒体 数字化 "三圈一体" 融合 改造 升级

  2014年8月18日,中央全面深化改革领导小组第四次会议审议通过了《关于推动传统媒体和新兴媒体融合发展的指导意见》。习近平总书记在会上强调,推动传统媒体和新兴媒体融合发展,要遵循新闻传播规律和新兴媒体发展规律,强化互联网思维,坚持传统媒体和新兴媒体优势互补、一体发展,坚持以先进技术为支撑、以内容建设为根本,推动传统媒体和新兴媒体在内容、渠道、平台、经营、管理等方面的深度融合,着力打造一批形态多样、手段先进、具有竞争力的新型主流媒体,建成几家拥有强大实力和传播力、公信力、影响力的新型媒体集团,形成立体多样、融合发展的现代传播体系。① 2014年7月,中国互联网络信息中心(CNNIC)发布了第34次《中国互联网络发展状况统计报告》。报告数据显示,截至2014年6月,我国网民规模达6.32亿人,半年共计新增网民1442万人。互联网普及率为46.9%,较2013年底提升了1.1个百分点。智能手机对功能手机的替代已经基本完成,我国手机网民规模增长到5.27亿人,较上年底增加2699万人,网民中使用手机上网的人群占比进一步提升,由2013年的81.0%提升至83.4%,手机网民规模首次超越传统PC网民规模(80.9%)。② 互联网的快速发展以及新媒体带来的冲击,促使我国传统报业集团开始思考转型之路,全媒体、多元化成为国内众多传媒集团的共同选择。在互联网等数字化浪潮的冲击下,借力数字技术寻求报业的数字化生存空间,实现从新闻报道理念到运作流程再到经营管理体制的全面革新,

---

① 《习近平:共同为改革想招 一起为改革发力》,新华网,2014年8月18日,http://news.sina.com.cn/c/2014-08-18/175730704562.shtml。
② 中国互联网络信息中心:《中国互联网络发展状况统计报告》,中国社会科学网,2014年7月22日,http://www.cssn.cn/xwcbx/xwcbx_rdjj/201407/t20140722_1262907.shtml。

进而改写传媒格局,成为传统报业集团必须面对和解决的重要问题。面对新媒体的高速成长和传播生态的深刻变局,作为武汉市第一家文化产业集团的长江日报报业集团,认真学习和领会习近平总书记的讲话精神和中央关于推进传统媒体和新兴媒体融合发展的意见,顺应媒体发展趋势,积极谋划融合发展战略,努力把握新技术,发展新业态,打造新平台,通过建立完善多种媒体形态的组合,形成崭新的全媒体框架,再造内容生产流程,成功实现了从传统媒体向新兴媒体、从单一平面传播向立体化全媒体传播的转变。长江日报报业集团作为全媒体转型的范例,为其他传统报业集团的全媒体转型提供了有益的参考和借鉴。

一 全媒体的内涵与传统报业转型

全媒体是在媒介融合大背景下发展而来的概念。所谓"媒介融合",主要是指在数字传播技术高速发展下呈现的媒介发展趋势。在美国,"坦帕新闻中心"(Tampa's News Center)将传统的报纸、电视台与网站融合为一体,改变以往线性、单一的采编模式,将所有媒体工作人员集中统一部署,成为新闻界公认的进行媒介融合试验的成功典范。在英国,《每日电讯报》将原先独立的办公室模式,改成了报纸和网站的编辑记者共同办公的大平台模式。媒体融合发展是一场传播方式的历史性变革。关于全媒体的内涵,陈国权的界定较为全面。他认为,从现在全国报业运作的情况来看,全媒体应该有三层含义:一是全媒体集团,是指一个报业集团拥有尽可能多的媒介形态;二是全媒体平台,是指报业集团进行流程再造,组成一个内容共享平台,实现一个平台、多个出口的采编流程;三是全媒体记者,是指一名记者拥有多种功能……"[1] 全媒体体现的不是单纯的"跨媒体"连接,也不是"1+1=2",更不是"你就是我、我就是你"的简单融合,而是传播理念、传播渠道、内容资源、采编队伍、编发流程等多方面的高度契合,是全方位、多层次、系统化的现代传播体系。

新兴媒体的裂变式发展,带来了媒体格局的深刻调整和舆论生态的重大变化,特别是给传统报业带来了极大的挑战和冲击。长江日报报业集团是武汉市

---

[1] 陈国权:《新媒体拯救报业》,南方日报出版社,2012,第77页。

第一家文化产业集团，经中宣部、国家新闻出版总署批准，于2003年12月28日成立。自成立以来，长江日报报业集团加快传统媒体与新兴媒体融合步伐，通过整合资源，打破传统纸媒报道方式，推进传统平面媒体向数字化转型升级。长江日报报业集团在新闻网站建设、门户网合作、新媒体终端等方面建设新平台、开发新业务，在打造全媒体和报业数字化转型方面制定长远战略，渐趋成为湖北省数字化转型的范例。

二 长江日报报业集团全媒体转型的实践探索

（一）打造"三圈一体"传播圈层，实现全媒体战略布局

站在"互联网+"时代的风口，长江日报报业集团坚持传统媒体和新兴媒体优势互补、融合发展，在"十一报一刊四网"的基本构架上，先后推出了"长江日报官博官微""好医网""楚才APP""长江日报最武汉"等交互平台，在移动端开设与大众互动、为大众服务的窗口。目前，长江日报报业集团按照"积极推进、科学发展、创新管理、确保导向"的总体要求，整合集团资源，建设并完善以"移动党报"为核心，以集团重点媒体为支撑，以多元化平台、多样化应用和泛终端搭建为延展的三大圈层，已基本构建了以网站、微博、微信、手机客户端为主要载体的"三圈一体"全媒体立体传播体系（见图1）。长江日报报业集团积极探索各报纸周刊体制机制创新，在分众领域创新拓展，细分人群，进行精细化营销，开发新的媒体产品，以专业和深度向圈层要效益，建立现代立体传播体系。

1. 核心圈

以《长江日报》、长江网和《武汉宣传》为基础，建设"移动党报"、长江经济带网络门户和时政期刊集群，形成立足武汉、覆盖中部城市集群、辐射长江经济带的一体化全媒体核心传播圈层。

内容生产和定位方面。长江日报官博官微、党政APP及各类媒体平台形成报网融合的产品集群。其中，长江日报官博官微等各类媒体及时、快速、立体化地发布权威的时政财经要闻和城市重大公共信息，并与用户积极互动，成为时政新闻与信息的第一落点；党政APP作为移动终端主打产品，顺应互联

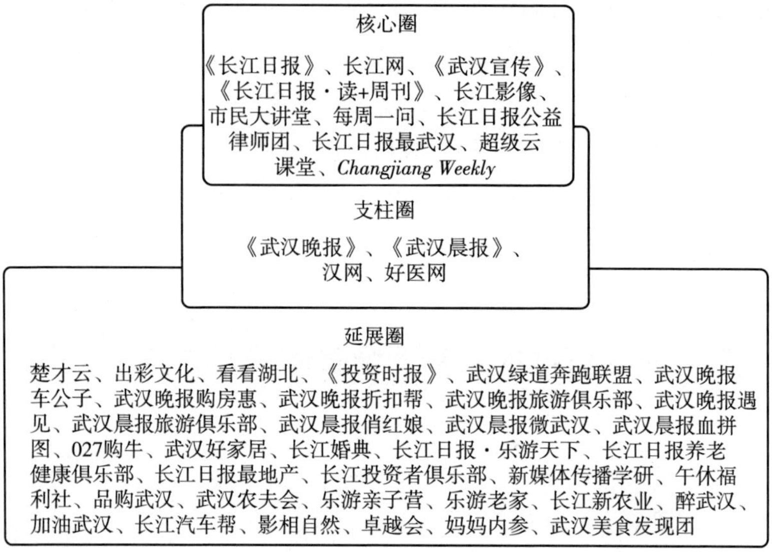

```
           核心圈
《长江日报》、长江网、《武汉宣传》、
《长江日报·读+周刊》、长江影像、
市民大讲堂、每周一问、长江日报公益
律师团、长江日报最武汉、超级云
       课堂、Changjiang Weekly

           支柱圈
    《武汉晚报》、《武汉晨报》、
         汉网、好医网

           延展圈
楚才云、出彩文化、看看湖北、《投资时报》、武汉绿道奔跑联盟、武汉晚报
车公子、武汉晚报购房惠、武汉晚报折扣帮、武汉晚报旅游俱乐部、武汉晚报遇
见、武汉晨报旅游俱乐部、武汉晨报俏红娘、武汉晨报微武汉、武汉晨报血拼
图、027购牛、武汉好家居、长江婚典、长江日报·乐游天下、长江日报养老
健康俱乐部、长江日报最地产、长江投资者俱乐部、新媒体传播学研、午休福
利社、品购武汉、武汉农夫会、乐游亲子营、乐游老家、长江新农业、醉武汉、
加油武汉、长江汽车帮、影相自然、卓越会、妈妈内参、武汉美食发现团
```

图 1　长江日报报业集团新媒体集群

网传播移动化、社交化、视频化趋势,生产融合型的互联网新闻精品;《长江日报》发挥传统媒体优势,做好重大主题宣传报道,对重大时政财经新闻和城市重大决策等进行深度解读,阐述观点态度,做好舆论压舱石、导航器。长江网主要发挥媒体资质,整合社会资源,做大做强线上服务,通过报网融合,培育核心竞争力,成为真正意义上的城市新闻门户和生活门户。在未来规划中,长江网将全面提档升级,争取国家发改委和省市的支持,从新媒体平台切入,联系长江沿线大中城市、大型企业和各类机构,汇聚国内外经济、社会、人文及环境等各界专家智力,建成长江经济带的综合性网络门户,在更高、更广的平台上传播武汉声音,展示武汉形象。同时,长江网将探索"众包式"媒体运营方式,吸附长江流域各类媒体平台,组成自媒体联盟,形成信息服务产品矩阵。武汉宣传依托党政资源,配合城市重大建设和活动,创办内容多样、周期不一的系列子刊,形成纸质和数字出版物集群。

媒体产品开发方面。将《长江日报》的《长江评论》《读+周刊》《深读天下》等品牌栏目进行互联网产品化运作,使其成为新媒体中的思想精品;将"最武汉"建设为服务于百万大学生的移动客户端,助推武汉大学之城建设;精心打造"超级课堂""青桐周刊""长江影像""户外联盟"等新媒体,服务特定人群，黏住用户。

用户特征和覆盖方面。核心圈产品集群以党政干部、公务人员、企业经营管理人员、社会和文化精英、大中小学生等优质用户为主要目标人群，占据用户主要工作阅读时间和主要工作学习场所，全面立体、生动形象地传播武汉声音，展示武汉形象，提升武汉影响。

2. 支柱圈

以《武汉晚报》《武汉晨报》全媒体为核心，整合汉网、好医网等垂直网络平台和生活服务媒体，形成以生活服务为主的区域生活信息服务圈。

支柱圈核心。《武汉晚报》是一份以武汉地区家庭读者为主要目标读者群的综合性日报，坚持新闻创新、与时俱进、扎根武汉，关注武汉市民生活和生存现实，恪守"为百姓谋利益"的办报理念，信息量大、可读性强、趣味性浓、贴近市民、接近生活，深受广大读者的青睐。《武汉晚报》一方面创新舆论宣传方式，凸显当前政府中心工作，向市民报道政府的工作成果；另一方面倡导大城市大担当，推进城市文明进程，为武汉社会发展起到了领头羊的作用。而《武汉晨报》是武汉最重要的平面媒体之一，被业界和广大读者誉为一份"高品质市民报"。2004年7月8日，上海激动集团与长江日报报业集团共同投资组建的武汉晨报文化传播有限公司成立，成为当时武汉市文化体制改革领域的一件大事，《武汉晨报》由此成为湖北地区第一份以股份制方式从事媒体经营的综合性日报。《武汉晨报》在媒体融合过程中，探索出城市都市报与地铁融合模式下的创新之路，优化报纸定位，突出报纸地铁化、年轻化特色，立足新闻、比拼服务、疏导情感，精心策划推出重点报道，传递武汉正能量。"铁丝圈"粉丝人数已达10余万人。自武汉地铁开通以来，《武汉晨报》成为武汉地铁指定的独家日报，发行量大增，广告销售实现了30%的增长，实现了结构优化后的媒体价值最大化。

新媒体网络平台。汉网将自身定位为面向华人的移动化、多媒体化和个性化的资讯门户，在"接地气"的同时，积极策划居民参与度高的活动。汉网还在线上组织开发了"出国超市"产品，通过整合线下和线上资源，搜罗优质的海外教育、房产资源，满足了国内居民的需求。好医网致力于打造大众健康管理服务专家，立足武汉优越的医疗资源，开展"零手续费"预约挂号等公益性的创新服务，借助自身固有的各种资源，开展贴近群众的健康活动，实现了网络盈利。

支柱圈通过建立一批与百姓生活息息相关的支柱性媒体,将核心圈的价值、内涵和功能放大,形成强大辐射力。新媒体立足武汉及周边区域,辐射长江流域,生产差异化的主流信息和丰富的生活信息,提供衣、食、住、行、教、卫等与民生有关的各方面的信息服务,将"铁丝圈""周二之约"等优质项目品牌化、产品化,实现了对区域用户在碎片化时间和家庭、消费、出行场所等空间的覆盖。

3. 延展圈

通过与政府、企业及社会力量在资源、资本和技术等方面进行多种形式的合作,孵化一大批新项目、新产品、新应用和新终端,延伸核心圈和辐射圈,渗透于社会生活的方方面面。大力开展信息集成服务,整合集团各媒体的内容、终端和人才资源,共建共享全市性数据平台,构建统一开放的全媒体多功能智能化信息服务平台,打造多样化、个性化、对象化信息产品,提供综合性、全程性、交互性的信息服务。

积极拓展社会合作,巩固"看看湖北"等已有的合作项目。看看湖北网定位为湖北第一视觉门户,采用以视频为基础的立体体验型产品模式,提供新闻、娱乐、拍客、汽车、房产、影视等多类型资讯内容,努力打造湖北区域互联网立体门户新品牌。积极推进好医网等项目的对外合作,在教育、健康、旅游、汽车、餐饮等重点领域培育新项目、新平台、新产品,与电信运营商和技术伙伴合作"手机剧场"、智能报刊亭、智能穿戴设备、汽车智能化终端等延伸项目,不断扩大终端覆盖。

4. 一体推进

"三圈"全媒体集群按照定位不同实行差异化发展,但必须坚持城市主流舆论机构特质,以社会主义核心价值观和提升武汉城市形象为统一价值,强化阵地意识,正确引导舆论,实现服务区域一体化。"三圈"全媒体集群以国家中心城市为视角,以武汉为原点,立足中部城市群,放眼长江沿线,形成区域一体、为我所用的全新平台和舆论场。

传统媒体和新兴媒体一体化。探索融合发展环境下的报纸定位、格局与传播路径,新兴媒体应充分利用报纸的内容生产、品牌资源等优势,将传统媒体与新兴媒体一体布局、整体推进。

新平台建设与体制机制创新一体化。顺应融合发展的新形势、新要求，以体制机制的深层次改革运作新平台建设，按新平台内容生产、传播与经营的特点和要求创新体制机制，形成新平台、新机制的一体化推进。

用户覆盖一体化。精准分析不同用户的需求，生产多样化信息内容，建立个性化产品矩阵，实现支配时间与场景一体化全覆盖。

5. 加大投入，孵化和培育新产品新项目

除"三圈一体"产品集群外，及时跟踪新媒体技术进程，研发新产品新应用，鼓励员工创业兴业。同时，面向社会征集优秀项目，探索新机制，对新项目进行孵化和培育，一旦成熟，进入集团"三圈一体"产品集群。三个圈层之间开放互通，层级间不设界限阻隔，延展圈项目可迅速培育建设为支柱圈，支柱圈项目也可培育建设为核心圈。

长江日报报业集团"三圈一体"战略布局立足湖北武汉这"一点"的全覆盖和长江流域经济带这"一线"的全辐射。在建立"三圈"的同时，不能顾此失彼，要做到以武汉为原点、立足中部城市群、放眼长江沿线，形成区域一体的全新平台和舆论场，充分履行国家中心城市大型报业集团的职责。

（二）搭建数字化平台，全面实施数字技术战略

2014年，长江日报报业集团围绕媒体融合，成立新媒体办公室，制定融合发展规划纲要，同时筹资1570万元，稳健推动融合发展工作。为建设媒体结构优化、产业体系完整、社会影响力大、市场竞争力强、可持续健康发展的现代传媒产业集团，长江日报报业集团致力于将现有网站和报刊的所有数字内容资源通过数据中心整合起来，以数据中心为核心，整合报业集团内容，提供平台支撑，继而建设云报亭、全景武汉、智能报刊信息发布系统等应用系统。同时，通过移动互联终端应用程序，创建微信订阅号等，将数字内容发布到移动互联终端，供用户调阅，形成报刊、数据中心、互联网、移动终端、电子阅报屏、APP、云报亭等线上线下结合的"三圈一体"的立体化城市媒体数字化传播与服务体系，提升《长江日报》的传播能力，满足城市发展的信息服务需求。因此，长江日报报业集团正在全面实施数字出版发展战略，即以"一体两翼"为发展核心，构建"三大体系"，实施"六大发展战略"，打造"七大数字化平台"，该发展战略兼具传媒的意识形态功能、信息服务功能和产业

功能。

"一体两翼"，是指以传统报业为发展主体，以数字媒体信息服务和多元化产业运营为两翼。构建"三大体系"，即构建结构更加优化的主导媒体基础体系，提升核心竞争力；构建面向未来转型的数字媒体综合信息服务体系，增强规模竞争力；构建可持续发展的新兴文化产业运营体系，提升综合竞争力。推动集团从传统媒体向数字化信息服务媒体集群转型，从传统报业运营向现代化传媒产业运营转型，从传统体制向现代企业制度转型。"六大发展战略"，即主流化发展战略、多品牌发展战略、集约化发展战略、多元化发展战略、创新型发展战略、资本化发展战略。"七大数字化平台"包括以下内容。

1. 数据中心

数据中心具备存储和用户信息分析两大功能，是整个项目建设的基础和核心。数据中心是报业集团核心资源——内容的聚集体，数据中心的内容可以通过互联网向不同渠道发布，呈现立体化的传播功能。同时，由于内容的发布和消费，可以收集大量的用户信息，产生商业智能应用。用户信息分析功能是通过对平台注册用户浏览习惯和浏览轨迹的分析，向综合服务平台管理人员提供可视化的用户行为分析报告，为报社的决策及广告销售等提供翔实的数据支撑。另外，针对用户建立偏好度模型，可使订阅信息和广告的推送更精准、效率更高。

2. 网站

将长江网、汉网、好医网、迅雷看看·湖北、楚才作文网等网络平台接入数据中心，使网站打通底层内容资源，调用数据中心的数字内容，向不同渠道发布。同时，数据中心也能够针对网站用户返回的数据进行存储和分析，建立用户偏好度模型，便于向用户定向投放广告。

3. 长江智慧云报亭

由武汉长江日报传媒集团有限公司打造的新型多功能报刊亭被命名为"长江智慧云报亭"，简称"云报亭"。每个云报亭面积为4~5平方米，选择武汉市主要干道节点、重要窗口地带、主要居民小区进行布点，一次规划、分期建设。云报亭集合了报刊零售、LED屏信息发布、无线上网、缴费充值、代收快递等主要功能，同时适时推出其他公益、便民文化服务内容。云报亭承载的以全媒体报刊阅览大屏为主要内容载体的"智能社区报"，采用高清显示和多点触控技术，调用集团云服务器的内容，为广大社区居民提供实时更新的、便捷的、多样化的信息服务和全新的电子阅读体验。云报亭的建设，将形成全新的以城市生活服务为主的信息服务平台，搭建全新的城市媒体发布渠道及平台，产生全新的服务模式和商业模式。

4. 移动智能报刊

移动智能报刊是武汉长江日报传媒集团有限公司针对移动互联网终端发布的电子报刊，它基于云平台打造，采用了云服务、Web Service、移动智能终端定位、消息推送等技术，实现电子报刊的投送。它还可根据用户消费内容，实现个性化的智能推送，提高用户的使用满意度和服务精准度。

5. 全景武汉

全景武汉将报刊、文字、图片等资料全部数字化，建立国内首创、功能及技术领先的面向海内外的"全景武汉数据服务平台"，成为"智慧武汉"的组成部分。平台将采用数字内容结构化加工技术和数字内容知识库构建技术，通过两个组件包，将非结构化的PDF数据转化成结构化的数据，并通过语义标注和本体构建技术，形成领域知识库，从而能够进行快速的、智能化的检索，实现数据的复用性。

6. 报刊发行数据分析系统

鉴于研究读者行为的重要性，长江日报报业集团致力于开发报刊发行数据分析系统。长江日报报业集团打造的报刊发行数据分析系统是利用先进的软件技术、互联网技术，通过数据采集向导和信息挖掘工具，推进报刊发行的"三个转变"——由"构建发行渠道"向"促进渠道增值"转变、由"发行经营"向"经营发行"转变、由传统的单纯报刊发行经营向复合型物流配送企业转变，达到利用报刊发行渠道为报社创造经济价值的目的。

7. 移动互联网应用

针对移动互联网智能终端开发客户端应用软件，主要对Android系统、IOS系统和Windows Phone系统进行APP开发。该APP能够调阅移动智能报刊发布的数据，通过终端设备进行阅读。同时，集团开通微信订阅号和移动APP，通过微信客户端及其他移动互联网客户端投递数字内容资源。

以数据中心为基础和核心，将网站、长江智慧云报亭、移动智能报刊、全景武汉、报刊发行数据分析系统、移动互联网应用进行有机的整合，实现媒介融合、终端融合、内容融合。

（三）实施采编流程升级，积极推行全媒体设备改造

传统报业由平面媒体向全媒体转型，实现融合发展，体现在传统传播流程的再造上。首先，记者采制好文字、图片或音像新闻后，先在本报的微博、微信和手机报上发布简讯，随即在网站与客户端上进行实时追踪最新进展；其次，在纸质版上对新闻事件和人物给予全面报道和评论，同时在网站与客户端上进行深度报道和分析；最后，精选出有价值的文字、图片或音像结集出版发行。全媒体数字采编中心对传统的报业采编流程实施再造与升级，报社所有记者集中于全媒体数字采编中心，由中心统一采写、层级开发、集约化制作，以滚动即时播报的形式，向统一的"全媒体数字采编系统"发布各类"初级新闻产品"，经由这个系统，媒体编辑各取所需，对信息进行再度加工和重新组合，生产出各种形态的新闻产品。这就是长江日报报业集团改造升级后全媒体运作的基本流程。这种"一次采集、多次生成、多元发布、多渠道融合、多平台互动"的新型采编和发布流程，实现了内容与产品的创新，提升了信息传播能力，并推进了传统纸媒的精品化、深度化、特色化发展。

长江日报报业集团为了形成融合发展的业务模式，实现新闻采编流程的重构升级，积极推行全媒体的设备升级工作，全面启动了三大中心重点工程建设，即建设"数字采编中心""大数据中心""信息技术中心"。与此同时，长江日报报业集团推出了一系列改革措施。

其一，建立全媒体数字采编中心。长江日报报业集团顺应互联网传播移动化、社交化、视频化趋势，搭建融合发展所必需的内容生产平台，建立全媒体数字采编中心。为了顺应媒体发展趋势，长江日报报业集团积极探索"全方位采集、多次生成、多元发布、多渠道传播、多平台互动"的新型采编和发布流程，按照新的采编要求和采编流程配备数字化全媒体采编装备。与此同时，积极谋求与科技企业、装备企业、通信企业等先进企业的合作，运用各项先进技术实现一体化、集成化、立体化的信息采集和编辑加工，多元化、多层次、多形态地进行发布传播。

其二，加快打造报纸与新媒体一体化的"采编中央厨房"，进一步整合平

面媒体与新媒体资源，全面进行全媒体采编流程再造，实现24小时出版，增强新闻传播力、影响力和核心竞争力。"采编中央厨房"仿佛一个中央指挥部，各种新闻信息都在此汇集、分派。"采编中央厨房"的设立将网络的广度、报纸的深度、手机的速度融为一体，彻底改变了过去单向度、平面化的报道形式，形成了立体化信息传播的全媒体新闻中心。

其三，打造网站、微博、微信、APP新媒体矩阵，日趋形成拥有600万用户、影响人群超过1000万人的信息传播平台。积极推动各媒体加大媒体融合工作力度，出台激励政策，设立新媒体发展基金，树立垂直传播、精准覆盖的理念，扶持壮大一批新媒体项目。

（四）顺应变革趋势，不断拓新报业经营市场

在社会经济新常态发展的大环境下，经济结构深刻调整，新经济新领域不断涌现。长江日报报业集团顺应市场发展新趋势，科学调整经营结构，大力培育新市场，发掘新空间，努力优化产业布局，加快创新发展步伐，牢牢掌握竞争主动权，主要体现在以下三个方面。

一是以互联网思维调整经营思路。新的传媒生态使市场进一步细分，报纸广告收入不断下滑，面对较为严峻的生存形势，长江日报报业集团以互联网思维调整经营思路，打造新平台，开拓新市场，为未来发展聚力蓄势。

《长江日报》广泛整合社会资源，变发布平台为发动平台，实现办报、经营和活动多轮驱动；《武汉晚报》积极推进与好医网、迅雷看看·湖北的融合互动，抓好武汉梦工场、长江经济带自媒体联盟等项目；《武汉晨报》加大地铁广告牌开发力度，打造DM直投杂志，做大地铁沿线商业广告；长江网进一步完善"新媒体管家"服务产品，做深、做透新媒体服务市场。

长江快递积极探索数据库营销，同时打造网上商城，开发APP应用，建立电子商务平台，充分利用媒体资源和发行网络，为武汉消费者提供线上线下电子商务服务。物流分公司建造物流信息网络平台，由传统的单一为客户配送，向集仓储、服务、配送于一体的综合物流转型。

二是积极推动文化产业与资本市场融合。按照长江日报报业集团的谋划，长江快递在登陆"新三板"后，可借力资本市场扩大规模、规范管理、提升竞争力，大力发展精准投递业务，逐步成长为现代城市生活综合服务商。长江

日报报业集团不断谋求经营业务与资本市场对接，并以此推进集团体制机制改革，促进现代企业制度建设，规范企业市场运作，推动产业市场化发展。

三是不断加大文化产业拓展力度。在一些重点项目的带领下，长江日报业集团注重打造一批"小而美"的文化经济实体，丰富产业结构，为集团经营形成多元支撑。长江日报传播研究院进一步开掘新闻生产、传播链条上下游资源的运营价值，开发具有社会价值和商业价值的承接平台，提升报社的品牌效应和经济效益。新组建的长江教育传播研究院，精耕细作中小学教育新闻，将"超级课堂"和"我读我城"两大核心品牌做大做强。同时，整合各种教育资源，打造中小学校教育产业链条。《武汉晚报》积极拓展服务市场，新成立了养老服务有限公司、武汉晚报文化商贸有限公司。楚才教育与社会专业机构合作，开发建设"楚才云"网络和移动客户端平台，打造集教育培训、家校通、智能家政、家长社群互动等于一体的O2O新媒体平台。彩经网推动网站建设，谋求实现网络售彩，做新型服务提供商，增强营收能力。长江报亭建设稳步推进，长江日报报业集团致力于将长江报亭建设成信息智能化与产业智能化相结合、整合汇集集团大数据的终端末梢。

三 长江日报报业集团全媒体转型的启示

（一）以互联网思维为导向转变理念

习近平总书记在《关于推动传统媒体和新兴媒体融合发展的指导意见》中强调，要遵循新闻传播规律和新兴媒体发展规律，强化互联网思维。[①] 所谓互联网思维，就是在互联网、大数据、云计算等科技不断发展的背景下，对整个行业生态进行重新审视的思考方式，是一种全新的价值观。在传统媒体与互联网的关系上，有两种思维模式：其一是把互联网视为传统媒体的延伸和补充；其二则是在互联网思维框架下重新探寻传统媒体的出路与社会价值。第二种思维模式才是真正的"互联网思维"模式，用"互联网思维"发

---

① 《关于推动传统媒体和新兴媒体融合发展的指导意见》，国家新闻出版广电总局网站，2014年8月20日，http://www.gapp.gov.cn/news/1656/223719.shtml。

展报业是传统媒体在生存危机上做出的前瞻性变革探索。"互联网思维"的重要性在于其超越了传统媒体的闭合思维,在互联网生态下谋求报业的发展,并通过数字化转型进行媒介融合,从而使得报业品牌能够在互联网时代获得延续与发展。

在传统报业转型的大背景之下,长江日报报业集团注重建构互联网思维,以"互联网+"为载体驱动创新,打破以自我为中心的固有思维,实现经营管理的互动与融合,实现资源配置的优化和协调,按照互联网发展规律倒推传统媒体的融合之路。长江日报报业集团按照互联网思维,赋予新闻纸、报社、报业等新的内涵。新闻纸不再是传统意义上的"纸",而是一种类似电脑、手机、PDA那样的存储介质与显示终端。在新媒体时代,内容虽然依然为王,但其表现形态、传输渠道和显示终端则更为多元,相应的,也会产生不同的产业运营模式和赢利模式。长江日报报业集团正是以此为起点,不断强化互联网思维,推动媒体融合发展,用全新的互联网思维,谋划和推进各项工作。长江日报报业集团全媒体转型的经验表明,树立互联网思维,是集团走上创新驱动发展"新常态"的关键。这里所说的互联网思维涵盖以下三个方面的内容:其一,要有抢占先机的意识,充分挖掘和整合信息资源,在信息传播中占据主动、赢得优势,以适应新兴媒体即时传播、海量传播的特点;其二,要有全球视野、市场观念以及品牌意识,以适应新兴媒体充分开放、充分竞争的特点;其三,要有用户思维理念,改变单向、单一的传播方式,以适应新兴媒体平等交流、互动传播的特点。长江日报报业集团以"三圈一体"为新媒体发展的指导思想,在用户细分、内容细分上走在改革前沿。在内容共享的新数据平台上,利用"互联网+"的热潮,实现各媒体内容、用户的差异化,使集团纸媒、新媒体形成全媒体立体传播体系,影响力不断增强。

(二)以科学技术为支撑建好平台

科学技术是第一生产力。现代科技的迅猛发展不断改变着人们的思维方式与生活方式,也推动新闻传播从"光与电"走到了"数与网"。技术与内容是一体之两翼、驱动之双轮,它们相互支撑、相互融合,共同构成核心竞争力。在科学技术日新月异的大背景之下,传统报业在技术研发应用、升级维护方面还略显滞后。在媒介融合的时代,传统媒体必须通过建设全媒体数字化运营平台，实现由单一媒体向全媒体的转型。① 长江日报报业集团正是利用新兴技术不断推动传统媒体与新兴媒体融合，科学运用先进传播技术，形成了立体多样、融合发展的现代传播体系。

长江日报报业集团利用科学技术搭建平台，使传统媒体和新兴媒体在内容、渠道、平台、经营管理等方面深度融合，并形成优势互补。一是利用新兴技术推进新闻生产。长江日报报业集团在媒体融合发展过程中，非常重视运用新技术。经过数十年的发展，长江日报报业集团已经积累了丰富的数据资源，并在此基础上进一步完善信息化、规模化、现代化的内容数据库，拓宽新闻来源，丰富新闻内容，为用户提供高质量的新闻信息产品。二是利用移动互联技术扩大覆盖面和影响力。随着信息网络技术日新月异的发展，移动终端已成为人们上网获取信息的最主要手段，4G技术早已开始应用和推广，可折叠电子纸、5G技术等更为先进的技术也呼之欲出。甚至有人这样断言——未来的世界将是移动互联的世界。在这样的情势之下，长江日报报业集团积极谋求向移动互联网布局，将布局新媒体当作集团业务发展的重心，不断利用移动终端平台拓宽媒体覆盖面，提高媒体影响力。三是密切关注技术前沿以促进融合发展。长江日报报业集团致力于促进社交平台与新闻传播平台的有效对接，增强平台黏性，从而集聚更多的忠实用户。与此同时，长江日报报业集团借助商业网站的微博、微信等技术平台，扩大用户规模，提升传播效果，不断以新技术新应用引领和推动媒体融合发展。

（三）以文化为核心做好市场融合

在文化产业成为国民经济支柱性产业的大氛围之下，经营性文化产业是传统报业集团融合发展的关键内容。传媒产业和文化产业都是资金密集型产业，只有大投入才有大收益，传统媒体必须能够成熟地以市场的方式获得融资。2013年7月12日，长江日报报业集团与卓尔传媒集团签署合作协议，强强联手打造长江新媒体。与此同时，长江日报报业集团积极拓展文化创意服务领域，试水新媒体营销，为发展蓄势聚力。长江日报传播研究院和武汉晚报梦工场积极开辟经营新渠道，使营收大幅增长。长江快递试点成立汉阳分公司，在

---

① 刘奇葆：《加快推动传统媒体和新兴媒体融合发展》，《党建》2014年第5期。

创新体制机制、激活队伍潜能、创新区域经营等方面做了许多有益的探索。《武汉宣传》成功改版，细分市场打造期刊方阵。楚才教育成功举办第 30 届楚才作文竞赛，赛事规模和影响再上新台阶。好医网在国内首创的医疗视频咨询 APP 成功上线，微信挂号、"患者点评"等互联网新品已着手布局。

从传统报业全媒体转型的资金筹集来看，目前尚存在较大的资金缺口，单靠政府的扶持，或许可以解燃眉之急，但终究不是长远之计。倘若单凭报业集团自身的力量，也难以达到预期的效果。所以，传统报业在当前背景下要谋求自身发展，就必须实现与当地的产业发展结构相融合，以文化为核心做好市场融合。传统报业不能仅仅靠广告收入来运营，要善于发现报业所蕴藏的丰富资源。传统报业集团还应该积极对所有资源进行二次开发，并在此基础上探索集成数据库的赢利模式，如集结成书籍、音像、文献资料、分析报告等，进行"二次售卖"，实现媒介经济效益的最大化。

B.12
拥抱移动互联网　探索媒体融合之路
——武汉广电打造移动新媒体"掌上武汉"

傅建新　侯西龙　余忠良　魏少婧*

摘　要： 移动互联网改变了传统广电的传播格局，对传统广电媒体的发展来说既是挑战也是机遇。占据移动互联网入口，实现与新兴媒体的深度融合，成为广电媒体实现融合发展的立足点和运营方向。本文首先介绍了"掌上武汉"客户端的建设情况，其次对武汉广电进行媒体融合的模式进行了分析，最后对武汉广电媒体融合的模式进行了总结。在媒体融合过程中，应该树立互联网思维，注重内容建设和融合平台建设，培养新型人才队伍。

关键词： 移动互联网　媒体融合　新媒体　"掌上武汉"

新媒体是相对于包括广电、报刊在内的传统媒体发展起来的新的媒体形态。新媒体是以数字技术和网络技术为基础，以智能终端为传播目标的新型的传播形态。其特点是交互性和即时性、海量和共享性、多媒体和超文本特性，以及个性化和社群化。以微博、微信、移动客户端为代表的新兴媒体的飞速发展，极大地改变了新闻传播和生产方式，也改变了媒体格局和舆论生态。①

新媒体的发展冲击了广电行业的固有格局，传统媒体与新兴媒体的深度融

---

* 傅建新，现任职于武汉电视台规划发展部。侯西龙，华中师范大学国家文化产业研究中心博士研究生，研究方向：数字媒体技术。余忠良，现任职于武汉电视台媒体发展部。魏少婧，现任职于武汉电视台媒体发展部。

① 蒋宏宾：《媒体思维变革与媒体融合》，《学海》2014年第5期。

合也进入了深水区。以互联网和数字技术为基础的新兴媒体的快速发展，使得传统媒体的生存空间受到挤压，受众不断流失。移动互联网逐渐成为大众获取信息的主要渠道。《第35次中国互联网络发展状况统计报告》显示，截至2014年12月，我国网民规模达6.49亿人，互联网普及率为47.9%，手机网民规模达5.57亿人，占网民的85.8%。2014年，手机以71.9%的使用比例首次超过个人电脑（71.2%），成为收看网络视频节目的第一终端，电视的使用率则攀升到23%，与平板电脑"打平"。①

随着新媒体的崛起，以及受众文化观念的改变，广播电视逐渐受到冷落，电视观众大量流失。如今的受众不再仅仅满足于传统的报纸、电视的媒介环境，对媒体呈现移动化、社交化、视频化的要求。迫使传统广电媒体做出观念的转变，树立互联网思维，积极投身媒体融合。传统媒体与新兴媒体进行有机结合，必将受到市场的欢迎。

一 "掌上武汉"的建设情况

我国广电媒体在融合发展方面经历了传统媒体办网站、台网互动和推出多媒体（包括官方微博、微信、移动客户端）三个发展阶段。2014年，传统电视媒体加强了其在移动客户端的内容建设，未来将会有更多的广播电视台投入移动客户端建设中，真正实现手机、电视、PC、iPad多屏互动。传统电视与手机APP的全方位联合提升了电视节目的收视率，通过微平台，传统电视媒体进一步扩大了自身的影响力。通过微博、微信、客户端等微平台，观众在收看节目时可以进行互动和交流，一方面，能够将节目信息传达给更多的人；另一方面，电视媒体借助平台及时对观众的意见给出反馈，在扩大节目影响力的同时，大大提高了观众的参与度。

武汉市在推动媒体融合发展方面认真贯彻落实中央决策部署，武汉广电借助移动互联网、云计算等技术搭建了"一云多屏"技术平台，实现了广播、电视、网站、移动客户端等媒体的内容共享与分发。充分利用成熟的技术、渠

---

① 中国互联网络信息中心（CNNIC）：《第35次中国互联网络发展状况统计报告》，2015年2月3日，http://www.cnnic.net.cn/hlwfzyj/hlwxzbg/。

道等，更好更快地发展自身的移动互联网项目。通过"掌上武汉"移动客户端建设项目，建立了集采集、发布、经营、管理于一体的全媒体融合集成支撑平台。

"掌上武汉"是武汉广播电视台重点打造的基于IOS、Android平台的全媒体软件手机客户端，利用移动互联网、云计算、物联网等信息技术，建立广泛覆盖和移动互联的城市信息网络，为武汉市民提供广播电视节目同步、本地资讯、公共服务等全面信息，满足市民社交娱乐、在线购物等多种需求。"掌上武汉"客户端于2014年6月16日正式上线，目前用户达16余万人。

"掌上武汉"项目的建设与完善分为三个阶段。

第一阶段，依托武汉广电丰富的内容资源，引入各类生活服务类资源，提供实用性模块，打造集生活资讯、社交娱乐、生活服务于一体的城市资讯平台。利用媒体的监督职能，通过市民报料，将"掌上武汉"打造成城市治理的监督平台。截至2015年2月，本阶段工作全部完成。

第二阶段，"掌上武汉"将借助武汉广播电视台《电视问政》节目及其影响力，搭建《电视问政》常态化问政平台，进一步拓宽职能机关与人民群众沟通的渠道，把平台打造成基于移动互联网的城市公共治理平台。同时，把"掌上武汉"作为移动互联网的入口，开发适合传统媒体传播的互动大屏，使两者有机结合，在覆盖更多渠道的同时发展媒体用户，完成传统媒体与新兴媒体的融合，为下一步客户端产品的商业化运作做好准备。除此之外，"掌上武汉"还将向城市公共信息领域进军，初步实现"智慧武汉"的功能，包括生活缴费、无线政务、智慧医疗等功能，为市民提供"一站式本地生活服务"。第二阶段还将建设用户中心和数据中心，实现基于移动互联网的舆论导向和新闻投放系统，实现智能化的新闻发布系统。

第三阶段，在第二阶段的基础上完善城市民生类智慧平台，搭建基于移动互联网的市民之家。同时，将"掌上武汉"作为物联网的接入终端，与智能家居、智能家电厂商合作，搭建以"掌上武汉"为管理终端的移动物联网平台。智能手机和电子商务的结合，是"手机物联网"的一项重要功能，手机物联网应用正伴随电子商务的潮流而大规模兴起。"掌上武汉"作为物联网的接入终端，将成为武汉市在布局物联网领域的关键一环。

"掌上武汉"自2014年6月上线以来，实现营收约150万元。主要通过承接武汉市政府职能部门的宣传工作、大型会议在线图文直播、为商家开发商城平台及为合作单位在客户端内开发栏目等方式赢利。未来"掌上武汉"将在移动应用与服务、线下活动、电子商务平台运营等方面探索长期有效的赢利模式,预计该项目2015年实现创收260万元。"掌上武汉"移动终端的建设,是武汉广电主动融合、拥抱移动互联网做出的重要一步,再造了武汉广电发展的优势。

"掌上武汉"客户端界面见图1。

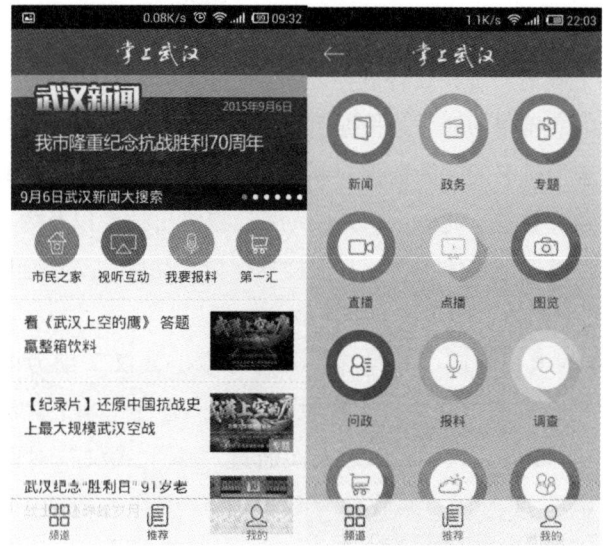

图1 "掌上武汉"客户端界面

二 拥抱移动互联网的武汉广电模式

(一)"掌上武汉"问政频道,打造城市治理新平台

2011年武汉市《电视问政》栏目开全国之先河,引起各大媒体的广泛关注。《电视问政》是由武汉市治庸问责办主办、武汉广播电视台承办的一档大型直播电视访谈节目。以全市每年"十大突出问题"为问政内容,以政府官

员为问政对象,以市民群众为问政主体。坚持百姓参与、百姓监督的传播理念,已经成为官民沟通的新渠道、民主建设的新样本、电视传播的新品牌。2012年《电视问政》与《新闻联播》等国家级电视作品一起获得了全国年度电视掌声奖,评委白岩松评价《电视问政》为"媒体一小步,民主一大步"。

  手机客户端的问政频道是"掌上武汉"打造的特色频道,市民有什么问题,只要在手机上输入文字或喊个话,就有政府帮助解答。借助《电视问政》,"掌上武汉"在市民中打响了知名度。未来,"掌上武汉"还将开设武汉市各区、各职能单位的频道专区,搭建专业的政府网络平台。通过"掌上武汉",政府可以随时了解民情、倾听民意、收集意见、答疑解惑。同时,"掌上武汉"将助力政府实现在线智能办公。

  问政模块中的榜单功能,是根据用户反馈的数据对政府、专家、媒体、个人的互动情况进行排名的。大数据分析将助力"掌上武汉"在未来获得巨大的社会效益与经济效益。此外,"掌上武汉"将输出技术以及内容资源,帮助二、三线城市台搭建新媒体平台,打造样本,树立品牌,实现全国运营,扩大"掌上武汉"的影响力,逐步实现经济效益。

  在2014年的电视问政"期末考"中,"掌上武汉"助力电视收视创历史新高。网络平台共有109.7万人次收看直播,通过"掌上武汉"收看问政直播的网友达到46万人次,120万人次通过"掌上武汉"对问政单位的承诺整改进行了满意度测评,共收到有效报料5793条。较2014年电视问政"期中考",新增装机同比增长284%,日用户活跃度同比增长36%,市民参与人数为上半年的8倍。

  助推电视问政走向常态化,"掌上武汉"与武汉市所有城区以及多家职能部门建立合作,解决民生难题千余件,搭建起政府、媒体和市民之间的无障碍沟通平台。①

  "掌上武汉"的政务频道是武汉政府最权威的手机终端信息发布平台,主要提供最新的政府信息、通告、政务信息,如停水通知、封路通知等,让用户及时获取相关信息,使生活、出行都更为便利。

---

① 《掌上武汉:媒体融合发展的武汉样本》,黄鹤TV网站,2015年2月5日,http://www.whtv.com.cn/w/201502/t20150205_555778.shtml。

（二）整合社会资源，打造本地综合服务平台

"掌上武汉"整合武汉广播电视节目，用户可在线收看（听）武汉广播电视台 8 套电视节目、5 套广播频率的在线直播，并实现 7 天回看。用户还可随时点播武汉广播电视台精彩视频、音频，以及"掌上武汉"原创视频、音频。移动客户端的"直播""点播"功能使得电视节目从固定的客厅向移动的智能手机终端延伸，大大拓展了广播电视的传播渠道。同时，"掌上武汉"也是一个新闻资讯平台，能够为用户提供新闻。"新闻"频道主打武汉本地新闻，海量集纳生活、娱乐、财经、科技等相关图文资讯，提供最新的武汉本土新闻、讯息，每日实时更新至少 100 条新闻，让用户体验到最快、最新的新闻。

"掌上武汉"除了资讯、电视和广播三大重要板块外，客户端中很大一部分内容是公共信息类和生活服务类。通过整合社会资源，提供覆盖公共出行、路况、缴费等方面的生活服务。其中，"公交"模块接入"智能公交"，并针对公交增加地图选站与智能匹配功能；通过"实时路况"模块，用户可查看武汉各主要交通路口的实时 3D 路况；通过"自行车"模块，用户可查看武汉所有自行车的停放点以及车辆借出和剩余情况。"掌上武汉"建设的第二阶段将持续规划生活服务类模块的建设，将开通"违章缴费""缴水电费""医院挂号""公积金查询""在线教育"等服务。"掌上武汉"的二期工程将利用已装机用户与战略合作伙伴的专业领域，着重开发文化公益产业、公共交通、在线教育、在线挂号、在线政务办理、地方性惠民团购等便民服务的手机端运用，使之成为武汉地区众多城市民生类智慧运用的集成系统。具体包括：打造掌上市民之家，实现电子政务化办理；提供武汉公益服务查询与提示服务；实现交通智能化；利用"掌上武汉"进行智能医疗；为残障人士提供便利通道。

未来一年，以"掌上武汉"为核心的武汉广电新媒体，将助力品牌在电子商务、交通旅游、文化教育、医疗保健等全新领域进行产业拓展，打造城市民生类智慧运用的移动端集成系统。在这一阶段，计划完成 50 万~80 万次的客户端下载数，力争初步完成占领武汉城市信息云平台移动终端市场的目标。

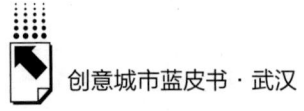

（三）借助新兴技术，提供个性化服务

在移动互联网时代，人们更追求个性化，媒体要精确分析用户群体特征，针对用户的使用习惯、主要兴趣，有的放矢地进行信息服务。借助云计算、大数据及物联网等技术，为用户提供更加个性化与高质量的服务。

1. 云计算和数据挖掘技术

在信息时代，通过建立用户数据中心，记录用户各项使用数据，通过完善用户数据中心，对每个用户的海量数据进行挖掘和分析，就能知道每个用户的需求，实现新闻、信息、商品、广告的精准推送与投放。同时，作为舆论宣传主阵地，随时通过海量数据分析用户当前关注的热点，经过信息关联和内容处理，可以做好舆论导向。针对不同用户，投放不同角度的有正确导向的新闻，让用户喜欢阅读新闻。这些数据就是通过"掌上武汉"用户行为回传及分析模块获取的。通过用户行为回传，对用户行为的数据进行分析统计，可以查看分析某个用户的浏览兴趣爱好，分析该用户的上网时间。根据访问行为，可以智能推荐内容，也可以挂载业内流行、可靠的第三方用户行为分析数据和报告。

"云计算"是基于互联网的超级计算模式，是一种利用大规模低成本运算单元，通过IP网络连接，以提供各种计算和存储服务的IT技术，包含互联网上的应用服务以及在数据中心提供这些服务的软件和硬件设施。"掌上武汉"采用"云计算"技术，通过虚拟化平台的部署来提升整体效率和可靠性，方便后续扩展。通过云平台，应用程序开发商很容易共享分布式的计算资源，为移动用户提供更强大的服务。

2. 广告投放技术

"掌上武汉"前期以聚拢人气为目标，但从长远考虑，必须有一套完整的广告投放管理系统以应对未来的运营。因此，特别设计了一套符合移动用户特征与使用习惯的广告系统，可实现多种广告表现方法，定制多种广告表现策略，如APP引导图广告、内页广告、弹出广告、视频播放前广告等，可同时发布在手机、iPad、播放器、网站等各系统平台。广告支持外部调用，有独立、标准的扩展接口，方便对接其他任何第三方管理系统。此外，系统具有详细的广告统计功能，可进行广告点击数、统计图表、广告来源图等多种形式的分析，并且系统、详细的统计报告将给出广告位、广告、物料等8个维度的内容，便于全面掌握业务情况。

3. 物联网互动技术

物联网是新一代信息技术的重要组成部分，顾名思义，物联网就是"物物相连的互联网"，是通过射频识别（RFID）、红外感应器、全球定位系统、激光扫描器等信息传感设备，按约定的协议，把任何物体与互联网相连接，进行信息交换和通信，以实现对物体的智能化识别、定位、跟踪、监控和管理的一种网络。通过物联网，不论你走到哪里，都可以随时随地通过终端上网等方式与家人甚至家电对话。

"掌上武汉"运营平台的一个重要组成部分是位于受众家庭中的"三屏合一体验中心"，它建立在统一的用户系统之下，借助现代网络通信技术与通信协议，全面融合家庭不同的电器屏幕与智能终端屏幕，专业应用物联网技术理念，实现家庭中所有功能性电器之间的物物联网，从屏幕一端真正渗入家居的智能化、联网化。

（四）多屏互动，开创社交互动新局面

移动互联网时代，传播媒介的变化带来了传播方式的变革，以智能手机为代表的移动终端，成为人们获取信息的主要来源，成为人们上网的第一大终端，深刻影响着人们的生活方式。武汉广电积极进行移动传播新布局，不仅开通了武汉广播电视台官方微博和微信公众号，融合社交媒体，而且可以通过"掌上武汉"手机客户端"微博圈"进行微博互动。在互联网时代，也即自媒体时代，用户不再局限于传统的信息接收者。"掌上武汉"APP具有"报料"功能，可引导网民参与资讯内容的贡献，用户可随时通过手机上传图片、文字、视频等素材作为报料内容。广电媒体可根据报料内容迅速展开采访调查，第一时间对事件进行报道。这大大丰富了广电媒体的信源渠道，架起了一座互动与沟通的桥梁，激发了网民参与的积极性，提高了产品用户的活跃度。

新媒体最大的特点之一是交互性，新媒体不仅影响着受众，而且也受到受众的影响。传统电视媒体主要是单向传播，较少考虑受众收看节目的需求和想法。而新媒体特殊的传播模式，使得传播者和接收者可以畅通地互动交流。[1]

---

[1] 邓本奇、蒋帷方、石小建：《拥抱移动互联网 打造广电融合新媒体》，《传媒》2015年第4期。

湖北广电抢占"微信摇电视"全国首发试点的先机,并通过湖北卫视《如果爱》节目实现了全国电视的"第一摇"。武汉广电积极探索推出社交电视媒体,目前武汉交通广播和武汉影视频道已开通电视互动,在每天固定时段扫描电视屏幕出现的二维码,登录手机客户端通过"视听互动"模块,实现电视手机双屏互动,通过游戏让用户获得积分、赢取奖品。通过"视听互动",还可以参与竞猜、参与投票,开展丰富多彩的互动活动,将手机屏和电视屏关联起来。

作为"掌上武汉"二期工程的亮点,"掌上武汉大屏幕"将搭建新兴媒体与传统媒体之间的互动通道,实现手机屏与电视屏的互动。用户点击手机端的投票或报名信息,"掌上武汉大屏幕"通过智能识别、整理用户的上传信息,将参与投票或报名的用户头像呈现在电视屏幕上,实现传统媒体与新兴媒体的互动。在武汉广播电视台全新的280平方米高清演播厅方案中,新的武汉广电系统将打造一个采用全媒体融合、多屏互动等技术,让观众通过网台、移动客户端、微博、微信、4G传输等参与深度互动,并实时可视化呈现,形成双向互动的节目形态。作为其中的核心,"掌上武汉大屏幕"将成为整个系统的居中调度者。

三 武汉广电媒体融合的思考

现阶段广电媒体融合取得了很好的成果,但深度融合仍然有很长的路要走,需要从资金、内容、技术、渠道建设、产品创新等方面加大投入,打通传统媒体与新兴媒体融合的流程、机制等方面的障碍。

(一)注重媒体内容建设,增强核心竞争力

国内多数广电新媒体的发展还处在平台搭建时期,未来发展将向内容建设转变。在全媒体环境中,"内容为王"仍是不破的真理。新媒体带来的多样化的传播渠道,越发凸显了优质内容的价值。而要想打造新媒体传播的品牌力、影响力,优质的内容资源成为整个传媒行业竞争的核心。

在内容市场竞争日益激烈的背景下,广电媒体必须发挥自身的传统优势,整合做大内容产业。一是挖掘核心资源,开发亮点资源。通过优势资源整合,把传统媒体原创内容、权威信息、深度报道等向新兴媒体延伸,在融合发展中

主导舆论,发挥主流媒体的主渠道作用。二是注重内容的差异化,注重用户反馈。对于地方媒体而言,实行本土化策略,充分发掘优势、突出区域特色。从本地受众的信息需求出发,提供有针对性的资讯产品。例如,从本地最有影响力的媒体中精选优质新闻进行发布,设置本地论坛等板块。另一个避免同质化的途径是通过用户定制的方式,满足用户的个性化需求,而且客户端本身必须根据用户的反馈和产品的使用情况及时做出调整。三是改革内容生产方式,使内容生产从封闭独立向开放多元转变,从专业化生产向受众参与转变。可以通过与其他内容提供商进行合作,获取有价值的新闻信息。内容生产者不再仅仅是传统的记者和新闻工作人员,观众通过热线电话、QQ、微博及客户端等进行新闻报料,从原来的单向的传播受众,变成了事件参与者和内容生产者。要优化生产业务流程,加速生产融合,搭建涵盖采集、制作、加工、共享等环节,实现节目创作技术化、制作流程一体化、资源共享便捷化的内容制作平台。

(二)更新观念,树立互联网思维

广电媒体通常缺乏互联网思维,对新媒体的理解难以深入,不能准确把握新媒体的传播技术和特性,这是传统广电实施媒体融合的障碍。①

新媒体是基于互联网而孕育生长的,本身拥有互联网基因和互联网思维,由于互联网新兴媒介的交互性、碎片化、个性化等特征,传播理念就必然要求精准化、分众化,以及随时随地的客户端连接与互动。传统媒体运用互联网思维,最基本的就是要抓住媒介特征及其体现出的思维特性。

树立互联网思维,一是要有平台思维,构建多主体共享的服务平台,打造互利互动的生态圈。这就要求广电媒体优化传统业务流程,业务流程和组织结构要扁平化,以视听节目内容为核心,主动搭建平台,整合资源,会集人才,实现社会效益和经济效益的最大化。二是要有用户思维,以用户为中心,满足用户需求。人们的需求在哪里,媒体的服务就要跟到哪里。当受众在互联网上处理自己的社交、生活和各项事务的时候,要及时跟进服务,将"受众"转变成"用户",并注重用户体验。跳出行业思维,积极开展各类融合业务,不

---

① 李玥:《全媒体时代广电媒体媒介融合策略研究——以宁波广电媒体为例》,《视听》2014年第6期。

断拓展服务领域。在互联网社会化思维下,媒体产品从创意、生产到营销、传播、消费的供给模式发生了改变,各类社交媒体成为营销的战场,各类产品、业务与服务通过微博、朋友圈等社交关系进行口碑传播。①

(三)完善广电媒体融合集成平台建设

媒体平台化是融合发展的重要趋势,要将媒体优势向平台优势转变。广电媒体要抓好硬件和技术系统建设,建设媒体融合集成平台,加速传播渠道的深度融合。在融合广播、电视、IPTV、移动APP以及微信、微博、网站等互联网资源的基础上,通过全媒体融合系统,实现制播统一策划与整体资源调度。解决传统媒体与新兴媒体互联互通滞后、共享效率不高的问题,提高资源集约共享能力,加快资源在不同媒体渠道之间流转和系统生产的效率。

广电媒体融合集成平台应是能够融合播控,集内容生产平台、内容分发系统、统一业务管控等多功能于一体,涵盖传统媒体和新兴媒体业务,面向多终端、全媒体服务的集成播控平台。② 在媒体内容生产制作上,实现制作终端一体化、制作工具平台化,以及数据的高效共享。在内容分发过程中,实现全媒体业务的互联互通,起到优化内容分发组织流程、强化内容版权管理、扩展发布渠道的作用。在业务管控上,除了对内容生产及应用接入平台的数据进行管理之外,还为客户端中各功能模块的共性需求提供支持,如统一的用户管理和行为分析、统一的广告管理和推送、与网银或支付宝的统一接口、统一的内容推送管理等功能。集成平台充分运用云计算和大数据技术,通过媒体内容的反馈和用户数据汇总分析,不断调整内容制作和内容播发,为受众提供全面准确的全媒体内容服务。此外,广电媒体充分发挥广电的资源整合优势,通过应用接入平台引入公交、公共事业缴费等本地化服务,打造民生类服务集成平台。

通过媒体融合集成系统平台的建设,形成一体化的组织结构、传播体系和管理体制,将不同媒介形态集中到一个多媒体数字平台上,实现报纸、广播、电视、电脑、手机等信息终端的功能一体化(见图2)。

---

① 吕岩海、刘畅:《互联网思维与广电媒体的融合发展》,《声屏世界》2015年第1期。
② 聂辰席:《创新驱动 转型升级 加快广电传统媒体与新媒体的融合发展》,《中国传媒科技》2014年第5期。

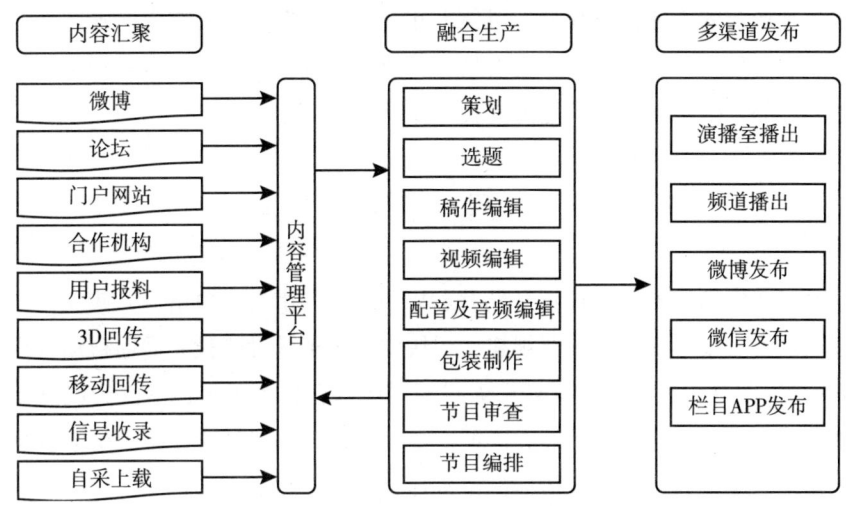

图 2　媒体融合集成系统架构

（四）培养新型队伍，为媒体融合打好人才基础

新媒体的竞争也是人才的竞争。当下媒体融合的局面对媒体人才的素养提出了更高的要求。传统广电的人才优势主要在内容生产方面，而在全媒体采编、媒体运营、市场开拓等方面缺乏高层次人才。新媒体环境下需要既能掌握新闻理论和广播电视业务知识，又会运用多种技术的全媒体记者；需要能够整合传播策划的高层次管理人才，以及具有复合知识结构和较强信息分析能力的整合传播人才。

由于体制机制的束缚，广电媒体在技术创新与人才激励上存在不足。技术和人才的缺失日益成为广电发展新媒体的短板。① 新形势下要求广电媒体加大新兴媒体内容生产、技术研发、经营管理人才的培养引进力度，优化人才结构。培养全媒体人才，使其了解全媒体的内涵和规律，使其既要具有跨媒体传播的意识，又要懂得不同媒介传播的效果。在广电媒体进行全媒体战略布局时，能够迅速达成共识，形成合力。在具体业务中，要适应多种媒体之间资源共享、分工协作的工作模式，还要防止传统媒体精英流向网络新媒体行业，要

---

① 张建敏：《广电媒体的新媒体发展之路：现状、困境与路径》，《当代电视》2015 年第 4 期。

制定多种形式的人才激励政策，留住人才。同时，要引进具有广电媒体从业经验和互联网思维的骨干人才。建设具备既能把握媒体平台的安全运行，又能满足各种产品开发需求的技术能力的技术团队。

四 结语

面对新媒体技术发展日新月异的态势和激烈的市场竞争格局，武汉广电遵循互联网发展规律和市场运营规律，加快媒体改革建设步伐。借助移动客户端"掌上武汉"建设契机，建立城市无线新媒体综合服务平台，不仅为武汉市民提供了本土资讯、公共服务等方面的信息，满足了市民社交娱乐、生活服务等多种需求，而且打通了广电传播的全媒体，扩大了覆盖面和影响力。

传统广电媒体在进军移动互联网进行媒体融合的进程中，必须发挥传统媒体的优势，整合优势资源，注重内容的建设，增强核心竞争力；更新传统思维观念，树立更加开放的互联网思维；注重全媒体时代人才和技术团队的培养。广电媒体应该以更加积极的态度发展移动互联网新媒体，推动媒体融合，通过平台化、本地化服务，扩展产业链，加快建立商业模式。

B.13
基于O2O商业模式的传统激光企业转型路径探究

——以武汉金运激光股份有限公司为例

詹一虹 龙婷 计雅慧*

摘　要： 传统的激光企业主要以售卖激光设备、提供激光加工等产品为主。而行业优势明显的武汉金运激光股份有限公司却选择在当今互联网时代进行"触网"转型。O2O的商业模式是一种极具市场竞争力的模式，它能够很好地沟通线上线下，连通虚拟世界和现实市场。通过O2O的商业模式架构，形成特有的"金运模式"，依托产品创新、模式创新、思维创新，武汉金运激光股份有限公司正在逐步搭建属于自己的"云工厂"。本文以武汉金运激光股份有限公司为例，探讨传统激光企业如何在互联网经济时代实现企业的转型升级。

关键词： O2O　3D打印　转型升级　"金运模式"

2005年成立的武汉金运激光股份有限公司（以下简称"金运激光"），是一家专业致力于为全球用户提供中小功率激光加工解决方案的高新技术企业。历经多年的创新，金运激光已成长为极具领导力和全球知名的激光设备制造

---

* 詹一虹，华中师范大学国家文化产业研究中心常务副主任，教授、博士生导师，研究方向：文化产业管理、科技管理与科教评价。龙婷，华中师范大学国家文化产业研究中心硕士研究生，研究方向：文化资源与文化产业。计雅慧，华中师范大学信息管理学院硕士研究生，研究方向：人力资源管理。

商，营销网络遍及全球60多个国家和地区。特别是在纺织服装激光应用领域，金运激光已成为中国第一品牌。① 这样有价值的行业品牌地位，却没能阻碍金运激光"触网"转型升级的步伐。在金运人看来，互联网这一创新手段已经越来越广泛、越来越深入地渗透于产业经济和社会生活的方方面面，并为生活带来了前所未有的便利。未来，作为创新驱动力的互联网将对传统产业的转型和升级发挥不可估量的作用。在发展的十字路口，金运激光选择通过不断改良技术来拓展3D打印的应用领域，充分实现自身向3D打印产业转型的企业战略。

而3D打印技术，又称为"添加制造"技术，也称为增材制造或者增量制造，它是一种与传统的"减材制造"截然相反的材料加工方法，是根据三维CAD模型或通过逆向工程重建的模型，采用离散材料（粉末、液体、片、丝、板、块等）逐层累加来制造实体零件的技术。② 3D打印被看作第三次工业革命最具代表性的技术之一，美国《时代周刊》也将3D打印列为"美国十大增长最快的行业"。随着新技术的改进、从高分子材料到活组织等一系列材料的出现、新法律法规的出台、政府基金的支持以及新市场的开发，2013～2020年全球3D打印市场复合年增长率将为23%，2020年3D打印市场规模将达到84.1亿美元。③ 2014年，全球性选择性激光烧结（Selective Laser Sintering，SLS）技术专利的到期将进一步推动3D打印市场实现爆炸性的增长。金运激光正是瞄准了3D打印产业的行业价值，才将其作为自身转型升级的战略选择。

金运激光以3D数字化技术应用为核心，构建"金运·3D+数字技术应用创新平台"，并通过为3D创新企业提供包括软件技术、工艺技术、IT架构、激光器核心技术、金融服务、资讯服务、知识产权等在内的各种服务，构建完整的3D生态体系，推动3D应用产业的发展与进步。本文认为金运激光所选择的转型路径十分具有代表性，其开拓的"金运模式"具有行业引领价值。

---

① 金运激光官网，http://www.jinyunjiguang.cn/。
② 杨永强、叶梓恒、王迪、宋长辉、刘洋：《3D打印设备国内产业化可行性分析》，《新材料产业》2013年第8期。
③ Marketsandmarkets, "3D Printing Market by Technology (SLA, SLS, EBM, FDM, EBM, LOM, 3DP), Materials (Polymers, Metal), Application (Aerospace, Automotive, Consumer, Health-care, Government & Defense) & Geography (Americas, Europe, APAC & ROW) (2013-2020)", 2013.

本文以金运激光为例，阐明金运激光的 O2O 市场架构，以及"金运模式"的内容；归纳并总结推动金运激光转型的"金运模式"的特征，为其他激光企业进行转型升级提供可资借鉴的发展路径。

一 基于 O2O 商业模式的"金运模式"

（一）O2O 商业模式的概念及其特点

2011 年 8 月，TrialPay 创始人兼首席执行官 Alex Rampell 在分析了 Groupon、Open Table 和 SpaFinder 等公司后，发现这些公司有一个共同点，即这些公司均致力于线上线下商业模式的发展，进而将该模式定义为"线上线下"（Online to Offline）商业，简称 O2O。① 此后，Alex Rampell 在一篇文章中定义 O2O 商业模式的核心是：在网上寻找消费者，然后将他们带到现实的商店中。② 当然，伴随着互联网经济的发展与繁荣，O2O 商业模式不再局限于线上线下。现在 O2O 商业模式可以理解为一种连接互联网和线下体验消费的互动性经济模式，它可以是线上对线下的导流，也可以是线下对线上的引入。

O2O 商业模式的特征主要包括三方面：一是存在线下的体验消费实体；二是通过互联网进行体验沟通，完善消费者的消费体验；三是存在在线支付的服务支持。这三个特征虽然十分简单，但是表明了 O2O 商业模式的核心要义，即存在线上和线下的双重消费环境、发生在线支付、互联网起宣传连接作用。

（二）"金运模式"的内涵

"金运模式"是以 3D 激光等数字化技术为基础，充分利用互联网思维，将线上"云平台"与线下实体体验店进行有机结合，通过云工厂加工，从而为客户实现极具竞争性创意产品的商业价值的一种定制模式。商业用户及消费者只需

---

① 崔健、朱小栋：《O2O 模式下消费体验度影响因素探究——以苹果体验店为例》，《现代情报》2014 年第 12 期。
② 张波：《O2O 移动互联网时代的商业革命》，机械工业出版社，2013，第 5 页。

到店定制或将激光加工及3D打印数据上传到云,或将好的创意提交云平台设计师完成模型数据设计,再由云工厂制作、物流系统配送便可完成订单流程(见图1、图2)。

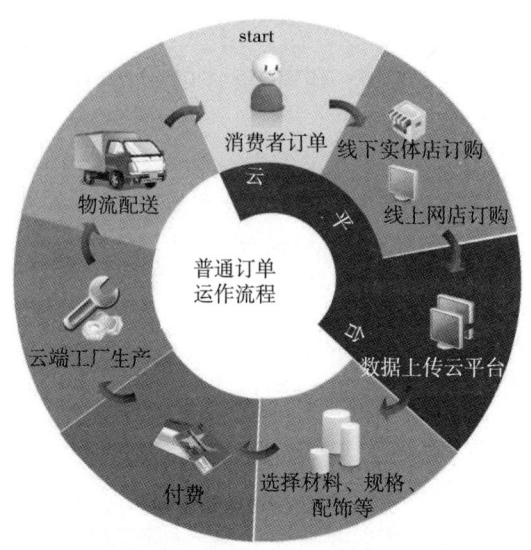

图1　金运激光在线商城运作流程

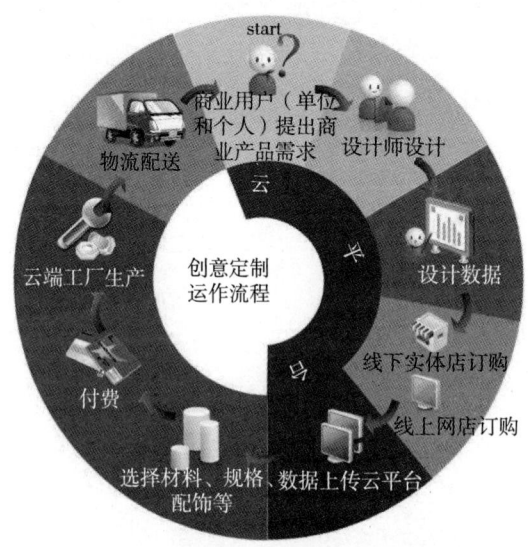

图2　金运激光在线定制运作流程

简言之,"金运模式"就是"线上云平台+线下连锁体验店+云工厂=极具商业价值的创意定制产品",是用O2O的办法推广C2B2C的商业模式。让客户随时随地、快速实现创想,让产品彰显创意和商业价值。

"金运模式"的O2O主要体现在线上的"在线商城""在线定制""威客广场"三个模块以及线下的"意造3D科技体验中心""记梦馆""巧克力糖果馆"等"金运·3D+潮流科技体验街"的打造上。

"金运模式"的线上平台目前是以激光、3D打印等数字化技术为加工手段,以文化创意为核心,以个人消费为对象,在传统商品中赋予个性化卖点,并将网络作为推广手段的线上交易平台。"在线商城"相当于3D打印领域的"京东商城",商城将出售从几元到几千元不等的创意商品,消费者只需轻点鼠标,便可完成线上交易;在"在线定制"板块,消费者可以先选择定制模型后,再选择所需要的材料和尺寸,或者将自己DIY的设计数据传到网上,再通过云工厂加工,由物流配送到客户手中;"威客广场"则相当于个性化定制领域的"猪八戒网",网上聚集了众多优秀的驻站商业创意设计师,他们可以按照消费者的需求提供各种创意设计,然后通过3D打印、激光加工等技术手段,将消费者的梦想变为现实,或者将创想变为富有商业价值的个性化产品(见图3)。

图3 3D打印人像作品

"金运模式"的线下平台主要是汇聚3D打印、激光、机器人、虚拟现实等先进技术体验项目,并复合文化、影视、游戏、创意咖啡等休闲体验项目,同时开设记梦馆3D人像店、意造科技体验中心、巧克力糖果馆商业综合体。例如,在意造科技体验中心,消费者可以体验金运激光自主研发的三维扫描仪,通过瞬光动态3D扫描系统,消耗0.005秒,得到一个动态的动作或表情3D数据,做到"永恒的瞬间"。另外,消费者还可以体验金运激光自主研发的Feruima 3D打印,通过小型创意产品的打印过程观察,真正体验3D打印的奇妙之处(见图4)。

图4 意造科技体验中心

二 金运激光转型升级的典型特征

对金运激光的转型升级路径进行分析,会发现它具有三个方面的显著特征:其一是以3D打印产品为中心,实现产品的创意与链式发展;其二是用现代商业的O2O模式代替传统经营模式;其三是从自主创造到众包发展,实现产品制作思维更新。

（一）满足个性需求，注重产品创新

金运激光的激光3D打印产品依托O2O商业模式，易于实现消费者的个性消费。"金运模式"中包含的产品主要分为3D打印机、3D打印创意产品、3D打印培训三大类别。

金运激光与3D打印行业世界知名的美国Stratasys中国区公司邀杰贸易（上海）有限公司签署战略合作框架协议，将充分利用各自的技术及资源优势紧密合作，为广大企业用户提供先进的3D打印技术、设备及相关服务。双方将通过业务合作创新，扩大3D打印在现今制造业领域的应用范围，为线上"云平台"实现柔性生产打造坚实的后端实力。金运激光代理Stratasys中国区品牌后，解决了国内3D打印设备和材料种类不足的问题，实现了全方位服务客户的突出优势，同时还拥有可直接根据数据创建实物的业界最全面的材料组合，能够提供3D打印最全面的行业解决方案。金运激光通过与国外知名公司强强合作，丰富了自身3D打印机产品线，并补充了3D打印材料，从而使金运激光在3D打印机产品利用与销售方面占据了市场优势。

3D打印创意产品，是由意造网开发的一系列3D打印生活、创意产品，以及3D打印人像产品。在意造科技体验中心可以见到一款十分具有个性的U盘。该产品定价69元，虽然功能与普通U盘无异，但是价格更高，定制化赋予了其个性化和文化内涵，让其价值得以提升，因此深受消费者欢迎。金属镂空花纹的签字笔也十分富有动感。3D打印的创意产品还包括儿童生肖系列产品，消费者可以在线上提交儿童的正面照和侧面照，选择儿童的属相，然后在线上完成专属属相的订单，意造网收到订单后，按照需求进行打印，再包装、发货寄给消费者。或者消费者来体验中心进行三维瞬光扫描，完成个人数据的三维采集，通过三维扫描系统生成3D打印机可以打印的数据，完成个人人像的打印。这些反映生活的3D打印创意产品，实现了金运激光产品的多品类化，能够满足更多人的个性化定制需求。

3D打印培训主要包括两个方面。一是针对3D打印行业的从业人员，对他们进行从产品设计到产品制作的全产品生命周期培训，包括进行数据建模、3D打印机操作、3D打印产品后期处理等内容。通过举办这样的培训班，可以将金运激光所掌握的激光3D打印技术进行社会分享，及时为企业培养激光3D

打印人才。二是金运激光旗下子公司武汉落地创意研发的"小小造物家"儿童兴趣培训。这类培训班主要是以兴趣班的形式让孩子们接触3D打印,体验3D打印的乐趣,同时激发孩子们的创造力,让他们在实践中实现"自造"+"智造",为他们的童年添加更多科学、动手、创造的色彩。

关于3D打印产品的需求是多方面的,金运激光关注到市场对3D打印的个性化需求,并从中选取了自己最擅长以及市场效果最好的内容进行发展。这有利于推动公司不断丰富自己的产品线,实现"中国首家规模化3D打印应用领军品牌"的企业愿景。

(二)打破传统格局,进行模式创新

自3D打印发轫以来,已经历了30余年,但为什么3D打印至今难以实现产业化?笔者认为原因是缺乏成熟的商业模式。很多3D打印企业还在沿袭传统制造业的老路生产设备、销售设备,进行产品的单向发展。用户、企业并不十分了解3D打印如何应用,3D打印还未形成有效的应用市场。在这样的环境下,3D打印这一"高大上"的技术自然很难真正融入现代人的生活。

金运激光在发展中不断摸索、创新,提出了基于O2O的"金运模式"(见图5)。

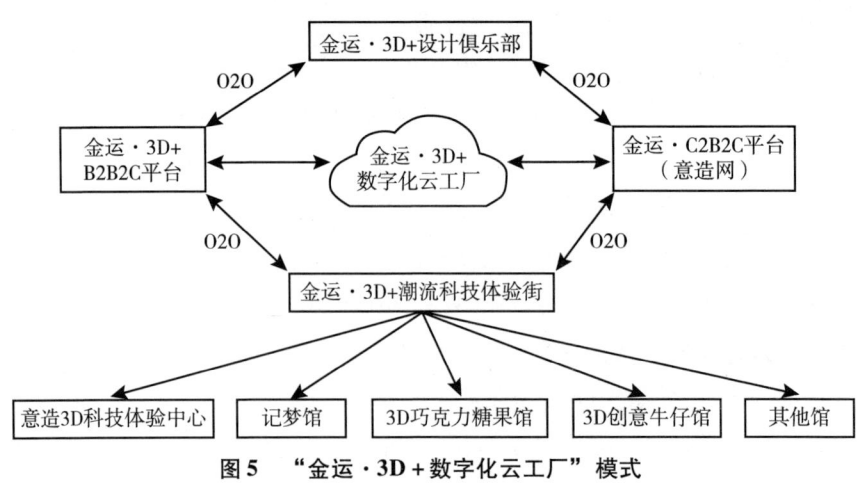

图5 "金运·3D+数字化云工厂"模式

"金运模式"以"云工厂"为核心,依托线上的B2B2C平台和C2B2C平台实现产品的线上流程,满足传统产业用3D打印等数字化加工方式完成高附

加值的个性化产品的需求以及个人的产品定制需求；依托线下的意造3D科技体验中心、记梦馆等实体店，实现线下的产品体验，完成线上到线下、线下到线上的互动导流，形成产品营销闭环。

金运激光所提倡的"3D打印云工厂计划"的核心理念是围绕3D打印实现商业价值。在运作思路上，采取逆向思维的方式：首先，做好应用；其次，围绕应用建立自己的核心技术，如三维数据处理技术、3D打印工艺技术；最后，逆向地研究适合行业应用的3D打印设备、3D打印材料、应用软件等。通过这一方式实现企业的稳定发展。"金运模式"的"逆向"行动方法，使金运激光能够很好地把握市场需求，以市场为导向，围绕3D打印产业做文章，将线上线下用激光3D打印连接起来，实现现代激光企业的完美转型，为企业赢得更为宽广的发展空间。

金运激光一直遵循平台化的发展路径。它的目标不仅是打造一个为传统产业提供个性化产品解决方案的"金运·3D+平台"，而且是要以平台为依托，围绕硬件、软件、应用、服务四大要素，构建一个创造个性化生活的"金运·3D+生态圈"。从这个角度看，金运激光是一个开放式的企业，在它的发展中希望有多维、多层的合作对象加入自己设立的生态圈建设中，吸纳更多的社会3D打印力量，为其提供优势资源，形成3D打印相关企业资源的优化和高效配置，推动生态圈的建设，为整个行业的发展提供助力（见图6）。

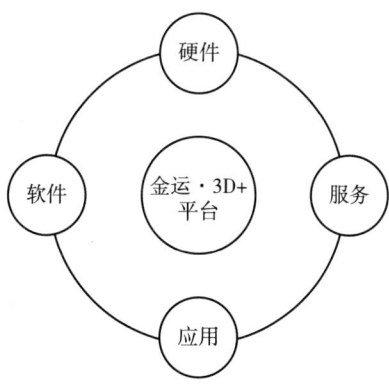

图6 "金运·3D+平台生态圈"

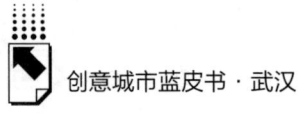

（三）改变制作定式，实现思维创新

传统的产品制作方式是企业聘请大量的专业设计师进行产品研发。即使是创意企业，也离不开专职设计师的设计工序。而金运激光在产品制作方面最大的创新在于"众包"模式。产品的创意不仅来源于公司内部的设计师，而且来源于"云工厂"中设计师俱乐部的众多设计从业人员，还来源于具有无限创造力的普通消费者。金运激光的产品设计过程可以是"云平台"上自主选择的专业设计师，也可以是一种自我创作，还可以是一种悬赏式的激励社会创意的设计。这样的创意来源渠道丰富，形成了个性化十足、创意无限的产品特质。

同时，3D打印的推广应用将减少产品推向市场的时间，用户可以通过贡献方式下载原型的设计图，并根据自身的个性化需求在软件中进行修改，只需在数小时内便可将符合自身需求的个性化产品打印出来，抛弃了传统工厂大规模标准化制造的方式，使产品的生产制造周期大幅缩短，并将工厂向个人延伸，改进宣传、推广、营销等方式，使人人都有能力进行制造并参与产品的全生命周期，从产品的制造思维转向"自造"思维，实现产品制作思维的颠覆。

金运激光3D打印的制作渠道也发生了变化，从传统的企业自己接单生产，转变为平台化运作，形成了企业接单、平台分配任务的制作流程。这个过程解决了企业的一项重要负担，就是要配备各种型号的能够打印各种材质的3D打印机。在云平台上也可以根据产品的规格大小、材质要求等内容，将所需打印的产品就近分配到适合打印的3D打印企业。这样不仅能实现3D打印机的合理配置，而且就近打印还能节省产品的配送费用，实现3D打印的高效化选择。

三 基于O2O的"金运模式"对传统企业转型的意义

基于O2O的"金运模式"是互联网经济时代传统激光企业转型的一个范例。无论是产品线的延伸，还是企业商业模式的革新，抑或是企业经营思维的转变，对其他激光企业都有可借鉴之处。通过对"金运模式"典型特征的解读，本文试图阐明"金运模式"对其他激光企业转型的意义。

（一）明确企业优势，专注企业新路径

传统激光企业发展的核心内容主要是研发、制造、销售激光设备，对于激光设备的长期研发有利于企业向数字化增材制造技术转型，而增材制造的一个重要行业便是3D打印，因此激光企业向3D打印产业转型具有天然的优势。传统激光企业在转型过程中，首先应该考虑的是要有产品思维。产品的发展方向有两个：一个方向是产品品类专一化、极致化的单一产品路线，通过收缩企业的产品线，将企业的核心产品减至1~2款，这样可以集中企业的优势力量，完成该产品的品牌化；另一个方向是产品品类多元化，通过扩展产品线，将企业的产品精致而丰富化，使企业不同类型的产品可以满足不同消费者的个性化需求。企业发展的这两种产品路径都强调传统激光企业对原有优势资源的整合，依靠先进的产品思维，使产品占据消费者的心智资源，形成企业转型的路径，实现企业品牌资本增值。

金运激光转型对传统激光企业转型的第一指导意义在于其扩充产品线、丰富产品品类、满足多元消费需求的产品思维。因此，传统激光企业只要把握好"产品思维"这个转型的第一关键词，一定能为企业的转型升级提供重要的指导。

（二）抓住市场机遇，聚焦企业新模式

传统的商业模式在当今互联网经济的浪潮下表现得并不十分奏效，为了使传统企业获得长足发展，必须找到适应新时期企业发展的商业模式，而金运激光就是在此时此刻推出了"金运模式"。虽然涉足3D打印行业时间不长，但金运激光在2014年前三季度3D板块的营收就超过1000万元，较上年同期增长2倍多，① 这一业绩和增量在行业内独占鳌头。金运激光用数据说明了其转型对企业长远发展的战略意义。可以说，金运激光是打造互联网和激光、3D打印等新技术改造传统产业的急先锋。

"金运模式"的诞生主要基于三大市场机遇：3D打印产业原材料丰富化、打印机价格平民化带来的3D打印产业爆发式增长；消费者的个性化需求突

---

① 金运激光官网，http://www.jinyunjiguang.cn/。

出,对3D打印创意产品充满新奇感;国家在战略规划上对增材制造技术给予了厚望,研究制定了《国家增材制造技术发展推进计划(2014~2020年)》(征求意见稿)。此三大市场机遇对其他传统激光企业来说同样具有重要的现实意义。传统激光企业若能抓住以上机遇,便能够为企业发展赢得广阔的发展空间、需求突出的消费市场以及政策利好。同时,要融合现今流行的O2O商业模式,形成企业独有的商业模式,在拉拢消费者的同时形成竞争壁垒,为企业的可持续发展营造良好的内部环境和外部空间。

(三)关注体验式消费,实现企业新思维

在传统的标准化产品或者服务已经让消费者感到厌倦的情况下,消费者开始追求能够彰显自己个性的产品或者服务,非从众心理日趋强烈。[①] 1992年Holbrook和Hirschman在其著作《消费体验:情绪、幻想与娱乐》中指出,感性体验式消费即将登上历史舞台,消费者体验受到重视,对消费者的研究也更关注消费者感情、梦幻以及娱乐的体验观点。消费者对于自身的消费理念已经由标准走向了个性、由被动走向了体验,这样一种变化正是传统企业需要关注的内容。金运激光注意到了消费者的这些变化,从而通过打通线上线下平台,通过意造科技体验中心以及记梦馆等线下体验场所,满足了消费者的体验需求,将线上的注意力转移到线下形成体验经济,最终成就了"金运模式"。这是金运激光能够成功转型的关键点——用户思维。因此,传统激光企业在追求自身的转型时,一定要关注消费者的需求特征,深入贯彻"用户思维"的理念,明确企业的转型不仅在于企业产品的变换和商业模式的迭代更新,而且在于对用户需求的关注,要通过满足需求、创造需求来实现企业价值。

四 结语

3D打印产业具有众多传统制造业所不具备的优势,依托3D打印进行企业转型确实有利于推动企业走向产业前沿,实现企业的跨越式发展。但是在此过

---

① 〔美〕特里·A. 布里顿、黛安娜·拉萨利:《体验——从平凡到卓越的产品策略》,王成等译,中信出版社,2003,第176页。

程中，企业必须明确两个问题：一是3D打印所适用的范围与企业的发展战略是否一致；二是企业是否适合O2O的商业模式。3D打印的核心意义在于传统生产方式不能生产制造的个性化、复杂、高难度产品，通过3D打印技术都能够实现。虽然传统生产方式能够进行生产制造，但是投入成本太高、周期太长，通过3D打印技术可以实现方便快捷、缩短周期、降低成本的目的。如果传统激光企业转型为激光3D打印企业，应当认真权衡企业是否能够实现3D打印的价值。只有当企业确实需要3D打印为自身的传统制造注入创新发展的活力时，这种转型才显得至关重要。

当然，企业的O2O发展也要进行权衡，这需要从两个维度来思考。第一个维度是线下体验的依赖度。从本质上讲，通过O2O，相当于整个企业的流程再造，不是今天把线上的流量导向线下就可以了，而是企业如何打通流程，让所有人为这个目标服务。如果传统激光企业只售卖设备，只与专业激光设备使用方有联系，也就不存在线下的体验了，这种线上对线下的导流意义不明显。第二个维度是反向O2O。就是把线下的人流往线上引，品牌营销的思路方法从大众传播推向互联网营销，通过线下的口碑实现线上的销售。事实上传统企业转型反向O2O的使用概率明显大于传统O2O的使用概率。但是需要用客观冷静的思维去评判企业是否真的需要O2O，这样一种商业模式给企业带来的效益是否明显。企业盲目跟风采取O2O的商业模式，对于企业的长足发展来说，在某种程度上具有不可知性，并不一定对企业的发展有所助益。

传统激光企业适应时代发展需求进行转型是必由之路，但是任何一种转型都是一个深思熟虑的系统工程。因此，在传统激光企业的转型过程中，"金运模式"的可借鉴性取决于企业的战略规划与金运激光的契合程度以及企业对实施"金运模式"的决心和贯彻程度。笔者相信，"金运模式"对众多的激光企业在互联网经济时代的转型具有积极的借鉴意义。同时，我们也对"金运模式"的发展前景做出良好的预期，期待金运激光在本轮发展中以创新驱动力推动企业实现更加长远的发展。

B.14
移动互联网时代新兴文化科技企业的突围

——以百纳信息技术有限公司为例

张文元 张施冲*

> **摘 要：** 移动互联网的兴起深刻地改变了世界经济的面貌，掀起了新的产业浪潮，前所未有的机遇与挑战考验着新兴的文化科技企业。本文通过对移动互联网市场的发展现状、趋势及百纳信息技术有限公司崛起的案例分析，指出了新兴文化科技公司在当前环境下面临的机遇和挑战，同时也提出了一些发展建议。
>
> **关键词：** 移动互联网 文化科技 百纳信息

移动互联网（Mobile Internet，MI）是一种通过智能移动终端，采用移动无线通信方式获取业务和服务的新兴业务，包含终端、软件和应用三个层面。终端层包括智能手机、平板电脑、电子书、移动互联网设备（MID）等；软件层包括操作系统、中间件、数据库和安全软件等；应用层包括休闲娱乐类、工具媒体类、商务财经类等不同应用与服务。①

---

* 张文元，华中师范大学国家文化产业研究中心博士、讲师，研究方向：文化资源数字化及智慧旅游。张施冲，华中师范大学国家文化产业研究中心硕士研究生，研究方向：文化资源与文化产业。
① 百度百科：移动互联网，http：//baike.baidu.com/link？url＝2ZXFWPzdf5QVHXr7kq2oRP5dxUDPY3c_ blk2770RCaYeHQU9fTZ_ qCeuJbFlt8sXfq_ A6SEGY02C8VFF9vdI4_ 。

一 移动互联网市场的现状及发展趋势

（一）市场发展迅猛，能量势不可当

移动互联网的浪潮已席卷到社会的方方面面，深刻地改变着世界经济的面貌，从新闻阅读、视频节目、电商购物到公交出行等热门应用都出现在移动终端上，在苹果和安卓商店的下载已达到数百亿次，而在很多市场，移动用户规模更是超过了 PC 用户规模。

当今，全球已经有超过 60 亿移动互联网连接数量，接近全球的人口数量，预计到 2016 年将达到 100 亿，全球还将有 26 倍的流量增长。美国是移动互联网市场萌芽和发展较成熟的市场，移动互联网用户数预计超过了 2.4 亿人，每年网络市场规模达数百亿美元，31% 的美国人主要或者只使用移动设备接入互联网，未来这一比例还将继续攀升。韩国在互联网时代是全球宽带普及程度最高的国家，现在是全民 4G 时代，到处都是免费 WiFi，手机当卡刷，Kakao Talk、地图软件等应用的下载频率非常高，韩国已经形成了较为成熟的移动互联网市场。日本是全世界移动互联网最发达的国家之一，堪称移动的帝国。在手机游戏、手机支付、移动医疗、移动电子商务、手机电视等方面的表现突出。欧洲也在快速推进其移动互联网的战略，欧盟已于 2013 年提出了"互联大陆"计划，欧盟区域内 3G 网络覆盖率已超过 90%，其中很多核心城市和地区已经进入 4G 时代。在欧盟国家，注册手机达到 5.3 亿部，平均每人 1.3 部，其中超过一半为具有上网功能的智能手机。①

根据工业和信息化部最新发布的数据，2014 年我国移动电话用户规模近 13 亿人，移动互联网用户达到 8.99 亿人（见图 1）。我国移动互联网发展进入全民时代。2014 年中国移动互联网市场规模为 2134.8 亿元（见图 2）。据预测，2015 年中国的移动互联网市场规模将会达到 4296 亿元，到 2017 年，强劲的增长势头将继续保持，移动互联网市场规模有望扩大至 6000 亿元。

---

① 鞠辉：《期待"互联大陆"计划早日实现》，中青在线，2015 年 1 月 30 日，http://zqb.cyol.com/html/2015-01/30/nw.D110000zgqnb_20150130_5-04.htm。

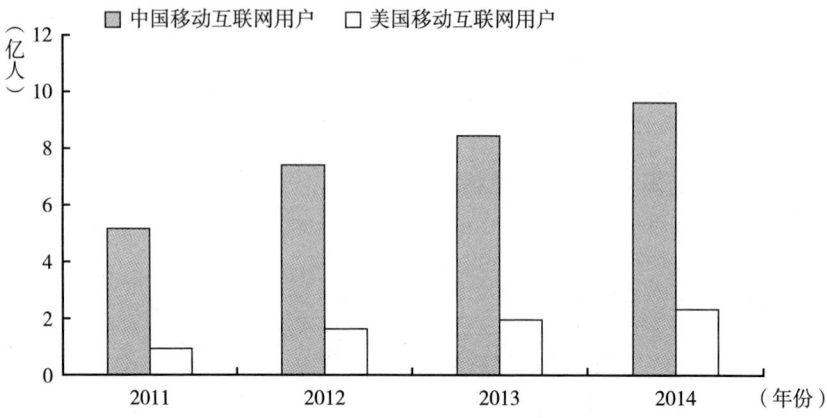

图1 2011~2014年中美两国移动互联网用户数

资料来源：中国数据来自工业和信息化部，美国数据来自艾瑞咨询。

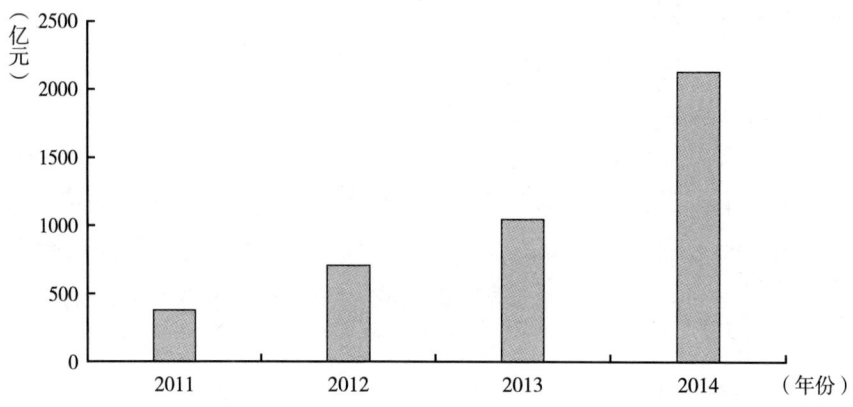

图2 2011~2014年中国移动互联网市场规模

资料来源：艾瑞咨询。

（二）传统产业升级，文化科技闪耀

2012年以来，传统行业纷纷与互联网尤其是移动互联网"联姻"。从报刊、网站到医院、银行，从读书、教育到娱乐、购物，几乎各行各业都在试水互联网，如让生产制造更智能的"互联网+工业"、催化中国农业品牌化的"互联网+农业"、让一切资源共享起来的"互联网+交通旅游业"、让创意更具延展性和想象力的"互联网+文化"等。此外，互联网在广告、家居家电、金融、医疗等领域也大放异彩。

未来，互联网特别是移动互联网将进一步发展渗透，特别是在电子商务、金融、文化创意等领域。根据艾瑞咨询2015年发布的数据，2014年，中国电子商务市场交易规模达13.4万亿元，同比增长31.4%。其中，B2B电子商务市场交易额达10万亿元，同比增长21.9%。网络零售市场交易规模达2.82万亿元，同比增长49.7%，网络购物交易额大致相当于社会消费品零售总额的10.7%，年度线上渗透率首次突破10%。其中，移动购物市场交易规模为9297.1亿元，年增长率达239.3%，预计2018年移动购物市场交易规模将超过4万亿元。传统的大型实体零售巨头如银泰、王府井、大悦城、新世界、华联等陆续和手机淘宝、微信展开合作，更多线下中小商家则选择以O2O的方式接受互联网的改造。

移动互联网使网络、智能终端、数字技术等新技术得到整合，建立了新的产业生态链，促使传统产业的升级换代，特别是在文化产业领域，在与移动互联网的结合中爆发出了惊人的能量。

互联网激发了文化消费意愿，打通了文化领域产业链，革新了文化金融合作模式。2014年共有超过1600亿元资金涌向文化产业，全年共发生并购事件近160起，其中影视、新媒体特别是移动互联网等是热点领域。① 根据北京大学陈少峰在2015年中国互联网文化产业论坛上的预测，到2016年底互联网文化产业将占70%，传统媒体占10%，艺术品与工艺美术、娱乐设备等占10%，体验（电影、演出、曲艺、卡拉OK）娱乐和主题公园、设计占另一个10%，从而形成7∶1∶1∶1的结构。

互联网和移动互联网提升和重塑了文化产业的平台经济。在互联网的催化下，中国文化产业诞生了越来越多生机勃勃的平台型文化企业，诞生了具有千亿元级交易规模的文化创意平台经济集群。腾讯、阿里巴巴等的用户达到数亿人之多，其潜在的购买力是惊人的。

互联网及移动互联网促进了文化创造力和生产力的新组合。阅读、游戏、

---

① 《2014年1600亿资金涌向文化产业》，中国文化产业信息网，2015年1月13日，http：//www.ci-360.com/wenchanwang/xinwenzhongxin/zuixindongtai/2015/0113/60396.html。

音乐等文化产业借助移动互联网进行融合创新。2014年互联网营销模式产生的低票价，使我国电影市场呈现爆发式增长态势，达到近300亿元的票房收入，成为全球第二大电影市场。移动游戏业呈现井喷，报告显示，2014年我国移动游戏市场规模达293.5亿元，同比增长111%，未来移动游戏市场还会给人以巨大的想象空间。①

互联网及移动互联网还带来了文化产品生产和消费方式的革新。在移动互联网提供的全面感知、互联互通、智慧服务的基础上，文化产业越来越趋向于对客户的精准服务。以文学作品的创作为例，现在很多网络小说是作者写一段、发一段、网民读一段、评一段，实际上受众参与和影响了创作过程，创作者与消费者、创作者与创作者、消费者与消费者正在形成全新的相互影响的格局。

互联网与文化科技融合的产业，是高效率、高附加值、低成本的产业，必将引领经济发展的潮流。

（三）巨头抢滩圈地，行业竞争惨烈

移动互联网的迅猛发展也吸引了大量的资源进入，国内外的互联网巨头纷纷投入移动市场的争夺中，使得行业内的竞争异常激烈。

谷歌在过去三年中坚定地向移动领域加大投入，目前已经形成了整合搜索、谷歌手机地图以及Android平台应用开发等主要产品。亚马逊在平板电脑销售、智能手机销售、软件销售、移动广告、媒体销售等领域大肆扩张，已经占据了很大的市场和优势。

国内BAT（百度、阿里巴巴和腾讯）更是纷纷发力。通过不断并购、布局，三巨头在移动端的步伐正在加快，其竞争也正在从传统互联网向移动端飞速转移。

腾讯借助微信早早就在移动互联网中占据优势地位，2013年以来，腾讯在移动互联网领域动作不断，相继入股大众点评、京东商城以及韩国游戏巨头CJE&M等。从目前的移动版图来看，腾讯已在搜索、支付、地图、社交应用、视频、游戏、电子商务等领域构建好了移动生态系统。

---

① 《2014年中国移动游戏市场规模达293.5亿元 同比增长111%》，Techweb，2015年1月22日，http://www.techweb.com.cn/data/2015-01-22/2118485.shtml。

阿里巴巴通过"内部生长+外部并购"的双线模式，近年来在国内的收购活动更为频繁。过去几年，阿里巴巴动用几十亿美元入股或直接收购了地图软件制作商、社交媒体网站、网络浏览器等公司。2014 财年，阿里巴巴移动端商品成交总额达到 3190 亿元，较 2013 财年的 810 亿元增长 294%，其移动端月活跃用户也上涨至 1.63 亿人，增长 19.9%。①

百度在移动领域的布局已经展现出成效，布局了搜索、应用分发、地图和视频四大入口。

巨头的纷纷进入使一些新兴的文化科技公司承受着巨大的压力，而要想在竞争激烈而又利润丰厚的移动互联网市场杀出一条血路，并站稳脚跟，就需要极高的智慧和魄力，让我们一起来看看百纳信息技术有限公司的发展之路，期待能给我们带来一些启发。

二 百纳信息技术有限公司的发展启示

百纳信息技术有限公司于 2010 年 7 月在武汉市东湖开发区成立，是湖北省唯一从事移动互联网平台级产品开发的公司。

公司主要从事移动互联网产品、开发工具、运营平台的研发及推广，主要产品海豚浏览器在全球 130 个国家拥有 1.6 亿用户。除此之外，公司还拥有众多围绕移动互联网布局的产品，并已经形成体系，包括底层的数据分析平台、浏览器内核，平台层面的应用商店，以及应用层面的各种工具、游戏。

公司 2011 年获得美国顶级风险投资商——红杉资本和经纬创投合计 1000 万美元的风险投资，2012 年获得全球芯片市场份额第一的供应商——高通千万美元级的战略投资，2014 年 7 月获得畅游公司 1.2 亿美元的投资。公司目前已与美国 Google、高通、日本第二、第三大运营商，以及中国三大运营商、手机制造厂商开展全面合作。

百纳信息技术有限公司作为新兴文化科技公司的代表，在公司发展和产品开发方面具有明显的特色，让我们通过探究它的发展之路来寻得一些启示。

---

① 《2014 财年阿里移动端商品成交总额达 3190 亿元》，中国电子商务研究中心网站，2014 年 6 月 17 日，http：//b2b.toocle.com/detail--6178842.html。

（一）扁平企业管理，委员制效率为先

作为一家新兴的移动互联网文化科技公司，面对千变万化的市场和瞬息而逝的商机，百纳信息技术有限公司十分重视管理工作建设。坚实的基础、良好的制度是百纳信息技术有限公司攻坚、发展的保障。凝聚人心、保持活力、激励创造是公司制度建设的出发点。

公司实行扁平化的管理模式，在企业CEO与基层员工之间只有二层组织架构，提倡简单沟通、快速交流，杜绝一切官僚作风。同时，公司还引进了美国硅谷先进的委员制管理模式，成立各种管理委员会，打破了传统企业僵化的组织架构体制，保证快速高效地处理公司的各项事务，使得上下沟通畅通快捷。另外，最大限度地吸引员工对公司各项事务的参与，使每个人都能贡献自己的智慧与热情，在汲取众人所长的同时增强了企业的向心力。

（二）重视人才培养，狂热于技术创新

百纳信息技术有限公司一直强调：人才是企业最大的资产，公司全部资产都依存在人才上，价值都在员工的头脑中。所以，公司十分重视从人才招聘到培养、管理、使用的各个环节。百纳信息技术有限公司的核心员工由两部分组成：一部分是一毕业就加入公司，伴随公司成长的本地人才；另一部分是来自Google、微软、BAT（百度、阿里巴巴和腾讯）等公司产品技术部门的中高级人才。他们大都心怀梦想，热爱挑战，不愿意在大公司循序渐进式发展中消磨时光，认同企业文化且具有创新、挑战精神。

公司在培养人才方面不遗余力，根据员工不同的个性特征，结合公司的发展需要，协助他们做好个人的职业规划，保证每个人的发展空间；帮助提高员工的技能水平，对于新入职的员工都会指定相应熟手伙伴，指导提高他们的专业技术技能，并邀请行业教授、名师前来授课，分享最新技术成果；注重激发员工的潜力，每年两次的黑客马拉松，自由组合的封闭开发，对表现优秀者进行奖励、提拔，不拘一格地使用人才，真正做到尊重人才、重用人才。公司在生活方面也十分关爱员工，特别是有些"技术男"生活能力较差，公司便对其进行全方位的关怀，保证其有充沛的精力专注于研发。

公司狠抓技术创新，技术创新是引领公司发展的第一推动力，公司一直强

调工程师文化，将技术作为第一生命力，在内核引擎、开发工具和 HTML5 技术上的领先和突破是公司产品性能卓尔不凡的关键。海豚浏览器的一鸣惊人，就是因为技术上的革新，其于 2009 年末在 Android 平台之上第一个运用了多点触控技术。而在那个时候，谷歌尚未发布正式支持多点触控的 Android 2.2 版本（然而被封装的底层技术其实是支持的），这令美国热衷于技术的极客们大为折服。紧接着，海豚浏览器在随后版本中率先加入了多标签、手势操作和插件平台功能。这种不断创新的势头使得它在 2010 年 3 月便拥有了美国的 100 万用户，一年之后这一数字则达到了 500 万户。如今，海豚浏览器已经是一个可以高度个性化定制的浏览器，拥有 21 项全球专利。

（三）布局蓝海市场，差异化产品竞争

全球化的战略眼光，以及蓝海市场的快速推进，使公司在发展的过程中抢占了先机。差异化的产品竞争、对细分市场的把握，是公司快速发展的关键。

公司创始人之前都供职于微软，经受过多样性的文化洗礼和先进的商业理念熏陶，具有全球化的视角和与世界各地精英竞争的雄心壮志，同时还对各地各民族的文明具有难得的包容性。

公司在进行战略布局时，策略性地避开中国等互联网竞争激烈的红海市场，而前瞻性地瞄准了一些蓝海市场，使得用户数量快速增长。海豚浏览器以及新近推出的资讯聚合分发平台就是首先开拓欧美等海外市场，特别是俄罗斯、土耳其等蓝海市场的成功案例。

实行差异化竞争更是公司迅速发展的关键，多点触控技术最先由百纳信息技术有限公司发明就是因为这一策略，传统以创新能力见长的 Chrome、火狐和 Opera 等名宿均专注于 PC 互联网的酣战，但百纳信息技术有限公司关注到了移动终端 APP 的发展前景，由此打开了创新之路。

在回归中国市场之后，海豚浏览器又有一个独特的品牌定位：专注于更注重体验而流量较高的高端浏览器。在中国市场，这种定位可谓绝无仅有。因为在现实的移动互联网产业环境中，流量费是用户和应用开发者都不可忽略的一个约束条件，但是海豚浏览器走上了一条差异化的道路，细分了中国市场，专注于高端用户。

（四）精熟当地文化，本土化产品特色

来到百纳信息技术有限公司，仿佛来到了万国公馆，这里有来自世界各地的外籍人士。因为公司全球化的发展战略，需要到世界各地开拓市场，对当地文化风俗的了解就是必需的，公司大范围地招聘了语言方面的人才，虽然增加了成本，却是国际化必须付出的代价。同时，公司还十分注意尊重当地的风俗习惯、法律法规，特别是在用户基础好、市场潜力大的欧美市场，当地对用户隐私、知识产权等方面有严格的法律要求，而在一些宗教、风俗习惯特别的地区，禁忌也十分繁杂，公司对此精心了解，恪守执行。

在产品的特色上就更明显地体现了公司对文化的重视，在海豚主页面上有资讯、文化推送，都是通过大数据分析不同地区人的需求，从而进行差异化推送。另外，还有热门的APP、不同的搜索引擎等产品推介。无论是在中国还是在美国，抑或是在其他国家，"海豚"所推荐的信息差异是巨大的，坚持本土化是百纳信息技术有限公司能迅速国际化的重要原因。

（五）包容快速试错，极致化产品性能

创新就要允许犯错，只有包容犯错，才能鼓励创新。百纳信息技术有限公司推崇创新，具有提供快速试错的独特价值。在海豚浏览器成功之前公司做过200多种移动应用的尝试，其核心目的就是寻找一种用户喜欢，并且有持续黏性的产品。

用户体验极致化一直是公司追求的目标，也是其前进的不竭动力。百纳信息技术有限公司在产品的各个方面都力求完美，以海豚浏览器为例，它抓住了客户体验的几个主要方面。一是精美直观的设计。海豚浏览器推出全新的简洁风格设计界面，将"简单浏览"这一核心功能更加深入化。主页面功能简单便捷，"常用访问"智能记载用户的浏览行踪。海豚键一触即出，调出"Tab列表""声呐手势""设置"，更是一改往日传统的导航条，为用户创造更大屏的浏览体验，在创造便捷智能的同时，更为用户保留更多操作习惯。二是便捷的Web应用商店。点击"添加"便可访问所有海豚Web应用程序商店提供的最流行的Web应用程序，200多个Web应用程序，包括Facebook、Twitter、eBay、亚马逊等供用户选择，丰富了用户的海豚主页，同时还能任意拖拽图标

排序分类。三是精准的搜索。五大搜索引擎——谷歌、必应、雅虎、DuckDuckGo、Yandex 随意切换，并可选择在亚马逊、YouTube、Wikipedia、eBay、Twitter 和 Facebook 上进行精准搜索，让用户更快地找到有价值的信息。四是完美支持 Flash。只需下载 Adobe Flash Player 的应用程序，并在海豚设置中启用 Flash，便可彻底告别原生 Flash 播放应用，让用户的海豚浏览器变身超级播放器。海豚分享，变身社交达人，分享到 Facebook、Twitter、印象，发送至蓝牙、短信、Gmail，使用海豚浏览器提供的海豚内置分享和安卓内置分享功能，让用户很快变身社交达人。

另外，海豚浏览器还拥有以下几个优点：强大的手势控制功能，自由操控网页页面；独特的"声呐"技术，快速抵达指定网站；对多点触控能力优化，体验电脑式的浏览；出色的页面布局并提供丰富的人性化功能。客户的体验和产品的完美是百纳信息技术有限公司孜孜以求的（见图3）。

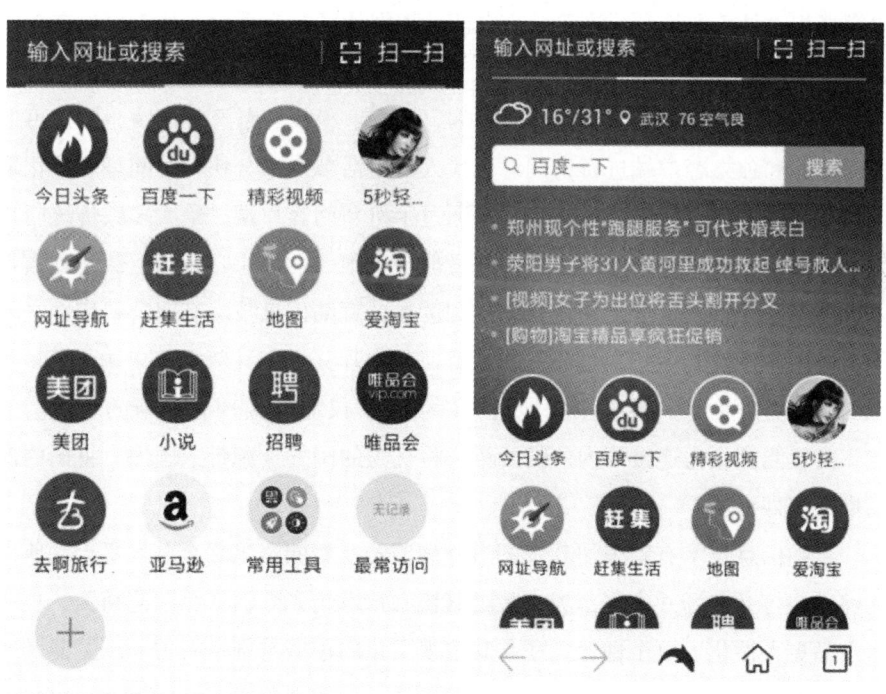

图3　海豚浏览器界面

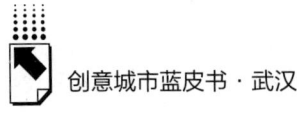

（六）融合文化科技，致力于产品升级

文化与科技的融合往往会释放出惊人的生产力，采用新的技术手段能更好地展示文化的内涵、感染力，而文化也能更好地给高新科技产品增添魅力。百纳信息技术有限公司开发的新闻资讯分发平台就是一个有益的尝试。

百纳信息技术有限公司在成功开发海豚浏览器的基础上，针对国内市场和海外市场再次发力，通过已有的浏览器用户群体和渠道资源进行文化内容的平台项目建设，是将移动互联网技术、国内外市场与资讯内容相结合的重大尝试。该项目采用大数据存储和网络爬虫技术，进行数据信息和用户行为分析，针对不同地区的用户习惯进行内容过滤，使平台具备个性化推荐功能，能够提供关联性内容以帮助用户深入使用；通过高效率、高容量新闻抓取，时刻有新鲜新闻推送，阅读永不停止；自动关联相关新闻，过滤重复报道，多角度还原内容真相；具备评论、分享等社交功能，根据地区社交平台产品差异化进行设置，方便用户一键分享。

在内容展示形式上包括推荐、要闻、娱乐、科技、财经等模块，用户可通过浏览器和独立客户端进行访问。现代人的生活节奏十分快，时间呈碎片化形式，大部分人获取资讯信息的方式是通过手机新闻客户端，绝大多数传统门户网站都在尝试新闻客户端的形式，并且取得了很大的成果，用户下载达到数百万次甚至上千万次，远超传统媒体的阅读量。百纳信息技术有限公司借助之前积累的用户资源等优势，目前正在俄罗斯和土耳其推广其新闻客户端，下一步计划推广至欧美等其他国家和地区。该项目不仅能够实现企业新的利润增长点，而且能够作为连接国内外的桥梁，将优秀的国外资源带入国内，将国内产品推向海外市场。

百纳信息技术有限公司开发的海豚浏览器及新闻资讯聚合分发平台之所以能够很快打开市场并占据市场，除了其核心技术领先外，产品工艺精美，也使得产品更人性化、更个性化，还与其重视文化的挖掘与推送有关。浏览器及客户端分发的资讯文化内容吸引了广大的用户，使读者养成了定时阅读查看的习惯，作为工作生活必备的服务，产生了巨大的聚合力，为科技产品增添了文化魅力。

(七)安心战略规划,放长线培育市场

在移动互联网的当下时局中,依靠一款工具应用获得利润是非常困难的事情,百纳信息技术有限公司的赢利模式也并没有完全明朗。但公司根据前期的战略规划,并不急功近利,而是专注于技术革新和市场培育,期待新的爆破点的到来。实际上,海豚团队已经盯住了这一行业发生变革的关键变量——HTML5 的来临。HTML5 不但可以将 PC 浏览器的商业模式平移过来,而且可以大大节省开发者的运营成本。海豚团队投入相关研发已经有很长一段时间。

三 移动互联网时代文化科技企业发展思考

移动互联网正深刻地改变着世界经济的面貌,并渗透于各行各业。李克强总理在 2015 年《政府工作报告》中提出"互联网 +"的概念。"互联网 +"是创新 2.0 下的互联网与传统行业融合发展的新形态、新业态,是知识社会创新 2.0 推动下的互联网形态演进及其催生的经济社会发展新形态。"互联网 +"代表的是一种新的经济形态,即充分发挥互联网在生产要素配置中的优化和集成作用,将互联网的创新成果深度融合于经济社会各领域之中,提升实体经济的创新力和生产力,形成更广泛的以互联网为基础设施和实现工具的经济发展新形态。[1]

在这样的经济形态下,我国的文化科技企业要能适应形势、革新自己,在新的市场环境下闯出一片天。以下是我们对企业发展的几点建议。

(一)创新企业管理制度,激发员工创业热情

瞬息万变的市场和日新月异的技术革新,改变了企业生产的运作模式和管理方式。也许一个点子、一个创意就能改变公司的命运;也许一天的耽搁、一时的疏忽就能错失市场,毁掉整个公司。这正是移动互联网时代文化科技公司

---

[1] 百度百科:互联网 +,http://baike.baidu.com/link?url=Veq-Iew66600XgJmz PYDZIWLIRl8_uDrCk-uWDD3PvuoAexoQT4BdrnUIeK4tUqh_CopziaE4VJbmBefdS2KZ_。

面临的形势。由此，公司的整个管理体制也需要与市场形势和公司的发展特点相适应。"小""快""灵"是移动互联网时代文化科技公司管理的一般特征，简单的架构、快速的沟通、灵活的应变是公司管理的追求。

文化科技公司最重要的是人才，最需要的是创新，最注重的是效率。如何调动员工最大的热情、激发员工最大的创造力、保证公司快速高效运转，是管理者必须考虑的问题。要通过企业制度、企业文化来保障员工身心愉悦、精力充沛。

要结合公司生产运营的实际情况，不断创新、发明各种组织与管理形式。在提高企业运营效率的同时还要注重客户个性化的需求，未来的企业管理形态不再是传统的层级式管理模式，可能更向"扁平化"甚至"网状"的组织结构转变。在文化科技公司中，大多以项目团队为基本组织形态，不同团队围绕不同的产品，以客户需求为导向，取长补短，协同作战。在移动互联网时代，文化科技企业要将互联网思维运用到企业经营管理过程中去，只有这样，企业才能适应市场形势，不断发展壮大。

（二）建立全球战略思维，蓝海突进红海竞雄

移动互联网时代是一个经济、信息全球化的时代，随着全球消费一体化、供应一体化，产品的竞争打破了地域空间的限制，企业可以在全球范围内寻找客户、获取商机，文化科技类产品因其复制性强、传播速度快、体量小等特点，更容易在全球范围内流转，接受全球范围内的竞争。

在当前的环境下，企业需要广泛借鉴成功的国际经验，瞄准先进的企业和产品，借鉴、模仿乃至超越。同时，还要积极走向全球，要有与全球其他企业一争高下的决心。

要有前瞻性的眼光，在全球范围内寻找公司产品突破的蓝海市场，这样能够事半功倍，同时也要有在红海市场竞争的实力和勇气，正确定位、步步推进，迂回、策略性地取得公司战略上的成功。

（三）谋划全局万世基业，打造重点拳头产品

不谋万世者不足谋一时，不谋全局者不足谋一域。谋万世就是要有长远的思维，要用发展的眼光看问题，能够前瞻性地发现市场和商机。目前的移动互

联网生态领域竞争激烈，对于新兴的移动互联网公司来说，很难一下子就赢利，甚至还找不到赢利的模式和商机。但是要能沉住气，看到未来行业的发展潜力和机会，夯实基础，完善产品。同时，要有全局观，俯视互联网发展的整个版图，从竞争不是很激烈的领域切入。

公司要取得长远发展，就需要有自己的核心优势和核心产品。要打造拳头产品，以此为抓手，抢占移动互联网的用户市场，形成自己的核心竞争力和明显优势。在互联网时代，产品的创新和更新换代是非常迅速的，再加上我国目前的知识产权保护工作还不完善，产品极易被人模仿，如果不具备核心竞争力，企业是很难走远的。要集中公司的资源，重点突破，打造拳头产品。

（四）坚持用户需求至上，众包协作口碑营销

消费者是上帝，在移动互联网时代更是如此，企业的一切经营活动都是围绕消费者的需求展开的，了解消费者的真正需求至关重要。今天，互联网的广泛应用使得我们多了一种方式，利用大数据挖掘和对顾客消费行为进行分析，能够更准确地定位我们的产品，抓住用户思维，提供精确、个性化的服务。

互联网传播创新了传统媒体传播的方式方法，不再是自上而下的单一的灌输式传播方式，消费者本身也成为产品的传播者，并且这种传播方式更为重要且影响深远，因此做好口碑营销就显得尤为重要。在当前，古老的商业理念"口口相传"又展示出了它强大的生命力。

文化科技类产品因其产品本身的属性和特征，更偏向于满足消费者的精神需求，所以消费者的主观感受和口碑更为重要，高质量的产品甚至能产生高曝光率的轰动效应。另外，企业还要积极挖掘社交媒体、移动终端等新型营销渠道，主动策划议题，把自主推广巧妙地融入社交传播中，从而收到事半功倍的效果。

（五）促进科技创新驱动，拒绝简单零和游戏

科学技术是第一生产力，在移动互联网时代更是如此，技术是企业最大的优势，也是企业在市场上活下去的最重要的依凭。现在有些公司不敢创新，是

因为盗版太猖獗，公司投入巨大的人力、物力创造出来的产品，可能很快就被人模仿、抄袭了，导致公司元气大伤。这需要政府加强知识产权的保护工作，为企业创新发展提供良好的环境。同时，还要制定相关的扶持政策，对于敢于创新的企业给予政策扶持，真正做到尊重知识、尊重技术。

企业也要勇于创新，用先进的技术来降低企业的生产成本，提高工作效率，改善自身的产品，塑造良好的企业形象，使之更加适应用户和市场的需求。要有长远的发展眼光，用创新的荣誉感、使命感来激励自身，拒绝简单的零和游戏，给人类带来真正有知识增量的产品。

（六）重视文化科技融合，助推产业"互联网+"

在互联网时代，科技在现代文化发展中的作用表现得越来越突出，高科技的运用，使传统的文化产品焕发了新的活力。产品表现手法更加多样、表现形式更加优美、传播速度更加迅捷，观众的接受度也越来越高，提高了文化消费水平，推动了文化的产业化。现代文化离开了高科技创造不了巨大的经济利益，而科技通过文化的包装，增加文化的各种向心元素，使得科技更增魅力，科技产品的商业性价值也更高。

文化与科技融合催生了新的业态，产生了移动游戏、3D技术、虚拟展示等高科技的文化产业。企业要瞄准这些新兴的高附加值产业形式，前瞻性地看到市场的发展，认识到产业发展的潜力。迅速抓住蓝海市场，提前布局，抢占优势，取得行业的主动权和领导权，为企业的发展壮大铺好路。

文化与科技融合推动了传统文化产业的升级改造，这是企业发展的一大商机，也是李克强总理提出"互联网+"发展的需要，如在出版、电影、电视、旅游、版权交易等传统领域，在加入了科技元素，特别是在互联网的平台下，它们生产出来的产值和产生的效益将是传统的数十倍。如网上世博体验馆以不同地方文化为主题打造的虚拟实体馆和虚拟拓展空间，采用虚拟导游形象、数字化实体馆、数字化实体展项及互动游戏等，在充分挖掘文化内涵的基础上，与先进的科学技术和特色鲜明的创意相结合。与传统的博览会完全不同，产生的效益也是天差地远。武汉的汉秀剧场是万达集团与弗兰克·德贡娱乐集团合作，倾力联袂打造的世界顶级舞台秀，糅合了音乐、舞蹈、杂技、高空跳水、特技动作等多种表演形式，整个剧场通过声、光、电的运用，辅以量身定制的拥有可移动座椅的舞台建筑，实现了与传统秀场不同、非常戏剧性的科技呈现。而通过互联网，精彩的演出可以十分迅速地传播出去，吸引了广大观众的眼球，取得了"互联网+"的效果。在科技文化引领下，传统产业的升级换代是一场你死我活的战争，抓不住机会的企业必定会被市场淘汰，但同时这个巨大的商机，又将会催生一批高效率、高科技、富创意、高效益的朝阳企业。

文化与科技融合打通文化领域产业链，不同产业间的融合发展，使企业拓宽业务和市场，企业要有跨界经营的胆识和魄力。如腾讯公司，以网络平台为基础，展开电影、音乐、动漫等多领域、跨平台的商业拓展，从产业链上下游纵向看，贯通资金、内容制作、演艺明星、宣传推广、发行销售、衍生产品等各个环节。这样，公司的各种资源就能得到充分的利用，从而产生最大的经济效益。

融合发展是未来企业发展的方向。在"互联网+"的时代背景下，文化与科技融合是经济增长的新亮点，也是企业发展必须抢占的高地。

（七）勇担社会进步责任，以梦为马书写传奇

梦想能让你看到别人看不到的地方，对于一个人是这样，对于一个企业也是如此。赢利当然是企业的天职，但社会责任、蓝图愿景同样重要。既要让公司员工产生自豪感、崇高感，也要让公司明确发展目标，拥有更大的动力和活力。

对于文化科技公司来说，现今环境正当其时，是可以成就一番事业，甚至能用产品改变世界的，微软、谷歌这些公司正是如此。文化科技公司也是最需要梦想的，可谓在梦想的指引下前进。优秀的企业就应该勇于承担社会责任，以梦为马，书写自己的传奇。

B.15
用户感知 创通信行业设计解决方案标杆

刘威 朱博鑫*

摘 要：	我国对"一带一路"沿线国家的基础设施、资源开发、产业合作和金融合作等与互联互通有关的项目提供投融资支持，这对于通信行业来说必将是新一轮的刺激性发展。通信行业作为我国世界领先技术的代表，有望继高铁、核电之后成为重大基础设施建设领域。"一带一路"覆盖国家的总人口达到46亿人，其中大部分国家网速不及发达国家的1/10，随着社会的发展，当地具备通信设施建设投入的刚性需求，这为烽火通信科技股份有限公司的产品输出提供了广阔的平台。作为"光通信专家"，加快提升产品的用户感知将是公司冲击市场的必备优势。本文从工业设计的角度来阐述如何加快提升用户感知。
关键词：	通信行业 工业设计 用户感知 产品

随着技术透明化时代的到来，工业设计依托通信行业大环境的发展，在产品的生产制造、销售服务方面占据了重要的地位，产品由最初的满足基本需求，到满足丰富的功能，再到符合操作舒适性与美观性，一路发展到现在，需要拥有良好的用户体验。在这几个阶段，工业设计的含量越来越凸显，一个产品整体综合解决方案的优劣与工业设计的水平有直接的关系。

---

* 刘威，烽火通信科技股份有限公司工业设计经理。朱博鑫，烽火通信科技股份有限公司工业设计工程师。

就烽火通信科技股份有限公司（以下简称"烽火通信"）而言，工业设计的发展对于产品附加值的提升有极大的帮助，产品的附加值体现在外观是否符合消费群体的审美观，造型是否做到良好的人机体验，设计背后的逻辑是否符合用户的习惯。这一系列都是工业设计所承载的价值体现，工业设计在新的趋势下直指用户感知最核心的区域。

一 开展以用户感知为前提的研发工作

（一）用户感知的作用与价值

1. 用户感知的作用

用户感知是帮助企业在研发产品时，准确把握用户最需要的性能和操作。用户感知的着眼点应该是改善用户与产品之间的交互"痛点"、引导用户和产品之间的使用创新点、创造用户和企业之间的产品纽带的模式，这三点的构建会成为用户感知落地的驱动力。如果说以上三点是物理属性上的作用，那么用户感知逻辑属性的作用，就是成功地将"背对客户"转变为"面向客户"的新型用户体验模式，烽火通信通过用户感知的作用势必成为一系列创新的基础。

2. 用户感知的价值

用户感知对于烽火通信来说有着极大的价值，用户感知更多地影响企业的品牌优质性、品牌黏度性和企业知名度，用户感知并不是研发的生产力，而是一种促进创新研发的生产关系，不论是用户还是客户，感知的深层是引导，这种模式，既可以使产品研发有所创新突破，又可以使用户更加依赖烽火通信的产品，这就是用户感知最大的价值。

（二）设计思维下用户感知的特点

1. 设计思维的特点

基于工业设计辐射下的用户感知，必须明确用户感知的前提条件，也就是设计思维。所谓设计，就是将大脑中的想法具象化，无法具象化的想法是无意义的，只有设计落地了，才会使新的东西通过这种过程来到这个物质世界。这个过程就是思维的过程,设计思维衍生出来的用户感知模式有别于传统的研发思维,也有别于传统的商业思维,用户感知更确切地说是一种可以同时促进研发和商业销售双赢的设计思维。

通过多年的摸索与积累,凭借优秀的工业设计、人机交互、界面交互、结构支撑以及完备的售后服务等,烽火通信逐渐建立起符合自身产品特性、科学、高效、完备的设计思维体系。

2. 用户感知的特点

用户感知具有明显性,用户感知直接将商业营销策略与设计战略连接起来,使得企业决策者可以从用户感知的角度出发,决策产品走向与行业趋势,为产品的进一步研发提供良好的基础。用户感知的另外一个重要特点是,可以产生高强度的用户黏性,可以更好地促进产品DNA的进化和演变。用户感知可以更好地对研发人员的设计思维进行引导,使得研发更具高效性和准确性。

3. 两者互通特点

两者互通的特点是,共同保证研发成果落地,并顺利地转化为产品,最终取得营销上的成功。如果单讲用户感知而脱离了设计思维,那么用户感知是没有逻辑支撑的,因为设计的初衷就是解决问题,而问题一定是由在使用过程中出现的不便造成的,这些问题直接反馈到用户的表现上,以及产品、企业给用户带来的文化意义上。

(三)开展用户感知的条件

1. 建立以用户为中心的研发机制

只有掌握了用户的情感化触点,才能以用户为原点发散出各种设计的可能性,研发人员容易陷入自我代入的状态,将自己既当作设计者也当作受用者,这对于企业产品开发是有很大风险的。烽火通信通过多年的积累与开发,逐渐意识到应当将设计与用户研究分散开来,不能混为一谈,还要密切合作。设计处于顶端决策层面,同时用户研究引发的用户感知反馈,能够及时纠正设计的趋向性问题。

2. 强大的工业设计积累能力

经过近十年的积累,烽火通信逐渐拥有一个独立高效的产品品牌开发团队,各团队分工合作,各司其职。在人员的配置方面,要求设计师既要具备设计能力,也要具备外向型性格和良好的沟通协调能力以及文字语言能力。这些综合能力的整合可以为一线市场分析和消费需求观察提供极其重要的帮助,这也是工业设计团队在企业平台上开展用户感知行为的条件与优势。

二 充分发挥用户感知思维的力量与优势

(一)用户感知的力量体现

1. 用户感知依托工业设计改革传统的研发模式

传统的研发模式不注重用户的体验,更加在意功能、成本、外形,而现阶段工业设计的发展,逐渐重视用户感知的价值,同时用户感知反作用于研发的准确性,降低了产品的开发成本与风险性。用户感知还为设计管理带来新的切入点,使得设计师更加贴合市场与购买者,可以从中找出消费者认为重要但未满足的需求,准确定位目标消费者的需求重点,为设计提升提供方向。

2. 用户感知依托工业设计改革传统的品牌建设

企业文化的植入,是工业设计赋予产品的气质与特征性的元素,传统的品牌建设依靠产品之外的宣传与包装,使得产品的影响力大大降低。当今社会人机交互的频率如此之高,信息化发展如此之快,依靠宣传包装是一个效果不太明显,也不太明智的做法。企业的文化品牌建设,应更加针对设计,将设计融入产品开发的每一个环节,最后的效果一定是产品承载着企业的故事而展现在用户的面前,用户在使用产品时,同样也要读懂企业所要表达的承诺。

(二)用户感知的优势对比

1. 以产品为导向的研发模式的缺陷

以产品开发为导向,会使得产品的开发越来越趋于同质化,在市场上识别度不高,无法抗衡同类型的产品,进而引发价格战,这对于企业研发的积极性有消极的影响,使得产品研发无法突破,被市场禁锢,被营销绑架,失去了研发的真正意义。

2. 以用户为导向的研发模式的优势

以用户感知为导向的优势是极其明显的，用户千差万别，但可以归类，个性对于共性是可以被包容的，当产品研发更加关注用户本身，用户反馈机制的成效会马上转化为设计方向，这使得产品的设计呈现不一样的态度，从而成功地避免产品在市场上处于同质化的尴尬境地。

（三）用户感知的整体意识

1. 用户感知是一种顶层思维

用户和企业在现如今已然转变为一种合作的模式，既不是之前落后的产品垄断模式，也不是过时的顾客至上模式。在通信市场，用户被更准确地形容为客户，这更使得产品的第一印象尤为重要，产品的外观、品质、材料、色彩、人机交互直接作用于客户群体，接触的过程就是用户感知的过程，因此一定要在开发一款产品之前树立用户感知的统筹意识。烽火通信经过多年的摸索，大力改革，强化这种模式，从而使得产品更加品牌化、人性化、易用化。

2. 工业设计的执行模式

工业设计的支持与执行，是用户感知落地的关键，要使工业设计紧密地配合这种模式，就必须对工业设计提出要求。工业设计应当具备把握产品之初的设计本质，从最开始的造型设计到之后的诸如结构、材料选择、加工工艺、线上线下营销等，必须将最原始的从用户身上反馈后的感知结果贯穿始终。

三 为用户感知创造正确的环境与位置

（一）用户感知的归属与划分

1. 产品需求与工业设计共同决定用户感知

产品需求并不是指产品具体的硬件参数的输入，而是设计师通过设计思维分析出的用户需求的具体内容。一款产品的成功，唯一的结果是用户接受、市场营销优秀，绝不是功能的叠加和为了达到别人有我也有的目的。从这个层面来看，用户感知应该由产品设计团队进行预研与决策。

2. 用户感知划分的内容

烽火通信针对的各个市场差异巨大，用户感知侧重点也各不相同，每一个市场对应的产品虽有共同的需求，但也同样存在差别，这就需要从设计的角度来划分用户感知的不同内容。经过近几年的努力，烽火通信建立了产品ID设计、界面设计、手册设计、结构人机设计、产品工艺材料研究等，这一系列内容共同支撑用户感知的进行。

（二）用户感知的环境建设

1. 用户感知所需的行业环境

业内曾做过预测，到2030年将会出现全球网络数据流量与人均网络数据流量都将比2010年增长1000倍的叠加，并带来海量应用。可以预见的是，未来产品无止境，未来应用无止境，未来体验无止境，配套的产品支撑将迎来井喷式发展。这一系列数据的背后预示着产品的多样化，而多样化的基点不是功能的多样化、造型的多样化，而是受众人群的多样化，是满足不同定位用户群体的多样化，这一切都将为用户感知提供肥沃的土壤。

2. 用户感知所需的企业环境

企业的设计部门与中型设计公司、小型设计工作室有着不同的定位，针对烽火通信的产品市场愿景，公司内部形成了以用户为中心的一系列策略性方向，而策略的最终落地得益于工业设计的长足进步与发展，以及对整个产品生产链的把控，在产品的每一个环节，都可以判断是否满足最初的需求并进行实时矫正。

（三）协调用户感知与设计体系的关系

每个时代、每个阶段，不同产品、不同设计所反映的现象是不同的，这个现象有不同的名词，互联网时代叫作用户感知，更加注重人的因素，因此用户感知是设计的方向。但随着时代的更迭，人类不会停止造物的冲动，那么所对应的名词就会发生变化，但其根本是不会变的，所有造物的根本就是对于物的设计，设计是一个体系，是一个综合体。每个时代、每个阶段设计体系下的现象千差万别，这个时代是用户感知，是以设计为基础的，在整个设计的系统中去创新、去整合品牌价值。

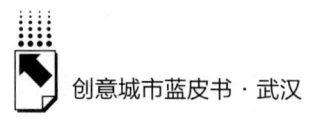

四 明确品牌建设中用户感知的价值

（一）品牌建设、用户感知与工业设计的关系

1. 品牌建设、用户感知与工业设计的关联

产品承载着品牌的价值，品牌的价值在于用户的认可度和用户的良好感知，而用户的舒适感来源于工业设计的落地，这一系列逻辑关系是产品取得成功的关键。在通信市场，如思科、阿朗、华为、中兴等大型企业，无一不重视工业设计和设计思维，只有把控住工业设计所创造出的形态、品质和设计思维牵引下发掘出的用户"痛点"，才能够在竞争日益激烈的通信市场中占有一席之地。

2. 工业设计定位于设计服务层面的原因

烽火通信的每一位工业设计工程师都必须倾听用户的声音。作为一名工业设计工程师，需要走到一线去了解客户最直接的感受，将每天坐在工位上被动地画图转变为主动地奔走在了解用户感知的路上；让设计师看见和体验市场的硝烟，从而提供优秀的解决方案；让设计师参与市场营销与产出线体系，快速响应用户需求将是设计最大的价值体现。

（二）用户感知实现的品牌差异化与家族传承化

1. 用户感知层面下对品牌差异化的影响

品牌差异化体现在技术同质化情况下产品所表现出的特有品质，而特有的品质来源于对用户需求的深层次挖掘和对用户"痛点"的根本性解决，成功品牌不仅产品做工扎实，而且必然有其过人之处，如人机反馈的舒适性、易读性以及精湛的工艺、创新的结构形式、特有的造型特点等。作为光通信领域的专家，烽火通信致力于打造制作精良、技术全面、人机易用性优秀的产品设备，同时烽火通信最大的亮点在于通过分析研究用户的操作习惯，在产品外形、材质、结构等方面和其他竞争对手拉开档次。

2. 用户感知映射在家族传承方面的体现

家族传承，换言之就是产品的基因，不论产品如何演化，其所体现出来的特征性不会改变,这使得用户的认知成本存在二次增加,同时增加了产品与用户之间的黏性,不仅给用户带来了良好的使用感受,刺激其继续消费,而且也使企业的品牌价值大大提高,时效性大大延长。但是产品市场的优胜劣汰是非常残酷的现实,基因是需要不断进化与优化的,用户感知为这种进化提供了条件与动力。

(三)用户感知带来的设计改善与品牌创新的驱动力

随着工业设计团队对用户感知的深入,在大型系统设备方面的成果日益显著,新型的系统设备400G光传输设备极好地体现了性能与审美的结合。

400G光传输设备是以烽火通信承担的"十一五"863课题——100Gb/s光以太网关键技术研究及传输试验平台研制等的研究成果为基础,结合通信网的发展趋势,研制开发的超高速、大容量的设备。该设备的主要部件均采用模块化设计,客户按需选择、维护、升级,具有良好的可维护性与可扩展性,设备支持10G、40G、100G速率混合组网,满足了部分用户现网设备平滑升级至400G的需求。

在实用性方面,400G光传输系统采用统一信元交换内核,单框交叉容量为25.6T,通过集群可扩展实现100T以上的交叉能力,可以满足运营商数据业务端口增长,以及互联网业务与网络流量速度加快的需求,可以同时承载10000个家庭使用网络,大大提升了现有光纤资源的利用率。支持OTN/SDH/IP业务统一接入和调度,网络传送效率进一步提升,节省了网络投资和运维成本。

在环保性方面,引入整机节能管理,使之在设备运行时提供更优的能耗管理,并及时关闭未使用的空载端口,从而减少能源消耗。全新的智能风扇取代了传统风扇,具有转速控制功能,使设备在自身的最佳温度范围工作,而且实现了多级风扇转速挡位的自动调节,在保证散热的同时达到降低散热能耗的目的,在常温运行条件下,散热能耗节能率高达90%。

在工艺性方面,采用优质电解锌板,这一材料无须进行电镀等表面处理,具有良好的导电和防腐蚀功能。核心器件采用先进的低功耗器件(如业内当前最为先进的基于40纳米制作工艺的DSP芯片)、端口动态管理技术,并采用高转换效率电源解决方案等,有效地降低了400G系统的功耗,提升了网络的能效比。

在美观性方面，以严谨、整体、紧凑、模块化为设计特色，通过硬朗线条，结合独特设计元素，对各单元进行优化设计整合和合理利用，用于功能的扩展，从而铸造出一个具有强大模块化、兼容型功能的设备平台，传达给用户极为强大、稳定的设备感。

用户感知带来的设计改善与品牌创新的驱动力直接作用于产品的销量与经济性。烽火通信作为民族光通信的领导者，以及国家干线建设的主力军，累计承建国家干线300多条。2013年10月，中国联通OTN招标，烽火通信凭借其在高速光传输系统中强大的综合实力，获得70%的份额；2013年12月，在全球最大规模的100G集采中，烽火通信以综合排名第二的优势再次赢得客户的认可。

五　结语

迈向世界一流品牌建设的道路上充满了设计的思维，烽火通信在这场信息化时代的浪潮中，所要面对的挑战和机遇是同等的。公司秉承坚韧不拔、敢于创新的精神积极实践新的产品创新思维，本着产品的解决方案必须坚持以用户为中心的理念来开发。而"光通信专家"的内涵之一，就是坚持"客户导向"，在"客户导向"的核心价值观的辐射下，从"背对客户"到"面向客户"的新型用户体验模式势必成为一系列创新的基础。所谓用户感知，就是建立这种黏性机制，就是企业研发任何产品，都必须从引导用户行为的角度出发，从市场导向出发，必须为用户提供便捷，使用户对品牌产生依赖。

B.16
强化客户感知能力 全面提升武重集团品牌价值

——"客户至上,体验为王",开启互联时代工业设计新征程

桂 林 许曼頔*

| 摘 要: | 随着全球科技的进步,数控技术的发展日新月异,数控机床已成为现代制造业的主要加工设备。服务于数控机床的工业设计内涵也随着科技和社会的进步不断发展,从单纯针对数控机床的外观造型设计,到为人的适用和审美而设计,工业设计的目标由单纯地为机器的美而设计转化为围绕人的使用而设计。然而,工业设计领域还无法体现出其作为一种现代化智能加工工具所应有的产品定位,数控机床的外观造型设计缺乏针对性强的指导理论。本文从互联网时代人们的需求出发,探讨了互联网时代工业设计的内涵及发展方向,旨在为数控机床的工业设计提供有力的支持。 |

关键词: "互联网+" 工业设计 "红点奖" 客户感知

一 "互联网+"引发武重集团工业设计发展方式深刻变革

李克强总理在2015年《政府工作报告》中提出,要实施"中国制造

---

* 桂林,武汉重型机床集团有限公司正高级工程师。许曼頔,武汉重型机床集团有限公司工程师。

2025"，坚持创新驱动、智能转型、强化基础、绿色发展，加快从制造大国转向制造强国。我国是制造业大国，也是互联网大国，互联网与制造业融合空间广阔，潜力巨大。实施"互联网+"行动计划，推进互联网和制造业融合深度发展，是建设制造强国的关键之举。

武汉重型机床集团有限公司（以下简称"武重集团"）是我国"一五"期间156项重点工程之一，是我国制造数控重型和超重型机床的大型骨干企业。自1958年建成投产以来，企业先后为我国的机械、能源、航天、军工、交通、化工等行业提供了20000多台重大设备。厚德精工、励志创新，以高速度、高精度、复合加工和柔性单元为代表的一批高科技产品填补了国内空白，承载了国家的使命，为国民经济各行业和国家重点工程提供了重大的"工作母机"装备，被国家发改委授予"在振兴装备制造业工作中做出重要贡献"奖。"互联网+"推动了武重集团生产制造模式的变革，智能制造成为新型生产方式。互联网在武重集团数控机床领域的应用日益广泛深入，推动了武重集团生产制造向数字化、网络化、智能化方向发展。与武重集团数控机床发展相辅相成的工业设计也迎来了深刻变革，秉承"客户至上，体验为王"的设计理念，武重集团WHCQ1600卧式加工中心产品于2014年荣获全球工业设计业界"红点奖"，同时开启了互联时代的工业设计新征程，成为武重制造的重要生产要素。

二 武重集团变革的具体体现

（一）创新工业设计，助力提升武重集团数控机床品牌价值

众所周知，好的工业设计能给企业带来巨大的效益，能提升企业的品牌价值，并成为企业创新的基础。工业设计除了能提升产品本身的价值外，还对制造的整个环节提出了要求，带动了整个产业链的发展。包括对新材料、新工艺的开发和利用，对加工、装配精度的保证，对质量体系的要求，以及产品外包装的系列化，等等。

对于国内大多数制造企业而言，产品已经进入"同质化"竞争时代，同类产品的功能与价格趋于相同，如何走出这一困境？武重集团以强化客户感知能力的创新工业设计为抓手，努力提升产品的内在使用价值，保证利润的最大

化。通过改良已有的产品或开发创新来增加产品的附加值,让产品具有更丰富的内涵。

通过创新工业设计去强化客户感知能力,就是增强产品竞争力,增加企业利润。客户在挑选数控机床产品时经常有些特性需求,武重集团工业设计团队在设计时需要重新对产品进行市场定位以满足客户的定制化需求,这样产品才更具有市场竞争力,让产品能够强化客户感知能力,从而打动客户,使其最终成为品牌的忠实客户。除了强化客户感知能力的外观因素外,还有价格因素,同一款产品采用不同的结构和材料,成本也会有相应的变动,这就要求武重集团工业设计团队对于材料要有很好的了解,在设计的时候就能考虑到怎样用更节能的材料表现出更好的产品效果。

创新工业设计在武重集团的具体表现是数控机床产品外观综合进化趋势的理念,使设计者能够产生创新设计的原始构思,指明了产品的具体进化序列,节省了创新过程所需的时间,可预测出数控机床产品外观的未来进化趋势。表1反映出各条进化路线的未来趋势均是理想化的,数控机床的外观将朝着理想化的方向不断发展。

表1 武重集团数控机床外观未来进化趋势

进化内容及路线		未来趋势
外观风格进化	协调化	产品色彩、造型等相互协调,风格统一,且与环境、附属设备风格和谐统一
	同族化	数控机床外观形象风格统一、富于连续性,能够体现企业的形象特征
造型结构进化	精简化	剔除多余系统,合并相似系统,使结构精简、整体感增强
	模块化	产品外观按照结构功能划分出不同的模块,并进一步完善、细化,提高模块化程度
色彩、色调进化	明快化	高明度色彩应用增多,整体色调趋于简洁、明快
	色彩功能多样化	色彩综合表现产品美感、轻重、大小、沉静等感觉,体现数控机床稳定、精密的产品特性
宜人性进化	增加透明度	在不影响机床安全、稳固的前提下,逐渐增加机床外观的透明化程度
	人机化	产品的人、机、环境关系处理增多,人性化程度提高

（二）基于产品和技术货架的"家族化"工业设计

梳理详细技术路线，构建"家族化"工业设计路线（见图1）。武重集团工业设计室根据现行产品，归纳整理二维图纸，依附机械设计流程展开产品的外观设计。在这个过程中，机械设计员与工业设计员要充分交流、配合，确定哪些需要改进、哪些需要保留后，进而开展造型设计。每个产品的造型设计均需经过Rhino实体建模、干涉验证和分析、Keyshot实时渲染、Photoshop后期制作，最终绘制成册。

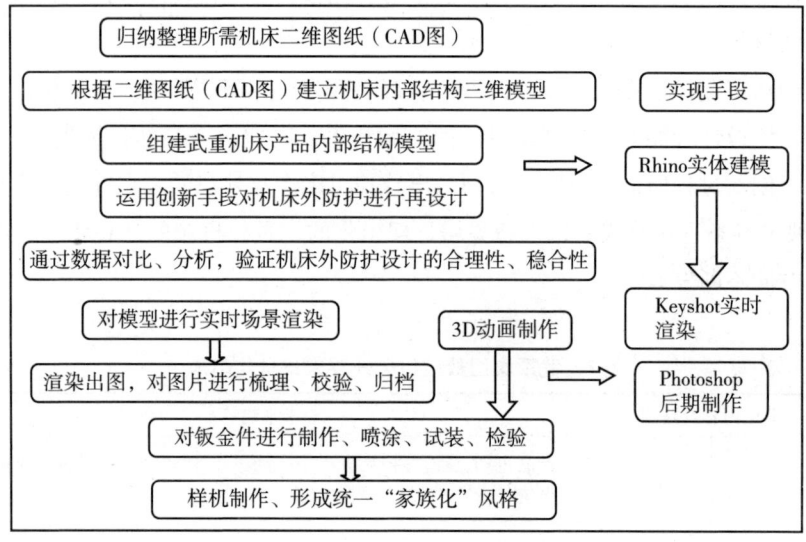

图1 武重集团产品和技术货架的"家族化"工业设计路线

梳理典型设计，构建工业设计的产品货架和技术货架。对于共性多的典型设计，安排能力较强的设计人员，基于上游业务部门的需求和规程构建原型设计，经详细设计评审修订后，作为产品或技术"范本"。然后将产品或技术"范本"统一编号入库，即完成构建工业设计的产品货架和技术货架。以后的新产品开发或技术开发，只需从货架提取该"范本"后稍作修改，即为成果。这样，同类设计才会在继承的基础上越来越好。针对已归档的历史设计成果，定期选出几份较好的设计文件，找出共性，进行重点修改后，也可以作为产品或技术的范本。今后凡有此类设计，均可让各位设计人员利用，尽可能提高设计的质量与效率。同时，加强产品或技术"范本"设计培训，统一提升工业设计人员的设计能力。特别是基于培训，提高各位设计人员对工业设计的产品货架和技术货架上相关"范本"的熟悉程度。当然还要尽可能多地熟悉产品的设计。

切实提高标准化、模块化、通用化设计。重用工业设计的产品货架和技术货架上的"范本"，努力提高标准化、模块化、通用化设计，在继承中创新，可以提高通用产品的成熟度（见表2）。为此，武重集团工业设计室加强了对工业设计的产品货架和技术货架上"范本"的规划、开发、应用及维护。如果产品是基于许多成熟的工业设计"范本"搭建而成的话，无疑产品的质量、进度和成本会得到更好的保证。大量共享和重用"范本"，将极大地降低研发成本。在共享基础上，增加新技术、新特性，快速开发新产品，对市场做出快速反应。共享成熟度高的"范本"，大大增加了产品的稳定性和可靠性。通过共享，能够减少低水平重复，释放大量人力资源。建议在型号立项论证和设计时，要进行共享专题论证，阐明哪些工业设计模块可以直接共享、哪些可以进行适应性修改后共享、新项目将来可以贡献哪些工业设计共享模块等。同时，制定共享模块开发和使用的激励办法，形成良性循环机制，久而久之，就会从项目定制化中走出来，实现产品化并促进质量的跃升。

表2 武重集团工业设计产品货架和技术货架"范本"重用统计

序号	产品型号	工业设计产品货架和技术货架"范本"重用统计
1	CKD5125	02、66、78
2	CHXA5250X40/63	02、66、78
3	CH5116B	02、66、78
4	CK5120B	02、66、78
5	CH5712B	02、66、78
6	CH5125B	02、66、78
7	CK5116B	02、66、78
8	CD5235E/1	02、66、78
9	CHSA5250X40/50	02、66、78
10	CK5235A/1	02、66、78
11	CKD5235	02、66、78
12	CKD5263X35/63	02、66、78

续表

序号	产品型号	工业设计产品货架和技术货架"范本"重用统计
13	CKXD5280X50/125	02、66、78
14	CKJQ5263X32/63	02、66、78
15	CK5112B	02、66、78
16	CK5250X30/50	02、66、78
17	CHD5125	02、66、78
18	CKX53200AX65-600	02、66、78
19	XK9720X280/1	02
20	XK2417AX40	02
21	XK2740X120/27X20	02
22	XK2745	74A
23	CKD5250X40/63	02、66、78
24	YKA31320	02
25	WHLG120X35	02
26	WTS712	02
27	CKXA52125X60/250	02、66、78
28	CK5240BX32/50	02、66、78
29	XK2430AX80/20X15	02
30	XK2640X80-MIII/35X20	02

（三）基于互联网智能制造的武重集团工业设计成果斐然，荣获国内装配制造业界第一个"红点奖"

"红点奖"作为全球工业设计业界的标杆奖项，其评判标准更多关注的是这个设计对行业的未来引领性，即这种设计是不是能引领未来的行业发展方向。武重集团 WHCQ1600 卧式加工中心获得"德国红点"设计奖，成为首例装备制造业类工业设计获奖产品，产品定位于智能与艺术的融合，通过工程技术和艺术手段塑造产品形象，并最终体现在产品的功能、结构、客户体验、视觉传达、市场关系等方面，将企业文化和识别系统相互融合，使其成为强有力的企业形象传播平台（见图2）。

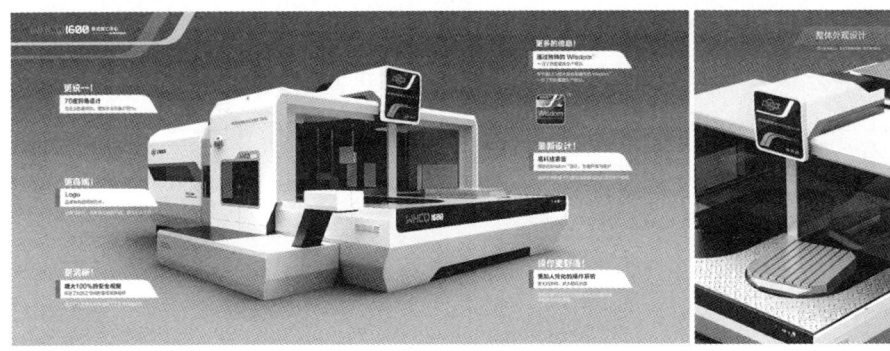

图 2　WHCQ 1600 卧式加工中心

WHCQ1600 卧式加工中心此次在工业设计上的创新，使武重集团工业设计获得了巨大的成功。在外观语言方面，打破了传统超大、超重型机床外观设计制造的常规思路，实证地调节了机床的外观风格、造型特征、色彩配比等几个主要方面的和谐统一；在造型结构设计中，使其模块化、精简化，将产品外观按照结构功能划分出不同的模块，并进一步完善、细化，提高模块化程度，剔除多余结构，合并相似系统，使其结构精简、整体感增强；在智能交互方面，采用了先进的智能数控显示辅助系统，该系统将 WHCQ1600 卧式加工中心的工作参数以图形化、可视化的方式，显示在巨大的显示屏幕上，使操作者和管理者能够一目了然，此项创新不仅使 WHCQ1600 卧式加工中心的科技感大幅提升，而且具有强大的扩展性。未来，智能数显系统还将具备远程与手机移动设备信息管理集成等多种功能，该系统打破了传统管理平台的运行模式，首次将工业设计延伸至产品智能终端，真正把设备纳入工厂智能管理环节。这将解决中国绝大多数传统企业向智能化工厂转型过程中遇到的困难。

此次创新性的融合无疑使全新的 WHCQ1600 卧式加工中心成为一项具有前瞻性的智能制造产品，把信息化融合到传统物理装备和设备，以及生产全流程中，这是一次重大的颠覆，是一款真正面向未来的装备制造业的创新设计。

（四）真正做到"客户至上，体验为王"

如今的客户不仅重视产品或服务带给他们的功能利益，而且重视购买和消费产品或服务过程中所获得的符合自己心理需要的情趣偏好的特定体验。在产品或服务功能相同的情况下，体验就成为关键价值的决定因素。因此，在其后的产品开发中，"客户至上，体验为王"是武重集团特别看重的一点，不但创新出新的产品，而且创造出新的商业模式和服务模式，让武重集团的产品带给客户更好的体验。

工业设计真正融入武重集团的产品开发体系之后，单纯地在产品外观上取得创新是远远不够的，要基于用户需求，进一步将外观设计与产品的功能相结合。武重集团工业设计是通过固化产品开发流程体系的工业设计流程，来真正做到"客户至上，体验为王"的，工业设计流程的目的是对设计实施过程进行有效的监督与控制，确保设计的进度，并协调产品开发参与各方的关系。具体流程如下。①设计咨询（Design Consulting）：开发战略、市场战略、综合计划。②设计战略（Design Strategy）：需求调查、开发项目、开发日程表。③概念设计（Concept Design）：设计概念、技术背景、成本条件、产品定位。④基本设计（Basic Design）：形态设计、构造计划、简易制图和模型、专利调查。⑤详细设计（Detail Design）：详细设计图、模型制作、色彩计划、专利申请。⑥设计管理（Design Control）：产品制图确认、试制品确认、模具表面处理调整、设计质量管理。⑦促销设计（Promotion Design）：促销计划、样本、命名、包装、展示。⑧设计评价（Evaluations）：市场评价、优良设计评选、下阶段构想。

武重集团工业设计室设有专职客户体验跨部门团队，包括产品设计、平面设计、人机交互设计、结构、材料、加工、电气等各领域代表，"一半是海水，一半是火焰"的思想，理性和感性在这个团队中相互碰撞，创意由此而生。这一创新设计体现出武重集团工业设计对提升客户感知能力的高成熟度，武重集团的产品不是靠成本，而是靠创新使自己与众不同。

（五）基于"互联网+"，把握装备制造业的工业设计转型方向

对于正在向信息消费化大市场全面转型的武重集团来说，如何坚守已有的传统制造优势，将互联网的信息化技术融合到产品和产业链中，是工业设计这个跨领域学科需要进一步思考的问题。当移动互联网时代来临的时候，客户需要的并不是改良性的设计方式，而是革命性的创新。按照传统产品的设计方

式，无法创造出令顾客"喜出望外"的产品。因此，真正意义上的创造需求，是当产品本身成为一个开放系统，允许顾客参与产品生产或制造，从大规模生产转向大规模定制，将选择权重新交给客户。而工业设计的逐步成长正是为了满足这一机遇的需求，成为移动互联网时代选择的一个方向，成为支撑智能装备制造产品优良解决方案的提供者，成为建立企业产品 DNA 的核心构建者。最明显的是，没有品牌 DNA 的构建与深入的客户体验机制，就谈不上黏性高的客户群体。所谓客户体验，就是建立这种黏性机制，就是企业做任何事情，都必须从引导客户行为的角度出发，从市场导向出发，必须为客户提供便捷的服务，使客户对品牌产生依赖。未来产品设计的发展趋势必然以体验作为核心理念，它既可以表达一种情感，又可以是一段故事。它为使用者服务，使人性化变得更为生动、更有内容。

大型机械的发展经历了数百年的历史，在技术统治一切的时代，人们往往忽视人的感受而追求物的结果。今天，这一局面正在被改变，细节设计正在成为新的发展趋势。工业设计的目标从传统行业向信息产业转变，互联网发展衍生出的互联网产品也丰富多样，给予工业设计广阔的空间和施展平台。工业设计的内容由产品形式属性向系统性产品设计转变，即产品形式属性的设计转变为产业链的设计。设计是为人的需求服务的，需要一个系统的设计。围绕需求的系统设计才能提供全面的服务，特别是在互联网时代，这种要求越来越强烈。设计出不同种类的产品和良好的交互界面来满足不同用户的需求，是互联网时代工业设计需要转变的思路，要搞清楚能够给予用户什么服务，通过一个什么系统和哪些相关产品才能够让用户获得服务并提高用户的使用体验度。

三　结语

当下是科技巅峰的时代，社会生产方式催生了工业设计，量产和高度发达的生产力已经不再是困扰的问题，设计则更多地要用眼、用心、用体验和感受去承载。工业设计的灵魂是创新，工业设计产业是智能化、知识密集型产业，有很强的渗透力，可极大地提升产品的附加值。工业设计是学科交叉性很强的学科，这是不争的事实，工业设计与机械工程学、人机工程学、心理学和美学等学科的交叉已经在传统工业设计产品中体现得淋漓尽致。进入互联网时代，提供一体化服务的系统性设计需要更多学科的交叉与融合，设计学、商学和工学的界限逐渐变得模糊。互联网的发展促进了对工业设计内涵的重新认识，为工业设计营造出巨大发展空间和施展平台。针对某一产品的优化改良设计已经不能满足工业设计的发展要求，学科交叉、行业界限模糊和多行业整合型的工业设计将会大行其道，以互联网为基础，提供优质的服务终端和具备多元化功能的用户体验设计必将成为未来工业设计发展的方向。

理论探究

Theoretical Inquiry

.17

文化与科技融合视阈下武汉文化创意产业发展路径探析

李 林 杨海越 田雪枫*

摘 要： 随着全球化进程的加快以及云计算、大数据、互联网等一系列新兴词语的出现，文化与科技融合正成为各国推动文化创意产业跨越式发展的重要手段，如何在文化与科技融合视阈下整合文化资源、技术资源、人才资源、政策资源等要素来促进文化创意产业的转型升级，已成为当前我国文化产业发展中亟须解决的关键问题。武汉市拥有丰富的文化资源和较强的经济、技术与人才实力，但是在文化创意产业发展中仍然存在不少问题。本文尝试对文化与科技融合以及文化创意

---

* 李林，华中师范大学国家文化产业研究中心副教授、硕士生导师，研究方向：文化遗产保护与开发、文化产业研究。杨海越，华中师范大学国家文化产业研究中心硕士研究生，研究方向：文化资源与文化产业。田雪枫，武汉大学经济学学士、武汉科技大学管理学硕士研究生、中共武汉市委宣传部干部，研究方向：世界经济、区域创新、工商管理。

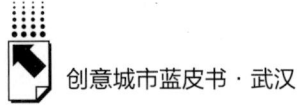

产业发展的背景、现状和瓶颈进行分析，提出在文化与科技融合视阈下推动武汉文化创意产业发展的有效路径。

关键词： 文化与科技融合　文化创意产业　路径

一　文化与科技融合以及文化创意产业研究的背景

（一）背景概述

在全球化、信息化和数字化的时代大背景下，知识经济已逐渐取代制造业而成为世界经济发展的主流，促使社会发展，特别是文化创意产业的发展越来越依靠文化与科技的融合，并且正在实现文化与科技融合从自发阶段向自觉阶段的过渡。

纵观世界各文化强国，文化与科技融合成为文化创意产业取得质的飞跃的重要途径。早在20世纪80年代，欧美发达国家就已经开始了文化与科技融合发展的计划，并将文化立国、文化强国理念作为重要的国家战略进行全面部署。当前，文化产业已经成为西方发达国家的支柱产业，其产值在GDP中的占比都普遍高于10%，而美国更是以25%的比重在文化产业对经济贡献发展方面遥遥领先。相比之下，中国GDP虽跃居世界第二，但文化产业产值占比还不足4%。这些数字的对比深刻地说明了我国文化产业与发达国家相比还有很大差距，还有广阔的发展空间。现今，世界范围内的内容产业、知识经济、移动媒体、信息化、数字化成为时代发展的重要立足点之一，而在国内应运而生的网络媒体产业、网络游戏产业、文化装备产业、创意设计产业、智慧旅游产业、数字化产业等一系列文化与科技融合的新业态，预示着我国文化创意产业将迎来一个深刻变革、深刻调整、深刻转型的时代，并不断实现新的超越。

2000年，"文化产业"的概念在党的十五大中被首次提出；十六大则明确了文化产业和文化事业的不同属性以及各自的特征；十七大又提出了将文化产业发展向国民经济发展的支柱性产业加以规划和引导。近年来，为了促进文化产业的繁荣，调整产业结构，"文化与科技融合"更是成为政策关注的热点。

2011年，中共十七届六中全会首次将"文化命题"作为全会的议题，并在《中共中央关于深化文化体制改革　推动社会主义文化大发展大繁荣若干重大问题的决定》中明确提出，"科技创新是文化发展的重要引擎。要发挥文化和科技相互促进的作用，深入实施科技带动战略，增强自主创新能力"。2012年，十八大报告再次强调"促进文化和科技融合，发展新型文化业态，提高文化创意产业规模化、集约化、专业化水平"。此外，《文化部"十二五"文化科技发展规划》指出，"十二五"时期，文化科技发展呈现新趋势，文化改革发展提出新要求，我国文化科技发展正处于大有作为的重要战略机遇期与跃升期。这表明文化的地位和作用日益重要，文化与科技相辅相成、相互作用、不可割裂的紧密关系，正成为推动我国经济体制改革和社会文化大发展大繁荣的重要力量。中央结合我国的发展现状，正积极营造有利于文化与科技融合的政策环境，以促进文化与科技融合背景下文化创意产业的蓬勃发展。

因此，顺应政策方向和社会发展形势，进行文化与科技融合的深入、系统研究已迫在眉睫。本文将以全国文化与科技融合发展为背景，以武汉文化创意产业为研究对象，深入分析武汉市文化与科技融合视阈下文化创意产业发展的现状、瓶颈及突破路径，探索如何走出一条具有武汉特色的文化创意产业发展之路。

（二）文化与科技融合的内涵界定

"文化与科技融合"是现代文化与科技发展的主流趋势，是知识经济时代"文化科技化"和"科技人文化"的一个重要特征，同时也是融入互联网时代，使现代社会进入一个新的历史阶段的重要标志。

由于"文化"的多样性和广泛性，对其如何定义、如何分类、如何进行层次界定始终是众说纷纭。基于全面性考虑，本文倾向于将"文化"理解为人类在社会历史发展过程中所创造的物质财富和精神财富的总和。"科技"即"科学技术"，包括科学精神、科学思想、科学方法、科学知识四个方面的内容，所以从广义上理解，科技也是一种文化。本文所讲的"科技"更倾向于其技术层面，即在科学原理和实践经验指导下的各种工具、设备、技术和工艺体系，也就是改造世界的手段。

什么是"文化与科技融合"？本文认为，所谓"文化与科技融合"，本质上是指文化领域与科技领域的结构性碰撞，其核心是文化和科技的内容创新，而方式是技术集成创新和文化成果的转化。狭义的文化与科技融合是指"文化的科技化",这是基于国内学界对文化创意产业讨论得出的结论。而当今时代,文化与科技融合不仅指"文化的科技化",而且还包括"科技的人性化",即"科技的人文化、人道化,以克服科技与人背离、无视人的状态,把科技完全建立在人的基础上,以人为本,始终围绕人的生存和发展来进行,真正成为人的科技"。① 因此,文化与科技的融合应该将"文化的科技化"和"科技的人文化"放在同等重要的位置,致力于打破文化系统与科技系统长期分裂的局面。

对于"文化与科技融合是什么"的问题,学界和业界也一直没有明确的说法。本文尝试提出,文化与科技融合不仅是指文化和科技的内容创新,而且包括创作、生产、传播、消费方式方面的创新,即文化与科技的融合不只是简单的"内容为王"、内容创新,融合的理念、方式方法、渠道和氛围等影响其融合效果的因素也必然成为文化与科技融合的重要方面。基于文化与科技融合本身具有的广泛性、选择性、多样性、融合性、服务性特征,通过对其双向的、系统的,以及跨界的融合,使科技更加人性化、文化更加大众化,从而成为现代文化产业和公益性文化事业发展的重要途径与有力保障。

二 文化与科技融合视阈下武汉文化创意产业发展现状

2014年,武汉文化创意产业得到了迅速发展,全市GDP达到10069.48亿元,同比增长9.7%。② 全年实现文化与科技融合产业增加值708.62亿元,比上年增长13.0%,占全市GDP的比重为7.04%,比上年提高0.14个百分点。③ 发展状况呈现以下特点。

(一)文化创意产业发展环境优化

在我国各地纷纷抢抓文化创意产业发展机遇的背景下,武汉市委、市政府及各相关部门相继出台了一系列高含金量的政策性指导文件,为文化创意产业

---

① 彭列汉:《科技人性化的实现途径思考》,《科学学与科学技术管理》2005年第2期。
② 武汉市统计局:《2014年武汉市国民经济和社会发展统计公报》。
③ 武汉市统计局:《文化与科技融合产业稳步发展 助推新业态迅速成长》。

的发展提供了有力保障。武汉市委宣传部制定了《武汉市文化体制改革实施方案》及任务清单,将文化与科技融合工作纳入全市文化改革发展的总体框架并对工作任务进行了进一步细分;针对《武汉市关于加快文化产业发展的若干政策》进行了完善修订,贯彻落实中央文化改革创新的最新政策。同时,顶层设计从监管、资金方面对武汉文化创意产业的发展加强了扶持。制定或完善了《武汉市文化和科技融合示范园区、示范企业管理办法》《市属文化企业国有资产监督管理暂行办法》《武汉市文化产业发展专项资金管理办法》,对文化创意产业发展进行了规范管理。

(二)文化创意产业发展成就突出

"十二五"期间,武汉市围绕建设"文化五城"("读书之城""艺术之城""博物馆之城""设计创意之城""大学之城")任务,致力于文化事业及公共文化共享环境的优化,积极推进包括"三网融合"、民族文化科技保护、数字出版等融合发展的十大示范工程(见表1),着力提升文化科技创新能力,探索塑造城市产业特色品牌和形成融合发展产业优势的道路,使文化产业与文化事业齐头并进,打造了一批示范项目、市场主体和产业载体,精心策划储备重大文化产业项目91个,预计总投资超过2600亿元。同时,武汉市业态融合与产业集聚化稳步发展,截至目前,全市已建成并运营文化产业园区(基地)21个,其中文化和科技融合示范园区8个、试点园区8个,涵盖出版发行、创意设计、数字内容、动漫游戏、文化旅游等产业门类,聚集企业超过3000家,其中注册资本在1000万元以上的企业有76家。

表1 2014年武汉市文化与科技融合十大示范工程进展情况

序号	示范工程	责任部门	进展情况
1	高新技术博览服务	市文新广局、市科技局	启动武汉博物馆"数字博物馆"建设,市科技局以项目形式资助。组织文化科技企业参与江汉关博物馆中国特色社会主义教育基地建设
2	数字图书馆	市文新广局	委托国家图书馆现代技术研究所制订数字图书馆建设方案,分两批建设50个24小时自助图书馆,完成市图书馆与国家图书馆虚拟网连通工程,建设武汉图书馆数字图书馆"市民之家"分馆

续表

序号	示范工程	责任部门	进展情况
3	数字出版	市文新广局	启动首批10家传统出版单位数字化转型工程,推进华中数字出版基地建设,汉网"云报纸"平台正式上线,《数字湖北》等一批数字出版产品相继涌现,华中国家版权交易中心挂牌成立
4	"三网融合"	武汉广播电视台、市信产办	升级扩容完善"三网融合"技术平台,基本建成符合"三网融合"全业务运营的广播电视业务网和广电宽带业务承载网络,正式播出高清电视,积极开发具有新技术特点的"三网融合"新业务
5	"工程设计之都"建设	市建委	成立中国武汉工程设计产业联盟、武汉工程设计产业海外联盟,组建武汉工程设计投资有限公司,启动东湖工程设计城项目建设,连续举办两届"武汉设计双年展"
6	多语云翻译	市科技局	传神公司"语联网"正式上线运营,已聚集4万名译员和500多家翻译机构,同国内外30多个电子商务平台建立合作。开展"武汉多语工程技术中心"建设和"国家多语工程技术研究中心"申报工作。筹建"中国语言服务产业技术创新联盟"
7	教育云	市教育局	被教育部批准为国家数字教育资源公共服务平台规划应用专项试点城市。支持武汉天喻信息公司研发国家教育资源公共服务平台,全市15所学校在平台上开通机构空间
8	动漫游戏产业发展	市委宣传部	武汉市动漫产业专项资金资助项目120多个,累计金额5000多万元。10余部原创动漫在央视及地方台播出,多部作品入选国家动漫精品保护工程。光谷动漫公共技术服务平台一期工程完成,光谷创意产业基地联手中国电信开辟湖北动漫公共频道
9	文化演艺产业发展	市文新广局	推动艺术与技术的有机融合,排演大型诗歌舞剧《白云黄鹤是故乡》、马戏光影秀《秘境奇光》。对人艺、杂技团、说唱团、演出公司的4个精品剧目给予奖励。资助本地企业开展文化演艺设备研发和产业化
10	民族文化科技保护	市文新广局	推进市非遗保护中心展览展示中心项目,申报武汉高龙城非物质文化遗产传承园为湖北首家非遗生产性保护示范基地

资料来源:《2014年武汉东湖国家级文化和科技融合示范基地发展报告》。

(三)文化与科技融合发展效果显著

武汉市始终将业态融合与产业集群化发展作为国家级示范基地建设的重中之重,不断加大文化与科技融合产业政策扶持力度,打造文化市场主体,引导文化与金融对接，培育新兴文化业态，使文化与科技融合产业发展特点凸显。2014年，以文化创意服务为核心的创意设计业实现增加值253.56亿元，占35.8%，行业份额居首位；以互联网信息服务、软件开发、数字服务等新兴传媒为内容的文化传输服务实现增加值44.2亿元，比上年增长50.3%，增幅位居行业之首，发展势头强劲。截至目前，全市拥有11个文化和科技融合示范园区、24家示范企业、44个重点文化项目，龙头牵引作用日益凸显。① 其中，武汉东湖国家级文化和科技融合示范基地初步形成了以产业链为主线、龙头企业为牵引、文化园区为载体的产业体系，新闻出版、广播影视、创意设计等六大产业集群占全市文化和科技融合相关产业的七成份额，产业集群对全市文化创意产业的引领和支撑作用逐步彰显。

（四）文化与科技融合发展活力凸显

围绕"复兴大武汉，创建国家中心城市"的目标，武汉市着力打造了一批文化与科技共融、创意与内容并存、兼具历史与时尚气息的现代化都市文化景观，为文化创意产业的发展创造了新的发展契机。楚河汉街东端的"红灯笼"汉秀剧场和西端的"金编钟"万达电影乐园用创意"玩"出了科技含量极高的世界级文化消费新产品，成为2014年武汉中央文化区一枚独特的创意标签；琴台音乐厅以高姿态演绎"高山流水遇知音"的艺术盛宴；状如莲花的国际博览中心及标榜世界级文化综合体和城市文化地标的武汉客厅共同为武汉市打造中部会展之都打下坚实的基础。同时，在文化与科技融合的推动下，以金运激光为代表的一批文化创意企业异军突起，为武汉文化产业的发展增添了活力。

综合来看，武汉文化创意产业在文化与科技融合产业的带动下实现了繁荣发展，全市文化创意产业继续保持良好的发展势头，对经济的贡献值不断加大。一方面，在发展理念上逐步形成了"科技为主、文化为辅"的发展模式，文化与科技的融合主要依赖科技创新和科技手段的应用来带动，融合阶段尚处于"文化+科技"的机械相加层面，有待进一步突破；另一方面，文化创意产业和文化与科技融合发展环境不断得到优化，政府政策持续支持、

---

① 武汉市统计局：《文化与科技融合产业稳步发展 助推新业态迅速成长》。

投资市场不断活跃、文化消费热点频现、创业主体多元化等使得文化产业发展活力持续迸发，成果频出。另外，在发展方式上逐渐形成了政府鼓励、企业主导、社会参与的发展模式，各主体协调推进相关产业繁荣创新；在发展内容上初步探索出了多领域、跨行业融合典型，如文化旅游业的快速发展、文化金融的跨界融合、工程设计产业异军突起等。武汉市还高度重视人才引进及市场开拓，立足中部，辐射周边，放眼全国乃至海外，取得了较为丰富的市场开拓经验。

三 文化与科技融合视阈下武汉文化创意产业发展瓶颈

总体看，文化与科技融合视阈下武汉文化创意产业取得了显著的发展成果，并呈现朝气蓬勃的发展态势。然而，与全国尤其是国内发达地区相比，武汉发展观念相对滞后、复合型人才匮乏、内生动力不足、机制保障薄弱等问题依旧是制约其发展的瓶颈。

（一）发展观念滞后，特有优势发挥受阻

文化与科技的自觉意识是实现文化与科技深度融合、提升自主创新能力、带动整个文化创意产业发展的重要条件。当前受传统因素制约，武汉文化与科技融合基本处于"文化＋科技"机械相加的初级阶段，并且伴随着"科技为主、文化为辅"发展模式的逐步成型，"重科技、轻文化"的观念在政府、企业中表现突出。据了解，被界定为文化科技型企业的大部分企业是从科技型企业转化而来的，还有一部分是诸如广告、动漫类文化产品生产型企业，而从效益来看，科技型企业的效益远远超过文化型企业，其对经济的贡献值更加突出。这也导致了武汉市在文化创意产业发展中过分强调科技创新对文化创意产业的引擎作用，却忽视了文化及文化要素对文化创意产业发展的导向和制约作用，致使文化创意产业发展中文化内涵缺失、文化产品代表性不强、文化创意产业扭曲发展现象出现，使得武汉市文化、技术、人才等方面得天独厚的优势未能在文化创意产业发展中得到充分、有效的发挥。

(二)复合型人才匮乏,成果转化质量不高

文化创意产业的发展需要人才支撑,尤其是文化与科技融合的发展更需要交叉学科培养出来的创新型、复合型专门人才以及高精尖团队的助力。近年来,武汉市为打造文化创意产业人才队伍,实施了文化与科技融合的创新人才培养工程,推出了"青年科技晨光计划""黄鹤英才计划""青桐计划"等一系列培育科技型人才和团队的政策。但是,其关注点都明显集中于科技型人才,没有解决对文化人才尤其是复合型人才培育缺失的历史问题。加上各高校长期以来文、艺、理、工各学科分割,固守传统的人才培养模式,导致文化、艺术、科技人才培养各行其是,近年来虽在培育科技型人才和团队方面取得了一些成绩,但在文化与科技融合创新人才的培养方面没有突破,尤其缺乏既有文化创意又有科技创新能力的复合型、交叉型人才,缺乏既谙熟文化创意产业相关理论,又精通文化市场、企业营销、市场运营知识的高素质人才。人才的短板使得文化创意不能更好地通过科技来丰富其文化内涵,文化产品附加值不能满足现有的社会需求,这些都严重阻碍了武汉文化创意产业的创新与发展。

(三)内生动力不足,产业发展效率低下

在文化与科技融合视域下,文化创意产业发展的内生动力主要表现在文化创意和科技创新两个大的方面,以及市场、产业链等关键环节。内生动力的不足直接导致文化与科技融合的效率低下,文化创意产业发展滞后。

1. 文化发展创意不足

文化发展缺乏创意是制约武汉文化创意产业发展的关键因素。西方一些国家将文化产业定义为"文化创意产业",从命名上就已经更加重视对创意的挖掘,在产业发展中更是采取创意为先的可持续发展模式,成功使文化产业成为其经济发展的支柱。国内先进地区如深圳也采取"文化+科技"的发展模式,注重文化与科技的双翼齐飞,使深圳文化产业的发展取得了骄人成果,在文化与科技融合发展中一直位于前列。而在武汉,文化创意的发展整体上仍处于低级的"制造"阶段,盲目效仿、粗制滥造和片面开发的情况屡见不鲜。实际上,武汉市作为一个拥有3500多年发展历史的古城,从来都不缺文化,真正

缺的是文化助力产业发展的创意。我们一直在反思花木兰、熊猫这些纯正的中国元素被好莱坞电影转化成吸金利器进军中国市场的事实，但是，对武汉市特有的"盘龙文化""黄鹤文化""知音文化"以及已被国外开发的"木兰文化"等背后广为人知的故事情节何时能以不落俗套的形式呈现给观众才是我们需要考虑的重点。

2. 科技发展原创力不足

主要是指科技原创能力和成果转化能力相对不足。首先，文化创意设计与展示自主核心技术和装备研发相对滞后，难以形成整体技术集成解决方案，文化科技自主创新能力和国际影响力还有待进一步提升；其次，文化资源统一表示、核心元数据、分类编码和目录体系、数据格式和数据交换等通用技术标准规范的制定相对滞后，难以充分促进文化资源整合和共享。这些使得文化领域的核心技术和高端系统装备国产化不足、进口依赖度高，造成文化产品制作成本昂贵、文化服务效率低下，使文化创意产业发展需求对科技创新的带动不足，传统文化产业转型升级受到限制，新兴业态的培育受到制约，数字化发展缺乏动力，最终阻碍文化产业核心竞争力的提高。

3. 产业链带动能力不足

文化创意产业链的打造需要综合考虑文化内容创作、生产、传播、消费各个环节，每个环节相对独立又密不可分，其发展离不开文化和科技的双轮驱动。文化创意产业与科技创新行业融合的发展趋势是当前文化创意产业发展的重要特征，这既不是简单地两两相加，也不是将科技产品注入文化元素，或者将文化元素植入产品，而是要注重文化的个性与共性化的科技如何在创作、生产、传播、消费各个环节凸显其紧密结合的优势。目前来看，武汉市虽然一直致力于打造产业链发展模式，光谷创意产业基地已经成为国内创意产业最密集的地区之一，但是其全产业链的发展模式仍处于初级阶段，上中下游产业链企业间协作不畅、发展理念不统一、收益分配不均衡、专业化交易中心欠缺等问题严重制约了其进一步推进。这使得无论是在突出的创作环节还是在已经看似成熟的生产环节，产业链都没有真正起到带动相关产业的作用，产业链的原动力远远不足。

此外，当前传统的文化资源和文化业态普遍出现了数字化的趋势，涌现了一批诸如数字旅游、数字出版、数字音乐、智慧城市、动漫游戏等新兴业态。

这些产业的发展都依赖不断更新的科学技术和与时俱进的文化创意，同时对文化资源的开发方式、开发评估和科学技术的转化能力提出了较高的要求，而当前文化内容数字化、文化科技创新成果转化能力不足直接阻碍了其健康发展。

（四）机制保障薄弱，产业转型升级困难

健全的机制是文化创意产业稳步发展的重要基础。根据国家统计局制定的《国民经济分类》及《文化及相关产业分类》，文化创意产业的界定并不如工业、农业类产业的界定明晰，它综合涵盖了国民经济行业分类中的G门类、R门类、L门类等多个门类的内容，所以跨部门、跨行业、跨领域沟通交流机制的建立对于文化创意产业的飞跃起着关键作用，而目前组织协调机制不健全，集合内容、技术、制度、管理、市场多位一体的协同创新平台缺乏，资源共享机制缺失，信息沟通不畅，这些保障性因素的缺失直接导致跨界融合、行业间协作受阻，内部升级困难。同时，风险分摊与补偿机制缺失、激励约束机制不健全、评估机制和知识产权认证体系不完善等，也使武汉文化创意产业创新能力不强，相关产业转型受阻。

四 文化与科技融合视阈下武汉文化创意产业发展路径

互联网的"互联共享"使文化产业各行各业之间形成了紧密的联系，移动互联网的泛在化更使得文化产业在发展中必须以互联网思维、大数据技术、跨界融合为指引，探索符合武汉特点的文化创意产业发展路径，即在系统分析武汉文化、科技、人才、市场、政策等各种因素的基础上，以互联网思维为引领，提升跨界和创新能力，优先重点发展动漫、会展等特色产业，打造文化产业全产业链的全方位、多角度发展模式，从而实现文化创意产业质的飞跃。

（一）互联网思维引领

当前，跨界融合已成为文化产业跨入3.0时代的重要手段，随着互联网的发展，未来这种融合趋势必将得到加速。因此，在互联网思维指导下，以

"跨界模式"为发展路线,积极进行"文化+科技""文化+金融""文化+旅游""文化+会展"等跨产业、跨行业融合是武汉市实现产业转型升级的一个重要方向。同时,在互联网时代,广大人民群众获得、接受、享有、参与公共文化服务的方式、渠道、载体正在发生迅速的变化。与文化产业相关的政府、机构、文化、技术、人才、金融等资源能否实现优化配置,关系到文化产业发展的速度及发展质量的提升。因此,能否在互联网思维下建立虚实相应、互联共享的综合性服务平台及协同创新平台,打通信息壁垒,实现文化产业的跨界融合,关系到武汉市文化产业能否把握机遇进行"弯道超越",也关系到能否整合优势实现持续发展。

首先,注重"内容为王"的跨界融合。以文化与科技的融合推动公共文化服务创新,提升传统文化内涵及展现方式;通过银行等信贷单位的金融支持,加上当前众筹机遇,提升民间投资活力,加快文化产业发展速度;以旅游、会展等体验性及欣赏性活动为窗口,实现文化的历史性和现代化的有效结合,拓宽文化产业发展广度;利用"泛娱乐"意识,加强文化产品创造者与消费者之间的互动,实现文化产品通过互联网媒介延伸传播。在深入挖掘并展现武汉深厚的文化底蕴、突出文化魅力、丰富文化产品内涵、拓宽传播渠道、实现传统产业转型升级和文化产业经济进步的同时,重点满足人们日益增长的精神文化需要,实现真正意义上的"文化科技+文化产业",即文化科技化、科技人文化、文化科技产业化与经济化。

其次,秉承"平台为王"的资源整合。整合市内相关优势资源,打造横向的资源型公共服务平台,实现人才信息、市场信息、服务信息、产业动态信息等的实时更新,打破部门及行业间的信息壁垒,为政府、企业、事业单位及人才培养机构发展计划的制订提供全面的信息支撑。同时,建立纵向的发展型公共服务平台,以推进文化产业高质量、高速度发展为目标,通过全产业链打造、集聚型产业园区建设,实现产业内部的有效沟通及信息共享,从而实现有序竞争与合作共赢的良好发展机制。通过横纵结合、系统合作的平台搭建形成互联网时代文化产业发展的"信息通衢",在实现资源整合的基础上达到优化配置的目的,成为文化产业进步的坚固支撑(见图1)。践行"互联网+文化产业"的发展思路,即文化泛在化、产业互联化、渠道多样化、成果共享化、效益高质化。

文化与科技融合视阈下武汉文化创意产业发展路径探析

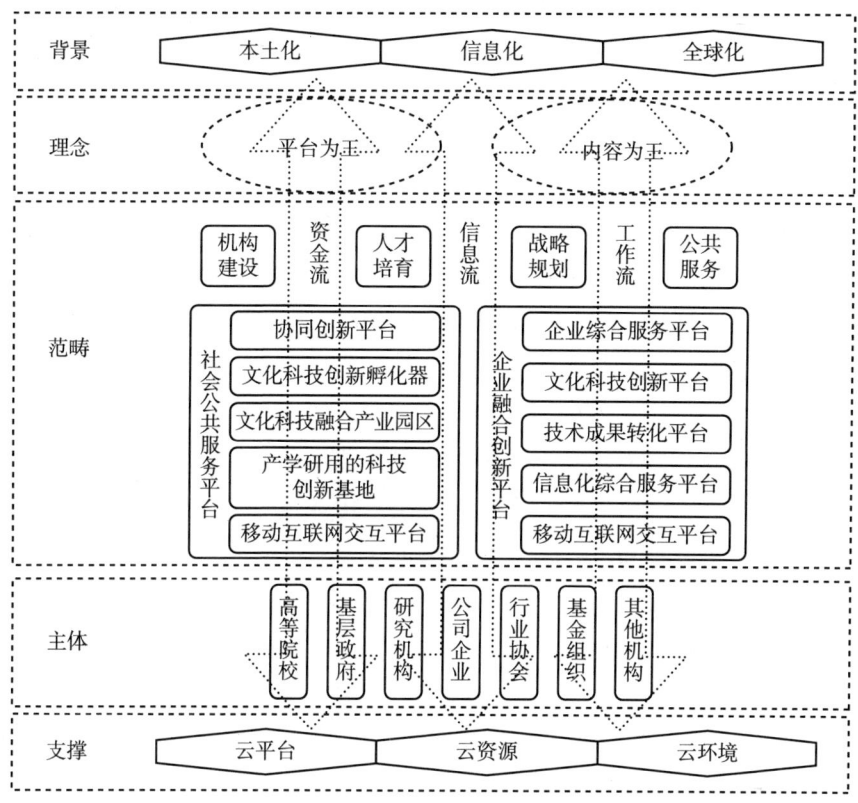

图1　文化与科技融合协同创新平台

（二）特色产业驱动

产业特色是推进文化产业高质量、高速度发展的有效保障。文化产业尤其是文化与科技融合的发展是一个协同创新的过程，特色产业驱动就是要在充分了解武汉市现有文化资源及文化产业的基础上，整合文化科技创新优势，优先发展具有高潜力、高科技性和高文化附加值的产业，以特色产业为支点，撬动整个文化产业链条发展。特色产业的培育和发展要以武汉市拥有的资源优势为依托，即领先的物流优势、集中的人才优势、深厚的文化底蕴、坚实的科技实力及充足的发展空间，挖掘其潜在价值，产生联动效应。

首先，依托武汉领先的科技创新力，以科技产业引领驱动。在文化创意产业高速发展的态势下，努力提升文化科技创新力和转化力，优先发展有利于文化创新的数字技术和网络信息技术，在改造提升传统文化创意产业的同时，培育新兴文化形态和文化业态。通过关键共性技术攻关，在文化资源数字化、文化内容集成制作、新媒体内容资源管理与搜索、基于融合网络的文化传播与终端展示等方面取得突破，为文化科技企业提供技术研发、成果转化、技术转移服务，促进文化科技领域的产品创造、产业升级和模式创新。秉承"内容为王"的发展理念，一方面，利用数字化技术手段提升内容制作水平，创新产品生产方式，实现技术与内容的有机结合；另一方面，通过科技创新深入挖掘文化资源的内涵，搭建文化产品的创制、体验、共享和交易平台，激活市场对文化科技资源的优化配置。同时，加快推进数字化科技创新和数字内容产业发展延伸传统文化创意产业链，完善成果转化与技术转移机制，提升科技进步对文化产品的创造力、感染力，以及文化的表现力和传播力的影响，发挥科技对文化发展的重要支撑和推动作用。

其次，依托武汉人才文化优势，优先培育代表性特色行业。在现有发展基础上，充分整合各市区相关资源，明确各区发展方向，加快市域范围的智慧城市尤其是智慧旅游的发展进程，推动数字景区、数字城市的建设，形成集"食、住、行、游、购、娱"于一体的武汉特色旅游体验模式，促进休闲旅游产业化运营；依托武汉领先的物流优势和活跃的市场氛围，充分挖掘城市特有的文化内涵，优先发展文化会展产业，以展会和活动的形式塑造、宣传城市形象，打造"中部会展之都"。此外，以文化创意产业园区及高等院校和科研院所为依托，重点发展具有强大带动作用的动漫产业、数字出版产业、游戏产业及创意设计产业等一批新兴的文化与科技融合创新行业。进一步推动公益性文化事业的进步，以武汉"文化五城"建设为契机，依托数字化、云计算及大数据等新兴信息化技术，推进数字社区、数字博物馆、自助图书馆等公共设施建设，助推武汉文明城市建设步伐。

（三）全产业链推动

产业链是对产业部门间基于技术经济联系而表现出的环环相扣的关联关系的形象描述。全产业链驱动模式是一种最能体现文化产业"一意多用"特性的商业模式，它呈现为一种同一文化创意资源在空间和时间维度都重复延伸使用的结构，显示了更强的融贯性和扩展性。① 武汉市文化与科技融合产业全产业链协调推进，需要深入挖掘武汉现有的文化资源内涵，提升文化资源的品质，以不断创新的科技手段推进数字化、产业化和专业化的发展方向，培育一批特色产业和优秀品牌，打造全产业链的数字文化产业园区。形成龙头企业带动、小微企业发力、各链条环节齐头并进的发展模式。另外，推动文化与科技融合产业集群、促进文化与科技领域跨界融合、创新文化产业商业服务模式以及推动文化事业与文化产业全面发展也是实行产业链驱动的重要方面。

以武汉市动漫产业为例，动漫产业在当今文化与科技融合的大背景下，应是一个跨界的概念，不仅需要纵向深入的产业链条延伸，而且需要整合资源，进行横向的产业集聚和拓展。当前，武汉市光谷动漫创意产业链条已经初步形成了以创意为核心，以动画、漫画为表现形式，以电影、电视传播为拉动效应，带动系列产品"制作—后期处理—播放演出—衍生品开发销售"的产业链。以此为基础，武汉市动漫产业的发展要全面打造全产业链的数字文化产业集聚中心，引导博润通公司、江通公司等一批动漫龙头企业在加强自身强势业务的同时，注重产业的纵向挖掘，如强化文化创意、漫画图书创作等动漫上游链条的基础性作用，搭建产品制作、传播途径、营销制作等下游链条的支撑条件，以及通过衍生品开发、授权代理等方式进行纵向延伸产业链条。同时，当前最重要的是要以文化创意为核心，面向市场，充分整合文化、科技、管理三种力量，调动武汉市一批有发展潜力的中小微型动漫及相关企业，将动漫制作、动漫播出和动漫关联及衍生产品营销三大主要环节连接起来，形成合力，横向打造包括虚拟形象设计、数字化影视内容创新、高科技制作设备应用、3D 技术应用及软件研发更新、植入式广告营销、地面品牌推广、数字化展示及艺术体验、品牌授权、网络游戏开发、新媒体运用以及虚拟动漫产品、延伸衍生产品开发等相关产业集聚发展，形成动画电影、数字技术、平台服务三者合一的全产业链协调推进模式（见图2）。

---

① 张立波、陈少峰：《文化产业的全产业链商业模式何以可能》，《北京联合大学学报》（人文社会科学版）2011年第4期。

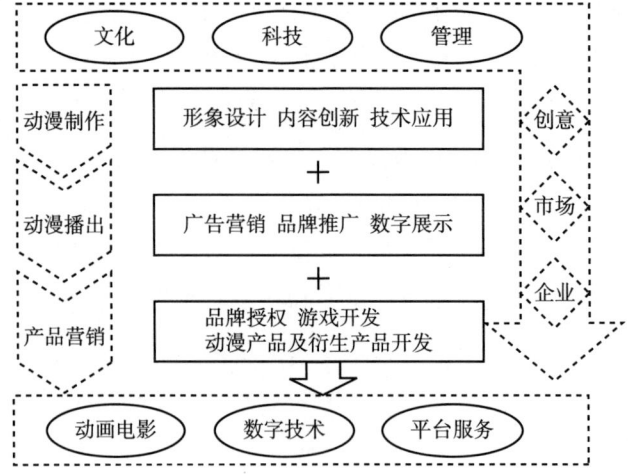

图2　动漫全产业链运行模式

（四）外部环境支撑

良好、健全的发展环境是文化创意产业快速发展的有力保障。能否培养高效的复合型人才队伍和团队，建立持续稳定的发展政策和健全的保障机制，关系到文化创意产业能否在新时代取得持续发展，实现"弯道超越"。

首先，人才资源是产业发展乃至城市发展的决定性因素，起着关键作用。据统计，武汉市在校学生数排名位于全国前列，拥有高校80余所，在全国排名第二，在校大学生数在全国排名第一。同时，国家重点高校、研究机构数量名列前茅（中国科学院研究所6个、"985"高校2所、国家实验室1个——武汉光电国家实验室）。这一系列的领先都说明武汉市并不缺乏人力资源，但如何将大数量的人力资源转化为高质量的人才资源是关键所在。根据文化创意产业的发展要求，武汉市除继续培养掌握现代科技、擅长文化创意的专门人才外，还要培养一批具有较高科学和文化素养、熟悉市场、懂经营善管理的人才和团队，尤其是具备跨领域融合创新能力的高素质人才，即复合型人才。应加强文化创意产业从业人员的文化创意能力、科技创新能力、文化创意产业管理能力等各方面技能的全面提升，加大文化科技复合型人才在"黄鹤英才计划""光谷人才计划""海外人才回归计划""创新岗位特聘专家计划"等人才政策中的惠及比例，打造文化科技领军人才、文化创新创业人才和文化科技融合管理团队，将人才链建立在科研技术链和产业链上，通过项目实施培育人才、构建团队，引导文化科技创新创业人才向武汉集聚。同时，要营造"尊重知识、尊重人才"的文化氛围，尽可能降低人才跨界流动的风险、成本与门槛，为复合型高素质人才提供更多的机会和发展空间。

其次，政策环境的完善是文化创意产业繁荣进步的有力保障，政府应在中央方向性政策的指导下，主动整合市场信息，进行充分的市场调研，根据市场需求和当前发展态势，健全高端人才引进、税收优惠、投融资、高新技术企业认定、知识产权保护等多方面、全方位的政策方针，制定奖罚分明的激励政策，将文化创意与科技创新放在同等重要的位置，为武汉市文化创意产业培育提供动态、多元的政策体系，使文化创意产业在正确的政策指引下实现跨界发展，取得事半功倍的发展效果。同时，政府和社会组织应充分发挥各自职能，在综合考量的基础上，以公平公正为原则、切实可行为标准，制定行业内部及社会公认的价值评估和监测机制；完善文化创意产业尤其是文化与科技融合产业的法律体系，将文化创意产业的发展纳入法律轨道；树立产权意识，在加强知识产权立法的同时，在全市范围对相关企业进行法制宣传，积极进行产权保护及产权价值评估；完善市场投融资体系，抓住"新三板"上市机遇期，鼓励中小微型企业通过上市主动融资，在拓宽融资渠道的同时强化企业融资能力；开发适应市场需求的投融资方式，除了政府财政资助、政策优惠及银行贷款融资方式外，要引导各单位更加重视市场动态，充分利用线上线下资源，依托互联网平台，灵活运用融资租赁、众筹、上市等有效方式为企业争得更加广阔的发展空间。

因此，在"互联网+"和文化与科技融合的时代背景下，武汉文化创意产业的发展必将以互联网思维为指导，既要全力推进以跨界融合、内容挖掘为目标的发展方向，又要把握优势资源，重点打造以产业链及园区为支撑的平台体系，优化发展环境，实现"思维+内容+平台"三管齐下的发展路径。

五 小结

整个"十二五"时期，文化创意产业一直是经济发展的热点，积极推进文化与科技融合成为各地文化创意产业发展的重要手段。2015年是我国"十二五"的收官之年，也是"十三五"的编制之年。能否在2015年继续推进文化创意产业取得突破性进展，关系到能否实现"十二五"时期武汉市文化产业发展的目标，以及能否为"十三五"开创一个崭新的篇章。因此，培育和壮大文化科技型企业，建立文化资源共享平台，将成为推动武汉经济发展、增强文化软实力、建设"文化五城"的制胜法宝。

　　文化创意产业的发展是一个长期持续的过程，需要统筹各方因素，立足现实，制定长远规划。武汉市要实现文化创意产业的跨越式发展，必须在现代互联网发展背景下，树立跨界融合、信息共享的发展理念，重点培育复合型创新人才及团队，充分整合文化、技术、市场等优势资源，优先发展文化科技及新兴文化业态等特色产业，打造横向贯通、纵向耦合的全产业链发展模式，实现文化与科技的深度融合、系统融合。促进文化创意产业向渠道化、智能化、产业化方向转型升级，全面提升武汉文化创意产业的整体实力及核心竞争力，早日实现建设国家中心城市、复兴大武汉的伟大目标。

B.18
科技提升武汉文化产业竞争力路径研究

谈国新 郝挺雷*

摘 要： 现代科技迅猛发展，由信息技术、网络手段为代表的数字技术给中国文化产业带来了革命性变化，不同地区文化产业的竞争力也正在发生改变。本文针对新形势下武汉文化产业竞争力发展的特点及需求，首先结合武汉市文化和科技融合发展现状，比较了武汉市与其他重要城市的文化产业发展及竞争力状况。其次探讨了科技创新提升武汉文化产业竞争力的机理，指出科技创新能够促进武汉文化产业竞争力提升的前提是必须合理利用和配置资源，主要包括政策环境资源、生产要素资源和市场要素资源等。最后探讨了提升武汉文化产业竞争力的路径，即科技创新政策环境的优化，文化产业生产要素的重构，云计算、大数据和物联网等基础设施的重构，生产思维和生产方式的重构，商业模式的重构以及资金流的重构。

关键词： 科技创新 文化产业 竞争力 价值链

一 引言

进入21世纪以来，以信息技术、网络技术、仿真技术、体感技术、虚拟现实技术为代表的数字技术与文化产业融合，成为推动我国文化产业发展的强

---

* 谈国新，华中师范大学国家文化产业研究中心副主任，教授、博士生导师，研究方向：民族文化数字化、文化遗产与文化产业。郝挺雷，华中师范大学国家文化产业研究中心博士研究生，研究方向：管理科学与工程、文化资源与文化产业。

劲动力,文化产业竞争力得到提升,传统文化产业的概念正在发生变化。据工信部统计数据,2014年9月底中国手机用户达12.7亿人,移动互联网用户总数达到8.71亿户。其中,5.25亿户(41.34%)为移动宽带用户(3G和4G),同比增长6.3%;光纤接入用户突破6000万户;互联网宽带接入用户总数达2亿户。① 以移动互联网为代表的新媒体网络技术给中国文化产业带来了革命性变化,IPv6与4G无线网络技术等将对移动互联网和新媒体的发展起到重要的支持作用,文化和科技融合步伐越来越快。诸如网络动漫、网络游戏、手机媒体、数字出版、数字化学习和数字演艺娱乐业等新型文化业态方兴未艾,主导着全球文化产业的发展方向与潮流,改变着文化产业价值链的调整深度与广度。

而在全球文化产业价值链的调整中,以美国和英国为代表的发达国家凭借其所累积的"显性"与"隐性"技术优势,在全球文化产业链中控制了高技术和高附加值的创意设计、高端研发、品牌和营销环节,并在这些环节设置了较高的进入壁垒,以保持其在全球文化产业竞争力中的主导地位。相比之下,许多发展中国家受政策、人才、资源、技术及市场环境等因素的制约,则往往只能通过进入外包代工、贴牌加工、版权引进等低附加值的劳动密集型生产而嵌入全球文化产业价值链,科技在文化产业中的应用较弱,获得的利润较低。发达国家把较高的收益又投入技术的创新、文化产品的创意研发中,从而维持其高附加值的竞争优势,而发展中国家由于获取的是较低的经济租,在全球价值链中容易被长期锁定在产业链的低端。②

通过科技创新,推动文化与科技的深度融合和发展,实施科技创新、文化创新及金融创新"三轮驱动",是解决上述问题并促进武汉文化产业竞争力提升的关键抓手。科技创新将科学发现和技术发明应用到生产体系,创造新价值,侧重于从生产力的层面解决发展的手段和条件问题,不仅为文化产业的发展提供了产业支撑,而且为其发展催生了文化新业态,拓展了新的文

---

① 工信部运行监测协调局:《2014年9月份通信业经济运行情况》,中华人民共和国工业和信息化部网站,2014年10月21日,http://www.miit.gov.cn/n11293472/n11293832/n11294132/n12858447/16174305.html。
② 郭新茹、刘冀、唐月民:《价值链视角下我国文化产业参与国际分工现状的实证研究——基于技术含量的测度》,《经济经纬》2014年第5期。

化产业内涵。① 在"三轮驱动"中，科技创新是核心，是文化创新和金融创新的基础。为此，只有通过分析科技创新与文化产业的关系，弄清科技创新促进文化产业竞争力提升的机理，结合武汉市文化与科技产业融合发展的现状，才能探讨促进武汉市文化产业竞争力提升的路径。

二 武汉市文化产业发展现状及与其他城市的比较

（一）武汉市文化和科技融合发展现状

第三次经济普查结果显示，2013年武汉市拥有文化和科技融合产业法人单位2.94万个、从业人员44.4万人，实现营业收入2234.7亿元，实现增加值627.1亿元，占全市GDP的比重为6.9%。其中，服务业、制造业、贸易业分别实现增加值566.6亿元、39.5亿元和21.0亿元。② 三次产业结构比为90.4∶6.3∶3.3，服务业创造的增加值占全部文化和科技融合产业增加值的比重高达90%以上，制造业和贸易业增加值占比不足10%。武汉市围绕建设读书之城、艺术之城、博物馆之城、设计创意之城、大学之城"文化五城"建设，实施"工程建设之都""三网融合""动漫游戏""多语言云翻译""教育云"等十大示范工程，文化和科技融合产业发展初显成效。

武汉市文化创意资源丰富，文化科技人才云集，文化和科技活动活跃，已初步形成文化和技术融合产业链，呈现以国有经济为主导、骨干企业为支撑、开发区发展为引领、中心城区挑大梁的强劲发展势头。③ 其中，武汉市国有企业主导作用明显，私营及有限责任经济吸纳就业能力强。武昌的创意设计、江汉的广播电视、江岸的文化休闲、洪山的出版传媒业发展已形成规模，发展势头强劲，中心城区在全市文化和科技融合产业发展中的主体地位突出。在文化和科技融合聚集度高的东湖高新区，户均创造增加值479.8万元，高于全市平

---

① 张来武：《科技创新驱动经济发展方式转变》，《中国软科学》2011年第12期。
② 武汉市统计局：《武汉市文化和科技融合产业发展初显成效》，武汉统计信息网，2015年3月17日，http：//www.whtj.gov.cn/details.aspx? id=2537。
③ 武汉市统计局：《武汉市文化和科技融合产业发展初显成效》，武汉统计信息网，2015年3月17日，http：//www.whtj.gov.cn/details.aspx? id=2537。

均水平1.2倍。文化创意服务、管理咨询服务、新闻出版发行服务、文化用品的生产和文化产品生产的辅助五大行业规模超百亿元，文化创意服务居行业榜首。武汉市以获批"三网融合"试点城市为契机，积极发展手持、地铁、网络电视等新媒体业务；佰钧成、盛天网络、麦塔威科技等一批高成长性的科技型文化企业快速发展，增强了文化和科技融合产业发展的后劲。

（二）武汉市与其他城市文化产业发展现状的比较

第三次经济普查结果显示，中国文化产业增加值为21351亿元，占GDP的比重为3.63%。其中，文化产业法人单位增加值为20081亿元，比上年增加2010亿元，增长11.1%，比同期GDP现价增速高1个百分点。① 按照可比性原则，将武汉市文化产业增加值及其占GDP的比重与国内其他同类城市（包括北京、上海、广州、深圳、长沙、天津、重庆、南京、西安、厦门）进行比较，武汉市文化产业增加值及其占GDP的比重仍较低（见图1）。

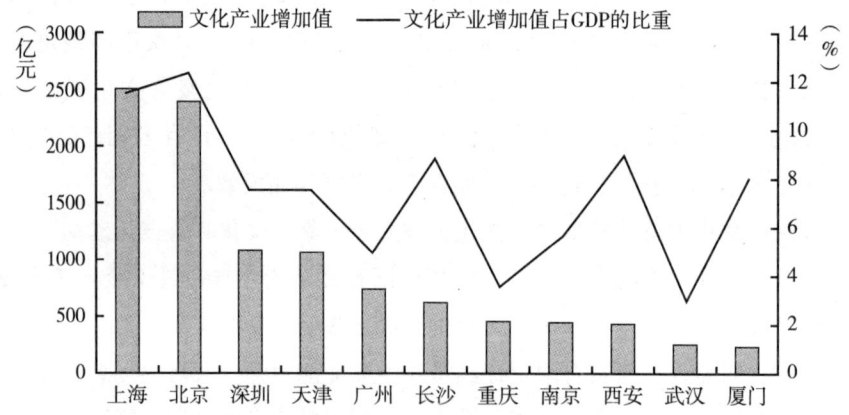

图1 武汉市与其他城市文化产业增加值及其占GDP的比重比较

同上述的一些大城市相比，武汉市目前缺乏大型的像百度、阿里巴巴和腾讯这样的互联网领军企业，且与文化企业的合作不够密切，文化企业往往自主研发与运用互联网技术，很少有国内大型的互联网企业与武汉市的文化企业合

---

① 国家统计局：《2013年我国文化及相关产业增加值超2万亿》，国家统计局网站，2015年1月23日，http://www.stats.gov.cn/tjsj/zxfb/201501/t20150107_ 673036.html。

作，科技创新与文化产业融合能力不够强，以阿里巴巴、腾讯、百度三巨头为代表的大型互联网企业频频将触角伸到文化产业领域，收购文化中国、注资恒大、入股优酷土豆、入股光线传媒等，没有一家是武汉的文化企业。长江传媒集团、湖北广电集团、中铁第四勘察设计院集团有限公司、中南电力设计院、长江勘测规划设计研究有限责任公司、中煤科工集团武汉设计研究院等骨干企业，主要集中在创意设计、新闻出版、广播电视等行业，对全市文化和科技融合产业发展起到了较强的支撑作用。如果能紧抓科技和文化产业融合的新机遇，与国内大型的互联网企业合作，打破行业垄断和地区封锁，推动企业兼并重组，提高集约化经营水平，促进文化领域资源整合和结构调整，将极大地提高科技创新与文化产业融合的能力。有利于为文化科技产业的发展带来优越的资源并起到技术支撑作用，进一步形成"文化+科技"的发展模式，深入打造"创、研、产、销"一体化的文化科技产业链，有利于塑造具有核心竞争力的文化品牌，有利于尽快实现单纯科技型企业和文化型企业向文化科技型企业的成功转型。

三 科技创新提升武汉文化产业竞争力的机理

要提升武汉文化产业竞争力，首先就应该通过科技创新促进文化产业链上的各个环节转型升级，但在文化产业各个环节产生的附加值是不同的。因此，首先要对文化产业价值链的构成及促进文化产业竞争力提升的机理进行分析研究，才能为提升武汉文化产业竞争力提供理论支持和技术支撑。

（一）文化产业价值链"微笑曲线"

"微笑曲线"理论是以附加值高低来判断某一产业竞争力的，[①] 文化产业价值链上的附加值特征可以用图2所示的"微笑曲线"表示。在"微笑曲线"即抛物线的左侧，是文化产业价值链的上游，产品附加值较高，因此其利润空间很大，可以取得最大的分配价值，如技术与资本密集型产业中的文

[①] 杨林、曾繁华：《微笑曲线视角下我国制造业竞争策略及其演化》，《科技进步与对策》2009年第8期。

化创意、标准制定、研发设计、技术创新活动产品和高技术文化产品。在抛物线的右侧,也就是产业价值链的下游,随着营销渠道的建立,以及品牌推广的成功,产品附加值会逐渐上升,利润空间相应也很可观,如信息与管理密集产业中的衍生品开发、形象授权、增值服务产品和品牌运作。与抛物线的两侧相比,处于抛物线中间底端的,代表产业价值链的中游,产品技术含量低,附加值也处于底部,相应的利润也很少,如劳动密集型产业中的外包、代工产品。按照"微笑曲线"理论,对于文化产业的发展,应采取相应的策略在"微笑曲线"的两端做好文章。一方面,应该向两边延伸文化产业的价值链,拓展高端业务和新型服务;另一方面,科技创新决定价值链的深度及高度,应该利用科技创新提高每条价值链的价值,使得每个产业的附加值得到提升,从而提高文化产业的经济效益。

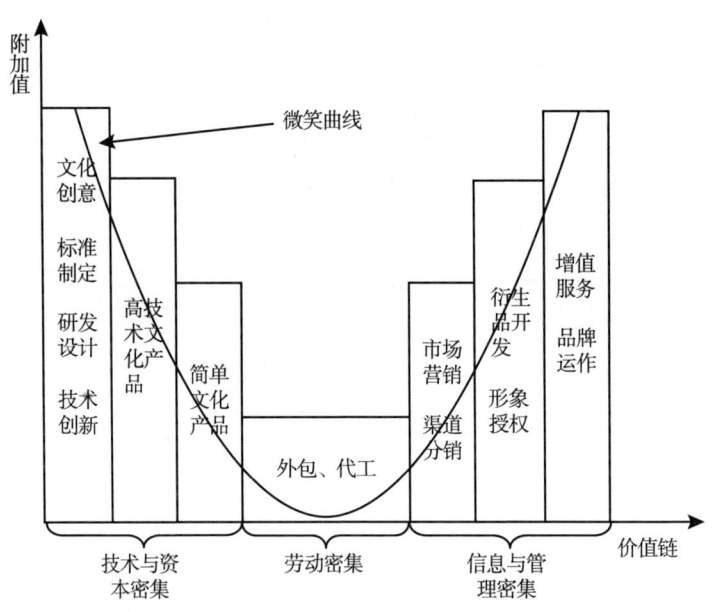

图2 文化产业价值链上的附加值特征

(二)科技提升文化产业竞争力的作用机理

分析价值链"微笑曲线"的目的在于实现竞争优势,而竞争优势来源于价值链上各价值活动间的联系。① 价值链理论揭示了企业与企业的竞争，竞争的加剧使得文化企业必须依靠科技创新来拓展产业的价值链和增加产品的附加值，以满足不断发展的消费需求，这也恰恰成为将科技创新应用到文化产业中的重要动力。科技创新是促进文化产业竞争力提升的重要驱动因素，其前提是要合理利用和配置资源，这些资源主要包括外部资源（政策环境资源）、内部资源（生产要素资源）和内外结合资源（市场要素资源）（见图3）。

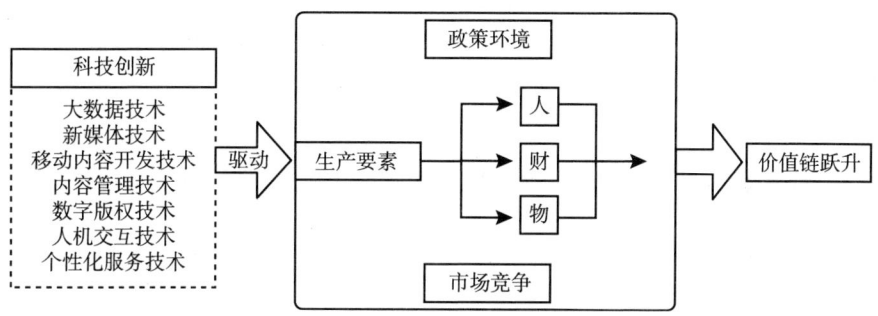

图3 科技创新促进文化产业竞争力提升的作用机理

1. 良好的政策环境为文化科技创新提供保障

文化科技创新是科技创新及文化相互融合的产物，文化科技创新促进文化产业竞争力提升需要有与之相适应的硬环境和软环境。硬环境是指本地区的经济与社会环境，包括创新人员的生活与工作条件。软环境方面有人才政策、创新氛围、产权保护、制度机制，以及社会对创新人员的尊重程度等。在这些软环境与硬环境中，政策制度是政府引导产业发展的重要手段，也是科技创新能力提升及文化和科技融合实施的重要环境。制度规范过严会限制文化科技创新，而积极的制度则会激励文化科技创新，因为积极的制度一方面保护文化科技创新，另一方面鼓励竞争，而竞争又会内生出文化科技创新。实施文化科技创新离不开有利的政策支持，产业政策的引导能够为文化科技创新指明方向。在市场经济体制下，制度的主要作用是调节资源的优化配置，从而建立以企业为主体的文化科技创新体系。以好莱坞为例，"二战"后，美国政府通过税

---

① 〔美〕迈克尔·波特：《竞争优势》，陈小悦译，华夏出版社，2005，第168~171页。

收、支持性汇率、政府采购等政策大力推动好莱坞进入许多欧洲和拉美国家，并占据垄断地位，但这种寡头垄断被明文禁止在美国国内形成，以此保护国内的中小电影企业。① 美国好莱坞政策的出台，极大地促进了美国电影业的发展，使好莱坞电影生产一直占据国际电影价值链的高端，成为世界电影市场的主要出口国，总体占有率达到了80%左右。

2. 先进的生产要素是文化产业竞争力提升的内在驱动力

科技创新是"生产要素的新组合"，在生产过程中的人力、资本、物资可以统称为生产资源，任何层次、任何规模的文化产业生产资源配置都需要科技创新的引领和带动作用。科技创新通过人力资源结构的优化、资本的流通和资源的配置对产业升级提供必要的物质基础，使得产业升级具备了更大的动力。

文化产业是在一定的文化背景下进行的，如果没有丰富的文化资源和深厚的文化底蕴做基础，文化产业就会成为无源之水、无本之木。② 文化资源是人们从事内容创意的源泉和素材，也是文化产品生产的资源。过去，不同地域的文化资源分布不均匀，会导致文化作品创作的地区差异，在文化资源丰富的地域就会有更多优秀的作品问世。而现代科学技术的应用，特别是互联网的普及，促进了文化资源的数字化和共享。海量文化资源平台应运而生，各种搜索引擎能快速获取你所要的文化资源，从而打破了原来创作的区域局限，提高了文化资源的利用效率，驱动文化产业向纵深发展。例如，韩国既通过动漫资源公共服务平台为文化产业提供了海量文化素材和资源，又将新媒体作为突破口发展动漫游戏产业，使得其网络游戏产品得到了飞速的发展。从2000年起，韩国网络游戏产业一直保持强劲的增长势头，年均增长率在36%以上，到2010年，韩国网络游戏市场已占亚太地区份额的一半。

虽然文化资源有助于内容创意及文化产品的生产，但这些资源不会自动转化为文化作品，人才才是创作的主体。科技创新可以提高文化产品的制作生产率，但中间需要的就是那些能熟练地使用各种制作软件或平台工具的高素质人才。只有大力引进人才，提高人才素质，合理调整人员结构，有效配置生产要

---

① 孙俊新：《各国文化产业对外开放政策比较及启示》，人民论坛网，2013年10月8日，http://www.rmlt.com.cn/2013/1008/160177.shtml。
② 谈国新、钟正：《民族文化资源数字化与产业化开发》，华中师范大学出版社，2012，第1~2页。

素,才能加快科技创新速度,更好地驱动文化产业升级。例如,美国多次修改《移民法》,规定只要是符合美国发展需要的专业人才,一律允许优先进入美国,好莱坞的卓别林、希区柯克、施特罗海姆等许多大腕都是引进的人才;在对内方面,美国时刻保持市场的敏感度,有针对性地培养了一大批高素质的文化产业人才。① 美国在人才方面的政策,为其占据全球文化产业竞争力顶端提供了智力支撑,值得我们深思与借鉴。

创意及科技是文化产业最具价值的两种要素,也是最难评估价值的要素,融资难制约着文化产业的发展。科技创新促进了互联网金融等新型金融模式的产生,主要包括第三方支付、金融产品线上销售、众筹模式及P2P理财等,互联网金融逐渐在融通资金、资金供需双方的匹配等方面深入传统金融业务的核心。互联网金融为文化企业提供了新的途径,贷款程序比银行简单,融资成本相对其他平台低廉,金融服务更直接,覆盖了部分传统金融业的服务盲区,缩短了资本回收期,促进了投资增加,提升了资本配置效率,在一定程度上缓解了文化产业融资难的问题。

3. 有序的市场竞争环境是文化产业竞争力提升的外在驱动力

一般来说,没有科技创新作为引导,市场需求对产业升级的影响是渐进式的,而一旦出现了重大科技创新,市场需求对产业升级将产生跳跃式的推进作用。科技创新主要通过三种途径对产业结构产生影响:一是根本性科技创新推动既有产业的改造升级;二是原创性创新的溢出与模仿创新产生的"乘数效应";三是科技创新会强化企业的市场竞争,产生优胜劣汰的选择效应。②

科技创新改造传统文化产业主要是通过数字技术和新材料、新工艺的创新来实现的。经数字技术改造后焕发活力的传统文化产业很多,如数字广电业、数字演艺娱乐业和数字出版业等。随着以有线数字电视、地面数字电视、移动多媒体广播电视、"三网融合"和高清电视等为主的数字广播电视网的构建,数字广电业将迎来发展的大好契机,数字电视、楼宇电视、数字电影、IPTV、电视点播、数字广播电视、网络广播电视将走入家庭,并逐步替代传统广电

---

① 张晓娟、马静:《美国文化产业政策及对中国的启示》,《长安大学学报》(社会科学版)2013年第4期。
② 赵春明、文磊:《利用竞争新优势促进我国产业价值链的升级》,《红旗文稿》2014年第7期。

业。数字演艺娱乐业是利用现代声、光、电等高科技表现手段,将虚幻空间与舞台表演融为一体的新兴演艺表现形式,如数字舞台剧、COSPLAY Show、3D动漫舞台剧和4D影院等。数字技术的发展,已引发了出版革命,出版产业在生产模式、运营管理、传播载体和阅读消费方式上都发生了很大变化,已经影响到出版业的方方面面,出版已不再局限于纸质出版物,更多的是以电子出版物的形式出现的。其中,较为典型的例子是《华尔街日报》的"自我救赎"——报网融合,融合下的《华尔街日报》成为重要的数字内容提供者,随着传播渠道和终端的多样化,其报业内容产品通过多种媒介渠道进行传播销售,受众则可通过各种终端设备进行接收消费。[①]

原创性数字内容技术的创新,使得文化产业形成新的生产能力,产生"乘数效应"。以数字艺术与设计、数字广告与增值服务、数字娱乐、数字化学习和数字典藏为主的新型数字内容产业得到蓬勃发展,推动文化产业结构向高技术、高附加值发展。数字广告与增值服务业主要以数字化广告平台及增值服务平台为依托,开展诸如搜索广告、赞助广告、富媒体广告、分类广告、其他网络广告、电子商务和文化类信息增值服务等业务的新兴文化业态。数字娱乐业主要以动画、漫画、游戏游艺及数字影音内容为主导,是数字技术与文化内容结合最紧密的新兴业态,是文化产业发展振兴的先导产业,在促进经济发展方式转变和产业结构调整中具有重要作用。例如,体感游戏是一种通过肢体动作变化来操作和感受的新兴游戏游艺产品,它突破了以往单纯以手柄按键输入的操作方式,依靠视觉识别、运动感测、指向定位、面部识别和头部跟踪等技术来捕捉和识别玩家的运动,让其成为更加有真实感、互动性和沉浸感的娱乐及健身体验。NPD 发布的美国游戏销量报告显示,2014 年体感游戏机硬件销量上涨了 20%。

新兴文化业态的出现及市场需求的扩大,迫使企业加快技术进步,刺激文化产业内部的新产业链环和专业性市场不断形成。新媒体技术将数字内容与科技创新融合,促使文化产业原本分散的、以创意内容为核心的、以不同物质形态为载体的细分行业趋于融合,形成一个价值链内涵与形态相似的产业,创造

---

① 张利平:《新媒体时代传统媒介融合渠道与路径选择——以〈华尔街日报〉为例》,《湖南大学学报》(社会科学版) 2013 年第 1 期。

出新理念、新价值、新商业模式和新产业组织形式。新媒体技术创新使文化产业市场更加细分,微博、微信、社交网站、即时通信和聚合新闻等产品如雨后春笋般涌现出来,产品和技术的生命周期缩短,产品更新换代加快,新的运营模式和利润空间不断涌现,推动文化产业竞争力提升。美国通过《反垄断法》《版权法》等各种文化政策和法律鼓励文化企业积极参与市场竞争,在培育强大市场竞争能力的同时,对破坏这种市场规则的任何团体和个人施以惩罚,[①]有效地确保了Facebook、Twitter、Instagram、Pinterest和Policymic等新媒体平台的健康发展。

四 科技创新促进武汉文化产业竞争力提升的路径

要打破发达国家的技术壁垒,提升武汉市文化产品高技术和高附加值的创意设计、高端研发、品牌营销,改变从事生产制作、贴牌加工、版权引进低附加值的劳动密集型生产的现状,就必须以政策环境资源、生产要素资源和市场要素资源三个驱动因素为抓手,从科技创新政策环境的优化,文化产业生产要素的重构,云计算、大数据和物联网等,设施的重构,生产思维和生产方式的重构,商业模式的重构以及资金流的重构六个方面,促进武汉文化产业竞争力的提升。

(一)优化科技创新政策环境,夯实文化产业结构优化升级的体制基础

应研究实施创新"三轮驱动"发展战略,制定人才引进长效机制,强化科技创新中文化企业的主导地位,实施科技创新工程,出台引导新兴文化产业发展的优惠政策。一是在科技创新政策决策方面,建立跨界协作的决策机制,促进文化、科技、产业、财政、税收、银行等相关部门协同联动;二是在财政方面,进一步强化有助于文化科技创新的财政支持政策,形成灵活多样的财政政策机制,充分运用财政政策手段支持文化企业实施科技创新工程;三是在税收方面,对创意设计、数字出版、数字家庭、数字演艺和动漫游戏等新兴文化

---

① 程立茹、周煊:《美国文化产业发展融资特点研究》,《人民论坛》2013年第32期。

产业实施优惠政策，扩大优惠范围，减轻其税收负担；四是在投融资机制方面，创建线上线下多渠道投融资体制，推行知识产权质押形式的融资担保，降低融资门槛。

具体而言，应着眼于提升武汉文化科技产业技术创新能力和综合竞争力，依托武汉文化科技创新研究院，打造文化与科技融合基地，搭建文化资源服务平台、文化科技创新技术服务平台、文化与科技人才培养平台等产业化基础技术平台；汇聚相关高校在文化资源数字化、文化遗产位置服务、文化展示、数字化教育、艺术品鉴定、艺术设计、文化新媒体等方面开展联合技术攻关，通过技术转让、人员交流、技术咨询、孵化服务等方式为企业提供服务，形成研发—创业—产业化发展的服务能力；在中部地区乃至全国发挥文化与科技创新的引领和驱动效应，逐步发展成为国家级的"文化与科技创新研发基地"。

以文化和科技融合试点企业为契机，重点打造文化科技龙头企业，支持其建立研发机构，增加研发投入，提高创新能力。特别支持企业研发资金向技术（产品）创新的前端环节延伸，向模式（业态）创新的外延部位拓展。以武汉广电总台、长江日报报业集团、武汉出版集团公司为主体，培育一批核心竞争力强的国有或国有控股文化企业（集团），培育民营骨干企业，尽快扶持发展壮大成为品牌企业、龙头企业。扶持周边配套中小企业，完善文化产业分工协作体系。

（二）深入挖掘文化资源与文化人才，促进武汉市文化产业生产要素的重构

文化企业为了实现文化资源的深入挖掘和生产要素的重构，一是要以开放心态和战略眼光与科技机构进行合作，整合产业链上的互联网资源，通过大数据、云计算和搜索引擎等互联网技术促使武汉市文化资源、数据资源和产业资源的高集约度利用以及价值的不断创造与传递，不断提升武汉市文化资源配置能力、产业创新能力、数据挖掘与应用能力，形成与科技创新融合文化产业的核心竞争力；二是要认识到科技创新会推动新的主导产业群的形成，有效利用武汉市文化产业集聚带来的创新、外部性、社会资本和规模经济报酬递增等效应，通过科技创新以及文化产业链上各个价值主体的管理、技术、资金、信息和市场资源的重新组合，采用共生共赢模式，形成更具竞争力的科技创新和文

化产业融合联盟,使武汉市文化产业资源和各个价值活动在联盟中得到新的组合、新的延伸与新的拓展;三是要加强企业研发平台载体建设,通过科技创新与文化产业融合部署创新链,引导创新资源向产业链上下游企业集聚,推动企业研发机构链式发展。

人才是科技创新与文化产业融合发展的重要引擎,通过"3551""黄鹤英才"等人才计划,打造文化科技领军人才、文化创新创业人才和文化科技融合管理团队。在产业人才引进方面,应积极引进互联网等战略性新兴产业以及传统优势产业高层次技术人才,提高文化内容创意与产品附加值,使文化产业的经济效益得到提升;引进大数据和新媒体营销人才,延伸科技创新与文化产业融合的价值链,拓展高端业务和新型服务;引进文化和科技融合综合型人才(这类人才既懂技术、有创意,又善于产业的经营管理,集文化型、产业型、研究型和技术型等多种特质于一体),提高文化产业的综合生产力和经济效益。在人才培养方面,通过加大人才培养创新力度,进一步完善人才载体建设,优化产业人才结构,提高人才素质,使生产要素的配置更趋合理,进而提高资源的利用效率,保障人才资源在文化产业转型升级过程中发挥积极作用。

(三)建设云计算、大数据和物联网等基础设施,促进武汉市文化产业生产设施的重构

互联网成为推动全社会产业再造和转型的重要力量,其基础设施不再仅仅是网络,基础网络也不再是以传统硬件为主、设备种类繁多的电信网络,而是软件化集约控制、设备通用化和标准化的智能网络,是"网络+云资源+公共平台"的综合体,提供的服务也不再限于通信传输,而是实现了人、机、物的泛在互联(见图4)。武汉市应抓住互联网基础设施建设的机遇,大力构建云计算、大数据和物联网等基础设施,实现中部地区云计算和大数据基础设施强势突破、互联网和物联网基础设施快速渗透、智能终端和APP应用异军突起,既能吸引大型互联网企业进驻武汉,又能为科技创新与文化产业融合提供宽带和泛在的网络连接、智能化的运营、平台化的网络云服务(一体化的"资源+数据+通信+信息应用"服务)。有利于武汉市文化产业生产设施的重构,通过云端互联网吸收联合数字出版、动漫网游、文化地理及文化旅游、

数字艺术、下一代广电网络等无缝组建产业技术创新战略联盟，确立联盟的企业主体地位以及市场化运营机制。

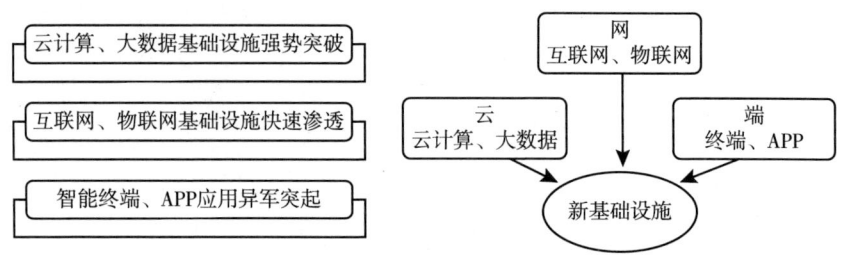

图4　武汉市科技创新与文化产业融合生产设施的重构

（四）构建个性化与定制化网状生产方式，促进武汉市文化产业生产思维和生产方式的重构

"互联网+"思维是相对于工业化思维而言的，是一种商业民主化的思维。具体地说，就是在互联网、大数据、云计算等科技不断发展的今天，对市场、对用户、对产品、对企业价值链乃至对整个商业生态进行重新审视的思考方式，是一种用户至上、迭代、极致、平台、跨界的思维。互联网与商业对接，即电子商务，它改变了传统的工业产品生产方式和流通习惯，传统上是批量生产到流通，先批发再进入市场零售，用户只能按已有商品去选择。互联网的服务是替代了原有的点对点、单一的传统电信业务服务模式，改变了以往的链式生产方式，实现了围绕消费者以人为中心实现个性化、舒适感知的信息服务（见图5）。生产方式从链到网，实现了商品生产的个性化，在网上定制后，再由电商准确送达，原有商场可以变成样品展示店。

武汉市应鼓励所有文化企业建立或积极进入互联网平台，要为消费者在网上消费文化产品营造方便快捷和安全可靠的市场环境，要强化研发环节，敏捷回应用户需求，像小米手机那样，使挑剔的用户客观上成为新产品研发的创意者。要发展3D打印，为定制生产提供必要的技术装备支持，主动迎接第三次工业革命的浪潮。要以特色产业园区为依托，鼓励同类或相关企业集聚，发展具有竞争优势的大型产业集群，根据互联网时代的特征，重构文化产业生产方式，完善统一、规范和开放的市场体系，不断降低交易成本。

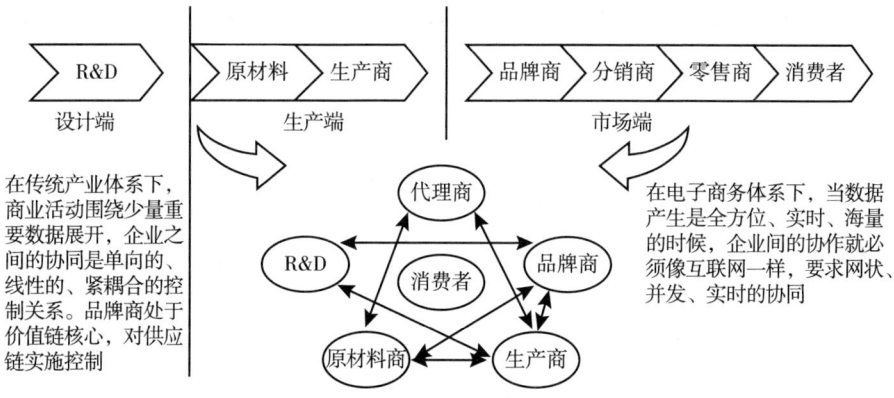

图 5 武汉市科技创新与文化产业融合生产方式的重构

（五）构建新型商业模式及文化产品市场，促进武汉市文化产业商业模式的重构

伴随着数字产业的发展，文化消费的内容已不再仅仅依赖纸质书、电视等传统载体，移动终端和网络的普及为文化消费注入了更多新鲜血液。随着科技创新与文化的深度融合，交互技术、虚拟现实技术、穿戴式设备和体感技术的发展推动文化产品的消费从无形的精神内容变成了可以观看、触摸、品味和感受的商品，促使文化产业由观赏性的消费变为体验式的消费、由传统的被动式消费变为主动式消费。武汉市文化产业企业应紧抓机遇，将长尾、众包、体验、免费等互联网界成功的商业模式学习运用到文化产业中，实现文化产业商业模式的重构。

武汉市还应加快完善现代文化市场体系，强化市场机制在产业结构优化升级中的作用。一是建立健全多层次科技创新与文化产业融合文化产品市场，以文化资源的合理开发和产业化能力提升为重点，在发展传统文化产品市场载体平台的同时，加快建设新媒体服务平台、产品交易与中介平台、外包交易平台、版权交易平台、大数据信息服务平台、云服务平台、产业技术与信息公共服务平台，使文化产品与科技资源的信息流通顺畅，构建面向不同受众群体的分众化消费市场，拓展文化产品的传播分销渠道，降低交易双方的信息不对称风险与交易成本。二是建设多层次科技创新与文化产业融合文化要素市场，加强人才、资本、技术成果、软件著作权、专利和文化品牌等文化生产要素市场建设,依托现代产权制度,有效提升文化生产要素市场运行的规范化和法治化程度。三是完善文化市场准入和退出机制,鼓励各类市场主体公平竞争、优胜劣汰,促进文化资源在全国范围内流动;推动文化企业跨地区、跨行业、跨所有制兼并重组,提高文化产业规模化、集约化、专业化水平,引导创新资源向产业链上下游企业集聚,将集群建设与经济发展、产业转型升级等有效结合起来,保障武汉市文化产业商业模式和文化市场的重构。

(六)推动文化科技与互联网金融的深度融合,促进武汉市文化产业资金流的重构

促进武汉市科技创新与文化产业融合资金流重构,首先,鼓励金融业服务创新,积极开辟文化企业融资新渠道,有效引导互联网金融贷款行业的平稳健康发展,突破金融业时间和地域的约束,缩短资本回收期,覆盖传统金融业的金融服务盲区。其次,将文化产业信贷业务开展情况纳入互联网金融和商业银行信贷政策导向效果评估体系,建立适应文化产业的信用等级评定指标,持续再造适应文化金融的业务流程,有效建立适应文化金融的创新机制,形成金融业线上线下良好的竞争态势,促进金融业不断完善适应文化金融的内部考核制度。最后,研究制定对文化资产、项目进行合理评估的机制,将技术成果、软件著作权、外观专利和文化品牌等版权质押引入信贷管理流程,实现对文化市场主体现金流、核心资产和经营风险的有效控制,对文化产业发展中的投资效益率、回收期、风险等因素予以较好地识别,引导文化产业向适应市场的方向发展,提高文化产业的技术水平及市场竞争力。

B.19
新媒体时代武汉地区传统媒体的转型研究

范军 肖璐*

摘　要： 在信息时代，传统媒体与新兴媒体的融合发展日益成为不可逆转的趋势。面对销量下滑、受众分流、影响力下降等不利影响，顺应媒介融合发展趋势、推进传统媒体转型发展，是提高主流舆论引导能力的必然选择。本文通过对武汉地区传统媒体转型现状的调查，发现上述问题也是十分突出的。为此，武汉地区的传媒界应着力发挥荆楚文化内容与品质的优势，抓好特色资源建设；依托武汉高校与科研院所的力量，融合科技与传媒业务，以技术创新驱动发展。同时，利用湖北数字出版专项资金的扶持与国家各类政策的倾斜，以优势项目助力媒介转型。

关键词： 传统媒体　新兴媒体　媒介融合　转型

伴随着媒体生产传播从"铅与火""光与电"到"数与网"的发展变迁，媒体格局和舆论生态正在发生历史性巨变。处于这样一个大变局中的传统媒体，正面临生存与发展的挑战。党的十八届三中全会明确提出，要整合新闻媒体资源，推进传统媒体和新兴媒体融合发展。习近平总书记强调，要加快传统

---

* 范军，华中师范大学新闻传播学院教授、博士生导师，华中师范大学出版社社长，出版科学研究中心主任，主要研究方向：出版文化与出版产业。肖璐，就职于湖北省新闻出版广电局监管中心，负责互联网出版监管工作，新闻学与数字媒体技术双学士、硕士研究生，研究方向：传播学与数字出版。

媒体和新兴媒体融合发展，充分运用新技术新应用创新媒体传播方式，占领信息传播制高点。习近平总书记的讲话中有这样一句高度凝练的话："坚持传统媒体和新兴媒体优势互补、一体发展，坚持以先进技术为支撑、内容建设为根本，推动传统媒体和新兴媒体在内容、渠道、平台、经营、管理等方面的深度融合。"在媒介融合视野下，如何进一步推动传统媒体创新，加快传统媒体与新兴媒体融合发展，的确是我们正在面对和亟须解决的重要问题。

一 武汉地区传统媒体转型现状

随着近年来武汉市科技与文化产业的迅猛发展，武汉市传统媒体在与新兴媒体融合的道路上取得了长足进步，新兴业态初显端倪，文化产品种类不断丰富，产业规模不断扩大，产品质量不断提升，初步形成了学科门类齐全、结构比较合理、成长性良好的产业体系。这里需要说明，本文所说的"武汉市"实为"武汉地区"，论及的传统媒体不限于市属相关机构和企业。

（一）媒体融合格局初显，产业规模逐步形成

近年来，武汉市传统媒体与新兴媒体融合格局已初步形成，产品生产能力和经营实力不断提升，产业链各环节要素和产品数量已初具规模。在新闻出版业务方面，据2014年底的不完全统计，在武汉市持有互联网出版许可证的17家传统媒体中，从事游戏出版业务、文学出版业务、教育内容互联网出版业务，以及互联网报刊、电子出版物和手机出版物业务的机构平分秋色，各类新兴数字出版业态呈同步发展态势。2014年，全市共出品网络文学61900部、手机文学6722部、网络图书5378部、网络杂志3521种。全市互联网出版机构资产总额超过21亿元，利润总额达2.3亿余元，为国家创造了230多万元的税收收入。在广电业务方面，以湖北广播电视台、武汉广播电视台为主的广播电视传媒企业均已具备媒体融合的基础条件。目前，湖北广播电视台已依托旗下新媒体集团建立起"多媒体采集、共平台生产、多渠道分发"的全媒体制播模式，力求实现广播、电视、网站、移动客户端等各媒体部门的内容共享与多屏分发。武汉广播电视台除传统电视业务以外，也开办了黄鹤TV网络电视台、"掌上武汉"移动客户端以及1号、2号、4号线地铁电视等新媒体业

务，具备了发展电视屏、电脑屏、手机屏、地铁电视屏等新兴媒体资源融合的基本条件。

（二）产品质量稳步提升，精品效应日益彰显

党的十八大以来，以习近平同志为总书记的党中央高度重视媒体融合发展，体现了我党对新闻传播规律和新兴媒体发展规律的深刻把握和高度自觉。为进一步明确媒体融合的原则要求和具体路径，湖北省政府、武汉市政府认真贯彻落实中央决策部署，在推动媒体融合发展上主动作为，以弘扬社会主义核心价值观为己任，围绕质量管理核心，大力加强对精品创作生产的引导，涌现了一系列思想性、艺术性兼顾的原创精品，培养了一大批品牌影响力、市场竞争力兼具的示范企业。近年来，在新闻出版方面，华中科技大学出版社、长江少年儿童出版社、长江日报报业集团入选国家数字复合出版工程；武汉大学出版社、华中科技大学出版社有限责任公司、长江少年儿童出版社有限公司、湖北科学技术出版社有限公司获评湖北省数字出版转型示范单位；长江中文网、传奇中文网获全国网络原创文学网站试点单位；长江出版社的"生态长江数字出版工程"获国家文化产业发展专项资金支持；华中师范大学出版社的国家科技支撑项目"教育数字出版资源的组织与适配推送平台应用示范"有序推进，中期检查获专家好评。在广电方面，由湖北楚天广播电视信息网络公司和湖北长江出版传媒集团联合推广普及的"数字农家书屋"建设项目，是全国首创的利用广电"三网融合"技术打造的全民电视阅读项目，连续三年获湖北数字出版专项资金扶持；武汉电视台连续举办五年的《电视问政》栏目，自开播起即实现了电视媒体与新闻网站、微博微信、客户端软件的同步互动直播，五年来共曝光问题429个，对557名干部实施了问责，推动全市性建章立制65项，曝光问题解决率达到100%，2014年获中国广播影视大奖，2015年获中国新闻奖。除此之外，由湖北广播电视总台成立的湖北网络广播电视台还入选2014年"中国梦"优秀原创网络视听节目展播单位。综上可知，武汉的传统媒体产品质量效益正日益提高，品牌影响已走出武汉，走出湖北，走向了全国。

（三）数字技术应用广泛，平台搭建初显成效

2014年1月，国家新闻出版广电总局印发《关于加强数字出版内容投送

平台建设和管理的指导意见》，明确提出要着力构建技术先进、覆盖广泛、传输快捷的现代优质数字出版内容传播体系，打造多种主体参与的数字出版内容投送新格局，培育带动数字出版产业快速发展的骨干平台，同时营造健康有序的数字出版内容投送平台建设与运营市场环境。

近年来，武汉市众多传统媒体机构都在积极构建理想的数字技术平台，力求做到有效保护文化作品版权以及传媒机构的利益，不仅要保证数据资源的分发权限，而且要保证用户方便阅览和使用。例如，武汉大学出版社的在线出版、教育平台——"武大在线"，立足武汉大学在教材出版资源上的丰厚积累，将数字内容与在线教育课程体系进行无缝链接，推出类型丰富的在线教育解决方案，为社会公众提供武汉大学优质数字出版及课程资源服务，实现全流程数字化出版。再如，湖北长江出版传媒集团旗下的数字出版有限公司开发的"数字出版云平台"，基于云计算技术，为集团下属的各出版社提供统一的数字内容资源整合、出版交易和终端发布的渠道，实现了信息的有效增值。由集团旗下的长江少儿出版社有限公司控股，联合台湾学习工场数位科技股份有限公司于2013年7月8日组建成立了长江学习工场数字科技有限公司，这是全国第一朵"幼教云"。幼教云平台是一个线上线下结合的集幼儿园管理系统、课程系统、培训系统、家园互动系统、学习社区游戏系统、教学资源系统、点读产品系统和B2C电子商务平台于一体的平台。除此之外，中国第一原创网络动漫平台——知音漫客网（见图1）整合原创网络漫画、手机漫画、网络动漫社区、动画、游戏、电影于一体，将《知音漫客》的内容优势发挥至最大化，培养和发展了一大批国内顶级的原创动漫作者，带动了全国原创漫画产业的复兴。今古传奇传媒集团于2012年成立数字出版部；2013年初数字新媒体有限公司挂牌；2014年推出的三种电子刊物《密爱》《秘史》《热段子》上架无线渠道，同年，改版后的传奇文学网二期"传奇中文网"正式上线运营。集团试图在"互联网+"时代，书写融合发展新传奇。

（四）体制改革逐步深入，先行先试成绩突出

2014年，国家新闻出版广电总局出台《深化新闻出版体制改革实施方案》，针对新闻出版广电企业的经营体制弊端，指导政府通过推进经营性国有文化单位转企改制，深化投融资体制改革，推动广电、图书、报刊、电子音像

图 1　知音漫客网

及数字出版单位进行跨地域、跨行业、跨所有制的兼并重组，做大做强传统媒体市场主体，建立健全多层次新闻出版广电产品和要素市场。目前，武汉市已有一批企业创新性地实现了国有与民营资本的有效对接，体制改革逐步走向深入。长江出版传媒集团、湖北日报传媒集团、湖北知音传媒集团、今古传奇传媒集团等积极进行公司制、股份制改造，整合出版、人力资源，搭建融资引资平台，已形成了湖北长江传媒数字出版有限公司、湖北日报新媒体集团等跨行业、跨领域、跨媒体经营的现代媒体企业；湖北广播电视台出资成立台属、台控、台管的集团公司——湖北长江广电传媒集团有限公司，整合旗下新媒体项目和资源，成立新媒体集团，统一运营新媒体业务；武汉广播电视台也已完成机构调整，成立了媒体资源调度办公室，总领全台的媒体内容资源生产。这些新的现代传媒企业，无论是在组织结构融合、资本融合，还是在传播手段、媒介形态融合方面都进行了卓有成效的探索。例如，成立于2012年5月的湖北日报传媒集团的新媒体集团，经过三年的发展，已经拥有荆楚网、腾讯·大楚网等5家网站，以及手机媒体、楚天神码等9家公司，涵盖了网站、手机报、户外媒体、动漫、移动客户端、电子商务等12种主要业务形态，发展势头良好。

二 传统媒体转型发展中面临的挑战

在充分肯定武汉传统媒体在数字转型道路上取得不俗成绩的同时，也要看到，大多数传统媒体都把融合的重点放在推出电子版产品、开通网站，以及推出官方微博、微信和移动客户端上，表面上看是为传统媒体增加了新的传播渠道和平台，其实质则是对原有信息进行重复发布。盘活"存量"有成效，做好"增量"则不足，没有实现各种媒介资源、生产要素的有效整合，没有形成一体化发展的组织结构、传播体系和工作机制，没有生产出更多适用于不同受众的文化产品，在内容整合、用户体验、业务创新层面尚无法与互联网企业竞争。传统媒体和新兴媒体融合发展已成为一种时代必然，传统媒体的数字化转型要重点关注以下六个挑战。

（一）从传统思维到互联网思维的挑战

当前，传统媒体在推动新兴媒体融合方面还存在很多问题，实施转型发展或开展新媒体业务的收益微乎其微。"转型是找死，不转型是等死"这句话在业界广为流传，反映出传统媒体转型步履维艰的现状。在这种形势下，传统媒体还是要进一步解放思想、更新观念，形成适应融合发展的新观念、新认识。在2014年下半年中央召开的全面深化改革领导小组第四次会议上，习近平总书记强调，要遵循新闻传播规律和新兴媒体发展规律，强化互联网思维，坚持传统媒体和新兴媒体优势互补、一体发展。这对新形势下的媒体融合发展提出了全新的要求。如今的传统媒体必须以信息产业从业者的身份与角色去工作，讲求平等交流，强化互动反馈，追求简约极致，重视用户体验，崇尚开放共享，注重跨界合作，强调数据运用，推崇不断创新，真正融入整个互联网生态中，适应并驾驭其发展。

（二）从数量到质量的挑战

武汉市传统媒体与新兴媒体融合规模在迅速扩大的同时，内容质量也在逐年提高，涌现了不少人民群众喜闻乐见、内涵丰富、健康向上的优秀作品。但不容否认的是，文化产品数量大质量低、有"高原"缺"高峰"的现象在整个传媒领域还是相当突出的。以领先行业发展的知音传媒集团、今古传奇传媒集团等企业为例，它们的数字技术和互联网渠道运用娴熟，文化产品数量逐年增加，行业影响力不断增大，然而近年来能获国家级奖项的数字文化产品却屈指可数。一方面，它们的产品代表了贴近群众生活的品牌风格；另一方面，它们也缺乏文化深度与社会公益效应，从而被人诟病。

2014年10月，习近平总书记在文艺工作座谈会重要讲话中归纳出的许多问题，在传媒产业中都有所体现。因此，传媒业要真正担当起其肩负的责任和使命，就要把不断提升产品质量，加快优质内容生产、出版和传播作为新常态下数字出版工作的首要任务，打赢文化产品质量攻坚战，打造更多体现社会主义核心价值观、体现中华文化丰厚底蕴、体现党领导人民为实现中华民族伟大复兴的"中国梦"而不懈奋斗的历史征程和精神面貌的精品力作，不断满足人民群众日益增长的精神文化需求。

（三）从受众到用户的挑战

在互联网世界，对于任何一款产品或应用来说，拥有用户最重要，这是互联网营销的铁律。传统媒体在融合发展中生产的产品既然也是信息时代的产物，就必须以人为本、以用户为中心。武汉广播电视台副台长李彤路曾指出城市电视台在用户思维上的缺失，认为目前城市电视台的节目理念还很粗放，新节目上马基本靠拍脑袋决策，对观众的需求，只是凭感觉。在互联网时代，城市电视台如果还不懂互联网，不懂得使用互联网的这些"新人类"，其前途就会很渺茫。所以，要放下身段，抛弃传统的"我播你看"思维，因为你播了，也不一定有人看；要树立用户至上思想，注重观众体验。①

新媒体环境下，人们的观赏、学习、阅读习惯和方式正在发生巨大的转变：显示终端多屏化、媒体内容表现形式和传播形式多元化。传统媒体要推出满足用户新需求的内容与产品，继续延续自身的产业发展优势，就必须以新媒体环境为立足点，实现从内容提供商到服务提供商的转型，提升创意策划、整合资源、质量管理与市场营销能力，不再将发展新媒体业务停留在数字化内容的提供上，而是开始以网络经济的商业模式来建构内容产业。

---

① 李彤路：《不进行运营的内容没有价值》，《决策与信息》2014年增刊。

(四)从亏损到赢利的挑战

国家新闻出版广电总局副局长孙寿山曾指出:"以传统媒体业务为主的企业在转型发展中尚未形成能够赢利并可持续发展的商业模式,还处于投入大于产出的阶段。传统媒体行业转型仍未形成统一、合理的新商业模式和赢利模式。"对于新闻出版而言,时至今日虽然传统新闻出版媒体已经进行了大量的探索与尝试,也成立了不少与新业务、新技术相关联的公司,产业最主要的赢利模式还是依赖纸质出版及其相关联的业务,而专营数字出版业务的部分企业如武汉长江网、教育技术导刊杂志社,在2014年首次出现亏损的困窘局面。所以,数字出版作为新兴的新闻出版业态,目前明显存在产品收入严重偏低、投资回报周期过长的问题。对于广电而言,手机、PC、平板电脑等众多移动互联网终端对于市级电视广播媒体的冲击已成为不争的事实。根据央视索福瑞公布的数据,2013年市级频道电视节目的市场份额为10.1%,为四年来最低;2014年地市台广告收入持续降低,同比减少7.06%。① 电视广告收入年年下滑,岌岌可危的形式逼迫电视广播媒体必须及时转变经营思路,开辟新的创收渠道,探寻新的发展道路。面对这种形势,传统媒体应积极借鉴近年来新闻出版广电业与教育、金融、旅游、卫生等行业开展的多种形式的跨界合作成功案例,以内容建设为根本,以先进技术为支撑,以知识服务为手段,寻找上述行业可以互利共赢的合作伙伴,从而获得新的发展机遇,拓宽市场空间,构建适合武汉本土的多行业、多维度媒介赢利模式。

(五)从设置议程到被设置议程的挑战

20世纪80年代以后,媒介对于公众议程的设置作用开始受到学界关注,公共媒体凭借其权威性和强大的垂直宣传效果影响着公众瞩目的焦点和对社会环境的认知。然而今天,就全媒体背景下的传播实践来看,传统媒体的"议程设置"功能正在被打破,即议程不再是从媒介单方向流向受众,而是在媒介和受众之间相互流动。历数2014年发生的各类网络热点舆情事件,"武汉一

---

① Andrew Carter:《电视3.0时代:电视发展的今日与未来》,央视索福瑞网站,2014年12月,http://www.csm.com.cn/index.php/knowledge/showArticle/ktid/1/kaid/1163。

高校内酒店卖淫""归元寺香客祈福狂扔硬币""13岁女孩以自杀逼父母放弃二胎"……几乎所有事件的发酵都遵循了这样的发展过程：事件发生—网络爆料—网络热议—传统媒体跟进—多方关注导致事件继续发酵—各类媒体跟进最新情况。从这个过程中我们不难发现，新媒体在热点新闻事件的推进和报道中发挥了主导作用，它不仅抢在了广电传媒和平面媒体之前，还在很大程度上影响了传统主流媒体的议程设置。那么问题来了，传统主流媒体作为党和人民的喉舌，肩负舆论导向和舆论监督的职责，在话语权被严重冲击的网络时代，如何巩固信息把关人的职能，平衡维护国家利益的公益属性和适应市场的经营属性呢？对此，应该在坚持党媒特质和政治家办媒体的前提下，努力发挥传统媒体优势，通过正规的信息渠道和信息审核程序，在内容的真实性上赢得受众。新媒体因其即时和交互特性，使每个人都能够成为信息的迅速发布者，这使得信息的可信度大打折扣。在当前我国改革进入深水区和攻坚期的背景下，一些社会矛盾相对凸显和集中爆发。在此背景下，应始终坚持内容为王，在制作上应统一整合所有采编的信息资源，根据不同的传播媒介和受众，进行内容再造和深度挖掘，实现全媒体立体传播，从而牢牢占领信息制高点。

（六）从意识形态主体到市场主体的挑战

新兴媒体在对传统媒体业务形成冲击的同时，也给传统媒体带来了管理体制上的压力。传统媒体行政管理上的壁垒，致使各部门之间、各类人员之间很难做到统一调配。由行政的、事业的、企业的各种工作身份构成的行业生态让考核机制、薪酬分配、人力和信息资源难以在各媒体业态之间互通共享。但互联网行业的情况就完全不一样。短短十年左右的时间，互联网行业高速发展，就是因为这些没有行政级别的企业是市场的主体，它们在法律的范围内自由地发展，这是传统媒体行业目前无法做到的。因而，如何推进传统媒体管理方式和管理体制改革，以适应媒体融合发展的大趋势，引进优秀人才，激发存量人才的创新动力，提升传统媒体的影响力和市场竞争力，是传统媒体转型中亟待应对的体制性挑战。传统媒体因其政治属性决定了其不可能完全成为市场的主体，但在运作经营上，可以明确在现有的传播机构中，哪些层次、多大规模应该是意识形态主体，哪些又可以是市场主体，从而使其依照法律法规来建设和发展，根据市场需求去高效决策和行动。

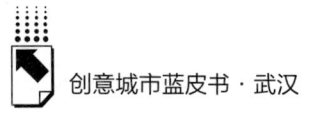

三 新形势下传统媒体转型发展对策

传统媒体要做好新形势下的转型融合发展，必须深刻领会、坚决贯彻中央的重大战略部署，要在全面认识新常态下文化产业发展新特点的基础上，抓住国家大力推进传统媒体与新兴媒体融合发展的有利契机，抓住机遇，趁势而上，加快推进传统媒体的创新、融合和发展，加快实现传统媒体的数字化转型。要按照中央全面深化改革领导小组第四次会议通过的《关于推动传统媒体和新兴媒体融合发展的指导意见》的精神，着力做好以下七个方面的工作。

（一）发挥内容专长与品质优势，以特色资源赢得市场

在数字时代，新媒体虽改变了文化产业的内容呈现方式和传播方式，但并未改变人们对优质内容的需求。内容建设与品质建设依然是文化产业的核心，而在这个领域，与新兴的技术平台商相比，传统媒体依然具有优势。目前，武汉市大多数传统媒体发展新兴业务面临的最大问题之一，不是内容品质缺乏科学性、知识性、权威性，而是内容资源有限，无法满足信息时代人们对海量内容的需求。对于这个问题，需要立体地来看：对于传统媒体企业而言，要针对自身独有的和专业的内容资源，进行高端开发、海量开发和立体开发，做专业的市场、细分的市场；对于整个传媒系统而言，要整合力量开展合作，将各企业有限的资源融合起来，满足整个行业的资源需求，从而强化武汉传统媒体在整个产业链中的优势地位。

（二）融合科技力量与传媒业务，以技术创新驱动发展

目前，武汉市的传统媒体在技术研发、应用和升级维护上还很滞后，成熟的新媒体技术往往掌握在如腾讯·大楚网一类的商业网站手中，新闻媒体只能跟在商业网站后面亦步亦趋，将生产的内容无偿地提供给商业网站使用，帮助商业网站吸引"粉丝"、聚合用户，从而沦为商业网站的"打工仔"。在武汉市内，湖北广播电视台、《湖北日报》两大主流媒体的研发人员不足90人，市州级媒体所办新兴媒体大多只有1名网络维护人员，内容采编系统维护、安全维护、改版升级等工作往往只能进行服务外包。解决传统媒体边缘性问题的

关键,要以科技创新为支撑,向科技创新要动力。这既是新常态下贯彻落实中央战略部署的实际行动,又是传统媒体自身发展的迫切需要。发挥技术创新驱动作用,一是要抓好硬件和技术系统建设,在内容生产、发布平台、经营渠道和全程管理等方面实现与信息技术的深度融合,创建现代化的文化产品生产流程。二是要对新兴信息科技领域的前沿理论和技术发展趋势保持高度敏感,主动将创新要素与传媒业务深度融合。三是要积极探索移动互联网技术、大数据和云计算技术与传媒业务深度融合的创新成果,通过多种方式、多种渠道加大科技创新推动下文化产品的推广应用,为更多文化产品插上腾飞的翅膀。

(三)统筹信息资源与媒介平台,以一体化观念应对冲击

为了应对新兴媒体的冲击,传统媒体都在积极开办网站、微博、微信、客户端,但传统媒体业务与新兴媒体业务总体上呈现"两张皮"的情形,没有充分发挥整合优势。因此,应突破传统媒体思维,从"媒体结合"的框框中跳出来,树立传统媒体与新兴媒体一体化发展的理念,在新闻传播内容、应用技术、平台终端、人才队伍等方面实现二者的互享共通,形成一体化的组织结构、传播体系和管理体制,谋求"媒体融合"的深度再造。以武汉广播电视台为例,武汉广播电视台拟开发现代新闻融合生产模式(见图2),即依靠大

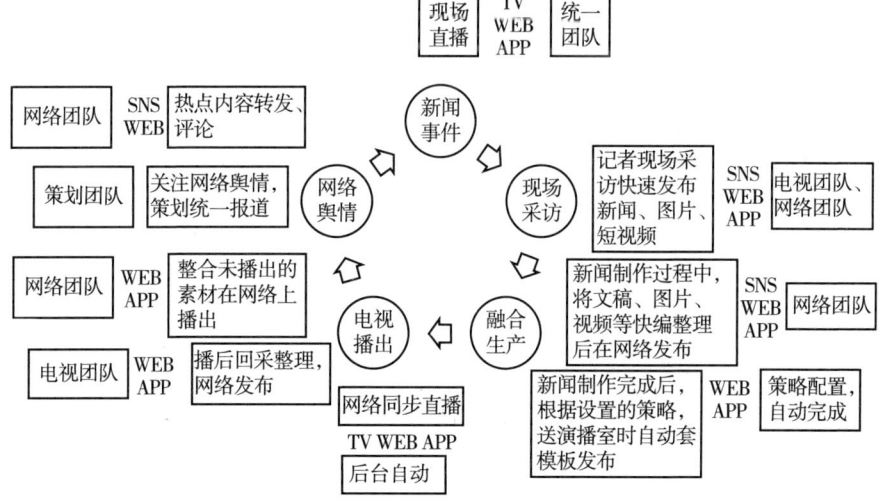

图2 武汉广播电视台现代新闻融合生产模式

数据、云计算等信息技术深层次挖掘信息内容，将不同媒介形态集中到一个多媒体数字平台上，实现报纸、广播、电视、电脑、手机等信息终端的功能一体化。

现代新闻融合生产进程可概括如下：新闻事件发生后，首先使用互联网等新兴媒体进行快速报道，记者在现场通过微博、微信等手段发布图片、文字，在返台路上通过网站发表文字稿件、短视频，通过APP同步滚动播报；其次使用电视、广播等传统媒体进行详细报道，台方组织现场直播，快速制作电视短新闻播出，在新闻栏目中详细报道，组织专家在演播室深度点评；最后结合传统媒体与新兴媒体，以电视专题深度报道、网络汇聚专题的形式进行事件后期深度报道。

新闻融合生产力求根据不同类别新闻的特点，为视频、音频、图片、文字选择最适合的表现形式以适配多渠道的用户终端，充分利用已有的内容资源，将电视没有播出的素材加工整理并在网上播出作为电视报道的补充，提升用户的时移点播、订阅收看、点评爆料等互动体验，并在电视、网络、APP之间互相推荐、互导流量。

（四）打破地域限制与产业壁垒，以全局视角开展合作

融合发展要求传统媒体跳出传统的思维定式和业务范畴，强化产业共赢意识，开展产业深度协作。要放宽眼界，开放思维，推进传统媒体、新兴媒体和非媒体领域互相渗透，积极开展跨地域、跨领域、跨媒体、跨行业、跨产业合作，充分借助其他产业的资源、渠道、市场，拓展传统媒体的产业边界和服务范畴。如长江学习工场的"幼教云"平台，将幼儿园经营管理、幼儿园课程、幼师培训、家园互动、教学资源整合、点读产品开发、电子商务等服务整合为一体，以幼儿园作为数字实验基地，在幼教数字产品研发、幼儿园经营、幼师培训等多产业开展深度合作。又如华中科技大学出版社面向建筑装饰行业的云服务平台，针对建筑装饰工程企业、用户、装饰材料提供商、家具生产商等不同人群，构建出涵盖建筑装饰行业设计、施工、监理、评价全过程的云服务体系，是建筑装饰设计与出版产业融合发展的典型案例。

新时期要求传统媒体不仅要为用户提供内容产品，而且要改造和升级信息生产方式、供给方式、服务方式及商业赢利模式，打造多样化、个性化、对象

化产品,为用户提供综合性、全程性、交互性信息服务,构建信息集成服务的"一站式"格局。

(五)利用政策倾斜与资金扶持,以优势项目助力转型

近年来,政府不断出台政策措施,大力推动传统媒体的数字化转型发展。2012年,湖北省政府办公厅出台的《关于促进湖北省数字出版产业发展的意见》指出,"十二五"期间,省财政每年安排2000万元,设立湖北数字出版专项资金,支持湖北省重点数字出版企业及项目和数字出版"走出去"。据湖北省新闻出版广电局官方网站数据,2013~2015年,武汉市共有53个项目获湖北数字出版专项资金扶持,扶持资金总计超过5000万元,包括武汉出版社的"武汉历史文化数字资源平台"、武汉理工大学出版社的"数字出版云服务系统建设"、武汉长江学习工场的"阅读评估系统平台"等。2014年,国家新闻出版广电总局、财政部联合制定了《关于推动新闻出版业数字化转型升级的指导意见》,推动传统出版单位快速实现数字出版转型发展。2015年,国家新闻出版广电总局、财政部继续联合发布《关于推动传统出版和新兴出版融合发展的指导意见》,明确指出要推动传统出版和新兴出版融合发展,将"加大财政政策支持力度,充分发挥财政引导示范和带动作用,着力改善传统出版和新兴出版融合发展环境"。

因此,传统媒体在发展进程中,既要不断跟进学习各类产业政策的指导思想、主要目标、基本原则、主要任务和保障措施,又要立足自身实际,积极申报国家和省级发展项目,用好用足各项优惠政策,以项目为抓手,加快企业的转型融合发展。

(六)加强行业自律与业内监督,以责任意识强化导向

随着网络信息时代的到来,信息传播格局正在经历一场前所未有的裂变与重塑。面对这样的大形势、大趋势,传统媒体必须进一步增强责任感、使命感,树立政治意识、大局意识,在政治上、思想上自觉地同以习近平同志为总书记的党中央保持高度一致,在行动上坚持团结稳定鼓劲、正面宣传为主,敢于发声、立场坚定、态度坚决,弘扬主旋律、传播正能量。特别是开展网络音视频、网络文学和网络游戏业务的单位,环境形势越严峻,要承担的责任就越

大。近年来湖北省持续开展"净网""秋风2014"等网络整治活动，加大违法网络出版案件打击力度，查处各种政治有害、淫秽色情等违法违规的网络活动，坚决遏制不良网络内容的生产和传播。传统媒体要一如既往地注重行业自律和行业监督，为网络文化产业的持续健康发展提供坚强保障。

（七）狠抓人才选拔与后期培养，以人才驱动持久发展

传统媒体与新兴媒体融合发展过程中的一个瓶颈问题是人才问题，很多企业都缺乏既懂传媒知识又懂数字化技术的人才。在传统媒体行业深化改革、加速转型升级的关键时期，企业唯有选拔大批既懂技术、懂经营、懂市场，又懂选题、懂策划、懂政策的复合型高端人才，才能获得持久发展的不竭动力。武汉作为华中地区人才荟萃之地，高等院校集中，科研院所林立，拥有80多所普通高校、近百家省级以上科研机构，是全国重要的人才培养基地。应该依托武汉本地高校明显的科研优势和人才优势，在信息通信科技、数据内容处理等方面为传统媒体提供指导。因此，可以借助高校的社会资源和人力资源，与其协同建设新媒体实验基地，由高校提供理论指导和研学力量，由传统媒体企业提供实践平台和运营环境，学、研、产"三位一体"，紧密结合，培养员工实现"一人多能"的转型。

总之，传统媒体与新兴媒体的融合发展是一个系统工程，在理念上、流程上、结构上都要有大的改变。传统媒体应从自身实际出发，适应网络信息社会媒体发展的内在规律，找到困扰和制约自身发展的关节点，抓住重点，寻求突破，以带动全局。融合发展如逆水行舟，不进则退，必须持续变革，永不退步。当下，传统媒体固然处于普遍的困境之中，但是，并非没有生存和发展之路，甚至是捷径。关键在于，你是否想做，你是否有心去做，你是否坚持去做。

（特别说明：华中师范大学出版社编辑裴媛缓、华中师范大学文学院博士生王光艳参与了本报告前期调研与资料收集工作。武汉出版社有限责任公司毛家明副总经理也对本文的撰写给予了大力支持和帮助。特此表示感谢！）

B.20 武汉文化科技创新体制机制现状及思考

孙传明　詹天成　庄新雪*

> **摘　要：** 文化科技体制机制创新是推动新时期文化发展的战略制高点。在我国文化与科技融合发展的大背景下，本文对国内外文化科技体制机制创新方面的现状进行梳理，明确了武汉市文化与科技融合的发展历程和体制机制建设的现状，对武汉文化科技产业的发展成效进行总结，并针对当前面临的形势提出建立跨界融合的决策管理机制、建立文化科技融合产业的示范带动机制等具体策略。
>
> **关键词：** 文化科技　体制机制　文化产业

文化科技创新是国家战略，是推动新时期文化产业发展的战略制高点。在"十二五"期间，文化部、科技部已针对促进文化与科技融合的文化创新体系达成共识，共同执行专项行动计划，研究并探索能够有效促进文化与科技融合的体制机制。《中共中央关于深化文化体制改革　推动社会主义文化大发展大繁荣若干重大问题的决定》中明确指出要发挥文化和科技相互促进的作用，推进文化科技创新，深入实施科技带动战略，提高自主创新能力。武汉市作为全国首批文化和科技融合示范城市，高度重视文化科技融合产业的发展，并在

---

* 孙传明，华中师范大学国家文化产业研究中心讲师，研究方向：文化科技融合理论与实践。詹天成，华中师范大学美术学院硕士研究生，研究方向：新媒体应用。庄新雪，华中师范大学国家文化产业研究中心硕士研究生，研究方向：管理科学与工程。

《湖北省武汉市国家文化和科技融合示范基地建设发展规划（2012～2020年）》中明确指出，要建立和完善文化科技创新体系，促进文化科技领域的集成创新，培育和发展新兴文化业态。构建良好的文化科技创新体制机制，可有效增强文化产业的核心竞争力，从而实现文化与科技融合的可持续发展，使文化产业转变为推动国民经济发展的支柱性产业。本文主要针对武汉文化与科技深度融合的模式及体制机制问题，从国内外文化科技体制机制发展现状入手，论述武汉文化科技体制机制发展的具体策略，优化武汉文化产业投融资宏观环境，促进传统文化产业的转型升级。①

一 国内外文化科技体制机制发展现状

文化的核心是创意，科技的核心是创新，文化科技产业的形成就是创意创新与产业的深度结合。文化科技创新体制机制的完善对于做好"文化融合科技"的工作来说非常重要。我国文化产业的发展得益于"文化与科技的融合"，并在国内部分先进城市取得了显著的成果。这些先进城市的文化科技融合体制机制和发展模式对武汉文化科技产业的发展具有重要的借鉴意义。

（一）国外发展现状

1. 韩国

韩国早在1998年就已将高新技术和文化产业的发展列为21世纪韩国的立国之本。以数字网络游戏产业为例，该产业发展以文化创意融合互联网科技为经营理念，使其产品具有丰富的表现力和科技含量，并且依托其完善的产业化运营模式，成为韩国的高附加值产业，其主要的运营体制机制如下。

第一，吸收顶尖公司加盟，合力研发技术。韩国以文化"走出去"为目标，致力于拓展海外市场，投入大量研发资金，吸引韩国国外的技术研发公司、制作和发行公司参与，共同研发全球项目。在数字游戏行业，其重点支持

---

① 《湖北省"十二五"时期文化改革发展规划纲要》，中华人民共和国财政部驻湖北财政监察专员办事处网站，http://www.mof.gov.cn/mofhome/hubei/lanmudaohang/zhengcefagui/201206/t20120628_662958.html。

的研发技术有实感游戏、3D立体影像、新媒体营销等。

第二,设置完善的管理机构。为了实现数字游戏产业的良性发展,韩国政府早在1997年就设立了韩国游戏产业研究院,每年投入巨资用以支持技术开发、游戏产品推广、动漫游戏公司扶持等项目。韩国数字游戏业发展的官方支援体系是由该研究院与"游戏技术开发支援中心"(主管游戏产业园区建设和管理)和"游戏技术开发中心"(主管游戏产业技术开发)共同组成的。

第三,实行OSMU创新开发模式。① OSMU(One Source Multi Use)模式即为一种来源、多种用途的运营模式。以一个文化创意内容为例,其可以通过电影、动漫、游戏、图书出版等方式进行设计和推广销售,而这些既相互区别,又有紧密联系的环节构成了文化产业发展的产业链。因此,运用OSMU模式,一个文化创意产品可以实现其附加值的最大化,不仅可以利用自身的创意和技术创作出高收益、高人气的产品,而且会影响整个韩国文化产业的发展,对韩国产业经济的发展,以及其他产业链的完善具有借鉴和促进作用。

2. 英国

作为世界第一个提出"创意产业"概念的国家,英国始终在传统文化产业发展的基础上,将新兴科技应用其中,这样就使文化产品的科技层次得到了提升,文化创意产品的附加值、多样性和表现力也得到极大的提高。其主要采取的体制机制措施如下。

第一,大力支持研发创意产品新技术,实现文化与科技整体提升融合。英国政府非常重视数字信息技术和互联网发展对文化产业带来的革命性影响。因此,英国政府不断提出各种扶持政策促进文化创意与科技的融合,实现其文化产业在全国经济中的引领作用。例如,2011年底,英国发布的《促进增长的创新与研究战略》(Innovation and Research Strategy for Growth)指出,要进一步推进科技创新,推进文化与科技融合产业的发展。②

第二,支持创新型企业发展,探索产学研合作新形式。英国国家科技艺术基金会(NESTA)的研究指出,虽然创新型、高增长型的企业仅占英国企业总数

---

① 傅亚玲:《韩国文化产业发展的经验与启示》,《特区经济》2014年第12期。
② 《英国创新战略新举措》:上海情报服务平台,2012年5月4日,http://www.istis.sh.cn/list/list.aspx?id=7406。

的6%，却创造了40%的新增就业岗位，成为就业岗位增长率最高的行业，远超其他热门行业。每年英国政府都会提供大约1.5亿英镑的教育创新基金促进产学研合作，促进创新型企业与高等院校的合作。此外，英国政府还鼓励企业和高校合作，进行新型的产学研探索。"创新券计划"等基金项目就是政府为了鼓励高校和企业探索产学研合作的新形式。

第三，完善文化创意技术创新的筹资机制，把握创意产业的发展趋势。针对文化创意产业前期技术投入过高、产出较慢等特点，英国政府深入把握创意产业发展的趋势和前景，多方面筹集资金投入文化创意技术的研发中，英国政府发布的《科学与创新10年投入框架（2004~2014年）》明确指出，目前英国文化创意技术的研发投入占GDP的1.8%左右，到2014年，将这一比例提升到2.5%。

3. 日本

日本的动漫产业发展和科技水平均处于世界领先地位，是世界文化产业发展过程中的佼佼者。当然这一切离不开其文化与科技融合以及体制机制创新的双重推动。凭借现代先进的科学技术，日本成功完成了文化产业发展的转型。其在文化与科技融合创新方面采取了如下举措。

第一，以"科技创新立国"和"文化立国"为根本。20世纪后期，日本就将"科技创新立国"和"文化立国"作为未来国家发展的基本原则，极大地促进了文化创意技术的研发和文化创意产品的开发。[①] 日本在文化产品开发过程中，主要将科技手段运用到文化创意产品的生产和传播运营方面，并且在整个文化产业链上都有科技的支持。

第二，政府以引导性支持为主。政府在文化产业市场发展中，不会对市场的发展趋势进行强制规定，而是通过各种引导性手段促进文化产业市场的良性发展。同时，为了防止科技创新受到阻碍，政府在引导过程中也在防范市场垄断，鼓励各类企业的良性发展。

第三，通过精细化模式促进技术发展。日本作为世界上科技发展最先进的国家之一，其技术发展的特点就是把细处做精，并且支持官产学研的结合，把技术放到全社会，任何感兴趣的人都可以参与研究和探索。

---

① 《2012年日本实施文化立国发展战略调查分析》，中国行业研究网，2012年3月21日，http://www.chinairn.com/news/20120321/213024.html。

（二）国内发展现状

1. 北京

作为既拥有丰厚的文化底蕴，又具有众多高新技术企业的北京，其文化与科技融合产业将引领北京未来文化产业的发展方向。以北京海淀区为例，其在文化科技创新体制机制方面，积极探索完善产业定位、政策支撑体系、公共服务平台建设等方面的工作，全方位地促进了文化科技产业的快速发展。

第一，在产业门类选择方面，参考全球各地的文化产业发展体系，北京提出了"1+4"的文化产业发展模式，在重点支持核心产业——数字内容和数字装备产业发展的前提下，也对另外4个文化科技型产业——数字影视、数字出版、数字演艺和工业设计产业的发展提供支持。

第二，在产业空间布局方面，对其文化产业空间分布情况进行重新调整，海淀区将全区划分为四大功能区：北部的研发服务和高新技术产业集聚区，西北部的高端休闲旅游区，中部的研发、技术服务和高端要素集聚区以及南部的高端商务服务和文化创意产业区。通过建设这四大功能区，海淀区文化科技产业的发展将获得有利的物理空间和良好的发展前景。

第三，在扶持创新企业方面，海淀区一方面通过"亿元企业打造工程"，扶持规模型的领军企业，推动企业上市，建立研发和产业化示范基地，以此来培育若干有竞争力的知名企业和集团；另一方面通过"创业创新扶持工程"，建立专业型、创新型工厂，对构建虚拟产业集群、推动原创成果产业化进行扶持，帮助创新型、成长型小微企业快速成长壮大，以期打造若干创新企业集群。

第四，在政策措施实施方面，海淀区通过科学制定文化产业与科技、金融融合发展规划，以及文化科技人才引进和培育政策等方式，激发文化与科技融合的活力。同时，海淀区对文化科技公共服务平台的建设也采取多项推进措施，包括政府扶持投入、市场化运营保障等多种方式，搭建完成数字内容、人才服务、投融资等多个公共服务平台，为各类文化科技企业提供专业高效的服务。①

2. 台湾

台湾在其产业机构升级和调整中，将"文化创意产业发展计划"列入支

---

① 毕娟：《北京文化与科技融合模式与路径》，知识产权出版社，2013。

持台湾文化产业发展的重点项目。通过文化与科技的融合创新,以及新的运营模式和商业实践,台湾文化产业发展获得了快速的发展。

第一,加强政策规划,推动管理体制整合。台湾在实施《文化创意产业发展计划》之后,又提出《创意台湾:文化创意产业发展方案》等具有宏观指导意义的文化产业发展方案。为了加强政策方案的实施,台湾进行了多项体制机制的改革和整合,使文化和科技、教育等多个部门进行合理的分工与合作。在文化体制架构方面,由台湾"行政院"牵头,成立"文化创意产业推动小组",召集人由"行政院长"担任,副召集人由"政务委员"担任,"行政院"的委员则由"文建会""经济部""新闻局""教育部"等六部会首长及产业界代表等13人担任。[1]

第二,降低资金筹集门槛,完善产业融资机制。小微企业是台湾文化创意企业的主体,约占台湾整个文化创意企业的80%以上,针对这些企业资金困难的问题,台湾从三个方面进行扶持:一是建立产业补助机制,如购买国外进口设备可以免征关税,用于文化科技人才的培训等支出可以进行部分税费减免;二是建立产业融资体制;三是建立产业投资体制。

第三,加强产业技术创新,提升产业研发效率。文化产业发展要靠技术创新推动,为进一步扶持中小企业的发展,台湾成立"文化创意产业专案办公室",并且建立了多个文化产业的公共信息服务平台,提供文化和技术等方面的咨询,有效提升了文化科技企业的研发效率,并降低了成本。

3. 上海

上海是首批国家级文化和科技融合示范基地,通过"文化+科技"的模式,其文化产业得到了极大的发展。在上海举行的世博会和高博会,成为其文化创意和科技创新的成功典范,也因此促进了文化产业的发展。在制定"十二五"规划时,上海市也明确提出了一些政策措施,如实现文化科技创新、实施云海计划、打造文化云等。同时,上海在公共文化服务体系建设、新兴文化产业发展等方面,积极鼓励"互联网+"的融合运用。因为与互联网深度融合的文化企业,也是与科技深度融合的文化企业。其在文化科技创新体制机

---

[1] 《台湾地区文化创意产业发展的政策模式》,中国论文网,2012年11月21日,http://www.xzbu.com/1/view-3676087.htm。

制方面采取的措施主要体现在以下几个方面。

第一，着力构建文化科技企业、跨界人才和公共服务平台三大支撑体系。

第二，开展创新示范工程，提升技术支撑水平，对文化表现模式进行创新优化，促进文化繁荣发展。

第三，注重文化创意产业链上的创作、传播、展现等环节，实施技术突破，更好地促进文化传播。

第四，优化文化和科技融合发展环境，加大扶持具有核心竞争力的文化科技先进企业的力度，着力打造能够起到模范带动作用和具有国际影响力的文化创意产业集群与文化科技业态。

二 武汉文化科技体制机制发展成果

近年来，武汉文化产业飞速发展。"十二五"期间，武汉市共规划建设文化项目176个，计划总投资近2500亿元，为文化可持续发展积蓄后劲。[①] 传统文化行业的改造提升、新兴文化业态的培育形成，都离不开文化和科技的深度融合。自武汉启动国家文化和科技融合示范基地建设以来，开展了一系列新举措，取得了优秀的成绩。这些措施主要包括：优化发展思路，完善顶层设计；制定有关文件，提供政策支撑；开展试点工作，推动基地建设；等等。

为推进文化和科技深度融合，实现文化产业的繁荣发展，在文化产业振兴暨文化和科技融合工作动员大会上，武汉市公布了第一个全面支持文化产业发展的指导性文件——《武汉市关于加快文化产业发展的若干政策》。[②] 政策充分体现了武汉市振兴文化产业的决心。另外，会上还公布了30条配套政策，包括投资与融资、财政与税收、自主创新与成果转化、招商引资、资产与土地、文化贸易与消费、知识产权与工商、人才培养与引智等，旨在提升武汉文化产业的影响力和竞争力。

第一，在资金投入力度方面。自2013年起，武汉市财政每年设置的文化产业发展专项资金都不少于2亿元，加大了资金的投入力度，并采用各种奖励

---

① 中共武汉市委宣传部：《2012年武汉文化发展蓝皮书》，武汉出版社，2013，第157页。
② 《武汉市关于加快文化产业发展的若干政策》。

补助的办法来扶持文化产业发展。例如，新兴文化企业，可以按照3年内缴纳的所得税的地方留成部分，获得等额标准100%的奖励；高新文化企业，可以按照15%的税率缴纳企业所得税；省、市认定的国家级文化产业示范园区，可一次性获得30万~80万元的奖励；新建的文化和科技融合专业孵化器，每平方米获得的补助最高可达200元。

第二，在企业投融资方面。武汉市鼓励文化企业上市，拓宽其融资渠道；创立文化发展投资公司，为文化产业搭建投融资平台。如果风险投资机构愿意投资中小高新文化企业，那么其缴纳的税款可在投资额的基础上扣减；类似的，如果担保机构愿意为中小文化企业提供金融服务，那么该机构就会获得相应的资金补助，最高可达300万元。

第三，在企业自主创新方面。武汉市为支持文化企业自主创新，也制定了一系列奖助政策：创新型文化企业，可获得20%的研发费用补助；国家批准建立的重点实验室、工程中心、企业技术中心，可一次性获得150万元补助；获批国家级或省级战略联盟的龙头模范企业，可分别获得100万元、50万元的奖励。①

第四，在完善贸易环境方面。文化产业的重点项目如果符合条件，可通过划拨、出让（作价出资、入股、租赁）、转让等方式获得国有土地使用权；为鼓励文化贸易与消费，出口文化产品，可以按规定享受出口退税政策；参加境外知名文化展会，文化企业可获得50%的展位费补助；文化产业引进重点项目，与境外文化企业合作，可依据情况获得不同程度的奖励或补助。

虽然武汉市在文化与科技融合产业发展方面取得了显著的成效，但仍然存在一些不足。首先，在体制机制创新、政策支持成效等方面面临严峻的形势，如缺乏体制预期目标，其科技发展总体布局并没有囊括文化创新的科技引擎驱动，缺乏针对武汉市文化与科技融合产业发展的配套性政策，诸如文化科技企业身份确定标准、社会效益评价与激励等一系列相关政策，从而导致文化与科技融合及其对文化创新驱动过程中存在很多操作性障碍。其次，在职能管理方

---

① 《武汉每年不少于2亿元资金支持文化产业发展》，凤凰网，2012年10月30日，http://finance.ifeng.com/roll/20121030/7228090.shtml。

面存在职能交叉、职能重复、缺位等问题。最后,在政策服务上,范围过窄,政府提供给企业的服务更多的是政务服务、事务性服务,企业需要的融资、成果转化等专业性服务成效还不够明显,对企业的全方位集成服务也有待进一步完善。

三 促进武汉文化科技创新体制机制的深度融合

随着互联网、云计算、3D打印、光电子信息等高新技术在武汉的发展与应用,以及武汉文化与科技融合政策的制定和实施,武汉市的文化与科技融合产业得到了全方位的改善和发展。改进武汉文化科技创新体制机制的现状,加快建立促进文化与科技深度融合的体制机制,对推进武汉市文化产业发展以及转型升级具有重要的意义。

1. 建立跨界融合的决策管理机制

建议在省市文化改革发展工作领导小组统筹指导下,形成文化产业主管部门和科技行政部门协调推进机制。省市文改办与省市科技部门共同研究制定促进文化和科技融合发展的重要政策,并将政策具体化,全面负责推进文化与科技融合发展,组织实施、保障、督促重大功能平台和重大项目建设。联合省、市两级宣传部门、发改委、财政厅、文化厅、广电局、新闻出版局、信息化局、城镇集体工业联合社、知识产权局等部门以及武汉市重点文化科技企业,建立文化科技创新工程联席会议机制,推动实施意见的落实。健全省、市、区联动机制,推动各区(市、县)加大对文化和科技融合的工作力度。①

建立省市文化、科技、财政等部门的联席会议制度,打造横向决策管理模式。由政府充当发起人,定期召开联席会议,与企业加强联系与沟通,各部门会同其他组织或者个人商讨文化与科技融合发展的新模式。联席会议遵循"民主自治"的原则,会议申请人可以是任何符合条件的民间团体、个人。联席会议的议事内容大致有:传达、贯彻上级有关文件或会议精神;沟通、通报相关领域的重大国内外情况;反映群众对相关事务的意见和相应诉求;组织管

---

① 吴天勇、章可:《促进文化科技融合 实现文化产业振兴》,湖北省人民政府政研网,2013年1月17日,http://www.hbzyw.gov.cn/News.aspx?id=10962。

理部门和群众、民间机构进行对话，对文化与科技融合领域的有关议题（如政策制定等）进行充分讨论，推动政策的制定和完善；监督文化与科技融合领域各种政策法规的执行。

加强部门协调，使相关政策形成合力。省市文化体制改革和发展工作领导小组可参照科技行业的做法，加大统筹力度，建立健全文化产业的管理体制，使各部门单位明确在文化产业的统计监测、空间布局、人才建设、项目投资等领域的工作职责，完善部门间沟通协调机制，建立互有分工的协作机制。同时，鼓励地方建立文化产业咨询委员会、行业协会联席会等社会组织和行业组织，构建各类企业、协会组织、专家学者共同参与决策的平台和机制。

建立战略咨询协调机构，充分发挥相关部门的执行功能。武汉市政府应该根据文化科技产业发展现状，建立由市委宣传部、文化部、科技部、财政部等部门组成的专门机构，发挥战略咨询与综合协调作用，统筹规划并指导文化与科技的融合发展，完善相关制度，解决各部门多头指挥造成的宏观管理缺位问题。为促进部门的分工合作，政府部门之间通过战略咨询协调机构，使各部门发挥其应有的功能与作用，不断改进文化与科技发展的体制机制。

2. 建立文化与科技融合产业的示范带动机制

统筹规划全市的文化与科技融合工作，搭建各部门的合作平台，将产业集群内部的机构紧密地联系起来，最终形成相互促进、有序竞争的区域发展格局。加强文化与科技融合产业链上不同部门之间的合作，争取让更多引导性的重大工程和项目入驻武汉，为产业发展创造有利条件。发挥现有各类文化、创意和设计园区（基地）的集聚优势，发挥政策的引导扶持作用，加强文化与科技融合共性技术、文化产品投资融资、交易展示、交叉人才培养、交流合作等服务能力建设，建立龙头企业示范带动机制，形成可持续发展能力。合理规划建设产业发展集聚区，支持各区凭借自身有利的条件和资源，明确发展方向和重点项目。

一是发挥龙头企业在文化与科技融合领域的示范带动作用，使文化产业走向科技化。目前，武汉广电集团、长江日报报业集团、湖北知音传媒集团、武汉出版集团已发展为武汉市的龙头文化企业，利用这些企业集团在传统媒体向新兴媒体产业方向发展的模范带头作用，打造一批具有核心竞争力的国有或国有控股文化科技企业（集团）。扶持民营骨干企业，尽快打造成为品牌企业、龙头企业。同时，带动周边的配套中小企业，使文化产业的发展更加专业化。

二是利用文化创意产业核心集聚区的示范带动优势，使文化产业走向专业化。武汉东湖高新区聚集的产业园区，拥有众多的文化创意企业和高新技术企业，为建设国家级文化和科技融合示范基地创造了有利条件，为核心示范园区的建设提供了可能。另外，分布在武汉不同区域的科技或文化创意园区各具特色，应充分利用不同聚集区的特色，打造若干个精细化、专业化的文化创意产业园区。

三是发挥重大项目的示范带动作用，使文化与科技融合产业走向规模化。武汉市应协调和鼓励各部门引进重点文化与科技融合项目，合力推进。牵头推介一些具有吸引力的招商项目，鼓励本地企业参加国内外的重点文化展会，并在全国其他发达城市举办文化创意产业招商洽谈会，吸引各地文化创意及投资企业的投资，壮大文化与科技融合产业的规模。

3. 建立完善的文化科技创新体制[①]

加强武汉地区文化企业与高校、各类专业科研机构的合作。武汉是华中地区的教育中心，集中了众多知名重点高校，以及国家级或省级重点实验室、工程研究中心、产业园区（基地）等，并且有华中地区唯一的国家文化产业研究中心。这些优势资源为文化科技与教育融合、创建技术创新服务平台体系创造了条件。武汉要在科技创新体制方面，进一步建设好文化科技创新研究院，通过委托研发、联合攻关、技术转移、技术咨询、孵化服务等方式，为文化科技企业提供专业性技术服务，形成从研发到企业孵化再到产业化发展的一条龙服务能力。

建立完善的文化科技创新工作的效率统计体系、动态监测制度和绩效考核体系，统计体系应能够客观地反映科技引领并支撑文化产业发展的作用，能够反映文化产业发展效益、质量，体现高新技术对文化产业的影响，以及对地区经济的贡献。建立文化科技创新的动态监测与绩效评价制度，加强对文化产业的宏观监控，做好文化科技创新投入与产出的统计，并定期发布分析报告。严抓文化科技创新重大项目、工程的进程，做好项目工程的绩效评估，纳入对各

---

① 张作荣：《加快推进文化与科技深度融合》，人民网，2012年9月5日，http://theory.people.com.cn/n/2012/0905/c40531-18921152.html。

区、开发区的绩效考核体系中。

加强文化科技领域知识产权保护。完善知识产权的申报、保护、奖励等管理制度，逐步建立行政与法律保障并行运作的知识产权保护体系，对各种侵权行为及时进行查处和制裁，依法保护文化产业的知识产权和产权所有人的合法权益，对文化科技领域的不法行为绝不姑息。鼓励文化科技企业和个人的自主创新成果及时进行知识产权申请、注册和登记。激励文化科技创新，对于文化科技领域创新有重要贡献的个人或者单位，都应该给予不同程度的扶持和奖励。

4. 建立文化科技人才的创新培养机制[①]

人才是第一资源，武汉缺乏既懂文化又懂科技的复合型交叉人才，善于经营管理文化创意产业的人才更是少之又少。要推进文化与科技融合产业的发展，人才的培养与引进显得尤为重要。武汉市应利用丰富的教育资源，积极探索文化与科技融合人才的培养机制，吸引更多的人才来武汉学习、工作，加强教育机构、文化创意企业、科研机构之间的合作。

大学是人才的孵化器，依托现有的科技人才和文化创新人才培养机制，在各高校或社会培训机构设置文化与科技融合交叉学科，培养兼具文化才能、科技才能和管理才能的人员，形成合理的跨界人才培养机制。对于从事文化产业和科技产业的在职人员，也要对其进行进一步培训，使其接受高等在职教育或者专业的培训，培养一部分原创型人才，助力文化与科技融合产业的发展。同时，打破传统的单一培养机制，进行教育内容和教育形式的改革，采取新的联合培养模式，即高校和科研机构可以共同培养跨界人才，为高素质人才提供学习和实践的平台。

5. 完善文化与科技融合的市场体制

文化与科技融合产业要实现长远发展，必须依靠市场的需求来带动。企业是文化与科技融合的主体，市场对企业发展起到调节作用，市场的需求激发企业的供给，市场消费者需求的多样性决定了文化企业的供给需要靠科技进行创新。这在一定程度上促进了文化与科技的融合与发展。改进对文化与科技融合

---

① 王东风：《打造科技人才创新创业竞争优势》，湖北文化产业网，2014年10月14日，http://www.hubeici.com/rw/rwnr/201410/t20141014_43633.shtml。

的相关审批制度。政府应担负起监督服务的职责,制定相应的政策保护企业研发的产品和技术,并促进其在市场中的转化。加速文化科技企业的资金流转,营造一个活跃的市场环境。

在政府引导下,充分发挥市场在文化资源配置中的积极作用,重新规划市场格局,避免出现市场封闭、恶性竞争的局面,使市场环境全面开放、竞争有序。优化一些文化产品如报纸、图书、电视等媒体的市场环境。在武汉城市圈发展第三产业——服务业,发挥城市圈的主导和辐射作用,带动文化资源、人才、技术、版权、信息等要素市场的发展,进而催生连锁经营、物流配送、电子商务等现代流通组织形式。严格监控管理文化市场,注重文化中介机构(拍卖机构、担保公司、评估机构等)的桥梁作用,加强行业组织建设,健全行业规范,完善行业管理,推进文化领域的专业化、社会化服务。搭建文化产业招商引资平台、文化产权交易管理平台和文化资产监管平台。

6. 创新财政投入和融资机制

传统的文化企业由于缺乏资金,难以发展壮大,没有可抵押的固定资产,其融资渠道就受到限制,没有资金支持就更无法发展起来,这就形成了一个恶性循环。要解决这一难题,必须鼓励条件成熟的企业上市,让更多的投资者认识到文化科技企业的发展前景,拓宽其融资渠道,降低融资成本,为文化科技企业的发展铺路。武汉市可以成立专门的文化产业投资和贷款担保公司,降低文化企业筹集资金的门槛。定期举办武汉金融机构与文化项目对接会,进一步促进文化科技产业与金融的融合,争取文化与金融相互协调发展。①

深入推进文化与金融合作,拓宽多元化融资渠道,创新符合文化创意和科技服务企业需求特点的金融产品,提供融合各种服务的一条龙金融服务平台。② 创新抵(质)押类和信用保证类贷款产品,抵押物的范围不再局限于企业的固定资产和存货,文化企业具有特殊性,金融机构可以对文化企业的无形资产进行评估,将部分无形资产纳入担保物范围,保证企业借贷更多的

---

① 刘云山:《在更高起点上推动文化与科技融合》,新华网,2012 年 8 月 14 日,http://news.xinhuanet.com/politics/2012-08/14/c_123582290.htm。
② 《省政府新出台文件支持华中文交所发展》,湖北华中文化产权交易所网站,2015 年 3 月 18 日,http://www.hbcpre.com/admin.php/index/view/aid/731.html。

资金。完善企业股权融资机制，促进风险投资健康发展，大力发展融资租赁业务。鼓励文化创意和科技服务企业优化融资结构，通过发行公司债、企业债、中期票据、短期融资券、区域集优债券、中小企业私募债等拓宽融资渠道。积极引导私募股权投资基金、创业投资基金及各类投资机构投资文化创意和科技服务领域。同时，为最大限度地发挥社会资本的价值，武汉市应根据实际情况建立完善的社会资本借贷、投资、担保机制，促进社会资金的循环流动。

B.21
"互联网+"文化产业成为经济新的增长动力

盛从锋*

摘　要：	2015年"两会"期间,李克强总理首次提出"互联网+"行动计划。"互联网+"为中国文化产业提供了前所未有的巨大机遇,促进了文化生产力的新组合,提升和重塑了文化产业的平台经济,形成了平台型企业和平台经济集群。同时,互联网与文化产业的结合也提升了文化产业的服务水平,对推动中国文化"走出去",特别是发展文化服务贸易提供了强大动力。"互联网+"文化产业成为中国经济新的增长动力。
关键词：	"互联网+"　文化创意产业　融合　经济增长

由于科技不断进步,互联网技术也不断发展,其速度越来越能满足文本信息图像以及音视频等信号的高速传送,加之各种移动终端技术的飞跃式发展,整个互联网技术已经达到一个新的高度。由此,互联网激发了文化消费的需求,并且反过来又推动了文化产品消费的新态势。

2015年"两会"期间,李克强总理在《政府工作报告》中首次提出"互联网+"行动计划。"互联网+"实际上是加强创新理念下的互联网发展新形态、新业态,是知识社会创新推动下的互联网形态演进。新一代信息技术的发展催生了创新的新形态,而创新又反过来作用于新一代信息技术形态的形成与

---

* 盛从锋,武汉市文化局产业发展处处长,管理学博士,高级经济师,研究方向：文化产业、互联网经济。

发展，重塑了物联网、云计算、大数据等新一代信息技术的新形态，"互联网+"与传统产业形态的结合，不仅是传统产业的升级，而且不断孕育新的产业形态，使得创新成为无限可能，同时改变了我们的生产、工作、生活方式，也引领了创新驱动发展的"新常态"。

互联网与文化产业的结合同样也体现了集约、共享、绿色经济的优势，是文化产业的一次新的革命。

互联网的发展简史就是一部软件、硬件、平台、应用发展的历史。

互联网的定义就是信息传输、接收、共享的平台，将各点、面、体的信息联系到一起，从而实现资源的共享。从1963年第一个互联网络ARPANET诞生到1991年商用Internet协会成立，基本上属于非商业化互联网时代；1991~2006年，出现了最早的现代意义上的搜索引擎，WWW服务成为互联网第一应用，第一家社交网站Friendster成立，这个时期基本可以称为桌面互联网时代；2006年以后，随着Twitter的成立，以及新浪微博、微信的上市，互联网已经进入移动互联网时代。

"互联网+"既然是"加"，自然就是指互联网与其他各行各业的关系是一种联合、一种升华，而不是替代；是一种新的能力，一种能赋予各行各业新的力量和再生的能力。

"互联网+"代表着以人为本、人人受益的普惠经济。局部、个体、散落的价值和活力在"互联网+"时代将得到前所未有的重视。"互联网+"能够产生巨大的集成能量，也因此形成集约型经济、绿色经济、共享经济。能高效搭建供需之间的桥梁，提升资源利用率。

文化产业按照联合国教科文组织的定义就是按照工业标准，生产、再生产、储存以及分配文化产品和服务的一系列活动。文化产业以生产和提供精神产品为主要活动，以满足人们精神需求为目标。文化产业基本上可分为三类：一是生产与销售相对独立的物态形式的文化产品行业，如图书、影视等；二是以劳务形式出现的文化服务行业，如体育、文艺演出等；三是向其他行业提供文化附加值的行业，如首饰设计、装潢设计等。

当文化产业内涵遇到互联网信息化技术的手段，文化产业这三种形态也会随之演化出无限的创新能力，也会诞生出新的文化产业形态。互联网思维正在为中国文化产业提供前所未有的巨大机遇，中华民族的文化创造活力将结合创新创意、文化网络平台、文化网络服务以及互联网文化贸易的开发，形成新的经济增长动力。

互联网促进了文化生产力的新组合，当互联网与文化相结合，除了传统的互联网游戏外，文化产品在移动平台上的应用以及产业化，实现了文化财富的新掘金。作为创意创新、文化科技型的产业，文化生产力的发展从来不是无本之木，中华文化源远流长，丰富多彩。互联网与文化资源的结合无异于对中华文化的传播插上了无形的翅膀，对在世界范围内传播中华文化、增强国家软实力具有无可比拟的效能。同时，根据市场需求，能够把文化资源、资本资源、技术资源、制度资源等有机整合起来，而且文化创意产业是对人才的高度依赖，具有人才密集、高附加值特性。文化生产的核心是人的创意、知识、智慧和技能的结晶，是人的创造性发挥；文化产业也是开放型和多元包容的，即在不同文化基因的交融互通中形成优势。

在互联网尚未普及的时代，文化生产被分割为在地文化生产（装备制造、印刷包装等）、在场文化生产（表演、放映、会展等）、在线文化生产（数字内容等）等不同门类。而互联网通过整合创意、硬件、软件、资本等要素，以社交网络为代表，并以移动终端为主体，正在形成具有极大包容性的文化商业生态系统。这种系统便于人类把文化资源、资本资源、技术资源、制度资源进行跨时空的灵活组合，把在地、在场、在线三大文化生产方式进行纵向和横向的贯通，把文化企业和文化消费者的隔阂逐步消除。互联网将文化企业和消费者联系起来，并使消费者参与企业的创新创意。如小米手机的消费者可以将使用心得通过互联网提出改进意见，为下一代产品提供参考依据，进一步完善产品设计，从而提升产品竞争力，真正实现全民创新。据调查，在参与社交网络的人群中，94%的人利用社交功能进行学习，78%的人用以分享知识，49%的人借以和专家互动，形成一个个鲜活灵动的"大脑链"。由此可见，社交网络正在成为越来越多中国文化企业主要的创新和利润源泉。这些企业的共性就是采取新的业务模式，挖掘客户的创造力和需求，将其整合到企业的战略规划中，实现文化生产力的新组合。

互联网提升和重塑了文化产业的平台经济，形成了平台型企业和平台经济集群。传统交易模式如超市、专业卖场等在20世纪对商业模式的变化发挥了巨大的促进作用，而随着互联网的成熟和快速发展，平台经济也发生了深刻变化,并创造出无可比拟的经济奇迹,如马云的阿里巴巴。随着互联网的升级和普及,文化产品的传播与消费也越来越便利,如动漫、手游的发布越来越简便,动漫的发行窗口也逐步摆脱了电视台垄断所形成的买方市场,从而也能改变动漫产业赢利困难的尴尬境地。当然,随之而来的监管问题,也应该提到政府职能部门的议程上来。

在互联网的催化下,中国文化产业正在形成两个新的爆发点:其一是诞生了越来越多生机勃勃的平台型文化企业;其二是诞生了具有千亿元级交易规模的文化创意平台经济集群。这些平台型企业把网络效应发挥到了极致,颠覆了商品经济时代的核心要素"顾客",而创造了"用户"时代,并以"免费"和"开放"作为广泛吸附合作伙伴的终极武器。平台与用户大脑直接结合也能形成新的企业类型,如一些企业通过用户DIY个性化设计产品,而企业只提供服务和原料等。

这种平台型企业拥有独特的成本结构。企业成立之初,由于用户数量少,平台若达不到临界规模将无法生存,一旦用户规模超过"临界容量",网络效应就会滚雪球般地吸引越来越多的用户和合作伙伴,甚至像核能爆炸一样形成颠覆整个文化商业生态的巨大力量。例如,2014年中国文化上市公司的龙头——腾讯,注册用户超过12亿户,活跃用户超过8亿户,成为中国使用人数最多的即时通信软件平台。

互联网与文化产业的结合也推动了文化产业服务水平的提升,不仅提供精准的个性化服务,而且也全面扩大了文化服务的范围、深度并改变了服务的概念和形式,提高了服务效益。在互联网提供的全面感知、互联互通、智慧服务的基础上,中国文化产业正在通过大数据的采集和分析,采用可量化的精确市场定位技术,实施三大突破:一是广泛的移动分布,即随着移动互联网和智能终端设备的普及,使用户达到随机使用、大量流动和广泛分布;二是边际成本的降低,即利用智能终端广泛获取海量消费者信息,通过网络传输和物流配送来降低运输及零售的成本;三是高度的汇聚集中,即通过数字化平台,把大量的内容服务集聚起来,从网页、数据、音乐、游戏到视频,使全球用户获得海量的文化消费选择,使文化服务达到可度量、可调控等精准要求。

从电子阅读的逐渐普及到剧场、影院的网络低价售票,网络已经成为居民文化消费的重要途径,尤其是近年来移动互联网的广泛应用已经深入人们文化娱乐生活的方方面面。电子商务的发展不仅培养了新一代消费者网络购物的习惯，而且也使人们在知识、文化、艺术、美学等多方面的个性化需求得到满足，激发了人们的文化消费意愿。

随着互联网技术的发展，人们对互联网的依赖性也在不断增强。文化领域的产业链也由此打通，不断迫使传统文化产业转型和整合。据不完全统计，2014年文化传媒领域的上市公司共发生并购事件169例，至少有1600亿元资金涌向了文化产业。

从2013年到2014年，中国电影产业对客户群的巨大调适，正说明它将进入互联网时代的"升级版"。近年来，中国电影市场最大的变化在于进入"年轻化新世代"，观影人群年龄主要集中于19~35岁，平均年龄为21.6岁。这与中国互联网用户年龄段高度一致，不管是在电影院、视频网站还是移动互联网终端，电影的主流消费群体已经成为更习惯于网络生活、更注重互动体验的"年轻族——网络生活原住民"。移动互联网终端对于影片预告、网上促销预订等起着传统推介不可替代的作用，同时也诞生了一些新的文化产品，如微电影等。互联网颠覆了经济，也颠覆了文化产业，由此诞生的是新的文化产业链。

互联网对推动中国文化"走出去"，特别是发展文化服务贸易提供了强大动力。国际文化贸易包括文化货物贸易和文化服务贸易等门类，它是扩大中国文化国际影响力的重要杠杆。在互联网技术支持和嵌入的背景下，文化产品交易和推介也越来越容易，全球文化服务贸易与文化物品贸易越来越呈现融合趋势。通过互联网媒介，人员沟通、设备技术交流等日趋完善，跨国多元文化的组合也有利于中华文化的传播与国际化。其结果是促进更多的民族文化产品如游戏、影视、艺术品等出口。

互联网作为当前最具有前景的产业，已经逐渐占据人们的衣、食、住、行等方面，网络经济也已成为当前经济增长的一个重要驱动力，所以政府的改革期望促使了"互联网+"的兴起，并寄托于互联网新崛起的势力打破传统势力的束缚。这对于整个互联网来说是一件好事，也促进了各个产业的繁荣，但也要警惕盲目借助互联网概念，进行虚高估值。例如，一个以收集新闻聚合的简单APP，不到两年，估值就高达30多亿元。所以，我们在加强互联网与其他产业相结合的同时，要注重对原有产业带来的根本性改变，而不是用概念来点缀，或是做个网上营销就等同于"互联网+"了。

附录
Appendix

B.22
2014年武汉市文化改革发展大事记

1月

23日 市委常委、宣传部部长李述永主持召开武汉中心书城项目协调会,要求各相关部门积极配合支持以加快武汉中心书城项目建设。

24日 市委宣传部召开武汉市实体书店发展座谈会。市文新广局、武汉出版集团公司分管领导以及12家实体书店负责人就实体书店如何脱困进行了座谈。

2月

11日 市人民政府办公厅印发《市人民政府办公厅关于组建武汉文兴国有文化资产经营管理有限公司的批复》(武政办〔2014〕22号),同意市文化新闻出版广电局在市演出公司等8家经营性文化事业单位改制基础上,组建武汉文兴国有文化资产经营管理有限公司。

25日 武汉文化发展集团有限公司筹建工作专班第一次全体会议召开。

3月

13日 市委常委、宣传部部长李述永听取全市文化改革发展工作汇报。李述永要求勇于面对新生事物，系统思考问题，充分发动各方力量推动文化体制改革，促进文化产业发展。

21日 武汉版权质押贷款签约仪式及银企对接推进会召开，浦发银行、武汉农村商业银行、汉口银行与7家文化创意企业签订版权质押贷款融资协议，授信额达1.39亿元，其中授信额度最大的达到3000万元。

24日 市国有文化资产监督管理领导小组印发武文资〔2014〕1号文件，根据工作需要和人事变动情况对领导小组成员进行调整。

28日 上午，武汉文化发展集团有限公司揭牌仪式举行。市委常委、宣传部部长李述永出席揭牌仪式并讲话。

4月

1日 市委常委、宣传部部长李述永与市委常委、东湖新技术开发区党工委书记胡立山，东湖新技术开发区管委会主任张文彤一起，调研东湖开发区文化和科技融合工作。

5日 根据市委办公厅《关于印发武汉市全面深化改革领导小组专项小组成员名单的通知》（武办文〔2014〕18号），文化体制改革专项小组正式成立，市委常委、宣传部部长李述永任组长。

11日 湖北省印刷职业教育集团在汉成立，成为在全国率先组建成立的印刷职教集团。

12日 市人民政府印发《市人民政府关于授权市国有文化资产监督管理领导小组办公室（中共武汉市委宣传部）履行市属国有文化资产出资人职责的通知》（武政〔2014〕26号），授权市国有文化资产监督管理领导小组办公室（中共武汉市委宣传部、市文资办）履行市属国有文化资产出资人职责。

17日 百度视频与湖北广播电视台（集团）合作创建的百度视频湖北频道正式上线，湖北地区热播的特色电视节目可通过该频道在网上与观众见面。

30日 武汉文化发展集团有限公司召开第一次股东大会，对公司章程修改、内部机构设置、项目投资、缴纳注册资本金等议案进行审议。

4月 市委宣传部、市科技局、市城建委、市文新广局、市旅游局、市统计局、市知识产权局共同编写《武汉东湖国家级文化和科技融合示范基地2013年发展报告》，开展相关评价指标体系数据统计报送工作。

5月

4月28日～5月3日 第十届中国国际动漫节在杭州举行。12家武汉动漫企业联袂参展，亮相动漫节主馆。"华美铭远"获得此届动漫节声优大赛二等奖，"招财童子"达成200余万元品牌授权合作协议。

7日 市委常委、宣传部部长李述永召集市文新广局、市财政局研究实体书店扶持政策。李述永指出，武汉市实体书店扶持政策要打"组合拳"，综合运用规划、税收、宣传、社工等各种手段解决武汉市实体书店可持续发展问题。

12日 江通动画、艾立卡电子、传神信息等企业被商务部、中宣部、财政部、文化部、新闻出版广电总局列为"2013～2014年度国家文化出口重点企业"。武汉传神信息技术有限公司的"国际影视译制平台"被列为2013～2014年度国家文化出口重点项目。

15～19日 组团参加第十届深圳文博会，武汉传神、武汉创意天地、武汉艾立卡、江通动画等企业参展，武汉创意天地、华中文博城等项目作为全省2014年度重点招商项目在展会期间签约。万达集团携汉秀、电影科技乐园两个项目惊艳亮相。

23日 根据《武汉市机构编制委员会关于市委宣传部内设机构更名调整的批复》（武编〔2014〕38号），市委宣传部文化新闻出版广播影视业改革发展办公室更名为文化体制改革和发展办公室，并加挂市国有文化资产监管办公室牌子。

6月

6日 "创意城市蓝皮书"《武汉文化创意产业发展报告2014》编纂工作

会议召开。

10日 市委常委、宣传部部长李述永召集市文资办和市属文化企业负责人，专题研究市属文化企业国有资产监督管理、企业负责人经营业绩考核与薪酬管理等有关事宜。李述永部长要求市文资办担当起全市国有文化资产监管职责，通过制度设计，在管好导向的前提下，实现国有文化资产保值增值。市属文化企业也要加大改革力度，尽快建立现代企业制度，完善公司法人治理结构，成为搏击商海的"游泳健儿"。

市文产办印发《关于组织申报2014年武汉市文化产业发展专项资金项目的通知》（武文产办〔2014〕1号），开通网上申报系统，展开2014年市文化产业专项资金申报工作。

12日 市文科办印发《武汉市文化和科技融合示范园区、示范企业管理暂行办法》（武文科〔2014〕1号）。

29日 湖北卫视《如果爱》节目完成微信摇一摇电视互动的全国首发。

7月

1日 由湖北日报传媒集团控股的湖北荆楚网络科技股份有限公司（简称"荆楚网"，证券代码：830836）在全国中小企业股份转让系统（新三板）正式挂牌，成为全国首家挂牌新三板市场的省级全国重点新闻网站。

10日 市文化和科技融合工作领导小组第三次（扩大）会议在市政府召开。会议总结了一年来武汉市文化和科技融合工作取得的进展，分析了融合工作存在的主要问题，并对下一步拓宽融合工作进行了部署。市政府主要领导要求在更高起点上推进工作，做到创新与创意交融、体量与质量并重、知识与资本对接，推出更多科技含量与文化内涵兼备的新业态、新品牌。会议为武汉市首批文化和科技融合示范园区、示范企业授牌。

11日 市委常委、宣传部部长李述永会见了由校长张济国率领的韩国东西大学代表团一行。宾主双方表达了在电影影像、数字设计等领域加强交流和项目合作的意愿。

14日 市国有文化资产监督管理领导小组印发《武汉市市属文化企业国有资产监督管理暂行办法》（武文资〔2014〕2号）。

16日 文化部公示第四批国家级非物质文化遗产代表性项目名录推荐项目名单。武汉江欣苑等5个单位或企业成功入选国家级非物质文化遗产保护性生产示范基地。

17日 市委宣传部召开市属文化企业国有资产监管工作会议，研究落实《武汉市市属文化企业国有资产监督管理暂行办法》。

29日 中国证券监督管理委员会下达《关于核准湖北省广播电视信息网络股份有限公司向湖北省楚天视讯网络有限公司等发行股份购买资产并募集配套资金的批复》（证监许可〔2014〕749号）。

8月

1日 《长江日报》发出"青桐汇"文化创意专场路演项目征集令，拉开了"文化创意展示月"的序幕。

《武汉市深化文化体制改革任务清单》（武文改发〔2014〕1号）、《2014年武汉市文化改革发展主要任务及责任分工》、《武汉市文化和科技融合工作2014~2015年度任务清单》（武文科〔2014〕6号）印发。

6日 广电网络整合增发上市工作会召开。

11日 市政府主要领导听取武汉广播电视台CBD演播厅筹建工作情况汇报，强调要将CBD演播厅建设成为武汉市的文化地标。

14日 市文化体制改革与发展领导小组印发《关于加强全市文化产业统计工作的意见》（武文改发〔2014〕2号），成立市文化产业统计工作领导小组，明确职责分工，加大保障力度，确保文化产业及相关活动应统尽统。

21日 武汉文化改革发展人才专题培训班在武汉市委党校开班。这是武汉市首次专门针对文化改革发展工作，就文化经济政策解读、文化项目策划申报、文化园区运营管理开展的集中培训。

28日 市委常委、宣传部部长李述永主持召开设计创意之城建设专题会议，研究加强设计创意之城建设的顶层设计问题。

30日 第二届"武汉文化创意产业发展高峰论坛"在硚口区"江城壹号"文化创意产业园举行，来自京、沪、汉等地的200余名政、产、学、研、资等方面的人士共同为武汉文化创意产业发展建言献策。

8月 武汉市首个"文化创意展示月"成功举办。根据全市宣传思想工作"一月一品"活动安排，一个多月来，围绕"展示创意、激发创造、鼓励创业"主题，开展武汉文化创意产业发展高峰论坛、全市"中小学生文化创意行"、武汉文化改革发展人才集中培训、"青桐汇"文化创意专场路演项目征集等系列活动，全方位地宣传展示了武汉文化创意产业的亮点、特点和成果，为武汉建设文化强市培育创新创造活力。

9月

5日 市文资办、市财政局共同召开国有资本经营预算工作会，部署国有资本经营预算编制工作，并对武汉市文化企业相关人员进行初步培训。

18日 湖北华中文化产权交易所投融资交易平台和艺术品网上商城正式上线，成为湖北省艺术品收藏业、旅游业、金融业与互联网科技融合发展的一次创新实践。

18~21日 中国（武汉）期刊交易博览会在武汉国际会展中心举行，共有43个国家和地区、国内31个省区市及部门中直单位的12000多家报刊出版单位和400多家图书音像出版机构参展。

24日 市文产办、市财政局联合印发《关于下达2014年武汉市文化产业发展专项资金计划项目的通知》（武文产办〔2014〕2号），经过项目征集、审核、评审、公示等环节，2014年市文化产业发展专项资金共扶持武汉市重点文化产业项目44个。

9月 湖北知音传媒集团推出《知音网络周刊》，融合平面刊物编辑与网站编辑，打造一份集文字、图片、音频、视频、动画于一体，并采取先进的P2P技术发行的收费电子杂志。

10月

14日 市人民政府印发《武汉市实体书店扶持暂行办法》（武政规〔2014〕22号），通过规划建设、税费优惠、协调服务、宣传推介、创新经营、财政金融支持等手段对武汉市实体书店进行扶持，在市文化产业发展专项资金中设立子项，采取奖励、资助、贴息等方式，扶持"专、精、特、新"实体书店发展。

17日 武汉创意天地国际艺术节开幕，来自中国、美国、德国、法国、英国、荷兰、比利时、新加坡等18个国家及中国港澳台地区的200余位艺术家联袂拉开艺术节大幕。此次国际艺术节由创意天地合美术馆开幕展"西云东语：中国当代艺术研究展"及外围展"跨域：多维城市创意展"两大主体组成。20个场馆呈现超过50场艺术活动、1000余组艺术品，作品涵盖油画、水墨、版画、雕塑、陶艺、装置、影像、互动游戏、时装设计、概念首饰、现代舞蹈、爵士音乐、复古家具、原创手工、3D打印等数十个领域。活动持续至12月27日，为华中地区规模最大、规格最高的国际艺术节。

19日 由知音传媒集团控股的湖北木兰花家政服务股份有限公司（简称"木兰花"，证券代码：831229）在全国中小企业股份转让系统（新三板）正式挂牌，成为国内首家登陆资本市场的家政服务企业。

24日 市委办公厅、市政府办公厅联合印发《关于组建武汉市互联网信息办公室（武汉市网络安全和信息化领导小组办公室）和理顺内宣外宣体制的通知》（武办文〔2014〕56号），将武汉市互联网信息管理办公室从市委宣传部分离出来，整合相关部门的网络管理和信息化工作职能，组建武汉市互联网信息办公室，加挂武汉市网络安全和信息化领导小组办公室牌子。

24~26日 华中图书交易会在武汉科技会展中心举行。29个省（区、市）的400多家出版发行单位携5万余种出版物参展，2万多家订货单位参会，近10万人次进场，实现订货码洋超过24亿元。

11月

3日 《市人民政府关于促进市直文艺院团可持续发展的若干意见》（武政〔2014〕71号）出台，从提升院团自我发展能力、深化院团内部改革、明确税收优惠政策、改善基础设施建设、优化人才发展环境等方面，提出了对市直转企改制文艺院团的扶持措施。

6日 湖北长江电影集团在武汉正式揭牌。

7日 首届中国湖北文化艺术品博览会在武汉举行。

25 日 "光谷创意－阿里云移动互联网孵化器"揭幕仪式在光谷创意产业基地举行。

27 日 湖北省演艺集团创办长江新媒体剧场，为全国首家将文化创意、演艺资源、实体剧场、网络剧场、在线艺术教育、大数据分析和云计算、电子商务及互联网金融等行业深度融合的视频网络平台。

11 月 "楚讯数据服务平台建设项目"等 10 个项目获湖北省扶持优势文化产业发展专项资金扶持。

12月

3 日 全国最大的全媒体数字出版企业中文在线正式签约入驻华中智谷。

6 日 由省演艺集团倡议、长江流域六省二市演艺行业联合发起的长江演出院线在湖北剧院成立。

9 日 湖北省广播电视信息网络股份有限公司完成非公开发行股份及募集配套资金工作。此次共计配套募资 6.68 亿元，主要用于楚天视讯及武汉广电投资双向网络改造项目。

22 日 湖北太子湖文化数字创意产业园投资有限公司揭牌运营，将在武汉经济技术开发区打造首家"文化＋科技＋金融＋资本"产业融合示范园。

23 日 文化部公布了第五批国家级文化产业示范（试验）园区和第六批国家文化产业示范基地名单，武昌长江文化创意设计产业园名列第五批国家级文化产业示范（试验）园区，武汉致盛文化创意产业有限公司、湖北视纪印象有限科技股份公司进入第六批国家文化产业示范基地。

文化部公布弘扬社会主义核心价值观动漫扶持计划入选作品项目名单，大型红色历史纪实动画片《中国共产党的故事》作为产业项目、动漫《追梦闯堂兔》作为创意项目分别入选。

29 日 华中国家版权交易中心有限公司在武汉正式挂牌成立。

12 月 "城市媒体数字化传播与服务体系示范工程"等 10 个文化产业项目获中央文化产业发展专项资金扶持。

社会科学文献出版社　皮书系列

❖ 皮书起源 ❖

"皮书"起源于十七、十八世纪的英国，主要指官方或社会组织正式发表的重要文件或报告，多以"白皮书"命名。在中国，"皮书"这一概念被社会广泛接受，并被成功运作、发展成为一种全新的出版型态，则源于中国社会科学院社会科学文献出版社。

❖ 皮书定义 ❖

皮书是对中国与世界发展状况和热点问题进行年度监测，以专业的角度、专家的视野和实证研究方法，针对某一领域或区域现状与发展态势展开分析和预测，具备权威性、前沿性、原创性、实证性、时效性等特点的连续性公开出版物，由一系列权威研究报告组成。皮书系列是社会科学文献出版社编辑出版的蓝皮书、绿皮书、黄皮书等的统称。

❖ 皮书作者 ❖

皮书系列的作者以中国社会科学院、著名高校、地方社会科学院的研究人员为主，多为国内一流研究机构的权威专家学者，他们的看法和观点代表了学界对中国与世界的现实和未来最高水平的解读与分析。

❖ 皮书荣誉 ❖

皮书系列已成为社会科学文献出版社的著名图书品牌和中国社会科学院的知名学术品牌。2011年，皮书系列正式列入"十二五"国家重点图书出版规划项目；2012~2014年，重点皮书列入中国社会科学院承担的国家哲学社会科学创新工程项目；2015年，41种院外皮书使用"中国社会科学院创新工程学术出版项目"标识。

中国皮书网
www.pishu.cn

发布皮书研创资讯，传播皮书精彩内容
引领皮书出版潮流，打造皮书服务平台

栏目设置：

- □ 资讯：皮书动态、皮书观点、皮书数据、
  皮书报道、皮书发布、电子期刊
- □ 标准：皮书评价、皮书研究、皮书规范
- □ 服务：最新皮书、皮书书目、重点推荐、在线购书
- □ 链接：皮书数据库、皮书博客、皮书微博、在线书城
- □ 搜索：资讯、图书、研究动态、皮书专家、研创团队

中国皮书网依托皮书系列"权威、前沿、原创"的优质内容资源，通过文字、图片、音频、视频等多种元素，在皮书研创者、使用者之间搭建了一个成果展示、资源共享的互动平台。

自 2005 年 12 月正式上线以来，中国皮书网的 IP 访问量、PV 浏览量与日俱增，受到海内外研究者、公务人员、商务人士以及专业读者的广泛关注。

2008 年、2011 年中国皮书网均在全国新闻出版业网站荣誉评选中获得"最具商业价值网站"称号；2012 年，获得"出版业网站百强"称号。

2014 年，中国皮书网与皮书数据库实现资源共享，端口合一，将提供更丰富的内容，更全面的服务。

法律声明

"皮书系列"（含蓝皮书、绿皮书、黄皮书）之品牌由社会科学文献出版社最早使用并持续至今，现已被中国图书市场所熟知。"皮书系列"的LOGO（ ）与"经济蓝皮书""社会蓝皮书"均已在中华人民共和国国家工商行政管理总局商标局登记注册。"皮书系列"图书的注册商标专用权及封面设计、版式设计的著作权均为社会科学文献出版社所有。未经社会科学文献出版社书面授权许可，任何使用与"皮书系列"图书注册商标、封面设计、版式设计相同或者近似的文字、图形或其组合的行为均系侵权行为。

经作者授权，本书的专有出版权及信息网络传播权为社会科学文献出版社享有。未经社会科学文献出版社书面授权许可，任何就本书内容的复制、发行或以数字形式进行网络传播的行为均系侵权行为。

社会科学文献出版社将通过法律途径追究上述侵权行为的法律责任，维护自身合法权益。

欢迎社会各界人士对侵犯社会科学文献出版社上述权利的侵权行为进行举报。电话：010-59367121，电子邮箱：fawubu@ssap.cn。

社会科学文献出版社

权威报告·热点资讯·特色资源

皮书数据库
ANNUAL REPORT(YEARBOOK) DATABASE

当代中国与世界发展高端智库平台

皮书俱乐部会员服务指南

1. 谁能成为皮书俱乐部成员？
   - 皮书作者自动成为俱乐部会员
   - 购买了皮书产品（纸质书/电子书）的个人用户

2. 会员可以享受的增值服务
   - 免费获赠皮书数据库100元充值卡
   - 加入皮书俱乐部，免费获赠该纸质图书的电子书
   - 免费定期获赠皮书电子期刊
   - 优先参与各类皮书学术活动
   - 优先享受皮书产品的最新优惠

3. 如何享受增值服务？

（1）免费获赠100元皮书数据库体验卡

第1步 刮开附赠充值的涂层（右下）；
第2步 登录皮书数据库网站（www.pishu.com.cn），注册账号；
第3步 登录并进入"会员中心"—"在线充值"—"充值卡充值"，充值成功后即可使用。

（2）加入皮书俱乐部，凭数据库体验卡获赠该书的电子书

第1步 登录社会科学文献出版社官网（www.ssap.com.cn），注册账号；
第2步 登录并进入"会员中心"—"皮书俱乐部"，提交加入皮书俱乐部申请；
第3步 审核通过后，再次进入皮书俱乐部，填写页面所需图书、体验卡信息即可自动兑换相应电子书。

4. 声明

解释权归社会科学文献出版社所有

皮书俱乐部会员可享受社会科学文献出版社其他相关免费增值服务，有任何疑问，均可与我们联系。

图书销售热线：010-59367070/7028
图书服务QQ：800045692
图书服务邮箱：duzhe@ssap.cn

数据库服务热线：400-008-6695
数据库服务QQ：2475522410
数据库服务邮箱：database@ssap.cn

欢迎登录社会科学文献出版社官网
（www.ssap.com.cn）
和中国皮书网（www.pishu.com.cn）
了解更多信息

社会科学文献出版社 皮书系列
SOCIAL SCIENCES ACADEMIC PRESS (CHINA)

卡号：302052996636
密码：

子库介绍
Sub-Database Introduction

中国经济发展数据库

涵盖宏观经济、农业经济、工业经济、产业经济、财政金融、交通旅游、商业贸易、劳动经济、企业经济、房地产经济、城市经济、区域经济等领域，为用户实时了解经济运行态势、把握经济发展规律、洞察经济形势、做出经济决策提供参考和依据。

中国社会发展数据库

全面整合国内外有关中国社会发展的统计数据、深度分析报告、专家解读和热点资讯构建而成的专业学术数据库。涉及宗教、社会、人口、政治、外交、法律、文化、教育、体育、文学艺术、医药卫生、资源环境等多个领域。

中国行业发展数据库

以中国国民经济行业分类为依据，跟踪分析国民经济各行业市场运行状况和政策导向，提供行业发展最前沿的资讯，为用户投资、从业及各种经济决策提供理论基础和实践指导。内容涵盖农业，能源与矿产业，交通运输业，制造业，金融业，房地产业，租赁和商务服务业，科学研究，环境和公共设施管理，居民服务业，教育，卫生和社会保障，文化、体育和娱乐业等 100 余个行业。

中国区域发展数据库

以特定区域内的经济、社会、文化、法治、资源环境等领域的现状与发展情况进行分析和预测。涵盖中部、西部、东北、西北等地区，长三角、珠三角、黄三角、京津冀、环渤海、合肥经济圈、长株潭城市群、关中—天水经济区、海峡经济区等区域经济体和城市圈，北京、上海、浙江、河南、陕西等 34 个省份及中国台湾地区。

中国文化传媒数据库

包括文化事业、文化产业、宗教、群众文化、图书馆事业、博物馆事业、档案事业、语言文字、文学、历史地理、新闻传播、广播电视、出版事业、艺术、电影、娱乐等多个子库。

世界经济与国际政治数据库

以皮书系列中涉及世界经济与国际政治的研究成果为基础，全面整合国内外有关世界经济与国际政治的统计数据、深度分析报告、专家解读和热点资讯构建而成的专业学术数据库。包括世界经济、世界政治、世界文化、国际社会、国际关系、国际组织、区域发展、国别发展等多个子库。

创意城市蓝皮书
BLUE BOOK OF CREATIVE CITIES

广视角·全方位·多品种

- 《国务院关于推进文化创意和设计服务与相关产业融合发展的若干意见》指出，要切实提高我国文化创意和设计服务整体质量水平与核心竞争力，大力推进与相关产业融合发展，更好地为经济结构调整、产业转型升级服务，为扩大国内需求、满足人民群众日益增长的物质文化需要服务。

- 本报告围绕"文化创意产业与相关产业深度融合"这一主题，概括了2014年度武汉文化创意产业及其与相关产业融合发展的状况，以传统媒体与新兴媒体融合、文化与科技融合、文化与金融融合等领域为切入点，分析了武汉特色文化创意产业发展的路径及取得的成果。同时，本报告也指出了现阶段武汉文化创意产业发展面临的困难和挑战，并对未来武汉文化创意产业的发展进行了展望。

·权威平台·智库报告·连续发布

"皮书说"微信

出版社官方微信

内赠数据库体验卡

皮书序列号：B-2013-320

中国皮书网 www.pishu.cn

ISBN 978-7-5097-8087-9

定价：99.00元